宁夏社会科学院文库 | 主编 张进海

薛正昌◎著

# 根脉与记忆

【宁夏历史文化遗产】

中央编译出版社
Central Compilation & Translation Press

# 目 录

绪 论 / 1
  一、人文资源的形成 / 4
  二、主要内容与意义 / 6

丝绸之路与宁夏文化遗产 / 9
  一、丝绸之路在宁夏 / 11
    长安凉州道 / 11
    长安灵州道 / 13
  二、丝路申报世界文化遗产预备名单 / 17
    固原古城 / 17
    固原北朝和隋唐墓地 / 27
    须弥山石窟 / 36
    开城遗址 / 48

物质文化遗产 / 69
  一、列入"国保"的人类早期文化遗址 / 71
    水洞沟遗址 / 72
    菜园遗址 / 73
    鸽子山遗址 / 74
    照壁山铜矿遗址 / 74
    张家场古城遗址 / 75
  二、"国保"级文化遗产 / 77
    贺兰山岩画 / 77

历代长城 / 95

西夏王陵 / 114

西夏窑址 / 122

古　塔 / 125

建筑艺术 / 133

将台堡革命旧址 / 148

农业文化遗产——灵武长枣 / 150

三、区级重点文化遗产 / 152

石　窟 / 152

大麦地岩画 / 158

古　塔 / 159

清真寺与拱北 / 164

寺庙建筑 / 166

马月坡寨子 / 171

**非物质文化遗产 / 175**

一、国家级非物质文化遗产 / 180

六盘山花儿 / 180

回族民间器乐 / 216

回族服饰 / 225

北武当庙佛教音乐 / 228

杨氏家族泥塑 / 232

泥塑艺术及其传承 / 249

贺兰砚雕刻艺术 / 261

张氏回医正骨疗法 / 266

汤瓶八诊疗法 / 271

回族传统婚俗 / 274

隆德高抬"马社火" / 278

宁夏小曲 / 282
　二、自治区级非物质文化遗产 / 285
　　剪纸艺术 / 285
　　刺绣艺术 / 313
　　皮影戏 / 318
　　农民画与篆刻书画 / 328
　　踏脚舞 / 338
　　宴席曲 / 341
　　黄河筏子 / 343
　　纸织画 / 345

# 红色文化遗产 / 349

　一、宁夏红色文化遗产 / 351
　　红色文化遗产生成的历史文化背景 / 351
　　红色文化遗产的分类与现状 / 357
　二、宁夏红色非物质文化遗存 / 364
　　红色非物质文化遗存分布 / 364
　　口头和非物质红色文化遗产 / 367
　三、红色旅游资源的保护与开发 / 369
　　红色旅游资源文化内涵与时代意义 / 369
　　红色旅游资源线路、景区(点)设定与布局 / 372
　　红色旅游资源开发 / 373
　　红色文化资源保护 / 374

# 文化遗产保护 / 379

　一、物质文化遗产保护 / 382
　　主要文化遗产的现状与保护 / 382
　　物质文化遗产保护应遵循的原则与措施 / 387

全面提升对宁夏文化遗产价值的认识 / 390

二、非物质文化遗产保护 / 393

　　新农村建设与遗产保护 / 395

　　非物质文化遗产与保护 / 403

　　非物质文化的知识产权保护 / 413

三、建立六盘山文化生态保护区 / 415

　　生态环境保护 / 415

　　整体性保护：建立六盘山文化生态保护区 / 418

后　记 / 425

# 绪 论

文化遗产，通常是指人类社会在发展过程中生成并传世的文化资源，是我们祖先留下来的智慧和财富，是不可再生的文化资源。文化遗产资源，是人类社会在悠久历史发展过程中积淀凝聚的人文资源，它是历史文化资源的重要组成部分。宁夏的文化遗产，是多民族优秀文化遗产最生动直观的表现形态，记载和见证了宁夏旧石器时代以来历史文明的悠久岁月，在这里孕育的灿烂的文化和辉煌的文明。由于特殊的经历，工业文明的冲击使得人们对于文化遗产的保护意识越来越淡漠，文化遗产的消失加剧。与全国一样，近年宁夏文化遗产的保护已引起相关部门的高度重视，尤其是国家实施文化遗产保护工程以来，非物质文化遗产得到了有效保护。可见，文化遗产的保护与开发，是今后国家文化建设方面非常注重的大事，也是国家实施科学发展观、构建和谐社会的重要内容之一。宁夏文化遗产的整体情况是，截至 2013 年，国家先后七次批准公布宁夏"国保"级单位 35 处；宁夏回族自治区政府先后四次批准自治区重点文物保护单位 125 处，市县级文物保护单位 345 处。截至 2015 年，宁夏先后有 18 项非物质文化遗产代表性项目进入国家级名录，9 名国家级非物质文化遗产项目传承人；83 项非物质文化遗产项目入选自治区级名录，143 名自治区级项目传承人；在全区建立 62 个非物质文化遗产传承基地(点)。本书主要以"国保"和自治区重点文物保护遗产、国家级非物质文化遗产、自治区级非物质文化遗产和红色文化遗产资源为研究对象。

宁夏历史悠久，民族多融，黄河文明在这里孕育了灿烂的文化和辉煌的文明，独特的地理环境为多民族的生存繁衍提供了山水相依的舞台和空间，历代频繁的军事与战争，同样留下了大量的与军事相关的文化遗产。当代地理环境意义上的宁夏，黄河平原、黄土丘陵与沙漠干旱地带共同构成了基本空间，地域相对较小，人口较少，呈现的是山川相济的格局。但在历史上，宁夏地处中原与北方草原文化的交融碰撞之地带，地理位置非常重要。六盘山、贺兰山南北遥遥相望，成为中原与西域、北方草原之间的屏障；黄河穿宁夏平原而过，造就了"天下黄河富宁夏"的粮仓。境内重要的黄河支流泾水、清水河将南北整个贯通，成为古丝绸之路的重要组成部分。秦汉、明朝等多个朝代修筑的长城遍布境内，文

绪　论　3

化资源独具特色。存在了近200年的西夏王朝，文化遗产更是神秘而独特，地面文化遗存丰富。回族文化及其文化遗产，是宁夏历史文化的重要组成部分和特殊表现形式。历史意义上的宁夏，文化遗产资源的沉积虽不如大省区，却也极为丰富，一方山水养育一方文化，它有着自身独特而无法替代的浓郁的地域和民族优秀文化资源。从保护、开发与利用等诸多方面看，无论是物质文化遗产，还是非物质文化遗产，都体现了它的独特性、地域性和丰富性。

# 一、人文资源的形成

文化的地域性是有差异的，文化遗产形成的背景也同样会因为地域性而出现差异。中国文化是由各个区系文化多元一体整合而成的，文化遗产也就体现了地域文化的不同形制和特点。由于地理环境南北不同，地理意义上的文化生成受环境影响，也体现出不同的内容。研究中国历史地理的学者也是从地理意义上来划分区域文化的，如秦文化、晋文化、楚文化、吴文化、蜀文化、闽文化等，而每个大文化区里又涵盖着若干个亚文化区。文化遗产资源的生成，实际上也是受地域文化影响的。文化与文化遗产是两个概念，但它们之间有着千丝万缕的联系。历史以来，宁夏境内的文化属于秦文化的大区，但由于地域环境的不同，它在秦文化的大背景下又体现着另一个亚文化区的因子：西域文化、北方草原文化与秦文化的融合。在这个背景下的文化遗产资源，也同样体现着它不完全等同于秦文化的特色。丝路文化、移民文化、伊斯兰文化在这里交融；史前文化独有其特色，大放异彩；黄河孕育而成的塞上江南的独特景观，在唐代诗人的笔下已经被描绘得神奇而令人向往。正是从这个意义上，宁夏历史文化和文化资源，同样体现着它的地域性和多元性。

宁夏南部六盘山区，无论地域与文化背景，都是一个较大的空间，即不是当代意义上的地域政权建制的概念。黄河、渭河、泾河、清水河环绕着大六盘山，这里分布的新石器时代、青铜时代的文化遗址，包括大量的出土文物，都将成为探讨中华文明起源的重要资料。同时，历史上多个民族、多种文化在这里融会碰撞，显示了其文化的多元与融合。

近百年来，尤其是20世纪70年代以来，考古发现和大量科研成果的面世，在不断地揭示和印证着宁夏历史文化和文化资源的形成过程。作为黄河文明的重要起源地之一，宁夏境内有着悠久的历史文化源头，有着独特的文化模式，有着鲜明的文化类型：泾水流域的石器遗址和彩陶、水洞沟文明、银川平原的细石器文化、贺兰山岩画等文化遗存都在揭示着这一段久远的历史和人类早期的文明。外来宗教文化与中原文化相融，留下了著名的须弥山石窟、石空寺石窟等中西文化与宗教文化遗产，须弥山石窟文化、石空寺大佛文化，成为丝绸之路文化繁荣的象征。尤其是丝绸之路经济文化经汉至唐，达到了汉唐丝路文化的顶峰，中西文化的交流过程在这里留下了丰富的文化遗存，近30年间考古发掘在宁夏境内出土的珍贵文物，再现了丝绸之路文化在宁夏的繁荣发展的历史过程。

周文化进入宁夏南部，是伴随着军事和战争而来的，军事文明取代了当时的礼乐文明。秦汉时期，宁夏已进入秦汉帝国的版图，安定郡、北地郡两大集军事与政治为一体的政权机构相继设立，秦始皇开发"新秦中"的历史壮举使银川平原得以进入大规模农耕时代，政治经济、社会组织、军事设施等都进入一个新的时期，尤其是在经济文化上获得了历史性的进步。汉武帝拓边抗击匈奴的战争与军事屯垦，进一步加强了宁夏平原的农业开发。十六国、魏晋南北朝时期的战争背景下，宁夏成为多民族活动的舞台，少数民族政权相继建立，文化上呈现多元状态，并被赋予新的内容和活力。隋唐时期，宁夏经济繁荣，文化兴盛，黄河文明到了隋唐时期，亦得到了大规模开发，宁夏平原呈现的是富庶的江南景致。"贺兰山下果园成，塞北江南旧有名"，唐代诗人韦蟾的诗句，就是当时宁夏平原黄河灌区富庶景观的真实写照。西夏国的建立，不但奠定了与宋、金对抗的地方最高政权建制格局，而且缘此产生了著名的西夏历史文化，留下了大量西夏文化遗存，尤其是宗教文化与活字印刷、雕版印刷文化，更具有世界印刷文化史上的里程碑意义。蒙元时代的宁夏，地理位置十分重要，是北方草原进入关中的大通道；忽必烈时期安西王府在固原的设立，成为蒙元统一中国过程中重要的指挥中枢，安西王府遗址的历史文化内涵极为丰富。明代宁夏在元代经济凋敝的基础上得到了恢复和发展，体现了军屯与移民的历史特点。由于大规模、长时间的军屯，在开发宁夏经济的同时，也留下了不少古遗址，尤其是长城的修筑。明代的宁夏，也是军事建制和设置最高的时期，地方大员由朝廷部院大臣出任，陕西三边总督的军事体制，先后存在了一百余年，体现了明代军事与战争的特点。清代前期，在平定与统一西北的战争过程中，宁夏依旧担负着重要而新的历史任务。陕西总督驻节固原，康熙皇帝亲征宁夏，都增加和厚重了清代前期宁夏的历史和文化积淀。清代中期，宁夏社会经济得到了一定程度的发展，政权建制基本稳定，文化相对繁荣。清代后期，尤其是同治年间回民起义之后，战乱渐起。董福祥在参与镇压西北回民起义之后快速发展，建立了一支在当时能打硬仗且为清政府所依赖的队伍——甘军，也成就了西北马家军阀的班底。直到20世纪的前期，军事意义上的控制显示的仍是一种地方割据势力的延续，宁夏文化建设与发展相对薄弱。

从以上概述我们即可看出，宁夏数千年的发展史，呈现的是悠久性、独特性、开放性和兼容性的特点，可以说这是宁夏人文资源形成过程中的几大基本要素。评价和分析宁夏文化资源，包括历史以来的文化遗产，这几方面的历史因素就成为其客观的支撑点。

## 二、主要内容与意义

文化遗产的保护与开发，是近年来世界性的课题。1989年联合国教科文组织提出《保护传统文化和民俗的建议》；2001年在巴黎举行的第31届联合国教科文组织大会上又通过了《世界文化多样性宣言》，为世界各国、各民族如何保护、传承和延续本民族文化提出了前瞻性的思路和要求。中华文化，是世界性主流文化之一，针对如何继续保护中华文化的独特性，维护主流文化的地位，中国政府和文化管理部门先后出台了相应的保护政策。在保护与传承的基础上，中华文化走向世界已成为大趋势。近年，国家连续推出世界文化年活动，就是在展示中华文化丰富而久远的独特性，展示中华文化对世界文化的巨大贡献和影响力。

文化是一个国家、一个民族的重要标志，不同国家、不同民族独特的文化和传统是其赖以生存、延续的必要条件。非物质文化遗产是中华文化的重要组成部分和民间民俗文化的根本与源头，是人类文明的结晶和最宝贵的共同财富，是人类社会得以延续的文化命脉。它承载着人类的智慧、人类历史的文明和辉煌，有着不可估量的价值。这是目前国内外对文化与非物质文化价值和意义解读的基本看法。文化对于一个国家是这样，对于一个地区也是同理。宁夏文化遗产、非物质文化遗产，就是宁夏历史文化多样性中最富活力的组成部分。人类为了自己的未来和可持续发展，就必须重视非物质文化遗产并肯定其价值，守护好我们的精神家园。

宁夏地处西部，又是北方草原游牧文化、中亚西域文化、伊斯兰文化与中原文化碰撞融会之地带，历史悠久，文化遗产资源十分丰富，历史上各个时期、各个民族遗留下来的具有历史、艺术、科学、人类学等价值的各类文物、古建筑、古遗址等遍布各地。这些文化遗产资源，是中华文明的重要组成部分。保护和开发文化遗产资源，不仅对维护中华文化的独特性和复兴中华文化具有重要作用，而且在经济社会发展中具有十分重要的意义和作用。

本书涉及的内容大致有五个部分。第一，是国家重点文物保护遗产。这是目前宁夏地面遗存的、人们仍能看得到的物质文化遗产（其中一部分已列入丝绸之路申报世界文化遗产名单，如须弥山石窟、固原古城、固原南郊墓地、安西王府遗址）；第二，是自治区级重点文物保护遗产；第三，国家级非物质文化遗产；第四，是区级非物质文化遗产；第五，是红色文化遗产。2006年以来，宁夏进入"国保"的文化遗产，进入国家级非物质文化遗产名录的文化遗产，进入宁夏非物质文化遗产名录的文化遗产，将为增强各民族的相互理解和认同，增强民族团结起到重要的桥梁和纽带作用。按照文化遗产资源类型划分，可分为物质文化遗产、非物质文化遗产和红色文化资源（包括红色非物质文化遗产）三大类。物质文化遗产，是有形的看得见摸得着的遗产资源，主要指保护相对完好的不可动遗产。非物质文化遗产，主要指非文字的以人类口传方式为主的具有民族历史积淀且广泛突出和有代表性的民间文化（艺术）遗产，如花儿、回族服饰、回族音乐等。红色文化遗产，主要指红军长征、西征留在宁夏境内的文化资源，包括红色非物质文化遗产，如红军西征时留在宁夏的遗物、歌谣、故事等。

对于宁夏来说，地域意义上的文化遗产，它的价值和意义在于：第一，对文化遗产的研究与保护，可使人们从历史悠久的宁夏文化遗产中汲取地域文化和民族文化的精神，共享历史资源。第二，社会主义和谐文化的建设，要靠文化遗产的凝聚力来支撑；新农村文化建设，需要文化遗产的凝聚力来保障。第三，传承历史文明，提升广大群众的文化品位，关注民众意志品德的养成，需要我们研究和提供丰厚的文化资源；广大人民群众的时代要求和审美意识的提升，需要我们充分挖掘并提炼出文化遗产的精华。第四，对于加强文化建设、提高国家文化软实力，具有十分重要的作用和意义。第五，宁夏文化遗产的保护与开发，对地方经济文化发展、旅游文化的推进，有着直接的作用和意义，社会效益和经济效益皆在其中。

# 丝绸之路与宁夏文化遗产

从历史与文化的意义上追述和研究宁夏历史文化遗产的形成，是应该对穿越宁夏的古丝绸之路做些较为详尽的研究的。通过丝绸之路这个历史大隧道，我们会清楚地看到历史上中西文化、草原游牧文化、伊斯兰文化与中原文化在宁夏境内碰撞融会之后形成并遗留在宁夏各个历史时期的文化现象和文化遗产。

从文化积淀的意义上，丝绸之路与丝路文化留下的文化遗物，对宁夏历史文化遗产的形成影响极深。研究宁夏历史文化遗产，丝绸之路文化是大背景，是形成和延伸的根。丝路文化对宁夏文化遗产的影响，有的是直接的，如须弥山石窟、长城、固原考古发掘出土的珍贵文物；有的是间接的，如回族服饰、宗教音乐、民歌花儿等。追溯宁夏历史文化背景，有利于我们对宁夏历史文化遗产的了解与研究。

丝绸之路，东起长安(近年一说起自洛阳)，西至东罗马首都君士坦丁堡，横跨欧亚大陆。丝绸之路名字的缘起，是因了德国著名地理学家李希霍芬(1837—1905)。1877年李希霍芬在他的《中国》一书中，第一次把汉代中国和中亚南部、西部以及印度之间的以丝绸贸易为主的通道称为"丝绸之路"。近百年来，中外的科学家、考古学家、探险家、文学家、艺术家，都被"丝绸之路"这一颇具传奇历史和神秘色彩的名字所吸引。宁夏，就是这一历史过程中丝绸之路上的一大驿站。宁夏所处的地理位置，正当丝绸之路必经之地。绿洲丝绸之路、草原丝绸之路，在穿越宁夏的历史时空中，将中原与西域和北方草原连在一起。

# 一、丝绸之路在宁夏

## 长安凉州道

目前学术界通行的提法，以中国境内为界把绿洲丝绸之路划分为三段：即长安(西安)至凉州(武威)为东段，凉州至敦煌、玉门关、阳关为中段，玉门、阳关至葱岭为西段。按照地理走向与地域文化特点看，通常又将玉门关、阳关以东的东中两段称为河陇道，即长安至敦煌这一段。宁夏的地理位置，正处在丝绸之路东段；而东段又分为南、中、北三道。固原的地理位置，正处在东段北道的交通要道上。

东段北道的走向是：从长安临皋（今西安市西北）经咸阳县驿出发西北行，经醴泉、奉天（今乾县东），到邠州治所新平县（今邠县），沿泾水河谷北进，过长武、泾川、平凉，入固原南境弹筝峡（三关口），过瓦亭关，北上原州（固原）；沿清水河谷，再向北经石门关（须弥山沟谷）折向西北经海原，抵黄河东岸的靖远，渡黄河即乌兰关（景泰县东）。由景泰直抵河西武威（凉州）。这是丝绸之路东段南、中、北三道中，由长安抵河西凉州（武威）最便捷的丝路干道。有人统计，北道较南道少走约200里地。东汉时刘秀亲征高平（固原），河西太守窦融与五郡太守车驾相会高平，浩浩荡荡的大军与战车走的就是这条通道。从区域讲，这实质上是萧关古道。

以北道为主轴，还有两条道。一条是由长安西行陇州后，不再攀越大震关，而是沿陇山东麓过甘肃境内华亭县，至固原市泾源县，穿越制胜关（秦汉时的鸡头道）过六盘山，即可抵达陇西郡。过鸡头道向西北行，也可沿祖厉河而下，在甘肃靖远北石门川黄河东岸或鹯阴口渡河，进入河西。或者沿泾河至平凉，由崆峒山东峡进入泾源，走鸡头道。公元前110年冬十月，汉武帝巡狩西北，"西临祖厉河而还"，也是走这条道。一条是由咸阳至北地郡治所宁州（今甘肃宁县），沿茹河进入固原。汉代班彪前往安定（固原），就是走这条道。

丝绸之路东段逾越陇山的南中北三道，在固原境内主要有两条线。除北道外，中道也在固原境内，但随着历史的发展也发生变迁。泾源附近的鸡头道可抵陇西郡，是早期的中道。大约到了元代，这条线路向北稍移，由六盘山进，大体是今天西兰公路的走向。清代著名文化人祁韵士嘉庆九年贬谪伊犁，在他《万里行程记》里，记载了当年途经丝绸之路的线路：……平凉府—安国镇—瓦亭驿—六盘山—隆德县—神林铺—静宁州……

东段南线，是从长安出发沿渭河，翻越陇山西行，在永靖炳灵寺附近过黄河，至张掖。或者从长安出发越陇山至临洮后，向北经阿干河谷至兰州，再沿庄浪河谷至武威（凉州）。

唐代，是中国历史上空前辉煌的时代，更是丝绸之路繁荣兴盛的时期。途经宁夏的丝绸之路东段北道，也显示了它自秦汉以来、尤其是北朝以来的繁荣景象。同时，唐代也是丝绸之路衰落与停滞的转折。丝绸之路的文化繁荣与大唐的政权兴衰息息相关。公元755年，安禄山起兵范阳，直逼长安；河西、陇右两大军镇驻军东调抗击安禄山叛军，吐蕃民族乘机内侵，陇右十余州县相继陷没。公元763年，吐蕃民族大举入侵，固原陷入吐蕃势力范围，直到大中三年（849），唐朝再收复原州。

丝绸之路长安凉州道的衰落，就是因为安史之乱后吐蕃与中原的战争。唐代原州（固原）陷吐蕃后，致命的打击是中断了丝绸之路东段北道，都城长安通往西域的长安—凉州北道，已失去了昔日中西商贾、使节、僧徒熙攘往来的繁荣景象，经济文化的交流处于中断状态。迂回运动，也是特殊背景下的一种形式。长安—凉州北道受阻，必然要有新的道路取代，这就是途经宁夏北部灵州的长安—灵州道。

## 长安灵州道

灵州，是宋代初年以前宁夏北部的政治、经济、文化中心，地处黄河东岸，是关中北出塞外的北部重镇，地理位置非常重要，尤其是军事地理位置。灵州西通河西凉州，南向原州（宁夏固原）是通往长安的大道，北通漠北草原丝绸之路，东连太原一线，体现了它所在的交通枢纽的作用和军事重镇的位置。春秋时齐桓公西征大夏时，可能走的就是经过灵州的这条道，由山西北境西行，经陕西北部至宁夏渡黄河，过"卑耳山"（贺兰山），经"流沙"①，即今贺兰山西北的腾格里沙漠西行。

通常意义上的灵州道，即指晚唐五代宋初这一历史时段以灵州为中心，连接西域与中原朝贡、贸易往来的主要通道。长安—灵州道，是唐代中后期对长安—凉州北道（固原）的取代，也是对长安凉州北道的延伸，依旧是丝绸贸易之路。尽管其走向发生了变化，但丝绸之路本身所承载的历史使命没有变，仍是新的历史

---

① 余太山：《古族新考》，中华书局2000年版，第6页。

的延续。尤其是"安史之乱"后，唐肃宗在灵州即位，特殊时期的灵州大督都府与丝绸之路灵州道的开通更是意义重大。"唐末五代，由于民族战争和政治形势的变化，从灵州经回鹘境而入西域的路线便起着勾通东西的作用。"①这一时期灵州道的历史意义已经得到了显现。

晚唐、五代至宋初，中原与西域、天竺之间的商贸十分频繁。虽然此时海上丝路也在运行，但主要还是在陆路。陆路的通道灵州是必经之地，因为长安—凉州道受阻后，长安—灵州道有其地域上的联系和绝对优势。自西域和天竺东行的各色人进入河西凉州后，接着沿白亭河流域北行直达甘肃民勤县附近，然后东行至灵州，由此南折到达北宋内地北端的环州（今甘肃环县），再入长安。灵州道的走向，就是上述自然地理条件的折射。五代时期的后晋，曾遣供奉官张匡邺、鄯武军节度判官高居诲等一行赴于阗册封其王李圣天为大宝于阗国王，于公元938年十二月自灵州出发，走的就是这条道。高居诲记载了沿途的路线和行踪。②

在日本研究者的眼中，经过晚唐、五代的发展，宋代初年的灵州，已经成为国际交通都市。③ 作为中转和集散地或交通枢纽，灵州与河西及中原之间有着密切的交通与承载关系。

灵州道上的文化交流和蕃汉交易有：一是来自于北方、西域、天竺、河西等方面的各国朝贡使及其随从；二是天竺僧人及其他西域僧人东来宋朝；三是宋朝西去求佛经者；四是回鹘人经灵州往宋朝内地的商贸活动，包括回鹘人在灵州的商贸活动；五是灵州周围的蕃部在灵州的马匹交易，宋朝在灵州马市买马运回内地，西凉府六谷蕃部在灵州的马市最为繁忙；六是军事需求，这在灵州同样要紧。由此，可见日本人前田正名所说的灵州的国际交通都市的地位在当时的盛况和历史意义。这种特定的历史意义，就是面对中原的宋朝和河西、西域来体现的。

与宋、辽鼎立的西夏突然控制了已成为国际性贸易都市的灵州之后，切断了整个北部、西部与灵州方面的往来。如果我们站在当时的特定历史背景下看灵

---

① 张广达：《古代欧亚的内陆交通》，载《第十六届国际历史科学大会中国学者论文集》，中华书局1985年版。
② 《新五代史》卷七十四。
③ 〔日〕前田正名：《河西历史地理研究》，陈俊谋译，中国藏学出版社1993年版，第406页。

州,灵州道的停滞,对于甘州商人来说,无疑是丧失了向宋朝贩卖西域宝货所获取厚利的通道;对于凉州商人来说,则丧失了灵州马市的通道,土特产没有了销路。商贸活动没有了,其他的文化交流与传播便无从谈起。

长安—灵州道未开通前,灵州与丝绸之路长安—凉州道也是紧密相连的。前文已经说过,丝绸之路东段北道的走向是:长安—原州(固原)—会州(甘肃靖远)—凉州。灵州与原州丝绸之路的对接,是沿清水河谷地南下,在原州以北的石门关界(固原北)入丝绸之路的。《史记·秦本纪》载:"秦惠文王后五年,王游至北河",这里的河,即黄河。史念海先生认为:秦惠文王所观的黄河,当在唐代灵州。所走的路线是沿着固原清水河谷地到黄河岸边的。① 可见,原州到灵州自古就有一条通道。当吐蕃兵锋直达关中,原州成为吐蕃铁蹄践踏的疆场后,灵州南抵原州后再达凉州的道路就阻绝不通。

宁夏境内的丝绸之路走向:唐以前的和平时期是原州萧关道,宋以后战时是灵州道;萧关道通则灵州道畅,原州失陷则灵州道受阻。当然,灵州向北与草原道也是相通的,但和平年代走丝绸之路长安—凉州道,便捷且基本为绿洲,而不走北方草原道。

根据史料和研究进展看,灵州道的走向,应该是两条线:一条是灵州—凉州道,属捷径;一条是灵州—甘州道,走草原丝路。

灵州—凉州道,是凉州畅通时的捷径。灵州—凉州道捷径的走向,古人已有记载。高居诲在他的《使于阗记》里说:"自灵州过黄河行三十里,始涉入党项界,曰细腰沙、神点沙。至三公沙宿月氏都督帐。自此沙行四百里……渡白亭河至凉州,自凉州西行五百里至甘州。"②对这条线路,陈守忠先生做过实地考察,认为自灵州渡过黄河,出贺兰山西北行,经阿拉善左旗折向西南行百余里,即达白亭海至白亭河(今石洋河);渡白亭河可达凉州。从地图上看是向北绕了一个弯子,实际上这是出贺兰山越腾格里沙漠最好走的一条路。③ 五代、宋初,中原使节、商旅及僧侣往返皆走此道。④ 灵州—凉州道,凉州—灵州—长安,实际上是"安史

---

① 史念海:《直道和甘泉宫遗迹质疑》,载《中国历史地理论丛》1988年第3期。
② 《新五代史》卷七十四。
③ 陈守忠:《河陇史地考述》,兰州大学出版社1993年版,第225—237页。
④ 赵贞:《敦煌文书中所见晚唐五代宋初的灵州道》,载《中国历史地理论丛》2001年4期。

之乱"前灵州—原州—凉州道的另一种走向。

灵州—甘州道的走向为，甘州—居延海（内蒙古额济纳旗）—灵州—长安，大致走向是草原路。唐代大中年间吐蕃占据凉州时，使者、商人等皆绕道漠北，循回鹘旧路或由甘州北趋居延海，然后南下灵州而至长安。当凉州被吐蕃占据而未复时，往来于丝绸之路的各色人只能是由长安至灵州，穿越沙碛至额济纳旗，再绕至甘州。当凉州收复后，灵州—凉州道畅通。

无论是灵州—凉州道，还是灵州—甘州道，都是不同历史阶段的产物，总体上我们都称为灵州道。自晚唐灵州道开通，历五代、宋初，灵州道承担着丝绸之路贸易和中西文化交流的陆上主要任务，是北方南下至长安的重要通道，是中西交通的主要干线。据敦煌文书称：曹氏归义军时期，灵州道空前活跃，而且朔方节度使（灵武节度）担负着朝贡使节的人身和财产安全，并确保灵州丝绸之路畅通无阻的神圣职责。[1] 无论是晚唐张氏归义军时期，还是曹氏归义军时期，灵州道都扮演着极为重要的角色，这期间使节、商旅络绎往来，民族之迁徙、文化之流变，特定的历史背景绘就了一幅幅瀚海与草原并举的丝绸之路的历史画卷，对晚唐、五代与宋初的历史产生过深远影响。

晚唐五代宋初的灵州道，向西可通达西域；向东是通往长安、洛阳与开封的通道。大致走向：由长安北上至邠州（陕西邠县），循马岭河而上经庆州（甘肃庆阳）至朔方节度使治所灵州。自灵州渡过黄河，出贺兰山口（三关口）西行，穿腾格里沙漠，抵今甘肃民勤县，沿白亭河谷南行，渡白亭河至凉州，与河西走廊古丝绸之路汇合。晚唐、五代、宋初的灵州，是西北游牧地带与北方游牧地带连接的枢纽。安史之乱后，地理位置决定灵州成为丝绸之路贸易的中端，大量的军马贸易都是从这里的集散地完成的。中唐五代以及宋朝初年，陆路贸易的最大中继站就是灵州。[2]

自西夏占据灵州后，在灵州道上不断劫掠往来商旅及文化使者，北宋与西域的交通随即断绝。从此，由东面子午岭（陕西与甘肃的界山）到西边宁夏六盘山一线，都成了宋夏鏖兵的战场。为争夺灵州，宋夏两军在这里的攻防战持续了近

---

[1] 赵贞：《敦煌文书中所见晚唐五代宋初的灵州道》，载《中国历史地理论丛》2001年4期。
[2] 参见〔日〕长泽和俊：《丝绸之路史研究》，钟美珠译，天津古籍出版社1990年版。

百年。

灵州道自开通以来就是一条朝贡之路、贸易之路、文化之路，特殊时期承担着特殊使命。丝绸之路灵州道近三百年的畅通过程，经历了不少重大历史事件，积淀了不少中西文化交融的故事。

公元1020年，夏王李德明迁都兴州。这一年是宋真宗天禧四年。也就是在这一年，宋朝正式诏告西凉府回鹘，此后向宋朝的贡奉改为秦州路（今甘肃天水），兴盛了数百年的灵州道完成了它的历史的使命。

缘于丝绸之路在宁夏生成的代表性人物和重要历史事件：一是象征丝路文化繁荣的波斯狮子，二是出土的北周李贤夫妇合葬墓，三是中亚昭武九姓家族在宁夏的经历，四是安史之乱后唐肃宗在灵州即位，五是盐池出土的胡旋舞墓碑。已进入遗产的内容，后面详述，此不赘述。

以上简略的追溯，使我们看到了丝绸之路及其文化对宁夏的影响，也从多个层面为我们了解和研究宁夏历史文化遗产的形成和积淀过程延伸了宏大的背景，提供了深刻认识文化遗产的多元思路。

## 二、丝路申报世界文化遗产预备名单

这里说的丝绸之路文化遗存，是指列入备选申报世界文化遗产的文化遗存。宁夏有四处：固原古城、须弥山石窟、固原北周和隋唐墓地、开城遗址。丝绸之路在宁夏的走向及其进入丝路申报世界文化遗产四处备选的相关文字，已经在拙著《宁夏境内丝绸之路文化研究》（甘肃教育出版社2014年出版）中有专门叙述。作为著名的文化遗产，为了让读者进一步了解，再度作为本书的一部分内容纳入进来。

### 固原古城

"中国城市的城址大多数位于河流沿岸，绝不是偶然现象，而是中国城市城址选择普遍规律……只有河流沿岸地理条件最优越，城址多选择在河流沿岸就成为不言而喻的事情。"①固原城址的选择，实际上体现了这种思想。六盘山下、清水河畔的固原城，就在关中北出塞外的交通大道上。固原的建城史已两千多年，这个过程伴随着中国城市文化的发展，无论从称谓演化或城的形制规模看，"城"涵盖的内容都是文化的多源体现，既是传统的建城秩序，也有其特殊的表现形式。

固原古城墙，是明代后期修筑的很有影响的砖包城。虽然"文革"时期遭到厄运，但留下来的部分，同样承载着厚重的历史，展示着古城文化的精神。在中国明清城墙申遗的背景下，它同样是中国典型的明清城墙的重要组成部分。"城"的出现，是人类文明进程中的重要标志之一，也是文明的载体，大自国都，小至区域性郡州城郭都是如此。古代的城市和城墙是分不开的，"城墙"是显示"城市"的具体形象。中国古代城址的选择，是与军事地理及人文地理联系起来考察的，城市建设的形制与地貌相结合。"故城郭不必中规矩，道路不必中准绳"，山川河流俱齐。山是屏障，可以固塞；川原沃壤，可发展农业；河流供水，与道路交通密切相关。

固原古城，位于六盘山腹地清水河上游西岸台地上，地理环境优越，西南为六盘山屏障，东北有贺兰山屏障与黄河天险。高平川(清水河)汇入黄河，将南北连为一体。清水河以北沿岸地形开阔平坦，利于农牧业发展，有着重要的军事意义。固原城最早当修筑于汉代，称为高平县城。修筑高平城的条件，一是高平川水，承载着萧关道；二是六盘山，扼陇山北段成为军事屏障。三是泾水、清水河两岸开阔平坦的土地，是可资耕种的良田。

古代的城市建设，军事防御能力是确定城址的重要因素。而防御条件一般体现为自然地形对交通的制约作用。正是这种"塞"与"通"的矛盾统一，成为城市兴起和发展的交通基础。高平城的修筑和后来的发展，直接出于军事目的。这不仅在汉代是这样，即使从后来固原城的发展看，这一使命近乎伴随着它的全部历史。高平城的发展在很大程度上体现了它的军事性质，也体现了古代城市的特点——政治与军事的有机结合。《民国固原县志》在写到固原城的形胜时说："治城形胜如磐石，东岳辅于左，西坪翊于右，九龙槟于前，北塬拓于后。"这种城制形胜的特点，正暗含了古代城制选址的地理条件。所以，这些必备的历史地理因

---

① 马正林：《中国城市历史地理》，载《陕西师范大学学报》1999年第4期。

素为高平城的选择提供了绝对条件；同时，高平城也选择和利用了这些地理条件。

**高平城格局的形成与奠定**

萧关，是中国历史上著名的雄关，"东函谷，南武关，西散关，北萧关"，拱卫着汉唐政治中枢关中，是古代关中西出北上塞外的必经要隘，驻守着大量的军队。自秦至西汉"文景之治"以前，固原隶属于北地郡，而军事中枢却在固原境内的萧关，这里是主持北地郡军事的最高武官北地都尉驻节之地。西汉孝文帝十四年（前166），匈奴14万骑兵沿清水河通道大举入侵，攻克萧关屏障，烽火直达关中，都城长安的统治者大为震惊。这次规模较大的军事入侵，再一次迫使汉朝政府重新审视萧关和萧关道的地理位置和军事作用。[①] 汉武帝当政后，在继续关注和加强西北军事防御的同时，着手建立集军事与区域政治为一体的地方建制格局。西汉元鼎三年（前114），汉武帝将原北地郡的一部分、陇西郡的一部分划出来，以高平为中枢设置安定郡，自南向北直达黄河沿岸，管辖21县，固原历史上第一个郡州级政权建制宣告诞生。这也奠定了固原历史发展的政治、军事格局。新设置的安定郡，以高平县，即今固原城为政治、军事、经济中心。高平县设立后，城池相伴随而出现。安定郡的设置，使其成为关中通往西北地区的军事重镇。高平城的修筑，成为固原城发展的第一个里程碑。近数十年来，考古与地下出土文物的不断获得，使得后人通过考古出土的材料看到了汉代高平城的规模。仅从建筑材料看，有卷云纹与青龙、白虎、朱雀、玄武四神瓦当，绳纹瓦当，铺地花纹方砖，特别是有陶水管道的发现。陶管有五角形和圆形两种，圆形又有直角形和曲尺形之分，直角形的一头大一头小，可与另一节套接；曲尺形管可用于衔接拐弯管道。这些文物的出土，说明汉代高平城已具备了较为完善的城市供水和排水系统。同时，也表明汉代高平城的规模、格局和城市建设的整体状况。

《后汉书》里记载的"高平第一城"影响很大，是"西遮陇道"[②]的重镇。建武八年（23）四月，光武帝刘秀亲征隗嚣，在"高平第一城""置酒高会"大宴群臣。历史学家、文学家班彪北游安定郡，登上安定郡高平城，留下了著名的《北征赋》，

---

① 薛正昌：《固原历史地理与文化》，甘肃文化出版社1998年版，第56—57页。
② 《资治通鉴纪事本末·光武平陇蜀》。

彰显了高平城的规模、坚固程度，也再现了高平城的军事、政治和文化意义。北魏太延二年（436）置高平镇，当时系军镇，不领县制。正光五年（524）改为原州（固原），始领郡县。魏晋南北朝时期，社会动荡乱离，战乱给原州城带来不同程度的破坏。

北周时期，原州城得到了大规模的修筑。北周天和四年（569）六月，再"筑原州东城"①。北周修筑原州城，不是对原高平城的修葺，而是在高平城（旧城）外围拓展修筑的新城。这与西魏的实际统治者、北周皇帝太上皇宇文泰有直接关系。宇文泰发迹在原州，他的儿子、北周皇帝宇文邕的童年在原州李贤家中度过。宇文邕曾数次"幸巡原州"，而且在原州逗留时间很长。② 从西魏宇文泰到北周宇文邕，他们父子对固原城的拓展修筑起过直接而重要的作用。北周时期，固原城内城的格局已经奠定，是汉代固原城基础上的又一个里程碑。

**隋朝以后的固原城**

隋朝虽然短暂，但借北周统治之力，固原的政权建制并没有削弱。隋朝初年仍在固原设原州，州治平高县（固原）；公元607年改原州为平凉郡，治所仍为平高县。与前代不同的是，原州改为平凉郡之后，又置"原州羊牧"、"原州驼牛牧"，设大都督并置尉，说明隋朝原州畜牧业相当发达，朝廷也很重视。同时，也为唐代固原的政权建制奠定了基础。唐朝建立后，固原仍为平凉郡治。到了公元618年，唐朝政府再改平凉郡为原州，沿袭北周和隋朝的称谓。公元724年，原州又改为平凉郡。安史之乱后，平凉郡再改为原州，直到吐蕃陷原州达86年之久。期间，宰相元载曾上书皇帝："……请徙京西军戍原州，乘间筑作，二旬可讫。"③元载曾官居西州刺史，谙熟原州军事地理位置，要求重新修筑原州城以发挥其独有的军事作用。由于朝臣的阻力，特殊时期的原州城虽然没有得以修筑并充分利用，但原州城的军事地位并没有减弱。

唐代是个开放的国度，丝路文化繁荣。唐代在原州（固原）周围设置关碍多而重要，当时属于上关的有陇山关，中关的有木峡关，此外还有石门关、驿藏关、

---

① 《周书·武帝纪》，中华书局1987年版，第67页。
② 《周书·武帝纪》，中华书局1987年版，第68—69页。
③ 《新唐书·元载传》，中华书局1987年版，第4713页。

制胜关等。上关位于都城长安的四面,已故著名历史地理学者史念海先生认为陇山关即在西兰公路经过的六盘山上。有关,就有驿道。隋代初年,突厥纵兵入寇即由木峡关、石门关进兵。关隘的增多,不但说明原州军事地位的重要,而且说明交通道路十分发达。地处石门关边上的须弥山石窟大佛的开凿,足以看出原州繁荣的程度。

宋代,由于宋夏战争长期的军事冲突,固原城所在的镇戎军成为军事对峙的前沿,固原城始终处在军事状态下。宋代仍有过筑城的经历,而且筑城的形制有了变化,主要是增设"马面"建筑,① 以提升防御能力。明代《嘉靖固原州志》对宋代筑城大小有记载。② 金代对固原的统治时间不长,但对城池的修筑却是尽力经营的。1219年固原发生大地震,第二年即组织军民两万余人修筑固原城,有出土的铭文砖记载这次筑城的经历。③

元代,由于成吉思汗避暑六盘山的特殊背景,忽必烈建立元朝后,政治中心南迁固原城南20公里处的开城镇。忽必烈分封皇子忙哥剌为安西王,④ 即在开城(今固原市原州区开城镇)修建规模宏大的安西王府、王相府。特殊时期的安西王府是一个小朝廷,⑤ 明代人姚燧笔下的"延厘寺"建筑,再现的就是其具皇家性质的格局和规模。近年安西王府考古发掘出土的大量文物,都证实了这些。⑥ 1306年开城大地震,王宫及官民庐舍皆遭到毁灭性破坏,王宫内压死故秦王(安西王忙哥剌)妃等五千余人⑦。由于安西王府的设置,元朝在固原的地方政权建制,即设在开城。元代的数十年,固原古城被废弃;唐代吐蕃陷原州期间,也有数十年的荒芜。这两个时段,是固原历史上地方政权建制在固原城的空缺时空。

**固原城的最后定型**

明代,北元残余势力退入草原后,仍不时进攻明朝边境,直到明朝灭亡。因

---

① 《中华文明史》第6卷,河北教育出版社1994年版,第411页。
② 《明嘉靖固原州志·城池》,宁夏人民出版社1985年版,第10页。
③ 《两块有史料价值的小砖碑》,载《固原日报》1996年1月9日。
④ 《元史》卷七《世祖纪四》,中华书局1987年版,第143页。
⑤ 《元史》卷六十《地理志》,中华书局1987年版,第1428页。
⑥ 薛正昌:《宁夏历史文化地理》,宁夏人民出版社2007年版,第43—45页。
⑦ 《元史》卷二十一《成宗纪四》,中华书局1987年版,第471页。

了这种特殊的战争背景，在固原设有指挥整个西北地区军事指挥中枢的"陕西三边总督"。同时，明代固原还设有地方政权建制固原州。

明朝初年，固原仍沿袭元朝开城、广安二州建制，洪武二年(1369)废州，只留有开城县，隶属平凉府，固原城仅设有巡检司。景泰年间，边患日益加剧，固原逐渐又成为兵锋之地，被冷落了近百年的固原古城的修筑不得不提上议事日程。景泰二年(1451)修筑被元代废弃的故原州城，讳"故"改为"固"，凸显城池的坚固。从此，有了"固原"的名字。紧接着就是加强固原军事防卫，将平凉卫右所军队调驻固原城，名为固原守御千户所。蒙古后裔满俊暴动后，迫使明朝政府调集大军围剿。此后，明朝政府再次加大对固原的军事布防，将固原守御千户所升格为固原卫。到了成化六年(1470)再置固原兵备道。四年之后，设总制府于固原，控制甘肃、延绥、宁夏、陕西诸镇兵马。但此时不是常设，是依战争与边境冲突情况而定。伴随着西北军事防务的升级，弘治十四年(1501)，升固原卫为固原镇，固原成为北方"九边"重镇之一。自弘治十五年起，三边总督成为定制，先后有五十余位、六十余人次出任固原陕西三边总督，而且兼有重要头衔，或者以左副都御使、兵部尚书，或者以户部尚书、兵部侍郎等兼任，[①] 直到明朝灭亡。出于这样一种军事背景，明代固原城的防御与修筑就显得更加重要，曾前后数次筑城。明初，只是在过去旧城基础上的修筑。景泰初年的修筑，是为了进一步防御北元兵锋的不断南下。1979年，在固原城古城墙内出土了一块"铭文砖"，为明代景泰二年(1451)《重修镇戎城碑记》。这块碑文不但记载了明代景泰年间修筑固原城的经历，而且在修筑(修葺)的过程中，"掘出方砖一块"，上刻大金兴定三年(1219)六月固原地震，兴定四年(1220)差军民夫二万余人修筑固原城的记载。[②]

成化三年(1467)，北元攻克开城县后，遂迁县制于固原城。这一时期，增筑固原城，并在旧城门上建有楼铺，以加强瞭望和守城。总体上，是对金朝所筑城池的拓展。明朝弘治年间的筑城规模较大，由三边总督秦纮主持修筑。在格局上，成化年间修筑的城为内城，秦纮修筑的城为外城，"回"字形里城与外城的独

---

① 薛正昌：《固原历史地理与文化·明清驻节固原陕西三边总督》，甘肃文化出版社1998年版，第149页。
② 宁夏固原博物馆编：《固原历代碑刻选编·重修镇戎城碑记》，宁夏人民出版社2010年版，第140页。

特形制，是固原城的最后格局，有堞楼，又有壕堑。外城四门，各门又不一样。

砖石建筑城墙，是明代筑城的特色，也是砖石建筑在明代普遍推广的开始。明代城墙的修筑，以巨石为墙基，上面砌用的是规格完全统一的大城砖。砖缝间灌以石灰、桐油糯米汁搅拌而成的黏合剂。遗存下来的固原城墙，就印证了明代长城的历史。固原城最能体现其自身险峻与宏伟的历史时期，是明万历朝。当时，石茂华出任陕西固原三边总督。他是在前任总督秦纮已经修筑的城垣的基础上，"始甃以砖，高三丈六尺，周凡十三里七分，遂称雄镇"①。清代《宣统固原州志》记载详尽。内城：周围九里三分，高三丈五尺，垛口一千零四十六座，炮台十八座。外城：周围十三里七分，高三丈六尺，垛口一千五百七十三座，炮台三十一座。壕深、阔各二丈。东城门三道，万历时建。有名者二，曰安边，曰保宁。南城门四道，万历时建。有名者一，曰威远。北城一道，万历时建，曰靖朔。同治兵乱后封闭。② 这是固原城发展和变迁两千多年后格局上的最后定型。由明末《固原州舆图》看，东、南、西三门皆取正，唯北门不在正中，而在东北拐角处。

**雕刻在砖石上的文字**

固原古城的修建和最后定型，是在明代万历三年(1575)。主持修建的是陕西三边总督石茂华。这里说的最后定型是指"土筑不能垂远，乃甃以砖"，就是我们通常说的砖包城。最后定型的固原城：外城周围十三里七分，高三丈六尺，城门东三、南四、西二、北一，角楼、炮台、铺房、水沟、瓮城、马面、垛墙等一应俱全，是明清以来西北地区的名城。

就是这样一座用砖包起来的古城，古人想让它"垂远"，但却是命运不济。当年抵挡过炮火的城墙，却抵挡不住四百年后的那场"文革"厄运。城墙的砖扒光了，只留下西北隅的转角处，成了固原城墙的缩影，历史的烟云未能散尽，总算留下了一抹残存的印痕。留下来的就成了文化。

近年，当地政府对唯一留下来的固原古城墙开始保护。现在，周围已修整成绿化带，原来堆在城墙根的积土被运走，休闲的人可以到城墙根下。城墙的地

---

① 《万历固原州志·建置志》，宁夏人民出版社1985年版，第139页。
② 王学伊：《宣统固原州志》卷二《地舆志》，陕西人民出版社1992年版，第63页。

基,是数层厚厚的石条铺就。休闲人稍有留意,就会发现石质依旧绚丽的墙基石条完好无损,而且做工非常精细。在这里,笔者发现了城墙的秘密——固原城墙基石条上面的文字。露出地面的城墙基石是四层,每层20公分左右,文字就雕刻在第一层到第三层上。文字竖起:"中营起,壹百丈",意思是由刻字的地方往前的一百丈城墙,是由中营来完成的。由此,我们可以看到修建固原砖包城的过程和经历:一是明代万历年间修筑固原砖包城工程,是由驻防固原的军队来实施完成的,而不是差派农民。二是明代的军队是卫所制,营是军队的基层建制。固原城墙的修筑,是以营为建制单位施工的;应该是由不同营制的军队来分段完成的。由此,我们还可以类推,固原城东门的城门楼、瓮城(月城),南门的南门楼、瓮城等较大的工程,同样是由某营军队来承担的。三是刻在城墙基石上的文字为楷体,直径约十公分。整体上看,不仅字的结构很好,而且雕凿刻画时下刀锋利,棱角清晰,刀法很有功力,颇具气势,应出自书法家和雕刻家之手。从比照的角度看,当时参与营建城墙的人能将基石上的文字处理得如此认真,可见固原城墙(包括城门楼)修建工程质量的坚固程度。同时,我们也看到了明代固原文化的精细及其兴盛程度。

明代南京城的用砖都是有来历、有文字记载的。朱元璋为了确保南京都城城墙的质量,下令凡承担烧制城砖任务的各府、州、县以及中央所属各部、军队等,都要在砖上留下生产者和参与者的姓名,包括各级监制人、造砖匠人、烧窑匠人,这种现象在明孝陵也能看到。山东临清是"贡砖"的重要生产地,这种砖是"敲之有声,断之无孔,坚硬如石"。南京城城砖的文字在压砖坯时已经处理过,是阳文。固原城城墙砖自然比不得南京,但刻在墙基石条上的文字却很有意义,刻上去自然为阴文,极具书法水准。

清代固原城,基本是在明代固原城基础上的修缮。清代前期,固原承袭明制。固原既设有统揽西北军事的高层次军事指挥中枢,也有州一级地方政权建制。只是名分不称固原陕西三边总督,而称陕甘总督,其实质是一样的,仍管辖陕西、甘肃、延绥、宁夏四巡抚及其军务。

清代前期西北尚有战事,陕甘总督仍驻节固原,节制陕、甘两省。这期间,还兼辖过四川,称川陕总督。西北战事结束,与四川分离,又称陕甘总督,直到顺治朝后期,陕甘总督府才迁往汉中。但固原的军事战略要地并没有被放弃,当

固原古城

陕甘总督迁离后，驻节西安的陕西提督又移驻固原，改称陕西固原提督。康熙、雍正、乾隆三朝西北用兵，固原仍是战略防地。乾隆年间，当陕甘总督一度移驻兰州后，固原提督暂移西安，又将河州总兵官移驻固原。十余年后，驻西安陕西提督又移驻固原，仍称陕西固原提督，直到清朝末年。早在顺治年间，还设置过固原镇，这与当时整个西北军事防务有关，固原镇约存在十年后裁撤。当河州镇总兵移驻固原时，又复设固原镇；河州镇总兵调离固原后，固原镇再撤。清代的二百多年，固原军事权力机构设置格局一直较高，总督、提督、总兵齐集，唯陕西提督驻节固原时间最长，是固原军事文化的一大特点。康熙以后虽然陕、甘分省，但在军事防务上仍为一体。康熙以后，固原划归甘肃管辖，但陕西提督一直驻节固原。

清代嘉庆十六年（1811），时任陕甘总督的那彦成"请旨"重修固原城，用工"赈贷兼施"。"十六年闰三月兴工，次年秋工竣。计役募夫近万人，用帑五万余金，民乐受雇而勤于役。向之倾者整，圮者新，垣墉屹然，完固如初。"①

1920年海原大地震，对固原城影响较大，灾后有过修葺。叶超在《民国固原县志》里对民国时期的固原城做过评论："壁坚垒崇，遂称雄镇，陇右名城无出其

---

① 那彦成：《重修固原州城碑记》，见《宣统固原州志·艺文志》；碑文遗物见宁夏固原博物馆编：《固原历代碑刻选编·重修固原州城碑记》，宁夏人民出版社2010年版。

右者。"①直到20世纪60年代以前,固原城雄姿犹存,仍是登高望远的好去处。最悲的一幕莫过于1971年,兰州军区司令员皮定均一声令下,城墙的砖石全部下入地道,成了修防空洞的材料,固原城的雄姿消失了。现在古城西北角留下的一部分成了固原城的见证。由于看守所占据着古城西北一角,这部分幸免于难留了下来。审视这里的城墙遗存,就能感悟到数百年前固原古城的影子。固原古城是最能体现固原历史文化厚重而悠久的遗存,也是一处人们能看得见摸得着的历史文化遗产的活化石。

固原的政权设置和历代变迁,就是伴随着固原古城走过来的。

**古城承载的文化意义**

固原古城,是固原历史文化悠久的象征。20世纪80年代以来,当旅游文化在中国兴起时,"城"越来越显示了它的历史价值和文化价值。山西平遥古城、云南丽江古城等,旅游开发都非常火爆。中国的古城,引起了文物工作者的高度关注。《文物天地》曾以"城墙的意义·遗产的围城"为题,组织专家撰写有关城墙的文章。② 卷首文阐释了城墙的历史文化意义,认为城墙对不同的人意义不同:对文化人,它可能是精神家园;对城市人,它可能是童年的记忆;实际上对任何人,它肯定都是一段可以触摸的历史。史书典籍里记载的固原城,的确是可触可摸的厚重历史,而且是永远无法弥补的痛心史。

作为遗产意义上的固原城,有幸留下了西北一角让后人观瞻,文献记载中的固原城还活着。在来固原旅游的外地游客的眼里,固原博物馆里的"固原城模型"仍使他们激动。他们将固原古城与西安城、南京城、平遥城放在一个层面上比较,结论是:固原城是中国已经消失的古城的代表。

毕克官先生以"古城,您到哪些里去了"为题,十分痛心地追述了固原城的格局与毁坏的经历。他说:"香港的报纸,每天被旅游广告塞得满满当当,平遥游、丽江游……而此时宁夏固原的人却在叹息。"用他的原话说:"固原人叫天天不应,叫地地不语,文物不可再生,古老的双层城再也回不来了!"从深层看,城墙毁

---

① 叶超:《民国固原县志》(上),宁夏人民出版社1992年版,第315页。
② 见《文物天地》2003年第1期。

了，活态的历史文化信息失去了承载的基础。现在，劫后余生的西北角古城墙，成了不幸中的万幸，仍在给后人诉说着曾经的历史。其实，典籍记载里的固原城依旧鲜活，文化意义上的固原古城更具魅力。

## 固原北朝和隋唐墓地

固原北朝和隋唐墓地，是指20世纪80年代在固原城西南塬陆续发掘的一系列墓葬的总合。汉唐丝路文化的长期演绎，滋生和推动着固原历史文化的融合与发展。历史上的固原，地处中原农耕文化与北方草原游牧文化、西域中亚文化的交融碰撞之地，多元文化的东来西出通过丝绸之路相连接。特殊的历史地理位置决定了其在文化方面的相融交汇。古代印度、希腊、罗马等几大文化的影响通过西域源源不断进入中原，固原就成为多元文化的融会和过渡地带。1981年出土于固原县城郊雷祖庙北魏墓的描金彩绘漆棺，[①] 漆棺画里的宴饮图、漆棺画的波斯画风等都明显地表现出中亚文化、草原文化与中原文化的文化内涵与融合程度。同时，还出土了一枚来自波斯的萨珊银币，再现了丝绸之路东段北道的畅通和固原丝绸贸易之繁荣。1993年在固原县南郊乡王涝坝村发掘的北周宇文猛墓，出土了近百件彩绘陶俑，不但有与战争相关的具装甲骑俑，还有胡俑，包括一些反映当时生活现象的陶灶庖厨用具等。隋唐墓葬，主要是1982年至1995年间在固原城南羊坊村、小马庄村、王涝坝村所在的这个古人称为"陇山之足"的"百达原"上，相继发掘的9座隋唐墓葬，其中隋墓1座，唐墓8座。[②] 1983年在固原县南郊发掘的北周大将军李贤墓出土的鎏金银壶、波斯萨珊时期的工艺品等，是中西文化交流和研究的重要实物依据。1996年中日联合发掘的北朝重臣田弘墓，出土东罗马金币及玉钗、玉环、玉璜等珍贵文物，5枚金币中距今最早的一枚属拜占庭帝国列奥一世（457—474）时期，生动地再现了东西文化交流在固原的璀璨历史。尤其是数百枚玻璃珠、玻璃残片，对研究萨珊玻璃器传入中国大有裨益。相继发掘的7座史姓墓葬群，墓主人为"昭武九姓"的后代，粟特人的后裔。他们以

---

[①] 宁夏固原博物馆：《固原北魏墓漆棺画》，宁夏人民出版社1988年版。
[②] 罗丰：《固原南郊隋唐墓地》，文物出版社1996年版，第7—135页。

族聚的形式出现在固原历史上，再现了当时中西文化交流过程中固原的历史地位；也反映了在中西文化交流过程中西域人的汉化程度。在这些西域民族的墓葬中，同时出土了带有强烈中亚甚至西方文化色彩的文物，其中普遍有罗马金币、波斯银币等。

拜占庭金币

西魏北周以后，固原城西南塬大片的地域，逐渐成为地方官吏选取坟茔的风水宝地。出土的墓志文字里，界定这里的地理环境为"原州西南陇山之足"，称这里为"百达原"①。从北朝到隋唐的数百年间，丝绸之路文化交流，彰显了固原的重要角色，如此之多的本土达官显贵和东来中土的各色要人选择固原城南塬为百年后的茔地，再现的是汉唐间固原城地位的重要和在中西交融过程中的影响力，先后出土的各类文物已足以证明这个结论。固原北朝和隋唐墓地，是一个跨越时代的墓葬群，布局相对集中，出土的反映中西文化的文物丰富而重要。

**北魏漆棺画墓**

北魏漆棺画墓，1981 年出土于固原县城郊雷祖庙村，为夫妻合葬墓。出土的文物多为铜器，如铜坊、铜壶、铜灶、鎏金透雕人物铜铺首、透雕双龙铜佛饰件等，此外是铁器，如铁刀、铁剑、马镫，还有银耳环、萨珊银币、金环等，尤其是漆棺上的精美漆画，被视为重大发现。漆棺画的内容，部位不同内容不一样。棺盖边缘有象征着天河的金色长河、修造华丽的房屋、穿戴高贵的东王父和西王母，伴以珍禽怪兽和仙人图案。漆棺前挡有墓主人生前的饮宴图，漆棺侧挡有孝

---

① 宁夏博物馆等：《宁夏固原北周李贤夫妇墓发掘简报》，载《文物》1985 年第 11 期。

子图、狩猎图和联珠龟甲纹类的装饰性图案。从文化背景看，北魏描金彩绘漆棺墓所展示的内容，棺画的人物及图案明显地表现出草原游牧文化与中原农耕文化融合的影子。同时，还出土了一枚来自于波斯的萨珊银币，再现了丝绸之路东段北道的畅通和固原丝绸贸易之繁荣。

**李贤夫妇合葬墓**

1982 年至 1987 年间，考古工作者在固原城南郊相继发掘了不少有影响的墓葬，北周李贤墓就是其中著名的一座。1983 年，在固原县南郊乡深沟村发掘的李贤墓，也是夫妻合葬墓。墓道与墓室皆有壁画，260 余件陶俑成为此墓的一大特点，人物造型展示了社会生活的诸多方面，尤其是深目高鼻、头发卷曲的胡俑，极富异域风情。最引人关注的随葬品，就是传入我国且极具中亚、西亚文化内涵的鎏金银壶、凸钉装饰玻璃碗、镶宝石金戒指、银装铁刀等，它们都是非常珍贵的文化遗存。李贤的祖上为陇西成纪人，其祖父镇守高平后举家徙居原州（固原）。北魏时胡琛、万俟丑奴在高平起义，北魏派大军前来围剿。李贤作为地方势力的代表，为北魏宇文泰提供战马及军需物资，同时为其出谋划策。在参与镇压万俟丑奴起义的过程中立下卓著战功，为宇文泰所赏识，先后晋升为抚军大将军、"封下邽县公"，授左督都、安东将军，镇守高平。当平息了原州（固原）人豆卢狼的"叛军起义"后，再授原州刺史。此后，李贤之地位越来越显赫——迁骠骑大将军、开府仪同三司，成为北魏的柱国之臣。

就是这样一位土生土长的原州人，死后葬在固原南郊。1400 余年后，这座北周古墓被发掘，墓志铭上显赫地写着"北周柱国大将军李贤夫妇"。在这座古墓里，出土了金、银、铜、铁、陶、玉等各种质地的随葬品 700 多件，仅彩绘的陶俑就 200 多件，依类型可分为披甲胄镇墓武士俑、出行仪仗俑等，尤其是鎏金银壶、玻璃碗、陶俑等最为珍贵。经专

李贤墓出土鎏金银壶

家鉴定,这些都是从西方传入的手工艺制品;鎏金银壶是反映丝绸之路东西文化交流极为重要的遗物。鎏金银壶的周身图案,由三组人物图像构成;壶底缘有联珠一周,口部有流,柄部和口缘相接处有一个带有两撇胡须的胡人头像。壶的造型别致,图像精美,是国宝级的精品。

此外,李贤墓出土的玻璃碗,也是当时波斯玻璃器皿进入中国的象征;大量的波斯银币,更是显示了丝绸之路上商贸往来的繁荣。这些出土文物,是中西文化融会在固原的代表,更是丝绸之路中西文化在固原浓墨重彩的表现。

"昭武九姓"文化在固原的表现形式是外来型的;李贤夫妇墓葬所再现的文化表现形式却是本土性的,但本土文化对外来文化的吸纳更具特点,极具代表性。

### 田弘和他的墓葬

1996年,中国与日本联合组建原州考古队在宁夏固原城南发掘了北周田弘墓。2009年文物出版社出版了由原州联合考古队编著的《北周田弘墓》①一书,详尽记载了考古发掘过程,包括墓葬形制、出土的重要遗物、墓志、壁画等,还有大量的插图。书中的文字和插图,基本完整地再现了田弘墓葬所承载的历史和文化的各个方面。田弘墓发掘处固原城南塬,是汉唐时期相对集中的官宦阶层人群的葬区,近30年间发掘了不少在学术界有重大影响的墓葬,田弘墓是这一时期中西文化交融的一个缩影。

执刀武士壁画

---

① 原州联合考古队编:《北周田弘墓》,文物出版社2009年版,第211页。

田弘，字广略，北周时期原州（固原）人，《周书》《北史》有传。他是历经北魏、西魏、北周的三朝元老，勇谋皆备，战功卓著。依出土的《使持节少师柱国大将军大都督襄州总管襄州刺史故雁门公墓志铭》载，大统十四年（548），授使持节、都督原州诸军事、原州刺史，随宇文泰玉璧军、破沙苑、战河桥等大战后，又授使持节、车骑大将军、仪同三司等。之后，再迁骠骑大将军，晋爵雁门郡公，食邑三千七百户。北周天和六年（571），授柱国大将军。建德二年（573）拜大司空，① 是西魏、北周时期影响较大、有重要作为的人。公元575年死于襄州（今湖北襄樊）任上，同年四月归葬于原州。北周著名文学家庾信为其撰写《周柱国大将军纥干弘神道碑》②。

**庾信撰写《神道碑》与《墓志铭》**

庾信（513—581），是北周时期著名的文学家，他笔下的田弘"神道碑文字"，如赋如诗，神采飞扬，描述和记载了战功卓著而深得宇文家族（宇文泰和北周武帝宇文邕）信赖的田弘，并赐姓纥干氏。田弘身经百战、叱咤风云的形象呼之欲出，"人人如纥干弘尽心，天下岂不早定"。这是宇文泰在同州一个特殊的场合面对文武百官所讲的盛赞田弘的话，庾信也写入了碑文中。神道碑文后的铭文，更是以恢弘的诗才文情，高度浓缩和概括了田弘风云际会的一生，包括对他的推崇和哀挽。清代《宣统固原州志·艺文志》收录了庾信撰写的《周柱国大将军田弘神

拜占庭金币

---

① 宁夏固原博物馆编：《固原历代碑刻选择编》，宁夏人民出版社2010年版，第80页。
② 《庾子山集》卷一四，第三册，中华书局1980年版，第834—852页。

道碑》文①,但出土的神道碑文里,没有落庾信撰文的名字,说明在唐代以前的碑刻铭文里是不落撰文者的名字的。

出土的《墓志铭文》记载:"四年正月三日薨于州镇,春秋六十有五。天子举哀,三日废务。诏葬之仪,并极功臣之礼。有诏'赠少师,原、交、渭、河、兆(洮)、岷、鄯七州诸军事、原州刺史。谥曰襄公。'其年四月二十五日归葬原州高平之北山。"北周武帝宇文邕"薨于"建德四年,即公元575年。田弘身后的事,《墓志铭文》已记载得很清楚。

1996年中日联合发掘的北朝重臣田弘墓,出土东罗马金币及玉钗、玉环、玉璜、玻璃器、漆器、铜钱、壁画等珍贵文物,5枚金币中距今最早的一枚属拜占庭帝国列奥一世(457—474)时期,生动地再现了东西文化交流在固原的璀璨历史,体现了中西文化合璧的历史特点。"仅以数量而言,在中国考古发现中尚属首例。"②尤其是数百枚玻璃串珠、玻璃残片,对研究萨珊玻璃器传入中国同样有重大意义。田弘墓出土的丝绸之路遗物:有东罗马金币、鎏金器、银器、云母片、漆盘、墓葬壁画等,在这些金银器物中,最为学术界关注的是东罗马金币。

东罗马金币

---

① 《宣统固原州志》,陕西人民出版社1992年版,第420页。
② 原州联合考古队编:《北周田弘墓》,文物出版社2009年版,第211页。

**"史姓"家族墓葬群**

1982 至 1987 年间,考古工作者先后在当时的固原县南郊乡相继发掘隋唐时期墓葬 9 座,其中 6 座为中亚"史姓"家族墓,即隋朝正仪大夫右领军骠骑将军史射勿之墓、唐朝请大夫平凉郡都尉骠骑将军史索岩之墓、唐左亲卫史道洛之墓、唐司驭寺右十七监史铁棒之墓、唐游击将军虢州刺史直中书省史诃耽之墓、唐给事郎兰池正监史道德之墓。以上史姓家族墓葬群,均于 20 世纪 80 年代出土于宁夏固原城南,出土的墓志铭文保存完好。[①] 这是隋唐时期为官中国并徙居固原的中亚"昭武九姓"中的史国人氏,他们是丝绸之路文化在固原繁荣的见证。昭武九姓"史姓"家族墓隋唐时期的墓葬群,出土了不少珍贵的壁画,尤其是罗马金币、萨珊银币、陶俑、玻璃器、鎏金铜制装饰、蓝宝石印章等。这些西方遗物,是中西文化融会在固原的遗存,再现了汉唐以来中西文化沿丝绸之路往来的繁盛历史。

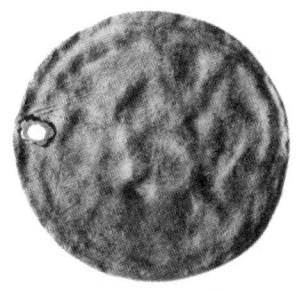

萨珊金币

唐代,是中国历史上最为开放的时期之一,其标志就是中西文化的大融合。当时,活动于中亚地区阿姆河与锡尔河流域的粟特人,汉代以康国相称,隋唐以后便称为"昭武九姓"。昭武九姓所指的"九国"史书记载不一,通常指康国、安国、曹国、石国、米国、何国、火寻、戊国、史国,曾徙居并生活在固原的是九国中的"史国"人氏,地当现在乌兹别克斯坦南部沙赫里·沙勃兹。经商逐利是粟特人的传统,《旧唐书·西域传》里记载,粟特人"善商贾,争分铢之利"。粟特人

---

[①] 宁夏固原博物馆编:《固原历代碑刻选编》,宁夏人民出版 2010 年版,第 86—106 页。

徙居固原，是沿着丝绸之路的商业贸易通道而来的。他们是穿越古代欧亚内陆及周边国家的国际商人，以善于经商而闻名于世，深层却扮演着传播文化的角色。北朝以来，他们就通过"丝绸之路"往来于中亚和中国之间。

固原城南塬史姓家族墓地，相对较为集中，按先后顺序依次为史射勿墓、史道洛墓、史索岩墓、史诃耽墓、史铁棒墓、史道德墓，墓葬中均出土有外国金银币。这六座墓葬分别属于两个家族。史射勿为史诃耽之父；史诃耽为史铁棒之父。史索岩、史道洛、史道德为另一家族。史姓家族之间或者为子孙关系，或者为叔侄关系。这两个家族主要成员早在北魏时已迁居固原，北周时已步入仕途，所以不是以粟特商团东迁而形成聚落的方式落籍固原。粟特人不仅在中国做官、经商，而且融入中国传统文化，以固原人的身份自居。据墓志载：史射勿自称这个家族就是平凉平高县(固原)人，史诃耽从隋开皇年间就入仕中原王朝，供职京师长安，在中书省任翻译。其妻康氏死后，再续娶汉族张氏女为妻。根据墓地的石床和石门等高规格的丧葬遗物看，史姓家族都是当时的贵族阶层和官吏，出土的文物也证实了这些。

1. **史射勿墓为隋墓**。1987年发掘于固原县南郊乡小马庄，出土有墓志、金带扣、金戒指、萨珊银币、铜镜、白瓷钵、水晶珠饰、鎏金桃花形花饰等，壁画也是墓中的重要之物。由墓志可知，史射勿为北周、隋朝的武将。

2. **史索岩墓**。1985年发掘于固原县南郊乡羊坊村。出土的文物主要有墓志、石门、玉钗、铜镜、绿釉辟雍瓷砚、东罗马金币仿制品，还有朱雀图壁画等。由墓志可知，史索岩官至唐朝骠骑将军。同墓还有史索岩夫人安娘的墓志，其族源为昭武九姓之一的安国。

3. **史诃耽墓**。1986年发掘于固原县南郊乡小马庄村。出土的文物主要有墓志、石棺床、石门、玻璃花、玻璃杯、蓝色圆宝石印章等。石门上的装饰图案特别精细，不同部位的图案都不一样：门楣正面有朱雀、卷云纹、山峦等图案，门额正面是怪兽、天马、荷花、朱雀等图案，门扇上有人物等图案。由墓志可知，史诃耽官至游击将军、虢州刺史。

4. **史铁棒墓**。1986年发掘于固原县南郊乡小马庄村。因墓被盗，出土的随葬品相对较少，主要有墓志、陶、铜、金等质地的文物20余件。官至大唐司驭寺(由太仆寺改为司驭寺)右十七监，是负责管理马政的官员。

5. 史道德墓。1982年10月发掘于固原县南郊乡王涝坝村。出土的文物有墓志、动物纹圆形金饰、兽面金饰、素面小铜镜和金带扣等，包括陶器共20余件。由墓志记载可知，史道德由东宫左勋卫官至兰池正监，也是负责管理马政的官员。

6. 史道洛夫妇墓。1995年中日原州联合考古队发掘于固原县南郊乡小马庄村，与史诃耽墓、史射勿墓相距数百米，是史射勿之子，死后数年与妻子康氏合葬。出土的重要文物有墓志、镇墓兽、东罗马金币、开元通宝钱、玻璃品、鎏金青铜品等。

波斯银币正面

史姓家族以族聚的形式出现在固原历史上，再现了当时中西文化交流过程中固原的历史地位，也反映了在中西文化交流过程中西域人的汉化程度。史姓家族墓出土了不少珍贵的壁画，艺术价值极高。还有不少珍贵的器物，有引人注目的罗马金币、萨珊银币、陶俑、瓷器、金覆面、玻璃器、鎏金铜制装饰、蓝宝石印章等中西文化的遗物，影响最大的是金币和陶俑。陶俑分为武士俑和镇墓兽两大类；镇墓兽造型又分为人面与兽面，造型奇特，颇具生气，周身施有精美的色彩，覆有金箔和银箔，显得非常华丽。史姓家族的墓葬，同样显示了中西文化在固原驻足与交流融会的程度。墓中还出土有一枚蓝色宝石印章，同样属萨珊王朝时期工艺表现形式。①

隋唐墓葬在固原，蕴藏着一段宏大的文化融合的背景。千年前那些生活于固原、埋葬于固原城南的隋唐间的昭武九姓人，在经历了时空的演进之后，都成了固原人。固原城南塬的厚土，成了他们安息之地；固原城南塬的厚土，同样承载了隋唐时期丝绸之路东来西往过程中多元文化的积淀。

---

① 罗丰：《胡汉之间》，文物出版社2004年版，第50页。

# 须弥山石窟

## 石窟概略

丝绸之路上著名石窟须弥山，是丝绸之路石窟宗教文化的重要遗存。须弥山石窟为全国十大石窟之一，坐落在固原市原州区西北。这里仍是六盘山的余脉，属黄土高原上独特的景观——丹霞地貌。出固原古城，沿清水河谷道北行55公里，即抵达颇负盛名的须弥山石窟。石窟造像开凿在整个须弥山东麓，地当丝绸之路必经之地石门关（古称石门水）北侧。途经这里的丝绸之路，孕育了须弥山石窟。

须弥山石窟初创于十六国时期的后秦和北魏，兴盛于北周和唐代，其艺术成就可与山西云冈、河南龙门大型石窟造像媲美。明代以后，尤其是近代以来，丝绸之路的衰落逐渐使这里因与外界交通中断而闭塞，再加上历代文献记载较少，后人很少知道这里曾为丝绸之路之必经、石窟群之集中者。在经历了冷清与长时间寂静之后的1982年，这座瑰丽的艺术宝库被列为全国重点文物保护单位，政府拨出巨款进行大规模修复。现在，这里不但是学者研究、考察石窟文化艺术的宝库资料，也成为一处吸引中外游人观览的旅游胜地。

## 称谓来由

须弥，是佛教典籍中的专用术语，通常认为是宝山的意思。佛教经典中所说的须弥山高大无比，是神仙居住的地方。历史上把石门关之侧的山系称为须弥山，自然增加了它的神秘与浓郁的宗教色彩。唐朝是须弥山石窟开凿的最后时期，也是规模最大的时期，代表性的石窟就是须弥山大佛。当时石窟开凿与寺院并行，景云寺，就是当时著名的寺院。宋夏时期已有须弥寨的称谓，应该缘须弥山而来。须弥寨的得名应在宋代以前。据西夏官制看，各级地方管理机构以"司"来划分等级。司又分上、次、中、下、末五品，须弥寨属末等司。[1] 因此，须弥山之得名最晚当在唐代，相对确凿年代，应在须弥山大佛开凿之后。到了唐代末

---

[1] 李范文：《西夏文资料对研究西夏史的重要意义》，载《西北民族研究》1992年第1期。

须弥山石窟一角

年,须弥山的名字已约定俗成。明代《万历固原州志》在记《重修圆光寺大佛楼记》碑文里,直呼"须弥山"之名。

神圣的宗教称谓须弥山,冠名固原以北的石窟山上,是有其深刻的历史背景的。北朝与北周,是丝绸之路的兴盛时期,也是须弥山石窟开凿的重要时期。这一时期固原地方军政权力的体现也较为特殊,前文所谈到的宇文泰,他及他的后人,曾是西魏和北周的实际统治者。同时,他们与固原有着特殊的关系,不仅宇文泰与须弥山石窟的开凿有关,宇文泰的儿子——北周皇帝宇文邕对固原城的拓展和修筑也有直接关系。细究起来,须弥山的名字能冠在固原的石窟山上,应该有如下几个方面的原因。

第一,途经固原的丝绸之路的畅通以及中西文化的碰撞融会,在固原得到了充分的表现,须弥山石窟开凿已成为规模。第二,源于北魏、西魏和北周时期统治阶层的信仰及其崇佛政治背景,尤其是北周政权奠基人宇文泰父子对原州(固原)的着意经营,体现的是皇家意志。第三,西魏、北周时期,固原本土官僚群体影响所致,如李贤、田弘、蔡祐等人,他们都官至州刺史等高层,不但带兵打仗,还注意发展地方文化。研究表明,李贤任敦煌刺史时,在莫高窟的洞窟就有与他相关的壁画存在。依常理类推，李贤能在敦煌石窟有所作为，在故乡宗教圣地须弥山应该也有相关宗教文化的造像。只是年代久远，须弥山石窟毁坏严重而至目前还没有发现此类记载和资料。第四，唐代原州政治、军事、经济、文化的繁荣和发展的直接作用。

## 演变过程

十六国前秦、北朝时期，是须弥山石窟的开创期，唐代是须弥山石窟的鼎盛期。唐代在大佛前已建有规模宏大的景云寺，唐朝睿宗皇帝有个年号叫景云（710—711），景云寺可能就是景云年间睿宗皇帝敕赐名而来的。宋代须弥山曾有过短暂的繁荣，是在宋徽宗统治的二十多年间；宋夏战争起来后，固原成为两军对峙的前沿，须弥山卷入战乱之中。金代虽然统治短暂，却对景云寺有过大规模的修建，而且管理也非常规范。元朝，也是个特殊时期。由于忽必烈在六盘山接受八思巴藏传佛教洗礼，儿子忙哥剌封安西王并崇拜藏传佛教等背景，须弥山石窟洞窟的佛像被改造过，成了藏传佛教的造像样式。如今，仍有至少两个洞窟造像清晰，还有藏传佛教的壁画。明代正统八年（1443），景云寺僧绰吉汪速在旧寺基上重建佛殿廊庑，之后上奏英宗皇帝，乞望敕赐寺匾。英宗应允，遂题"圆光寺"匾。据《须弥山石窟碑刻题记》记载，明正统十四年（1449）的《敕命之宝碑》碑文部分文字虽漫漶不清，但大致意思还是能衔接起来的。当时朝廷刻印大藏经赐予天下名山，陕西平凉府开城县所在的须弥山也在赐经之列。"皇帝圣旨，圆光寺……永充供养，以与民祈福。"①之后，有明成化四年（1468）敕赐圆光寺碑、敕赐禅林碑等（碑现藏须弥山石窟文物管理所），都记载着明代须弥山石窟寺院文化的变迁。明代，是须弥山石窟再度兴盛的时期，但主要是寺院建筑的修缮，而不是续开石窟。由于寺院殿阁的修葺，须弥山已随着人们的审美时尚发展成为一处风景名胜。明清时期的文化人，在游览须弥山石窟与景致之后也留下了流传后世的诗文，明、清地方志书里都有记载，如《登临须弥山阁》、《须弥松涛》等诗文。清代初年，西北用兵，须弥山石窟殿阁得不到修缮和管理，直到康熙年间，才有过一次较大规模的修复。康熙三十七年《重修须弥山禅院碑记》记载了这次修复过

---

① 宁夏固原博物馆编：《固原历代碑刻选编》，宁夏人民出版社2010年版，第136—137页。

程，仍是寺院建筑，与石窟开凿已无缘。

**造像风格**

须弥山石窟，是我国开凿最早的石窟之一，北周和唐代都在这里进行过大规模的凿窟造像活动。其在唐代已是一座规模很大的佛教石窟寺院，建有规模宏大的景云寺。至今保存有历代石窟132个，其中70个洞窟有雕造的佛像，较完整的洞窟20多个。这些石窟分布在山势迂回的八座山峰的崖面上，自南而北依次是大佛楼、子孙宫、圆光寺、相国寺、桃花洞、松树洼、三个窑、黑石沟。远远望过去，石窟层层叠架，如蜂房一般。

北魏时期，尤其是孝文帝迁都洛阳的太和年后期，不但石窟开凿之风兴起，而且随着孝文帝变法——"壬寅革衣服之制"，中国北方的石窟造像逐渐走向"中国化"，以前佛造像肩宽腰细、深目高鼻、方额圆脸的造像模式，半披肩袈裟或通肩大衣的"西域风格"，逐渐被"秀骨清相"、"褒衣博带"的"中原风格"所替代。

北魏以前开凿的石窟，集中分布在子孙宫区。石窟形制，多是平面方形覆斗式或穹隆顶，中心塔柱直接窟顶，塔柱身为上小下大的梯形式形状，塔柱四面分层开龛造像，或三层或七层不等，窟室四壁也有开龛造像者。这种石窟形制，是从印度"支提"式石窟演化来的。早期造像，主要有单独坐佛或立佛、交脚弥勒，大多是一佛二菩萨，还有乘象菩萨、骑马菩萨、思维菩萨等。造像特点：佛像面目清瘦，身材修长，着褒衣博带式袈裟，裙带覆盖于龛下；双肩稍窄，透视出秀骨清相之美。菩萨也是面目清瘦，身着对襟大袖襦，以宽袍大袖的汉族服装取代了圆领窄袖的胡服。这种变化，是北魏孝文帝太和改制在宗教文化方面的影响和反映。孝文帝改制的重要内容之一就是服饰改制，不准人们穿"夹领小袖"的胡服，一律改穿汉服。同时，给群臣也颁赐"冠服"让他们穿戴。须弥山北魏石窟造像的造型和衣服穿戴，就是孝文帝政治改制的一种折射，也是南朝汉式"秀骨清相"艺术风格流传到北朝之后，在须弥山石窟造像过程中的反映。

北周时期，须弥山石窟开凿数量多，规模大，造像精，在整个须弥山石窟造像中占有重要地位。这一时期开凿的窟室主要分布在圆光寺、相国寺区域，其中第51窟规模最大，虽因地震破坏严重，但石窟前室、主室和左右耳室的构成格局仍然是清晰的。这就是通常说的四室组成的中心塔柱式窟，主室宽26米，进深约

须弥山大佛

18米，高12米多，主要造像高达7米，是须弥山石窟造像规模最大的石窟。在我国的石窟造像中，这种窟形是较少见的。主室高大的方形式塔柱左、右、后三面各开一龛，每龛中雕凿一佛二菩萨。尤其有观赏价值的是窟后壁长方形的宝坛上，并列雕凿有3尊6米高的盘腿大坐佛，造型精美，气势雄伟，栩栩如生，是须弥山石窟造像中的精品之一，也是我国石窟艺术的杰作。

北周的石窟形制为平面方形的中心塔柱窟，塔柱上的造像也在发生变化，先前多层中心塔柱上的小佛龛没有了，每面由一个大龛或与人一样高的大型造像组成。造像仍以一佛二菩萨为主，主尊佛除结跏趺坐佛外，还有善跏趺坐式弥勒佛。最具代表性的是第45、第46两窟，它们是须弥山石窟造像最多，装饰雕造最丰富、最华丽的石窟。佛造像多作低平肉髻，造像由先前的瘦削变得圆润丰满，双肩宽厚，体态健壮，衣服宽松；菩萨头戴矮花冠，两侧宝缯垂肩，面相圆润，颈上有桃尖形或圆形项圈装饰，上身缠衣巾，腰裙外翻，显得很有生气。这一时期主要是一佛二菩萨、单身立佛、三世佛、四方佛、交脚弥勒、七世佛等。

与北魏不同的是，北周时期石窟的艺术装饰有了新的发展，即洞窟的装饰已按照殿堂庙宇中佛帐的形式雕刻佛龛，富丽华美。这些雕有幔帐的佛龛，有龛边龙嘴衔流苏的画面等；壁画多为伎乐飞天、伎乐人等，他们有的吹着横笛，有的弹着琵琶，有的击羯鼓，有的奏箜篌。窟顶围绕塔柱还有翱翔的飞天。佛像底座上的莲瓣，叶宽瓣厚，古朴典雅。这种装饰性的图案和壁画，为欣赏者提供了一个全方位的艺术视角和多角度的艺术审美空间。

**唐代造像**

隋代须弥山石窟也有开凿。据文物专家考察研究表明，隋代须弥山仅有3个洞窟，且雕凿较为简陋。窟的样式有方形窟和中心柱窟两种，中心柱窟与佛龛的开凿在前代的基础上也有细微变化，即简化的帐形龛、尖拱龛和圆拱龛三种，尤其是圆拱龛的出现也是值得研究的。

须弥山石窟最著名的造像，就是通常称为第5窟的大佛造像。这是一尊高20.6米的露天弥勒佛坐像，大佛仪态端庄而安详，为唐代武则天时期开凿。佛像占整座山头的上半部分，一只耳朵就有两人高，一只眼睛足有一人长。这尊高耸的大佛造像虽是砂崖雕凿，但造型和雕凿的刀法却给人以泥塑一样的温柔。大佛造型比山西云冈第19窟大坐佛还高7米多，也比河南龙门奉先寺卢舍那大佛高，是全国大型石窟造像之一。

须弥山石窟大佛开凿于唐代。唐代的原州，经济发达，文化繁荣，隋唐以来著名的七关之一的石门关就在大佛的侧旁。它不但是都城长安通往西域的要道，也是西域文化传入中原的必经之地。须弥山大佛是武则天时期开凿的，完工于唐玄宗时期。就其造像特点看，须弥山大佛造像特征与龙门奉先寺卢舍那大佛极为相似，有着女性温柔的共同特征，这自然与武则天有关，体现了当时造像艺术的背景和审美时尚。唐代禅宗理论的兴起，将人性与佛性融在了一起。表现在佛教造像特点上，就是体态健康丰满，鼻低脸圆耳大，表情温和。须弥山大佛造像头部螺髻，双耳垂肩，浓眉大眼，嘴角含笑，神态端庄而慈祥。大佛造像前原有大型楼阁建筑，建有规模宏大的景云寺，后世还修建过三层楼阁，故有大佛楼之称。这里是须弥山石窟的代表。遗憾的是，大佛楼阁毁于1920年的海原大地震。

关于须弥山大佛造像，还有十分精彩的民间传说。段宝林、江溶先生主编的《中国山水文化大观》里，收录了这些传说故事，精彩绝伦，让人神往。

唐代是须弥山石窟开凿最繁荣的时期。这一时期凿窟数量多，雕凿艺术精湛，达到了空前的水平。唐代须弥山石窟开凿主要分布在大佛楼、相国寺和桃花洞三个区域。景云寺是以须弥山大佛为中枢、以大佛楼为代表的石窟区。

唐代石窟开凿的样式，在北周的基础上又发生了新变化，除个别石窟仍保留了方形塔柱外，方形的佛殿样式已经取代了北周的塔柱式。窟龛的开凿有平面横长方形平顶敞口窟、平面马蹄形穹隆顶敞口窟、平面方形平顶大窟、平面方形覆斗顶窟等。主要以方形或长方形平顶或覆斗顶的中型洞窟为主，不少洞窟内不另开龛，而是将佛像雕置于马蹄形坛基上，五尊或七尊，多至九尊，这样的布局方便于观佛或礼佛。

唐代须弥山石窟造像，规模最大的是第5窟、第105窟。在佛像的布局上，佛坛沿着凿壁设置，或在正面壁上设台基，辟佛龛，窟室中央空间明显增大。造像题材也发生了变化，除一佛二弟子、一佛二弟子二菩萨外，天王、力士、魔鬼等题材也出现在石窟中，第62窟最具代表性，也是须弥山石窟造像中最为完整的一个窟。唐代须弥山造像风格，已明显地表现出世俗化的特点，即以丰满为美，以雍容华贵为美。无论佛还是菩萨，弟子、天王还是力士，都雕凿得丰满圆润，栩栩如生，内着僧衣，衣薄透体，自然流畅。菩萨上身袒露，斜披络缨，下着贴腿裙，腰间系带并折出大裙一角，显得体透轻纱，多姿多彩。力士袒露上身，下着短裙，束扎带且光脚，攒拳怒目，表现了男子的健康之美。天王身着铠甲，下着战袍，手执兵器，脚踩夜叉，显得十分威武。

明代，是须弥山石窟夕阳返照时期。明英宗赐名"圆光寺"，对须弥山大兴土木，整饬修缮，与明朝政府在固原设置的政治军事机构和控制西北的军事政权有直接关系。明代须弥山的再度兴盛，已不是前代大规模地开窟造像，而是寺院文化兴盛的再现。

须弥山石窟除造像外，还有唐、宋、西夏、元、明各朝代的题记30余则，壁画近10处，有明代的壁刻3通。这些题记和碑刻，有助于研究者研究丝绸之路文化与石窟文化在固原的表现。

**造像艺术影响**

须弥山石窟艺术表现在两方面，一是对龙门、云冈石窟的影响。中国的石窟造像，有雕塑和开凿两种表现形式。由最初的泥塑彩绘造像过渡到开凿造像，其工艺有一个发展变化的过程,即由塑像到彩塑与雕凿共存,再到纯石刻雕凿,这种艺术表现形式是由西方向东方逐渐发展的。新疆拜城克孜尔石窟造像为泥塑,敦煌莫高窟为泥塑彩绘,炳灵寺造像大多为彩塑,或者石胎泥塑,麦积山石窟仍是以石胎彩绘为主;而山西云冈、河南龙门石窟造像均变成石刻雕凿。须弥山石窟造像是石雕开凿形成的。在地理方位上,须弥山正好处在西方泥塑造像与东方石刻造像的形成与过渡带上。换句话说,须弥山石窟开凿早,佛造像是采用石刻手法雕造。这种石窟造像艺术手法的更替和定型,是在须弥山完成的,它为云冈石窟、龙门石窟造像有一定影响。二是对日本佛教的影响,即日本佛教由须弥山沿草原丝绸之路东传。

**藏传佛教影响与造像**

须弥山石窟的开凿年代、造像内容与造像风格,前文已大致说清楚了,这主要是指北魏至唐代这一兴盛时段。唐代以后,须弥山石窟的开凿造像开始走下坡路,由于文献记载和相关史料阙如,留给后人研究的空间似乎很小。实际上,仔细审视须弥山石窟个别洞窟,借助明代留下来的须弥山的碑刻资料,同时检视元代安西王府在固原的特殊经历,还能发现元代或明初藏传佛教对须弥山石窟造像的影响。

**首先,是西夏藏传佛教的影响。** 宋夏对峙近200年,其间战争与和平友好交替出现,以边境相安时期为多。西夏是一个宗教文化相当浓厚的地域政权,在多个层面上与藏族、藏文化有着渊源关系,如族源、语言,包括宗教文化背景等。[①]西夏立国之后,在吸收和传承汉文化的同时,大力吸纳藏传佛教文化并传播。采取走出去与请进来的办法,既选择派僧人前往西藏地区求法学经,同时又邀请西藏教派的僧人来西夏传法,并重用西藏宗教教派的教主担任西夏的国师。随着藏传佛教的传入,藏传佛教艺术也随之传入西夏。

北宋与西夏抗衡时期,须弥山地当宋夏对峙的前沿,经常有战事发生,尤其是宋夏前期。宋仁宗宝元、庆历以后,随着宋夏几次较大规模的交锋,西夏李元

---

① 达仓宗巴·班觉桑布:《汉藏史集》,陈庆英译;另见陈庆英:《西夏与藏族的历史、文化、宗教关系初探》,载《藏学研究论丛》第5集,西藏人民出版社1993年版。

昊取得对北宋战争几次胜利之后，须弥山石窟一度为西夏所占据。西夏文法典《天盛年改旧定新律令》第十章《司之行文门》，其中第五品就列有"须弥寨"的名字，它是西夏占据须弥山时期设置的。①说明西夏不但占据须弥山，而且在这里有过驻军设置，并延续过较长时间。这是西夏宗教文化对须弥山石窟影响的背景缘由之一。

西夏宗教文化影响须弥山石窟的背景缘由之二，是留在须弥山石窟的西夏题记。《须弥山石窟》一书中有两处题记，第一处是大佛楼区第1窟，此窟为唐代洞窟。窟内立佛东侧有西夏题记："僧惠讆都四年二月十日，僧悟□□弟贺山哥巡礼□□告。""拱化三年七月十五日……弥山□巡□至竹石□山中……"讆都，是西夏毅宗李谅祚的年号，时在公元1057至1062年间。这是须弥山石窟题记中出现（须）弥山的记载。第二处是相国寺区第51窟。此窟为北周时期开凿，窟内南耳室西壁侧阴刻题记文字："绍圣四年三月二十三日收复，陇干姚雄记。"宋绍兴四年，是公元1097年。也就是说公元1097年，宋朝才收复了须弥山。

由以上两处题记可知，须弥寨之名始于西夏占据须弥山时期。绍圣年间北宋夺取西夏天都地区之后，须弥山自然就回归北宋。由西夏讆都年号公元1057—1062到1097年北宋收复，西夏人占据须弥山前后的时间约在大半个世纪。就西夏这个宗教文化非常浓厚的地域性政权来说，是对须弥山石窟宗教文化产生了影响的。经过北朝至唐代的发展，须弥山已是一处规模宏大的石窟艺术与宗教场所，有吸纳多元宗教文化的基础。

**其次，是忽必烈时期藏传佛教的影响。** 蒙元时期，由于成吉思汗、忽必烈、安西王忙哥剌等人与固原的特殊关系，再加上他们的宗教信仰，对须弥山石窟佛教艺术产生过直接影响。

成吉思汗攻灭西夏先后持续了20余年。在这个过程中，西夏与西藏之间长时期形成的密切的宗教和文化关系，为成吉思汗了解藏传佛教提供了时空条件。他不但看到了藏传佛教僧人在西夏的作为，而且还知道了藏传佛教的僧人通过西夏渗透到了蒙古，与蒙古上层已经有了联系，是蒙古王室接受藏传佛教的开始，这

---

① 林芝：《须弥山石窟史略》，载《固原师专学报》1996年第4期。

尤其使成吉思汗对藏传佛教有了一些了解并心生敬仰之情。① 成吉思汗驻兵、避暑六盘山虽然时间不长，但这种宗教文化背景对蒙元统治者重视和经营须弥山是有一定的影响的。

忽必烈与八思巴在六盘山的会面，对藏传佛教文化在固原的传播起到了直接的推动作用。1247 年，藏传佛教萨迦派的首领萨迦班智达（1182—1251）在凉州与阔端的会见并达成的相关协议，是一种划时代的举措，为此后忽必烈与萨迦班智达在六盘山的会面奠定了基础。1253 年夏天，忽必烈驻军六盘山时，便有了忽必烈邀请八思巴六盘山行宫相会的历史机遇。1254 年，忽必烈由大理北返回到六盘山时，与八思巴可能还有过接触。

忽必烈邀请八思巴六盘山相会，解决了蒙元军队进军云南大理的军事问题。同时，忽必烈也接受了藏传佛教文化，其直接的表现形式就是接受萨迦派的喜金刚灌顶。不但忽必烈接受了这种宗教仪式，王妃察必也接受了这种宗教形式。忽必烈的这些重大宗教活动，是在驻跸六盘山时期完成的。在忽必烈与八思巴的接触过程中，由于八思巴出类拔萃的才华，更由于忽必烈对藏传佛教的推崇，1260年忽必烈即位后就重用八思巴，任命他为国师。帝师制度的推行，使得统治阶层"崇尚释氏"，藏传佛教上升到国家层面。

忽必烈与八思巴在六盘山的会面，尤其是忽必烈与夫人察必接受八思巴"灌顶"的宗教仪式，是特殊背景下的宗教活动。这种宗教活动，从当下看是地域上的，从更大范围上看是国家层面上的，它对六盘山地区的藏传佛教文化的影响深远。

第三，安西王忙哥剌皈依藏传佛教的影响。元朝建国后，忽必烈封皇子忙哥剌为安西王。由于藏传佛教上升为国家宗教，分封各地的亲王在宗教信仰上都有统一的要求。由于忽必烈实行帝师制所推行的藏传佛教的宗教文化政策，以及忙哥剌的特殊身份，六盘山下的王府就成了藏传佛教的重要地方。元朝虽然不足百年，安西王府虽然中途因政治变故而衰落，但当时藏传佛教的宗教影响是具大而深远的。

藏传佛教文化对须弥山石窟造像影响明显者有两个洞窟，一个是第 46 窟的藏

---

① 熊文彬：《从版画看西夏佛教艺术对元代内地藏传佛教艺术的影响》，载《中国藏学》2003 年第 1 期。

张仃先生须弥山图

传佛教造像,一个是第48窟的藏传佛教彩绘造像。依《须弥山石窟》内容总录文字看,须弥山石窟编号第46窟开凿于北周,平面方形,四坡顶中心塔柱窟。这个洞窟开凿十分华丽,也是须弥山石窟保存得较完整的洞窟。就是这个洞窟,在中心塔柱正面龛内的一佛二菩萨当中的"佛造像",被后人按照藏传佛教的造像艺术进行了改造,或者说是受藏传佛教造像风格样式影响而重新改造的造像。第48窟为北周所开凿,后代重修。现在看到的塔柱西面是一尊高髻广额、袒露右肩、耳垂于肩、目光下视、肩宽腰细、左衽红色迦裟、两手挡胸前做佛印状、结跏趺端坐于须弥座上的壁画彩绘,造像清晰。从整体造型看,属藏传佛教样式。边上站立着穿戴十分华丽的菩萨造像,包括头饰。

塔柱东侧佛龛边缘有两幅绘画造像,上面一幅高髻广额,耳长垂肩,面目清秀,尤其是右眉弯曲,呈女性表情,左衽红色迦裟,脸上略露笑意。下面一幅彩绘,装饰与上面造像相同,只是面部明显为男性,眼神微下视,两手做佛印状,为结跏趺坐佛,表情慈眉善目。造像与塔柱西龛的彩绘基本一致,体现的是藏传佛教造像的特点。

第48窟彩绘造像,明显受藏佛教造像风格影响而生成,彩绘造像十分清晰。第46窟石造像,是在原北周造像基础上改造的佛教造像,藏传佛教造像特点十分清晰,完全是藏传佛教的造像样式。无论是彩绘,还是在原造像基础上的改造,造像均为坐式,有头光;高髻广额,袒露右肩,耳垂于肩,目光下视,肩宽腰细,左衽红色迦裟,两手当胸前做佛印状,结跏趺端坐于须弥座上,腰肢苗条,尤其是第46窟造像,充分展示了藏传佛教造像艺术的重要特点。遗憾的是第46窟佛造像损失严重,面部五官已模糊不清,手已不存在,看不出手势,但其他地方藏传佛教造像的特点十分清晰。

**藏传佛教的影响**

元代对于藏传佛教的认同是国策,没有不接纳的余地。分封各地的亲王周围,就有藏传佛教的僧人,包括皈依藏传佛教的高官。安西王忙哥剌在崆峒山修建宝庆寺,由王相商挺督工,请名僧帝师八思巴叔父桼里吉察思揭兀督工监造东台宝庆寺。至元九年(1272)开工,至元十五年(1278)秋八月竣工。安西王忙哥剌率百官亲临大典,盛赞宝庆寺精美壮观,特赐三品银印统管陕西、四川、西夏诸路佛教，一时佛教大兴，徒众聚增。① 此时，正当元朝建立初期。

安西王皈依藏传佛教，与他父亲忽必烈有关，是元朝统治者推行宗教文化的策略。安西王府藏传佛教的高僧是国师八思巴的叔父，亲随者是安西王府王相，官至参知政事、枢密副使的受戒弟子商挺，他随行在桀里吉察思揭兀周围，形成了一个级别相当高的藏传佛教团队。《元商挺撰书创修崆峒山宝庆寺记碑》②，详尽记载了这一历史。同时，住在安西王府的这个藏传佛教僧团，还涉及周边广大地区藏传佛教文化的推行和管理。

《元商挺撰书创修崆峒山宝庆寺记碑》里虽然没有具体写到须弥山石窟造像，但这种国家背景下的藏传佛教文化的推行，对于千年的石窟来说，对于皈依藏传佛教且管理广大地域上宗教的安西王来说，推进须弥山藏传佛教文化的发展是情理之中的事。

须弥山圆光寺，就是元代须弥山藏传佛教文化兴盛的缩影。清代《宣统固原州志·首卷图说》记载："元时敕建圆光寺，梵宇丛聚。"③《宣统固原州志》记载，须弥山圆光寺为元代"敕建"。这至少说明两层意思：一是元代须弥山宗教文化活动兴盛，藏传佛教文化已经介入；二是元代"敕建"的圆光寺，正与我们今天看到的圆光寺有藏传佛教造像的洞窟是一致的。

明代初年的须弥山石窟虽然经历了改朝换代的变化，但文化的传承性并不因为政治因素的变化而即刻发生变化。明代初年须弥山宗教文化依旧兴盛，是因为明正统十年（1445）皇帝赐予须弥山《大藏经》，并有敕命之宝碑记载了这一事件的全部。清代，须弥松涛成为固原八景之一，香火依旧旺盛。1920年海原大地震以后，渐趋冷落。

## 开城遗址

### 开城遗址

开城，位于固原城东南20公里处六盘山腹地，地貌为平缓的丘陵状，清水河

---

① 仇非主编：《新修崆峒山志·佛教》，甘肃人民出版社1996年版，第90页。
② 仇非主编：《新修崆峒山志·佛教》，甘肃人民出版社1996年版，第106页。
③ 《宣统固原州志·首卷图说》，陕西人民出版社1992年版，第19页。

绕遗址而过，城址有居高临下之势。成吉思汗攻灭西夏的前夜，率蒙古大军进驻六盘山并奠定了其行宫的地位。此后，宪宗蒙哥、世祖忽必烈都先后驻跸六盘山。元朝建立之初，废金朝设置的镇戎州，恢复原州建制。由于元朝在统一南宋过程中固原所处的特殊的军事地理位置，元朝在固原的政治、军事政权建制出现多元格局。

元朝建立之初，仍是半壁河山，统一中国是元朝统治者的政治使命。而与历代不同的是，元朝军队的大后方在北方草原，固原又是蒙元军队攻取南宋、进入四川迂回用兵的中枢地带，在军事上属战略要地。因此，元朝在恢复地方政权建制原州之后，忽必烈即于至元九年（1272）封皇子忙哥剌为安西王，"赐京兆为封地，驻兵六盘山"，分治秦、蜀，改原州为开城路，管辖地域范围包括当今西部地区。至元十年（1273）立开城府，元代地方政权建制层次最高的是"路"。"路"的设置在安西王相府。

至元十年（1273），忽必烈再加重皇子忙哥剌的权位，"诏安西王益封秦王，别赐金印，其府在长安者曰安西，在六盘者曰开城，皆听为宫邸"①。同时，安西王府置王相府，两府并开，"在长安者曰安西路，在六盘者曰开城路"，为其行都，称为"上路"。至此，开城路实质上已囊括了元代地方建制的所有层级：路、府、州、县。安西王府权力最重的时

安西王府出土金帽

期，是元朝攻取南宋时最关键的六年时间（1273—1279），因为这时的六盘山安西王府直接控制着四川的战局。最具权威性的表现，就是安西王可发布带有"皇权"性质"教"的谕令，它有着与皇帝"圣旨"一样的作用。安西王实际上扮演着忽必烈经营秦、蜀，攻取南宋的直接代理人的角色。安西王地位至尊，权力之大，实属罕见。从政权建制的角度看安西王府的存在过程，自然是一种特殊现象，不能把

---

① 《元史》卷一百八《诸王表·秦王》。

它与常设的地方政权建制放在同一个层面上看待。至元十七年（1280），忙哥剌卒，子阿难答嗣，安西王忙哥剌死后不久，朝廷即罢王相府。虽然忙哥剌的儿子阿难答袭取王位，但已不能同其父忙哥剌时期相比。这时统一南宋的战争已经结束，固原所在的安西王府已完成了它的特殊历史使命。此时阿难答麾下15万军队，不但是防御中亚察合台王的主要军事力量，也成为回族形成的重要来源之一。因为，这15万蒙古军队中有一部分信仰伊斯兰教。当大德十一年（1307）阿难答参与宫廷皇位之争失败后，安西王与他的安西王府已呈衰落之势。

至治三年（1323）二月，开城府降为州，隶属于凤翔道，辖开城县、广安州。1368年，元朝统治画上了句号。追溯元朝统治在固原的政权建制及其过程，就会发现其近百年间固原历史的辉煌与衰落，是与南宋的战争和安西王自身作为相始终的。从地方政权建制及其演进看，更是有别于其他朝代，因为元朝的地方行政区划有路、府、州、县四等，而开城安西王府所在地开城浓缩了路、府、州、县这四种政权建制的格局是第一次，也是最后一次。

姚燧（1238—1313），是元代著名学者。他撰《延厘寺》碑文时，正在江西行省参知政事任上。"延厘寺"，是安西王阿难答为纪念忽必烈和皇后，于元贞二年（1296）报请成宗皇帝准允动工修建的，前后经过八年时间的修建始告竣工，是安西王府建筑的重要组成部分。姚燧为新落成的寺院题名并撰写《延厘寺碑》。

姚燧描述了长安安西王府建筑的华丽，"名王雄藩无有若是"者。特殊时期的安西王府，管辖陇东、甘凉、蜀地、羌地等，西部地区大多皆在辖境之内；军事、赏罚、刑威、商贾、赋税、盐铁等皆隶属于王府。尤其是诏益封秦王后，绾两枚金印，一藩二印，费用不足时取之于朝廷。自至元九年（1272）置王相府，到安西王忙哥剌逝去，前后七年时间。延厘寺铭文文字不长，但描写极尽姚燧之才华。"……土木之工，雕楹绘堵。朱尘绮疏，匹帝之宫。金茎一气，颉颃上下……"①整个建筑格局，显出的是皇家气息。从延厘寺前的大柱子到楼舍的修建，从天花板的装饰到窗户的镂空雕刻，反映的是当时最高的建筑工艺水平。镀金鎏银的建筑样式，可与元大都北京的建筑相比。铭文里同样写到了成吉思汗、忽必烈"帝开其先，面势略畔"的经营过程，这里不光是指延厘寺建筑，应该包括对整

---

① 姚燧著、查洪德点校：《姚燧集·延厘寺碑》，人民文学出版社2001年版，第147页。

个六盘山安西王府的修建格局：依山(六盘山，即略畔山)面水(清水河)。

六盘山安西王府建筑群，在姚燧笔下是"八稔成绩，岿然都城"。"八稔"虽指延厘寺修建所花的时间，但"岿然都城"却是从安西王府建筑群壮观意义上说的。安西王府建筑虽然毁于数百年前的大地震，留给后人的仅是遗址和残留在遗址上的镀金鎏银的建筑饰件，但我们从姚燧的《延厘寺碑》及其文字里，其辉煌的程度和建筑格局能够看得清晰，是研究安西王府建筑的第一手史料。从近年文物部门考古发现看，开城安西王府遗址勘探出土大量有研究价值的文物，诸如灰陶龙纹瓦当、釉陶龙纹瓦当、兽面纹瓦当、釉陶龙纹滴水、琉璃脊兽饰件、台沿螭首、龙纹角柱石、黄釉琉璃塔刹、金冠饰等，还有署名为"开城路"的铜权、铜造像等。①

由对延厘寺建筑样式的描写，我们可以看到它的规模和华丽。《元史·五行志》里的记载，大德十年(1306)八月，固原曾发生过一次较强烈的地震，"开城地震，坏王宫及官民庐舍，压死故秦王妃也里完等五千余人"。从地震伤亡的人数看，开城安西王府的建筑规模是很大的。

开城，是古丝绸之路必经的地方。蒙元时期的几次西征，开通了横跨欧亚大陆的世界通道。在这个背景下，翻越六盘山的丝绸之路北道中路亦随之开通，与安西王府距离更近，交通更为便捷。同时，也奠定了西(安)兰(州)公路的雏形，对后来的交通发展影响很大。

## 六盘山斡耳朵(行宫)

成吉思汗，这位八百年前征服过世界的英雄，建立了横跨亚欧的大帝国，是中国历史进程中空前的奇迹。他一生充满了传奇，在后人的眼里，他超越了人，也超越了神。他于1227年7月攻灭西夏的前夜，病逝于军中。在他身后，关于他的"死地"和"葬地"，同样神秘，牵动着中外学者们以各种方式不断地探寻和研究着，至今仍是见仁见智。成吉思汗病逝六盘山，是目前中外研究者认可的有代表性的说法之一。

---

① 宁夏固原县文物管理所：《宁夏固原开城元代安西王府建筑遗址调查报告》，载《中国历史博物馆刊》2000年第1期。

六盘山主峰，地处宁夏南部固原境内。六盘山呈南北走向，横亘在关中平原的西部，为关中西出北上的屏障。通常意义上的关中四关（东函谷、南武关、西散关、北萧关），其西散关、北萧关，就依托在六盘山（古代称大陇山）南北。汉唐时期的丝绸之路，即沿六盘山东麓泾水与清水河穿越固原而北上。历史上，这里是中原农耕文化与北方草原游牧文化、中亚西域文化相融和过渡地带，也是北方少数民族南下的重要通道，军事地理位置十分重要。在宋代人的眼里，这里是"山川险阻，旁扼夷落，中华襟带"①之地。元代，开通丝绸之路六盘山道，即后来西（安）兰（州）公路的前身，军事、政治与文化意义空前提升。

从成吉思汗最后的行踪看，他避暑六盘山过程中，已在六盘山腹地建有斡耳朵（行宫）。成吉思汗先后对西夏发动过六次大规模的军事进攻，其中四次就是他亲统大军征伐的，最后一次是在公元1226年。经过蒙古大军的数次军事打击，西夏外围已陆续失去，只剩孤城中兴府处在风雨飘摇之中。西夏大势已去。1227年春，成吉思汗留出一部分兵力攻打西夏都城兴庆府，自率部分军队攻打此时仍隶属于金朝的陇右洮河一带。夏天来临后，成吉思汗挥师东进，攻克隆德（今宁夏固原市隆德县）后，东进翻越六盘山。从这个时候开始，成吉思汗就驻跸于六盘山。《元史·太祖本纪》载：成吉思汗"夏四月"攻克隆德，"五月，避暑六盘山"，到"秋七月崩于萨里川哈老徒之行宫"②，这期间包括闰五月，先后有近三个月的时间是在六盘山度过的。从元朝建国之前的许多重大历史事件看，成吉思汗奠定了六盘山的"行宫"地位之后，诸如忽必烈与八思巴会谈、平定云南大理国、与其弟阿里不哥皇位之争在六盘山的战争、统一南宋等重大军事行动和重大战役，都与六盘山和开城安西王府紧密地联系在一起。宪宗蒙哥驻跸六盘山期间，地方郡县守令往六盘山觐见③，或大军入蜀前"留辎重于六盘山"④，六盘山成了蒙古军队攻取南宋及四川的中枢之地和大后方。元朝建立之后的至元九年（1272），忽必烈封皇子忙哥剌为安西王，驻兵六盘山，在六盘山下的开城建立王相府。尤其是统一南宋的过程中，忽必烈时期的安西王府具有特殊作用。安西王府在"长安者

---

① 马端临：《文献通考》（下册）卷三百二十二，《舆地八》，第2531页。
② 《元史》卷一《太祖》，中华书局1987年版，第24页。
③ 《元史·宪宗纪》，中华书局1987年版，第51页。
④ 《元史·宪宗纪》，中华书局1987年版，第51页。

曰安西，在六盘者曰开城，皆听为官邸"①。王府"冬居京兆，夏徙六盘山，岁以为常"②。长安与开城南北呼应，京兆与六盘山相衔接，六盘山的军事地理位置得到了充分的彰显。而这一切，都源于成吉思汗奠定的六盘山的战略地位，源于成吉思汗在六盘山下开城选定的斡耳朵（行宫）的影响力和直接作用。

在统一南宋的过程中，蒙元军队的指挥中枢仍在北方，六盘山所在的开城安西王府是蒙元军队向南推进的指挥中心，负责整个四川战局，战况直接由安西王府奏报朝廷，形成了以开平、六盘山、四川三点一线的指挥格局，安西王实为中央派往秦、蜀地区最高行政和军事机构。同时，安西王府可发布特殊命令，称之为"教"③，以别于天子的"敕"④。这一空前绝后的历史时空，从多个层面凸显了六盘山与安西王府的地位和作用。正是从这些意义上，成吉思汗不但在六盘山建有行宫，而且病逝时应该就在六盘山行宫。

### 1. 成吉思汗病逝六盘山及其相关背景资料

第一，关于六盘山。通常意义上的六盘山，是一座跨越陕甘宁三省区的著名山脉，但在特殊指向上也成为一种内涵丰富的地域概念。《元史·太祖纪》里说1227年闰五月，成吉思汗"避暑六盘山"⑤，就是以地域概念出现的。六盘山南北数百公里，后人如何认定成吉思汗病逝在哪儿呢？答案应该是这样的：斡耳朵（行宫）在古丝绸之路沿线的六盘山下开城，避暑地在风景秀丽的泾水之滨凉殿峡。历史上，六盘山是华山以西著名的山脉，秦皇汉武曾登临并拜祀，这也是崇拜山岳的成吉思汗所向往的。在六盘山这个大视阈下，以六盘山为中枢，传统意义上的陇东与陇右都应在六盘山范围之内。苏联科学院院士、东方学家、世界蒙古学家符拉基米尔佐夫（1884—1931）的《成吉思汗传》⑥里有一幅照片，明确写着成吉思汗战死于六盘山，可能就是宏观意义上的表述。

六盘山行宫在哪里？在六盘山下东麓的开城，就是后来安西王府的所在地。

---

① 《元史·诸王表第三》。
② 《元史·赵炳传》，中华书局1987年版，第3837页。
③ 姚燧《牧庵集》卷十，《姚燧集·延厘寺碑》，人民文学出版社2011年，第145页。
④ 肖建新：《两川行院述论》，载《四川大学学报》1992年4期。
⑤ 《元史》卷一《太祖》，中华书局1987年版，第24页。
⑥ 〔苏〕符拉基米尔佐夫：《成吉思汗传》，余元盦译注，余大均、余静修订，上海三联书店2007年，第139页。

成吉思汗在六盘山避暑的地方在哪里？在六盘山泾水源头的"凉殿峡"。仅一个"殿"字，即可感知行宫的存在。这里山清水秀，气候凉爽。在一处台地上，喂马的石槽、插旗杆的石础等遗物遗迹尚存。20年前，蒙古族后裔、民族出版社的巴特尔先生曾徒步考察过凉殿峡，他认为成吉思汗当年避暑六盘山就在这里。

第二，关于"帝次清水西江"。《元史·太祖纪》载，1227年六月，"帝次清水西江"。清水，甘肃省天水市清水县。成吉思汗"次清水西江"[①]，仍在大六盘山的概念之内。退一步说，也不能因为"帝次西江"就认为成吉思汗病逝地在清水西江。《元史·太祖纪》不也同样记载1227年夏四月"帝次龙德"吗？龙德，既今六盘山下的宁夏隆德县。所以，这里有个前提：无论"帝次清水西江"，还是"帝次龙德"，这只是成吉思汗自己的行踪。不是还有"还次六盘山"吗？所以，大汗的行宫应在六盘山下的开城无疑。

第三，关于成吉思汗"崩于萨里川哈老徒之行宫……葬起辇谷"。"萨里"蒙语意为黄色，哈老徒是成吉思汗初起的驻营地。"起辇谷"，一般指"怯绿涟河"，在蒙古国境内。其实，成吉思汗的葬礼包括元代其他皇帝的安葬都是秘密进行的，很难确定准确的葬地在哪里。《元史》中记载的成吉思汗以及元朝皇帝们的葬地，都用"起辇谷"三字，这是《元史》里的常规表述法。明朝人宋廉等撰写的《元史》，成书于1370年，距成吉思汗病逝六盘山已过去143年。"萨里川"、"起辇谷"之类的神秘字眼，那个年代的学者都没法搞清楚，对后人而言就更是谜团了。20世纪末，日本、美国的学者斥巨资，运用最先进的探测设备和手段寻找过成吉思汗的陵墓，结果是无功而返。因此，成吉思汗的病逝地用"哈老徒"的记载已很难说清在哪里了，但病逝地应在六盘山行宫。就史书记载的成吉思汗临终提出的联宋灭金战略的实施过程和元朝的建立，再结合近年安西王府遗址出土的大量文物看，成吉思汗的病逝地在开城行宫，是有历史依据的。

第四，成吉思汗六盘山行宫深受蒙古人崇拜。成吉思汗在漠北有四处斡耳朵（行宫），他的后人们非常崇拜。六盘山行宫是在成吉思汗西征之后、北方基本统一的背景下建立的，它是一处政治与军事意义上的特殊行宫。它同样受他的继承者的推崇，后来蒙元的历史走向都证明了这一切，行宫是成吉思汗选定的，但他

---

[①] 《元史》卷一《太祖》，中华书局1987年版，第24—25页。

的继承者太宗窝阔台、宪宗蒙哥、世祖忽必烈都在这里驻跸，都曾崇拜神圣的六盘山和这里的斡耳朵，许多重大决策都从这里走向中外。

第五，蒙元时期六盘山开城是重要驿站，是东西南北的交通枢纽。成吉思汗之所以要选定开城作为行宫，就是因为这里不但是丝绸之路要道，也是关中通往塞外的军事屏障。忽必烈建立元朝后，封其三子忙哥剌为安西王，驻兵六盘山以经营河西、青海、四川等地；同时，升开城为府、为路，兴建王府。在这里设驿站通往中原、西南、西北各地，并与通向西域、蒙古首都和林的各主要驿站相连接。成吉思汗围攻西夏灵州、转战于六盘山；蒙哥汗从漠北南下，从东胜渡黄河而驻跸六盘山；忽必烈南征大理，都是从东胜渡黄河而南下驻跸六盘山，再绕甘肃、四川之西，南下云南，体现了六盘山交通中枢的地位和意义。

了解成吉思汗与六盘山的相关背景，有助于我们以全新的视角认识成吉思汗与六盘山的那段特殊经历，尤其是成吉思汗病逝六盘山的可能。

### 2. 六盘山的军事战略地位

成吉思汗驻跸六盘山，不仅仅是为避暑，他是在西夏灭亡的前夜谋划着灭金攻宋的更大军事战略。以历史文献记载看，成吉思汗避暑六盘山并非偶然。早在1216年冬天，当蒙古军队攻取金朝潼关失利后，成吉思汗曾诏见降将郭宝玉，问及攻取中原之策。郭宝玉说："中原大势，不可忽也。西南诸蕃勇悍可用，宜先取之，藉以图金，必得志焉。"①郭宝玉为唐朝大将郭子仪之后，是当时知天下运兵方略的兵家。郭宝玉的一席话，是成吉思汗联宋灭金战略思想的雏形。1227年六月，西夏都城兴庆府发生大地震，西夏统治者内外交困，西夏国大势已去，当西夏国末主李睍向成吉思汗请降并要求觐见时，成吉思汗不允许，即"还次六盘山"②。西夏的国运已走到了尽头，郭宝玉提供给成吉思汗攻取中原之策已水到渠成。成吉思汗"还次六盘山"，是其攻金灭宋大一统思想在六盘山"行宫"的体现，也是蒙古统治者经营六盘山的开始。从军事地理意义上，六盘山所在的镇戎州（今宁夏固原），是金朝控制南宋、西蜀和蒙古军队进入四川的要地。从后来元朝攻金灭宋的经历看，成吉思汗当时已经在刻意经营六盘山。

---

① 《元史·郭宝玉传》，中华书局1987年版，第3521页。
② 《元史·察罕传》，中华书局1987年版，第2956页。

成吉思汗与郭宝玉的谈话虽相对简略，但未来天下大势还是说清楚了：蒙古汗国运兵，以六盘山为中枢，一是要走外围西南道；二是要利用西南的地方军事实力，再借道攻金灭宋。这是成吉思汗经营六盘山的开始。成吉思汗之后的太宗窝阔台、宪宗蒙哥、世祖忽必烈都按照成吉思汗的既定方略推进，灭金统一南宋的历史进程都一再证实了成吉思汗奠定的六盘山军事地位的特殊意义。

### 3. 开城行宫与蒙元初期六盘山军事地位

《元代开成志》云：固原"左控五原，右带兰会，黄流绕北，崆峒阻南，称为形胜"①。成吉思汗病逝六盘山后，六盘山开城行宫的地位和作用随着军事形势的变化越加重要。太宗窝阔台即位后，依照成吉思汗既定战略思想，继续向西南运兵，六盘山战略地位得以凸显。1236年冬，皇子阔端进入成都，由蒙古高原的都城和林到四川成都，六盘山地处中枢，蒙古汗国统治者灭金取宋的西线战略已初步形成。宪宗蒙哥即位后，皇弟忽必烈受封京兆，于1253年夏四月入六盘山行宫，直到八月起程率大军征云南大理国，其间一直驻军六盘山行宫。第二年由大理班师北归，于夏五月再驻跸六盘山，驻跸大约两个月时间。② 1256年十月，蒙古汗国在漠南（今内蒙古）修筑都城，即开平府。说明随着战局向南推进，统治中心也开始南移。1258年二月，宪宗蒙哥亲率大军攻宋，由西线进入四川，进兵线路仍由六盘山、宝鸡一线向南推进，出兵前亦在六盘山行宫驻跸。

由以上史料记载可看出，成吉思汗奠定的六盘山开城行宫，经过窝阔台、宪宗蒙哥到忽必烈时期的经营，已成为一处重要行宫。第一，宪宗蒙哥长时间驻跸六盘山，即由四月直到七月才率大军离开，这期间，各郡县守令都往六盘山行宫觐见。第二，蒙哥等进入四川之前，整个大军的粮饷辎重等军用物资全部留存在六盘山下开城，成为蒙古军队的大后方。第三，忽必烈受封京兆后，六盘山行宫就成为他避暑议事、指挥南方军事的中枢，就连迎请藏传佛教高僧这样的仪式也在六盘山行宫进行，后来被尊为国师的八思巴第一次与忽必烈见面就在六盘山行宫。此外，还有不少诏见和迎请的大事都在这里举行。

从成吉思汗奠定六盘山行宫始，宪宗蒙哥和世祖忽必烈，他们的军事行动都

---

① 顾祖禹：《读史方舆纪要》卷五十八《陕西七》，中华书局2010年版，第2802页。
② 陈高华：《八思巴初会忽必烈年代考》，载《蒙元史研究丛稿》，人民出版社2005年版，第331页。

以六盘山行宫为驻跸之地。究其原因：一是六盘山在蒙元时期攻取四川、统一南宋过程中所处特殊的军事地位和发挥的巨大作用；二是由蒙古汗国都城和林、开平两地前往六盘山，是蒙元军队南下的军事通道，六盘山是蒙元军队南下用兵的天然屏蔽。对于蒙古汗国来说，无论从和林或者开平，渡黄河沿萧关古道翻越六盘山，都是一条军事意义上的捷径。

元代初年的开城，其地理位置颇为重要，《元史·地理三》有一段话点得很明白。"至元十一年（1274），皇子安西王分治秦、蜀，遂立开成府，仍视上都，号为上路。"①忽必烈曾在此分封王子，建立府治，其地位与当时的上都一样，层级是非常高的。成吉思汗避暑时建立的斡耳朵(行宫)就在开城，清代初年还能看到城址。②

**4. 成吉思汗病逝六盘山**

成吉思汗病逝于哪里？中外史书记载有出入。有的涉及具体地名，有的不涉及具体地名。有具体地名者：

《宋史》载："绍定三年(应该是宝庆三年，1227年)蒙古主铁木真殂于六盘山。"③

《元史·太祖纪》载："丁亥……闰五月，避暑六盘山……六月次清水县西江，秋七月壬午，不豫。己丑，崩于萨里川哈老徒之行宫。"

《元史新编·太祖纪》载："丁亥闰五月避暑六盘山。六月，次清水县西江，七月壬午不豫，己丑崩于六盘山之萨里川行宫，诸子奉梓宫北漠北，葬起辇谷。"

《新元史·太祖纪》载："七月己丑，崩于灵州"。

拉施特《史集》载："亥年，汗进至六盘山，八月十日登遐，诸将奉遗命密奏梓宫归丁哈徒行宫。"

多桑《蒙古史》载："1227年六月，避暑于六盘山，七月，次清水县之西江，八月十八日卒，诸将奉柩还蒙古，葬于斡难怯绿连秃剌三水发源之不儿罕合勒敦诸山之一山中。"

《蒙古源流》载："汗以丁亥年七月十二日殁于图尔墨格依城(即今灵州)。"

---

① 《元史》卷六十《地理三》，中华书局1987年版，第1428页。
② 《甘肃新通志》卷十三，《舆地志》。
③ 顾祖禹：《读史方舆》卷五十八《陕西七》，中华书局2010年版，第2805页。

韩儒林主编《元朝史》记载："成吉思汗在清水县附近死去。"①

百年前，法国探险家莱斯丹伯爵"到达伊金霍洛旗（Edchen-koro，Kjin Horo）。他们认为成吉思汗晏驾于六盘山，埋藏在伊金霍洛"②。

不涉及具体地名者：

冯承钧著《成吉思汗传》，只记载成吉思汗到灵州已生病，但不说病逝于何地。③ 韩儒林、陈得芝、邱树森、姚大力著《元史》，只记载"成吉思汗病逝军中"④。罗贤佑《元代民族史》只载"成吉思汗病逝于军中"⑤。

综上所述，成吉思汗病逝地，目前学术界影响较大的说法有三种：一是宁夏六盘山，二是甘肃清水县西江，三是宁夏灵武市。甘肃清水县西江说，源于《元史·太祖纪》。宁夏灵武说，源于清代蒙古族学者萨彻囊辰的《蒙古源流》。《剑桥中国辽西夏金元史》认为：成吉思汗"死于六盘山南麓某处"⑥。以上这些观点都是过去传统的说法。

近年还有新的说法。第一种说法是源于清光绪《海城县志》所载的"海喇都"地名，有学者将"海喇都"与《元史》里的"哈老徒"联系在一起，认为"海喇都"就是"哈老徒"⑦，在今宁夏海原县境内。这样联系比照，也是一种思路，似乎还是有道理的。宏观上看，实际上没有脱开六盘山这个大的地理圈。但要考虑相对具体的地方，还是不妥。第一，如果只是成吉思汗葬"萨里川哈老徒"，后来的皇帝如果都葬于其他地方的话，以"哈老徒"来对应"海喇都"也是一种说法。但《元史》里记载的元朝历代皇帝，最终都归葬于"萨里川哈老徒"，这就不好认定"海喇都"就是"哈老徒"。另外，从海喇都遗址出土的文物，也不能确定它就是行宫的遗物。按照陈得芝先生的观点："蒙元朝皇帝的墓葬地当是范围较大的区域，且不建地面标志，仅找到某处有祭器和其他祭祀遗物，还不能断定就是成吉思汗的

---

① 韩儒林主编：《元朝史》，人民出版社2008年版，第110页。
② 耿昇：《考察草原丝绸之路的法国人》，载《北方民族大学学报》2009年第6期，第19页。
③ 张振佩、冯承钧：《成吉思汗传》，东方出版社2009年版，第262页。
④ 韩儒林、陈得芝、邱树森、姚大力：《元史》，中国大百科全书出版社2011年版，第17页。
⑤ 罗贤佑：《元代民族史》，社会科学文献出版社2007年版，第15页。
⑥ 《剑桥中国辽西夏金元史》，中国社会科学出版社2007年版，第376—377页。
⑦ 李进兴：《成吉思汗"哈老徒行宫"遗物考述》，载《宁夏史志》2007年第1期，第35—38页。

墓。"①第二，与开城安西王府的经历对接起来看，成吉思汗不可能在六盘山避暑行宫之外、在海原境内另设立行宫。

第二种观点认为在西夏境内，"行宫可以随着斡耳朵的皇后迁徙至西夏，所以成吉思汗去世地点仍是西夏境内"②。将成吉思汗去世的地方说在"西夏境内"，还是一个模糊概念。西夏地域较广阔，哪里是成吉思汗病逝的地方呢？

成吉思汗临终之地应该在六盘山行宫，这是符合成吉思汗奠定六盘山行宫及其之后的历史走向的。因为：

第一，从成吉思汗的继承者太宗窝阔台、宪宗蒙哥、世祖忽必烈驻跸六盘山的过程看，成吉思汗临终在六盘山行宫。因为他不但选择了六盘山行宫，而且奠定了六盘山开城行宫在他身后的军事政治地位，制定了灭金攻取南宋的战略决策。成吉思汗的继承者按照其既定的灭金和攻取南宋的战略方针推进，六盘山行宫地位进一步得以彰显，许多重大历史事件和重要人物的接待都在这里举行，许多重大军事与政治问题也在这里议定。

第二，成吉思汗病逝的1227年秋，西夏已处在崩溃的前夜，而成吉思汗拒绝金哀宗的求和，大军向东向南推进，兵锋直指关中，严重威胁着金朝的汴京。在这样一个战争状态下，成吉思汗不会在此特殊时期和特殊环境里放弃他奠定的六盘山行宫，另辟他宫。

第三，从忽必烈与阿里不哥汗位之争看，成吉思汗临终在六盘山行宫。成吉思汗的继承者在灭金统一南宋的过程中，始终是按照成吉思汗既定军事方略进行的。因此，成吉思汗开创的六盘山行宫，在某种程度上就是其战略思想的体现。这从特殊时期忽必烈和他的弟弟阿里不哥争夺六盘山的战争就可得到印证。六盘山行宫，是牵动漠北蒙古统治中枢与四川西南战局的纽带，南到四川前线的将士，北到蒙古高原的都城和林，莫不与之有关。六盘山驻守有大量的骑兵部队，一说有"骑兵二万"③，一说有骑兵四万④，故称"士马精强"⑤。因此，六盘山有控

---

① 陈得芝：《成吉思汗墓葬所在与蒙古早期历史地理》，载《中华文史论丛》2010年第1期。
② 薄音湖：《成吉思汗去世地点与祭祀》，载《中华文史论丛》2012年第4期。
③ 《元史》卷一五五《汪惟正传》，中华书局1987年版，第3655页。
④ 《元文类》卷六五。
⑤ 《元史》卷一五九《赵良弼传》，中华书局1987年版，第3744页。

制四川战局的指挥权，有充裕的战备物资府库，谁掌握六盘山，谁就能获得实际上的统御权。因而双方均以六盘山为争夺的对象。交战的结果，忽必烈赢了，阿里不哥败了。不久，忽必烈在漠南开平即大汗位。之所以兄弟之间兵戎相见，就是因为成吉思汗奠定的行宫地位与六盘山的特殊位置。安西王时期，在六盘山建有"清暑楼"①，还在深度经营着六盘山。

第四，从安西王府的设置看，成吉思汗病逝于六盘山行宫。成吉思汗建立六盘山行宫之后，忽必烈是经历者。忽必烈建立元朝后，国家还没有统一，成吉思汗制定的攻取南宋的使命还没有完成，王府的设置继续体现着成吉思汗的战略思想。1273年，忽必烈在六盘山行宫的基础上设立安西王府，分封儿子忙哥剌为安西王，驻兵六盘山。安西王府的设置，是一种特殊政权建制，管辖的地方包括现在的西北、四川、内蒙古和山西的一部分。王府的权力很大，1273年，安西王忙哥剌再加封秦王，赐金印。安西王夏天驻跸六盘山，冬天驻跸长安，就如同元代的皇帝冬天驻北京，夏天驻开平一样。当时统一南宋的战争正在进行，安西王府直接控制着西南战局，可以发布特殊命令"教"（以别于天子的"敕"），具有圣旨般的权威。在隶属关系上，安西王府是中央派出的秦蜀地区的最高行政和军事机构。

第五，法国汉学家勒内·格鲁塞《草原帝国》一书里的观点，印证着成吉思汗病逝于六盘山行宫。"蒙古人包围宁夏时，成吉思汗就在位于清水河地区（现在的平凉西北隆德县境内）的营帐中。"②隆德县，隶属于宁夏固原市，在六盘山西侧腹地；清水河在六盘山东麓，格鲁塞认定的方位虽不准确，但说成吉思汗在攻灭西夏的前夜，在清水河地区的营帐中却是对的。这里的"清水河"，是源于六盘山、穿固原向北流入黄河的重要支流；这里的"营帐"，实际上是六盘山"行宫"。

第六，从地理方位看，成吉思汗病逝六盘山行宫。传统意义上，六盘山（陇山）东西皆可以六盘山涵盖，历史上的陇东与陇右就是以六盘山东西来划分的。"六盘山则为秦岭丘陵地带之北岭主要山脉，主峰在固原县东南，绵亘甘肃东部，共分脉陇山亦起首于六盘山，跨清水县境。据此则六盘山与清水县西江部分相

---

① 顾祖禹：《读史方舆》卷五十八《陕西七》，中华书局2010年版，第2805页。
② 〔法〕勒内·格鲁塞：《草原帝国》，黎荔、冯京瑶、李丹丹译，国际文化出版公司2003年版，第212页。

邻，且因山脉蔓延，甚或竟不可分。"①这里至少说了两层意思：一是六盘山从地理意义上涵盖了清水县，二是两者"甚或竟不可分"。在韩儒林看来，"成吉思汗在清水县附近死去"②，"附近"就预示着较为宽泛的地理环境。日本学者小林高四朗断定成吉思汗病逝在清水县附近的西江，或者是在那里附近的地方，说法也近同于以上观点。符拉基米尔佐夫著《成吉思汗传》说到成吉思汗病逝于清水县地面，但却附了一幅六盘山地图，图下文字为"成吉思汗战死处（甘肃六盘山）"字样③，从地理环境的意义上审视，其观点的相似之处在于，成吉思汗病逝地是不能脱离开六盘山的。

成吉思汗的奉安之地，可以说是千古之谜。但在目前圈定的四处安葬之地中，中国宁夏的六盘山就是其中的一处。④ 如果说成吉思汗葬地都在六盘山，那么，病逝在六盘山"行宫"自然是顺理成章的。

**忽必烈与六盘山**

*忽必烈与八思巴*

忽必烈，是成吉思汗的小儿子拖雷的第四子、蒙哥汗的弟弟、元朝的建立者，元朝是中国历史上第一个少数民族在中原建立的封建王朝。在建立元朝的过程中，他网罗并形成了一个大多由汉民族文化人组成的幕僚班子，在军事与战争过程中，不断取得胜利；在宗教文化选择方面也是宽融并举，即与藏传佛教萨迦班学派的代表人物八思巴为师，并结成宗教文化与政治联盟。早在成吉思汗时代，藏传佛教的不同教派就开始零星地与蒙古上层接触。⑤ 但真正深层实质性的接触，却是在忽必烈时期完成的。这种宗教与政治的统一，对攻取云南大理、建立元朝与灭金、南宋产生过积极作用，尤其是为元代宗教政策的实施和藏传佛教文化的发展产生过直接作用，对元代及其元代以后的藏传佛教文化有着深远的

---

① 张振佩、北承钧：《成吉思汗传》，东方出版社2009年版，第83页。
② 韩儒林主编：《元朝史》，人民出版社2008年版，第110页。
③ 〔苏〕符拉基米尔佐夫：《成吉思汗传》，余元盦译注，余大均、余静修订，上海三联书店2007年版，第139页。
④ 梁越：《大汗的挽歌》，中国民族摄影出版社2004年版，第65页。
⑤ 多杰才旦主编：《元以来西藏地方与中央政府关系研究》，中国藏学出版社2005年版，第12—13页。

影响。

六盘山在蒙元时期历史地位的奠定,是在世祖忽必烈时期。宪宗三年(1253)秋七月,忽必烈"受京兆封地",既奠定了他在西北地区的统治地位,也预示着六盘山地区的大规模开发。受封京兆后,六盘山就成为其避暑议事、指挥南方军事的要地,迎请藏传佛教高僧的事也在六盘山进行,包括与被尊为国师的八思巴的第一次会面。1249年,太保刘秉忠北上,将王恂荐于世祖。王恂,中山安喜(今河北沙县)人,曾从刘秉忠学于邢州紫金山,"蚤以算术妙天下",忽必烈诏见于六盘山,命王恂为太子伴读。①

**与阿里不哥汗位之争**

公元1259年七月,宪宗蒙哥在今重庆前线去世后,发生了忽必烈与其弟阿里不哥之间争夺汗位的军事斗争。忽必烈与阿里不哥的汗位之争,以秦、陇、蜀地区为争夺对象,六盘山地区是双方争夺的中枢。当时六盘山地区的驻军,有的支持忽必烈,有的支持阿里不哥,而阿里不哥在六盘山地区有较强的军事实力。为此,忽必烈采纳谋士廉希宪的建议,在逐步加强对六盘山地区兵力控制的同时,对亲阿里不哥者展开政治军事攻势,最终忽必烈取胜。以六盘山为中枢的争夺战结束后,刚刚登上汗位的忽必烈,在刘秉忠等汉族臣僚的帮助下建立了中统年号。尽管十年后的1270年才建立元朝,但实际上忽必烈即位之后,已经在政治、文化等多个方面从蒙古汗国时期向元朝转变。

**安西王府城池与宫殿建筑**

开城元代安西王府遗址,位于宁夏固原市原州区开城镇开城村,是元世祖忽必烈的儿子忙哥剌受封安西王后修建的皇家王府建筑。遗址面积方圆2平方公里②,自南向北布局,是宁夏乃至西北地区一处元代大型古遗址。考古清理界定,遗址面积广大,遗址类型多样,散见文物遗存丰富,是一个相对完整的王府建筑体系。按照考古表述,有窑址、城址、宫殿、御苑及普通居址和墓葬区等。王府遗址散布着砖、瓦、石质造型及其各色琉璃装饰建筑构件。王府城址由主城和瓮城两部分构成。较重要的防御设施除城墙东、南、西三个城门外,主城墙四周还

---

① 《元史·王恂传》,中华书局1987年版,第3842页。
② 宁夏文物考古研究所、固原市原州区文物管理所编:《开城安西王府遗址勘探报告》,科学出版社2009年版,第7页。

配有角台，增加了城墙的雄阔感和防御功能。安西王府府城选在六盘山下的开城，有其政治、军事、自然地理等多种原因，但根本的原因是成吉思汗奠定的六盘山行宫。元代国运短祚，安西王府的兴盛期也是数十年时间，由于地震等自然灾害，再加上皇权争斗所致，辉煌华丽的王府建筑随之烟消云散，留给后人的是一片废墟。2003年以后，经国家文物局批准，宁夏文物考古研究所对安西王遗址进行了钻探与测绘，已初步勘定了安西王府宫城的规模，并发现了王府宫城大型中央宫殿夯土台基和宫城的角城形制，包括各类皇家建筑构件和装饰材料。总体上看，王府建筑面积大，规格等级高。这次考察为研究安西王府城及元代宫殿建筑提供了新的考古史料，也为研究元代城池建筑规制等提供了佐证。

### 1. 冬宫与夏宫

1271年，忽必烈建立元朝。第二年，即至元九年（1272）冬，"封皇子忙哥剌为安西王，赐京兆为封地，驻兵六盘山"①。至元十年（1273），"诏安西王益封秦王，别赐金印，其府在长安者曰安西，在六盘者曰开城，皆听为宫邸"②。"王府冬居京兆，夏徙六盘山，岁以为常。"③从此，在西安者为冬宫，在六盘山者为夏宫。20世纪50年代，考古工作者对

琉璃瓦

西安安西王府进行过勘探，《考古》杂志专门做过报道。④ 21世纪初，考古工作者又对六盘山下的安西王府进行勘探。⑤ 就已公布的两城的相关数据看，其异同在于：

相同：一是两城都筑东、南、西三城门；二是在城中央筑有规模宏大的夯土台基，为宫殿遗址；三是建筑构件材料一样，都是黄釉琉璃瓦、黄釉龙纹瓦当、

---

① 《元史》卷七《世祖四》，中华书局1987年版，第143页。
② 《元史》卷七《世祖四》，中华书局1987年版。
③ 《元史》卷一八〇《诸王表第三》。
④ 马得志：《西安元代安西府勘查记》，载《考古》1960年第5期。
⑤ 参见宁夏文物考古研究所、固原市原州区文物管理所编：《开城安西王府遗址勘探报告》，科学出版社2009年版。

三角形龙纹滴水等。

不同：一是城址大小不一样，西安安西王府城实测为0.3平方公里，六盘山安西王府城方圆2平方公里；二是西安安西王府城没有瓮城，六盘山安西王府城筑有瓮城，印证了"封皇子忙哥剌为安西王，立王相府，以挺为王相"①的记载，凸显的是军事防御意义。

2. 王府建立的背景

六盘山是成吉思汗、蒙哥、忽必烈几代人长时间经营过的地方，成吉思汗时期在六盘山就辟有行宫，现在的六盘山腹地泾水河畔的凉殿峡还留有遗迹，是当年避暑的地方。当然，"行宫"不是在凉殿峡，而是在六盘山东麓六盘山下的开城。顾祖禹《读史方舆纪要》载：六盘山"上有清暑楼，元安西王所建"②。忙哥剌受封安西王后，安西王府应运而生，并设立王相府，以重臣商挺为王相。至元十四年（1277），赵炳接任安西王相③。姚燧《延厘寺碑》载："王府冬居京兆，夏居六盘山，岁以为常。"开城安西王府这种政治上、军事上的特殊地位的形成，是由特定的历史背景构成的。

安西王驻跸安西王府，目的在于"分治秦、蜀"。因为安西王忙哥剌受封六个月后，陕西四川行省就被罢撤，直到至元十七年（1280）安西王忙哥剌死后，陕西四川行省重新恢复，同时改成两个行省的建制格局。当时元朝与南宋间的战争正处在胶着状态，安西王以及王相府所在的六盘山还在发挥着重要的军事作用。在

琉璃兽头

---

① 《元史》卷一五九《商挺传》，中华书局1987年版，第3740页。
② 顾祖禹：《读史方舆纪要·六盘山》卷58，中华书局2010年版，第2805页。
③ 《元史·赵炳传》，中华书局1987年版，第3837页。

1273—1279年的六年间最为关键。这期间,六盘山安西王府直接控制着统一南宋过程中的四川战局。同时,也享有很大的权力,"其时犍河之外,秦固内地。教令之加,于陇于凉,于蜀于羌……其大如军旅之振治,爵赏之予夺,威刑之宽猛,承制行之。自余商贾之征,农亩之赋,山泽之产,盐铁之利,不入王府,悉邸自有"①。王相府取代陕西四川行省而获得"承制"治军、命官、司法、征税等广泛权力。直到至元十七年(1280),即安西王忙哥剌死后第二年,陕西四川行省建制才得以恢复。②

盐课,是国家专控商品。安西王忙哥剌时期(1272—1280)遵照忽必烈的圣旨,"解州盐课"作为"给王府经费",由安西王和王相府全权支配。同时,安西王府位下还有察罕脑儿四千户蒙古军,是陕西行省境内第二支重要军队。③ 可见,特殊时期的安西王忙哥剌和他的王相府管辖地域之广、权力之大。

3. 瓮城

安西王府瓮城,是围绕在南城门外的小城,以护卫主城南门。"通常只有很重要的城,才在城门外加筑瓮城,增强防御力量。"④通过考古勘探,瓮城东、南、西三面城墙的形制和轮廓尚存,占地面积约2318平方米。⑤ 瓮城门址位于瓮城南墙中部,大体处在瓮城的中轴线上。⑥ 实际上,瓮城、南城门与城内宫殿建筑,大致处在一条中轴线上,体现的是王府建筑的格局。

4. 主城内宫殿

主城内夯土基址,在城内中心偏北处。台地周围暴露出大量黄、绿釉色琉璃瓦片、琉璃瓦当、琉璃滴水等。城内共有五处夯土基址,其中规模最大的中央基址在城内南北中轴线上,这里就是安西王府宫殿遗址。周围到处散见有青灰色砖块,大量黄、绿、白釉板瓦和筒瓦残片,还有黄、绿釉龙纹瓦当和滴水残块、青

---

① 姚燧:《姚燧集》,查洪德点校,人民文学出版社2011年版,第146页。
② 姚燧:《牧庵集》卷十《延厘寺碑》,人民文学出版社2011年版。
③ 李治安:《元代陕西行省研究》,载《中国历史地理论丛》2010年第4期。
④ 宁夏文物考古研究所、固原市原州区文物管理所编:《开城安西王府遗址勘探报告》,科学出版社2009年版,第9页。
⑤ 宁夏文物考古研究所、固原市原州区文物管理所编:《开城安西王府遗址勘探报告》,科学出版社2009年版,第90页。
⑥ 宁夏固原县文物管理所:《宁夏固原开城元代安西王府建筑遗址调查报告》,载《中国历史博物馆刊》2000年第1期。

石质台沿螭首及刻有花纹的青石块等①，这些色彩绚丽的琉璃饰件与雕刻精致的石刻品，反映了安西王府建筑的辉煌和所独有的皇家气派。忽必烈修建的开平府城宫殿，也是建在台基上，"城内又建第二宫，距前宫约一箭之遥"②，苑囿在城外。这种形制，与开城安西王府宫殿建筑大致是一样的。

5. 主要建筑材料与饰件

在安西王府遗址，暴露较多的是黄釉、白釉、绿釉龙文瓦当、滴水、筒瓦残片和绿釉砖残块，还有青石、红沙石残块等建筑材料。这里仅择其精致者做些叙述。

砖，是建筑的基本材料，但安西王府的砖烧制不同于常规意义上的砖。一种是灰砖，砖面上或侧面有篮纹、曲线花纹；一类是施釉砖，正面或侧面都施以棕黄色或黑绿色釉。瓦，也有几种，一是陶釉筒瓦，釉色有白、蓝、绿和黄等；二是釉陶板瓦，前接弧边三角形滴水，滴面模印云龙纹。瓦当，有三种样式，一是龙纹瓦当，模印浮雕飞龙造型，飞龙大嘴轻微张开，长舌上卷，有长长的胡须和角；龙身向上弯曲与龙首靠近，呈"S"形样式。龙前右肢呈前扑状，前左肢支撑身子，后肢翻转腾空，周身布有云纹，龙纹饰为深黄色琉璃。二是兽面纹瓦当，兽面双目圆而突出，眉毛粗且长，额顶及双颊鼓起，两耳竖立，嘴大而微张，獠牙外露，长须一波一波上卷。三角形滴水，与瓦当是一个整体，图案纹饰也不一样。一种是釉陶龙纹浮雕滴水造型，由卷云纹陪衬龙身，龙嘴张开，长舌上卷，细劲长尾，前左肢向前扑状，右肢伸向身后，后肢作支撑状，龙饰黄色琉璃釉，③有的饰绿色琉璃釉。滴水有两种：一种是灰陶花卉纹滴水；一种是带状滴水，也施以黄色琉璃釉和绿色琉璃釉。此外，还有各种图案的琉璃雕花饰件。

套兽与鸱吻造型，是王府建筑重要的饰件。考古表述，这些遗物是"合模制作"而成，空心，两侧图案对称，有对接的痕迹。④ 造型有琉璃虎首形，琉璃龙首

---

① 张星烺编注：《中西交通史料汇编》第二册，朱杰勤校订，中华书局2003年版，第1194页。
② 宁夏文物考古研究所、固原市原州区文物管理所编：《开城安西王府遗址勘探报告》，科学出版社2009年版，第128页。
③ 宁夏文物考古研究所、固原市原州区文物管理所编：《开城安西王府遗址勘探报告》，科学出版社2009年版，第208页。
④ 宁夏文物考古研究所、固原市原州区文物管理所编：《开城安西王府遗址勘探报告》，科学出版社2009年版，第209页。

**青石雕龙构件**

形。琉璃虎形造型，獠牙外露，两眼睁圆外鼓，髻毛成翻卷状，神态凶猛。施釉的颜色也不一样，虎面为湖蓝釉，髻为浅绿釉。琉璃龙首形，两眼圆鼓，唇舌上卷，龇牙，腮须后卷。施釉也很有特点，眼施黑白两色釉，其余施绿釉。①

石质构件，目前能看到的遗物包括台沿螭首、角柱石、门墩等，通过它们就能看出安西王府建筑的辉煌来。一是台沿螭首造型非常典型，螭首龙嘴微张，双唇外翻，门牙外露，唇侧獠牙外撇，鼻翼微鼓，眼珠突起，长眉过耳，两腮鼓圆②，眼睛部位雕刻极为传神，目光略上视，颇具威严神态。二是青石质地的角柱石雕刻特别精细，为正方形立柱体，相邻两个侧面有浮雕纹饰。以牡丹花卉衬托龙纹，龙纹为高浮雕，花卉纹为浅浮雕。龙头高昂，龙身卷曲向上腾空，身上的鳞甲与肢爪雕刻得毕真而细腻。③ 2015年，考古工作者在该遗址又发掘出土相

---

① 宁夏文物考古研究所、固原市原州区文物管理所编：《开城安西王府遗址勘探报告》，科学出版社2009年版，第228页。
② 宁夏文物考古研究所、固原市原州区文物管理所编：《开城安西王府遗址勘探报告》，科学出版社2009年版，第228页。
③ 宁夏文物考古研究所、固原市原州区文物管理所编：《开城安西王府遗址勘探报告》，科学出版社2009年版，第233页。

似的青石龙首构件数个。

柱础石，包括门槛础石，同样能再现建筑物的规模和辉煌的程度。安西王府考古获取的柱础石种类多，所用材料不一，雕刻的图案丰富。就所用材料看，有灰白砂石质、青色砂石质、白色大理石石质、汉白玉石质、青石质、红色砂石质、红褐色砂石质等。由雕刻的图案看，有的是两层浮雕覆莲纹，每层八瓣；有的是浮雕一周的覆莲纹，有的是浅浮雕云纹，有的是仰莲纹，有的雕莲花状纹饰，有的是如意云头纹，下衬卷云纹，近底环雕一周乳钉。

安西王府建筑遗物，再现了安西王府皇家建筑的格局和气派。出土的佛造像、黄釉琉璃塔刹，是安西王府宗教文化的遗物，同样从另一层面显示了与王府建筑相配的宗教建筑，应该是王府配套建筑的重要组成部分。限于篇幅，这里不再赘述。

**龙首构件**

2009年，内蒙古考古工作者对元上都的穆清阁进行了考古发掘。穆清阁，是元上都重要的大内宫殿，出土的建筑构件中有琉璃瓦当、琉璃滴水、琉璃鸱吻等，多施以蓝色、黄色、绿色等釉。此外，还有白玉螭首（开城为青石质）、花纹石构件等。[①] 这些建筑材料、建筑构件样式和造型，几乎与开城安西王府出土的一样。由此，可以看出安西王府的地位和它的研究价值。

---

① 内蒙古文物考古研究所：《内蒙古元上都发掘取得重要收获》，载《中国文物报》2009年12月18日。

物质文化遗产

物质文化遗产，属于固化的遗产，是与非物质文化遗产相比照而提出来的。物质文化遗产与非物质文化遗产，是一个事物的两个方面，任何一种物质文化遗产，都内含有"非物质"的一面。检阅第六版《现代汉语词典》，有"物质文明"词条而没有"物质文化遗产"词条。语言和概念的形成，是社会发展过程中形成的产物。"非物质文化遗产"的提出，源自于联合国教科文组织。对物质文化遗产的界定是这样的：物质文化遗产是具有历史、艺术和科学价值的文物，包括古遗址、古墓葬、古建筑、石窟寺、石刻、壁画、近代现代重要史迹及代表性建筑等不可移动文物，历史上各时代的重要实物、艺术品、文献、手稿、图书资料等可移动文物；以及在建筑式样、分布均匀或与环境景色结合方面具有突出普遍价值的历史文化名城(街区、村镇)。这里所论及的物质文化遗产，包括国家级与宁夏区级两大类。依据这两类文化遗存及其现状看，列入"国保"的人类早期文化遗存，由于年代久远，已无法做相对详尽的叙述，其他遗址都尽可能叙述得翔实。

## 一、列入"国保"的人类早期文化遗址

旧石器时代晚期，正当氏族公社早期，距今40000—18000年前，人类使用着粗笨的石器，过着十分简陋的采集经济和渔猎时代的生活。新石器时代的出现，是人类经历的一次文化大变革，许多地方都出现了原始农业和早期聚落，湿润的气候，疏松的黄土地，适宜于原始农业的发展。新石器时代的不少遗址，就是远古人类根据当时的生态环境选择的有生存和发展条件的地方。宁夏境内新石器时代的文化遗址，再现了初民依山傍水而居的最佳理想之地和居住形式。这里说的人类早期文化遗址，主要是指仍能为游人提供游览和考察的文化遗址，且其大多已被列入国家重点文物保护单位。

## 水洞沟遗址

近百年的考古发掘表明，宁夏境内新石器文化遗存极为丰富。追溯宁夏历史文明的源头，自然就从石器时代开始了。水洞沟遗址，地处宁夏首府银川市以东灵武市境内的黄河边地上，是旧石器时代人类文化遗存的典型，已被列为第三批全国重点文物保护单位。水洞沟古文化遗址，是我国早期人类生存繁衍的象征，再现了距今两万多年前西北地区人类活动的历史。1923年法国古生物学家德日进、桑志华做考古发掘之后，1928年，他们又与法国著名考古学家步日耶一起对水洞沟遗址再次进行深入研究，水洞沟作为旧石器文化重要遗址，已经为世界考古界所关注。此后，1960年、1963年、1980年、2003年，中国考古学者先后对水洞沟古文化遗址进行过系统发掘，出土了大量的动物化石，还获得了数万件石器材料和石器。据专家认定：在获得的大量石器中，有一类以长石片叶为毛坯、两侧经修理左右对称、背面有脊梁的三角形尖状石器，就是能与欧洲典型的莫斯特尖状器相比美的同类。另一类以长石片为毛坯，一端修理出半圆形刀刃状的刮削器，它们是水洞沟石器中最具代表性的器物，制造技术和形状与我国同时期的

水洞沟遗址

其他石器时代遗址迥然不同。尤其是 1963 年清理时发现的一件用鸵鸟蛋壳为原料制成的圆形穿孔装饰物，其边缘略加打磨过，这说明当时的磨制艺术已经萌芽，是原始初民对美的表现形式的探求。

水洞沟遗址石器

## 菜园遗址

菜园遗址，位于宁夏海原县，地处六盘山系向北延伸的黄土高原的边缘，现已列为第六批国家重点文物保护单位。菜园遗址所在的环境是易于挖掘、又能长期壁立而不塌陷的黄土层，无论是半地穴式还是窑洞式，都易于操作而且安全，是黄土高原窑洞源起的地方之一。窑洞是中国北方常见的居住形式，20 世纪 80 年代以来菜园遗址的考古发掘揭示：人类最早的地下居住形式——窑洞始于宁夏海原。

## 鸽子山遗址

鸽子山中石器时代遗址，位于宁夏青铜峡市蒋顶乡西15公里处贺兰山山前的台地上，2006年公布为第六批全国重点文物保护单位。鸽子山遗址，是黄河沿岸中石器时代遗存中最具典型的遗址之一。20世纪90年代发掘出土有2000余件石器，主要是普通石制品与细石器制品。石器所用材料

鸽子山遗址

不是就地开采，而是取自于数十公里之外，为各色细石英岩和细泥岩。当时的加工方法已较为先进。专家研究认为：这些石器制品从加工方法到成品的形制，都可以代表当时华北细石器制作的最高水平。[1] 鸽子山遗址出土的石器，见证的是远古人类迁徙和文化传播的经历。

## 照壁山铜矿遗址

宁夏早期采矿遗址，是宁夏中卫市镇罗镇以北的照壁山遗址。依据考古发掘看，这里是一处完整的远古人类采矿和冶炼遗址，主要由铜矿、居住遗址和冶炼遗址三部分组成。铜矿入口的形式有竖井式、斜坡式和平行坑道式。在遗址表面仍有汉代陶器残片以及宋元时期的瓷器残片。发掘考证，照壁山铜矿在春秋战国时期就已经开采和冶炼，西汉时期已形成规模，一直延续到西夏，元代仍有开采和冶炼。照壁山铜矿遗址在西北地区极为少见，为深入研究青铜文化提供了实物

---

[1] 许成、董宏征：《宁夏历史文物》，宁夏人民出版社2007年版，第8页。

依据。

2006年公布为全国重点文物保护单位。

## 张家场古城遗址

朐衍县，是战国时期秦惠文王设立的宁夏最早的县制之一。朐衍县古城遗址，就是在现在宁夏盐池县城西北30余公里处的张家场汉代古城，小地名叫柳杨堡，可能是因了古城空旷地域上的柳树和杨树而得名。据《宁夏文物普查资料汇编》载，张家场古城为秦汉古城遗址，东西长1200米，南北宽800米，呈长方形。城址遍地为秦砖汉瓦，还出土有大批古钱币、西汉时期人字形铜墙齿轮、陶壶、陶鼎、陶博山炉，还有铜甑、铜釜等青铜器。此外，建筑材料和生活用品，诸如铺地花纹砖、绳纹砖、卷云纹砖等遍地都是。同时，还出土有游牧民族用于马背上的盛水器陶扁壶、铁器等。

张家场古城

《秦本纪》载，秦惠文王后五年，即公元前230年，王游至北河，到了现在宁夏灵武一带的黄河边上观河巡视。由秦惠文王北游黄河的时间看，朐衍县制的设立不晚于公元前230年。西安相家巷出土的秦代封泥印，就有"朐衍导丞"的官名，说明朐衍的名字在战国时就已经约定俗成。"朐衍导丞"与朐衍县的建制是一致的。后来，还有过"朐衍道"建制的变迁，管理的地域大致是今天盐池县及陕西定边县大部分地方，但政治中枢仍在张家场朐衍古城。

在张家场古城的简易博物馆里，就展出有不少封泥印，其中一枚就是"朐衍道尉"印，是朐衍县建制的重要实物依据。同时，还有陶钱范、各类青铜剑、铭文瓦当：大富贵、宜子孙、乐未央等，还有秦汉时期特制的大板瓦等。这些文物遗存，见证着张家场古城的辉煌历史。

朐衍县设立后，隶属于北地郡，是宁夏历史上北部最早建立的县制。春秋战

张家场古城

国时,这一带为少数民族朐衍戎居地。司马迁在他的《史记·匈奴列传》里记载说:"岐、梁、泾、漆之北有义渠、乌氏、朐衍之戎。""朐衍"县就是以朐衍戎之名而为"朐衍"县命名的。宁夏早期县的建制有两个:一是南部固原境内的乌氏县;二是北部盐池境内的朐衍县。现在看到的外城墙虽然仅是城址的外轮廓,内城墙大都被流沙所埋没,但在历史早期,这里却是秦汉政治中心——关中以北非常重要的地方政权与军事政权建制,在历史上影响很大。

朐衍县,应该是秦国自春秋至战国时设立的第35个县的建制。

2006年,张家场古城被列入第六批全国重点文物保护单位。

2010年1月,盐池县文管所的工作人员陪我们去张家场古城考察。古城址在一个地貌不是太明显的小盆地里,四周是空旷而起伏的无垠黄沙,黄沙表层生长着被寒风吹裹着的蒿草。一阵冷风吹来,会觉得很苍凉遥远;一阵冷风吹来,也会给你惊喜。张家场古城文管所的张先生,是从小生活在这里的当地人。他说:在古城里行走,不经意就会有古钱币出现在你视野中。真是说钱币,钱币就来了。他随手就捡起了被黄沙打磨过无数次的半枚钱币。

走过软绵绵的黄沙,前面就是古城遗址。城墙早已消失了,墙基还在,我们就沿着古城城墙根走。两千年前筑城的夯印清晰可见,一排排铁柱础夯筑出的圆形凹状的样子,与西北地区民间院墙的干打垒样子一模一样。你如果用手触摸,有化石一样坚硬的感觉。由此,马上会让人想起陕西靖边县境内的统万城。文物管理人员说,张家场古城现在能看到的最有价值的东西,就是古人留下来的筑城的遗迹,是研究秦汉时期筑城的一手资料。古代人筑城与西北地区民间院落的干打垒一模一样,区别只在于墙体的高低与宽厚,可见筑城遗风的久远影响。内城低于外城,看上去十分明显。整体上看,当年朐衍县城的规模和格局,还是能感觉出来的。明代中期以后,这里就成了北方蒙元兵锋南下的要道。

夕阳西下时，我们又来到古城西面数公里处的高地，参观了近两年考古发掘的汉代古墓葬群。由汉墓群，更会使人们想到张家场古城昔日的辉煌。

## 二、"国保"级文化遗产

全国重点文物保护单位的文化遗产，是国家对不可移动文物所核定的最高保护级别文化遗产。截止到第六批，宁夏共有17项文化遗产列入全国重点文物保护单位。

### 贺兰山岩画

贺兰山由南向北，在宁夏境内绵延数百公里，其平缓的西坡与内蒙古的阿拉善高原相接，东坡陡峭却俯视着烟岚雾霭的银川平原。晴空万里时，贺兰山犹如一道蔚蓝色的屏风，横亘在银川平原的尽头。历史上的贺兰山，曾是水草丰美、遍布森林植被的世界，是古代北方少数民族诸如匈奴、鲜卑、突厥、党项、蒙古等民族生息繁衍的地方。开凿在贺兰山岩壁上的画卷，就是历史以来这些民族的远古记忆。从岩画题材看，以表现野兽、骑士或狩猎牧放场面为主，具有浓烈的草原气息，是狩猎、畜牧业经济形态在岩画艺术上的反映，在一定程度上再现了当时的社会生活。

宁夏贺兰山岩画是我国岩画分布的重要地区之一。从历史文化的视角来观照和审视贺兰山岩画的产生及其历史的演进过程，贺兰山的得名源于早期贺兰山岩画；其自然地理环境，是贺兰山岩画生成的史地背景；是远古以来生存在这一地区的各个时期少数民族艺术家创造的，是多元文化的积淀。贺兰山岩画早期开凿在旧石器晚期，主要在新石器时代。整个岩画点相对比较集中，风格注重写实，细节突出，介于艺术与非艺术之间，线条高度简化、符号化，是当时人们社会生活状况的真实写照，是后人研究游牧民族社会和文化生活的活化石。贺兰山岩画为中国乃至世界提供了人类早期丰富的历史文化信息和美伦美奂的岩石画卷，具有重要的历史意义和研究价值。

岩画，是一种刻凿或画在岩石上的图像。"先民们在岩石上刻画和涂绘，来描绘人类的自身生活，以及他们的想象和愿望。""岩画是描绘在崖石上的史书。"①这种人类早期的最为原始的艺术表现形式，在世界各地均有遗存。在我国，岩画遗存丰富，分布地域广阔，东西南北方都有，目前已得到了一定程度的研究。贺兰山岩画，是曾经活动在宁夏西北部贺兰山地区的古代游牧民族遗留下来的一种刻凿在岩石上的艺术图像。它分布在绵延 250 公里的贺兰山东麓诸山口的山壁和山前的岩石上，整个刻凿过程和时间跨度长达数千年，大体起始于旧石器时代晚期，终止于西夏时期。贺兰山岩画真实生动地描绘了人类早期大量的动物、类人首、射猎、放牧、战争、舞蹈、劳动、交媾等场面，再现了远古时期贺兰山地区游牧民族的生存经历和人类早期生活习俗、原始观念和审美情趣。贺兰山岩画作为一种文化现象，是历史长时间形成的。它所反映的内容，是在整个历史长河中多个游牧民族不断生存演化和变迁的结果。

贺兰山白汲沟彩色岩画独具特点，是与贺兰山凿刻岩画制作方式不同的岩画类型。已经发现的 22 组，从年代看，其造型风格古朴，简单而粗犷，多凸显原始性与写实性，内容多羊、牛、马、狗等驯化动物；在表现风格上，线条精细优美，晚于凿刻岩画贺兰山岩画②，是中国大地上岩画的重要景点之一，也是我国和世界岩画的重要组成部分。在文字出现以前，岩画是一种重要的记事方式；先民们情感的表达与思想的交流都是通过岩画的形式传递给后人的。说"史前岩画是一种原始的语言，一种文字前的文字。……原始时代的百科全书"③，就是对岩画的历史与文化价值的高度概括。

贺兰山岩画，发现于 1983 年。在经历了 30 多年的不断发现和研究之后，现在已取得了可喜的成果，已列为第四批全国重点文物保护单位。但更广泛更深入的研究和保护，还需要研究者去做大量的工作。

## 贺兰山得名与岩画有关

贺兰山因何而得名，学者们从不同的角度做了尽可能情理并举的学术阐释。

---

① 陈兆复：《中国岩画全集序》，载《中央民族大学学报》1994 年第 3 期。
② 韩学斌：《彩色岩画的多彩表情》，载《新消息报》2012 年 12 月 31 日。
③ 陈兆复：《古代岩画》，文物出版社 2002 年版，第 3 页。

笔者以为，贺兰山的得名与贺兰山岩画有关，即贺兰山是贺兰山岩画的伴生物。地名或者山川称谓的缘起和约定俗成，有一个发展演变过程。贺兰山的名字，最早见于隋代的正史。《隋书·赵仲卿传》记载："开皇三年，突厥犯塞，以行军总管从河间王弘出贺兰山，仲卿别道具进，无虏而还。"《隋书·地理志》也有记载："弘静，开皇十一年置，有贺兰山。"开皇三年，为公元583年。隋代的正史典籍里已使用了"贺兰山"的名字，说明早在隋代以前贺兰山的名字已约定俗成。

《水经注》里的文字，可能是最早记载贺兰山岩画的史料。《水经注》的作者郦道元途经宁夏时已发现贺兰山东麓北段的岩画，并做了记载："河水又东北经浑怀障西……河水又东北历石崖山西，去北城五百里，山石之上自然有文，尽若虎马之状，粲然成著，类似图焉，故谓之画石山也。"郦道元看到的岩画内容是极为丰富的，但他记载下来的最具代表性的是"马"的图案。人类进入新石器时代和文明时代，一方面黄河流域种类繁多的野生动物仍然为人类提供重要的食物，狩猎在新石器时代及历史早期仍是人类的一项重要活动；另一方面人类也逐渐驯化野生动物为家畜。① 这一时期的马，就是先民们驯化的主要家畜之一，而且初始就在西北，贺兰山地区应该是早期驯化马为家畜的地方。据学者们研究表明，《诗经》中写"马"的诗29首，在诗中出现过"马"的诗50首。《诗经》中还有不少异名的马，如浅黑与白色相间的马称"骃"，身黑鬃白的马称"骓"等。马的这些异名在《诗经》中出现127次，连同"马"字在《诗经》中共出现177次，② 远远超过牛、羊等数目。贺兰山岩画中的马图案造型，就是人类早期驯服之后的"马"文化的折射与写照。依据李祥石、朱存世先生编著的《贺兰山与北山岩画》一书，笔者对所有"马"造型的图案做过大致统计，贺兰山岩画凿刻有"马"图案者计123处，③ 这个数字不包括骑牧类"马"图案。如果算骑牧类图案，有关马的数字就更多了。

追溯"马"文化的发展背景，就是想证实新石器时代生存在贺兰山地区的先民们与马的亲近关系；他们将各种造型的"马"刻画在贺兰山的山壁上，是他们那个时代现实生活的真实反映。郦道元看到岩画上的"尽若虎马之状"，就是先民们留下来的历史画卷，这与唐代人杜佑《通典·突厥传》里"谓马为贺兰"的意思是一样

---

① 侯仁之主编：《黄河文化》，华艺出版社1994年版，第53页。
② 侯仁之主编：《黄河文化》，华艺出版社1994年版，第188页。
③ 参见李祥石、朱存世：《贺兰山与北山岩画》，宁夏人民出版社1993年版，第20—219页。

的；也与晋代人陆机注释的"北人呼駮为贺兰"的说法相同。即贺兰山得名因马而来，马即因马岩画而来；"贺兰氏"、"贺赖部"，都是因为这些部族先后驻牧贺兰山并因山而得名的。无论缘于岩画"马"图案造型，还是因了意象性的"駮马"一样的树木，它们存在的基础都是源起于贺兰山岩画的。

**岩画的生成背景**

贺兰山岩画所在贺兰山地区，是一处特殊的地貌。从整个大的环境看，它处在黄土高原与鄂尔多斯高地之间。黄河出青铜峡之后，转折北上，是因为受鄂尔多斯台地的阻挡。实际上，黄河的这种流向及其格局，成就了"天下黄河富宁夏"的粮仓，也孕育了贺兰山岩画的形成。距今8000年到3000年左右，黄河中游的贺兰山地区正处在温暖湿润的历史时期，贺兰山树木葱茏，水草丰茂，植物分布广泛，尤其是有广袤的森林和辽阔的草原。一方面，这种得天独厚的自然地理条件，为各类动物在这里栖息提供了很好的生存环境。这里不仅有大量出没于森林草原的各类动物，而且还有今天热带地区生存的喜暖动物。另一方面，这样的气候与地理环境不仅为不同生态类型的动植物提供了良好的生存环境，而且为远古人类在这里生存提供了丰富的果实，也提供了狩猎的场所。用人类社会发展阶段的经济形态看，贺兰山这种独有的生态环境和地理环境，直接影响着当时人们的生产活动和生活方式。贺兰山地区是北方少数民族南下过程中最好的生存之地，从南到北有40余条山洪沟顺坡下注，沟谷深切，地面多裸露巨石。这些沟谷的壁面和山前的巨石，为岩画的创作提供了天然的画布。

贺兰山岩画作为一种文化景观，它的产生和发展不是单向的，而是原始社会游牧民族与贺兰山这一特殊的地理环境不断发生交互关系的结果。用现在生态学的观点看，考察贺兰山岩画的成因与文化现象，最为要紧的就是自然环境及其因素。贺兰山的存在时间和空间对于生成贺兰山岩画极为适宜，自然生态很好。考察我国凡有岩画出现的地方，都是森林茂密，谷中水清草绿，草木茂盛，便于驻牧的高山草场；或低山丘陵，或两岸山崖峭壁，有凿刻岩画的天然画布，是农牧兼宜、可供生存发展地方；气候适宜驻牧，足以使动物栖息繁衍。

贺兰山，位于我国温带和暖温带草原与荒漠的过渡带，动植物资源极为丰富。这种特殊地理环境，不但隔阻了北面风沙进入宁夏平原，而且发挥了调节气候、涵养水源的作用，尤其是其裸露的岩石为古代北方民族制作岩画提供了优越的自然条件。任何一种文化的生成，都有它独特的地理环境。贺兰山岩画，就是在这样一个中原与边地、黄河与山峦相依的时空里生成的。如果从更大背景上看，岩画作为一种文化现象，它的走势是一个带，体现的是其特定的地理环境及其作用。因此，黑格尔在他的《历史哲学》一书中提醒研究历史要注意"世界历史的地理背景"。我们研究贺兰山岩画，实际上也是从历史与地理的角度来审视和观照的。

**岩画的历史内涵**

岩画，是一种刻凿在或画在岩石上的图像。从文化属性看，属原始文化。目前，我们看到有岩画的地方，是由一个或数个少数民族居住；而贺兰山的山民们早已迁徙并融合于其他民族之中，但在数千年前，这里曾经是多个民族生活过的地方，岩画现象是一种属于历史早期世界性的文化现象。岩画的制作，一种是凿刻的，即用金属尖刀刻画或打凿而成，个别是敲击而成。贺兰山岩画的开凿是由打凿和敲击的方式而生成。岩画的表现形式，其共同点是以粗细曲直的单线表现出整个艺术形象。

1. 岩画的分布与内容

贺兰山是一个南北走向的长带子，贺兰山岩画主要分布在贺兰山东麓沟谷间的崖面上。从岩画的地域分布看，宁夏大武口区、惠农区、平罗县、贺兰县、永宁县、青铜峡市、中宁县、中卫县境内沿贺兰山带都有岩画分布。贺兰山岩画以个体动物为主，几乎都是草原森林动物，有犀牛和大象形象（能有亚热带动物，说明当时贺兰山气候较温暖），应属旧石器晚期的作品，也可能是贺兰山最早的岩画。平罗县境内的大西峰沟岩画

贺兰山岩画

构图单一，动物形态瘦长，写实性强，造型主要以马、虎、羊、人为主，尤其是马和虎的纹饰凿刻细腻。在艺术表现手法上，多体现生殖崇拜等阳刚之气。中部以贺兰口、苏峪口为代表，以人面像、类人首居多，是脸部造像最集中的地方，还包括多种神奇的符号。南部以中宁县黄羊湾、中卫北山大麦地和大通沟为代表，既有刻画战争的场面，也有狩猎过程惊险情景的展现，还有草原牧歌式的牧场生活以及题记、人面像和太阳等多种造型符号。①

贺兰山岩画内容丰富，依据《贺兰山与北山岩画》一书的图录看，岩画的造型有家禽类：马、牛、羊、狗、驼、驴等；动物类：狼、虎、豹等；建筑类：喇嘛塔、方塔、穹庐、帐房等；天象类：太阳、星星、月亮；人物类：戴尖角的人、骑马骑骆驼的人、玩蛇的人、舞人、跪拜人、类人面谱、人伏虎，还有手印、脚印等；生活类：车辆、弓箭、陷阱、石杵、男根；自然类：植物、流水、莲花、树木、长嘴鸟；各类大型出游图类：游牧风情图，凿刻有人物牧放、狩猎、乘骑等多种活动，场面气势宏大，形象生动逼真，写实性极强。我们从大规模群猎和牧放的画面，还能看到游牧民族迁徙的场景。羊群与喇嘛塔图，亦极具情趣，羊群分散环绕在塔的周围。牧马图画面逼真，大小透视适中。游牧风情图场面宏大，人物众多，既有狩猎与牧放，也有舞蹈等各式各样的人物，人物装饰也各具风采。有归牧营地图、有虎群图；文字类：有梵文题记文字、西夏文题记、其他类型的题记文字等；反映原始先民征服生存欲望与生殖崇拜类的野合图也是主要内容之一。与人面像相伴随的常有重圈纹岩画，这应是巫师所为，是巫师宇宙观在岩画艺术中的反映。②

贺兰山岩画绝大多数是动物和类人首图像，大量表现着宗教内容，尤其是人面像，是对天体、大山等自然崇拜的艺术再现。此外，表现的是对日常生活和生产活动过程的记录。从整个布局看，贺兰山口发现的岩画最多，图像也相对集中，是贺兰山岩画的荟萃之处。这里有多种多样的人面像，几乎占全部岩画的三分之二。③ 按照陈兆复先生的分法，"贺兰山岩画分为三类，即山前草原岩画、山地岩画、沙漠丘陵岩画。贺兰山南段的沙漠丘陵岩画，主要分布于其西部与腾格

---

① 李祥石、朱存世：《贺兰山与北山岩画》，宁夏人民出版社1993年版，第6页。
② 盖山林：《贺兰山巫师岩画初探》，载《宁夏社会科学》1992年第3期。
③ 陈兆复：《古代岩画》，文物出版社2002年版，第32页。

里沙漠毗邻的地方，所属岩画地点有中宁县黄羊湾岩画，中卫的苦井岩画、大麦地岩画等。这一类型的岩画明显有别于山前草原岩画和山地岩画。岩画分布点相对高度明显降低，岩画多分布于山梁裸露的基岩上，呈条带状分布，相当一部分被沙漠所侵漫。画面大小不一，有单体图案和组合图案，多采用敲凿法，少量使用磨刻法和划刻法。"①

贺兰山岩画所表现的内容，都是关乎人类生存的重要事件：狩猎、祭祀、性崇拜等。以上这些岩画内容，反映了远古先民生存的历史画面，真实生动地记载和描绘了大量的动物、类人首、射猎、放牧、争战、舞蹈、劳动、祭祀、交媾等场面，反映了当时人们的生活和宗教信仰，尤其是深层的宗教文化。"史前岩画上有许多狩猎、农耕和放牧的场面，乍看起来不是源于生产劳动，其实这是表面现象，在这些画面的背后还有一种力量，即是在巫术思想的支配下创作上述绘画的。"②贺兰山岩画题材和内容十分丰富，说明巫术因素极为浓厚。尤其是那种造型奇特的人物形象，人物以全身正面形象面对游人，有的头上有饰物，双臂弯曲上举，五指分开，两腿做最大限度叉开，脚尖朝外，胯下有夸大了的生殖器。对这类人物造型，盖山林先生说："这正是古代汉文典籍中屡屡提及的巫师形象。"而且这种"巫师岩画不是一种孤立的古代文化现象，而只是那个时代亚洲北部草原广泛流行的巫教信仰古俗在贺兰山岩画艺术中的反映"③。

### 2. 上古神话传说在贺兰山岩画中的表现

贺兰山岩画中，有不少手印、脚印、蹄印，这些足迹源于远古神话。夏、商、周三代始祖神话传说，不断向后人传递出生殖巫术文化的信息，传递着远古人类的生存经历。德国哲学家恩斯特·卡西尔说："神话绝不仅仅是想象的产物。它并不是一个不健全、不正常的大脑的产物，也不是梦想或幻想、荒谬观念和怪诞观念的聚合体。在人的思维发达过程中，神话起着十分重要的作用。……并不是满足于描述事物的本来面目，而且还力图追溯到事物的根源。它想知道事物何以如此。它包含着宇宙论和一般人类学。"④可见远古神话都是有历史渊源的。神话

---

① 陈兆复：《古代岩画》，文物出版社2002年版，第32页。
② 宋兆麟：《巫觋》，学苑出版社2000年版，第271页。
③ 盖山林：《贺兰山巫师岩画初探》，载《宁夏社会科学》1992年3期。
④ 恩斯特·卡西尔：《语言与神话》，于晓等译，生活·读书·新知三联书店1988年版，第168页。

中的英雄常常表现为处女所生，正如印第安人神话中英雄的生母常常是部族的图腾祖先。正是这种特殊的精神原型规定了神话中英雄特殊的生殖意义。这种图腾生殖本身就是一种神圣化了的信仰的产物。①最典型的就是伏羲和后稷诞生的神话故事。"脚印和手印是世界各地岩画中常见的题材。有关伏羲和后稷踩脚印而

贺兰山岩画

生的故事，反映了脚印岩画与远古时代的生殖崇拜有关。"②贺兰山有不少手印岩画，在国外研究者看来，在动物附近刻有手印，是远古人希望自己能得到这种动物。③贺兰山岩画脚印，就是原始神灵巫术在先民思维中的反映。

### 3. 原始巫术在贺兰山岩画中的反映

研究者认为，巫术孕育了绘画。文字没有产生之前，原始人总是通过刻在岩石上的画来表达他们的思想。正如朱天顺先生在他的《原始宗教》一书中说的："原始人类的一切社会活动都离不开宗教和巫术。"可见，宗教和巫术是并行的，它们都会渗透到社会生活的各个方面。贺兰山岩画，就是这种社会背景的产物，是交感巫术的反映。"原始人不会无缘无故地在岩石上刻画，他们刻岩画是有目的的。岩画是他们施行交感巫术的一种方式，他们向往什么就画什么，于是被画

---

① 朱狄：《原始文化研究》，生活·读书·新知三联书店1988年版，第761页。
② 陈兆复：《古代岩画·古代岩画的发现》，文物出版社2002年版，第15页。
③ 桑塔耶拿：《审美趣味的衡量标准》，《美学译文》第一集，中国社会科学出版社1980年版，第279页；引自宋兆麟《巫觋》，学苑出版社2000年版，第279页。

的物品便被认为具有了感应的魔术力,画射野兽便被认为行猎一定丰收。"①贺兰山岩画的许多以狩猎为题材的内容,描绘的就是原始先民从事狩猎之前进行的"巫术"行为,为的是创造和幻化出一个狩猎成功的"前兆场景"。对于生存在贺兰山地区的先民们来说,他们的思维与理念,就是转换并凿刻在贺兰山岩壁上的万余幅图像。

巫术在贺兰山岩画中的反映,最突出的就是图腾崇拜。岩画景观是图腾艺术的物化载体。图腾艺术通过岩画的形式,记载和反映了史前先民们朴素的思想意识,真实地再现了人类童年的追求和向往,也充分表达了生息繁衍在贺兰山地区的一代代游牧者的先民们精神世界、思想轨迹和发展的艰辛历程。图腾崇拜的过程,是先民们认识世界的过程,也是贺兰山岩画艺术化的过程。

### 4. 岩画反映的生殖崇拜

生殖崇拜,是人类社会早期的一大母题崇拜。作为一种文化现象,遍布于中外岩画石刻中。贺兰山岩画也不能例外,有不少内容的画面就是反映生殖崇拜的,有的画面是人物与人物,有的画面是动物与动物。从造型看,没有任何掩饰,它的突出特点是在强化生殖崇拜,尤其是突出雄性动物和男性的生殖器,显示出其独有的阳刚之气。除了直接展示者外,有一些是用生殖符号来表示的,这一部分较为隐讳。比如"十"字符号在岩画的上部,表示男性;一个圆圈中间一点的符号在下部,表示女性。其潜在的意义,仍在表示阴阳的结合。从总体上说,岩画所反映的生殖崇拜,是巫人从事生殖崇拜活动的产物。巫人通过对岩画图像的直观操作,以达到生殖的目的。

贺兰山岩画的许多画面如"类人首"、"人面像"、"兽面像"等造像,"它们均是与女阴有关的图像";"贺兰山岩画中的女阴图像与我国新石器时代仰韶文化遗址出土有关考古资料相比,它们均为人们'生殖崇拜'思维意识……尤其重要的是贺兰山岩画图002图像,在婴首下刻有女阴画像符号,与半坡、姜寨仰韶文化出土的婴首分娩图像——彩陶盆、缸上的图案以及仰韶文化彩陶片上的女阴刻画符号基本相同,可知其作画的动机和意义是完全相同的。"②这不但分析了一些图像

---

① 高国藩:《中国巫术史·巫术与绘画雕刻》,上海三联书店1999年版,第20页。
② 李仰松:《内蒙古与宁夏岩画生殖巫术析》,载《宁夏社会科学》1992年第2期。

的内涵，也通过比较的方法界定了这些岩画的刻凿年代。生殖崇拜，始于母系氏族社会阶段。从贺兰山岩画的狩猎、生殖崇拜直观造像看，多突出动物雄性和男性生殖器，似乎反映的基本是父系社会以后的社会生活。但实际上还不完全是这样，只是女性生殖崇拜在造像上显得隐讳一些：有的属写实，便于直观；有的则进行了简化，甚至是用一种符号来表示。这样，艺术的成分得到了体现，直观的感觉少了，含蓄的内容多了。但无论如何，它们都是两性生殖崇拜的"巫面"。比如弓箭的生殖崇拜。

弓箭在原始艺术中具有双重意义，表现在岩画中，一是表示常规意义上的武器；另一层却蕴含着生殖崇拜的深层意义。陈兆复先生认为：弓象征女阴，箭象征男根。执弓搭箭就意味着两性交媾。如果施加巫术的魔力，弓箭图像就有了增加生殖力的作用。① 贺兰山岩画中多处出现类似的交媾内容的画面，以大西峰沟岩画最具代表性。大西峰沟有16组160余幅岩画呈集中分布状。这里地处偏远，人迹罕至，岩画保护较为完整，除人面像外，主要以马、虎、羊、人为题材，包括蛇、鹿、牛等造型，无论人物还是动物，都表现出其雄性之勃举，其中父子虎最为明显，尽力凸显雄性的作用。从巫术文化的视角看，这正是将弓箭所蕴藏的生殖力传递给交媾过程的夸张表现，满足了先民渴望生育繁衍的内心欲望，也表现了更为强烈的阳刚之气。② 大西峰沟动物形象的写实性与生殖崇拜的张力，使鹿、虎、马、牛等都体现着雄劲阳刚之力，也折射着先民祈求人的繁衍与畜牧业兴盛的期待。

**5. 岩画再现的原始宗教**

宗教和巫术，是原始人类赖以生存并观照在各个生活层面的超现实形式。在原始先民那里，有的时候很难将宗教与巫术截然分开。当然，贺兰山岩画中与宗教有关的岩画，实际上也与巫术紧密地联系在一起。类人首岩画造型即属此类，它类似人面，但又不完全是，有许多抽象的东西融会在画面里。宗教，是巫术基础上的产物。它源于生殖巫术，却又是巫术的升华，便有了新的潜在的诱惑力。当生殖巫术逐渐失信于原始游牧民族的时候，就有一种类似于"神灵"的东西取代

---

① 陈兆复：《古代岩画》，文物出版社2002年版，第183页。
② 陈兆复：《古代岩画》，文物出版社2002年版，第184页。

巫术而产生新的活力。这就是在生殖巫术基础上，演化而来的一种新的宗教形式。狩猎岩画，是贺兰山岩画中的重要组成部分。人们在狩猎之前，必须先祭祀山神，向山神祈求恩赐。这类岩画，不光有狩猎人与被猎的对象，还有游牧人顶礼膜拜的太阳神的场面。这就是原始宗教的表现形式，画面体现的是一种神秘的宗教色彩。在这种宗教仪式的背后，狩猎岩画作品生动地反映了原始时代人们攫取生存资料后，流露出来的战胜自然界并取得胜利的欢乐情绪。尤其是岩画中日、月图像，天地神祇、祖先神像，是宗教崇拜的集中体现，包括手印和脚印。

**羊崇拜**。羊崇拜最为典型，羊神为大角羊。在崇拜和艺术化的过程中，从写实到写意，形象地表现着羊的不同动态和造型。大角羊的写实就突出了羊角的粗壮有力、威武雄壮，随着写意程度的加强，羊角就逐渐简化为单线条，包括羊身和四肢；再往后，羊的造型只有羊角和羊身而没有了四肢；最后就简化到只有能显示象征意义的羊角。这时候，留下来的实际上只是一种符号，即图腾符号。羊作为宗教或宗教艺术中的动物，都是被古人视为神明来崇拜的。贺兰山图腾崇拜岩画中的典型，即为永宁红旗沟第二区中的类人面岩画：左侧为羊的形象，弯角，有躯干、四肢和尾，又似象形字"羊"。右侧上部类人面仅突出了弯弯的大角，而下部类人面则是将左侧的羊形图案完全移植入人面之中，整个构图再现了人与羊结合的图腾崇拜。①

**鹗鸟崇拜**。鹗鸟即猫头鹰。孙新周先生在他的《走进岩画》一文中说：猫头鹰为先民崇拜的原因在于它是他们的农业神和祖先神。② 贺兰山岩画中也有类似的猫头鹰图式。陈兆复先生认为，这是太阳和春天的象征，是"猫头鹰—昴星宿—太阳"这样一条文化链上的崇拜物。这是远古时期自然崇拜的表现，也是先民们崇拜太阳并对其加以神化的反映。

**人面像崇拜**。人面像崇拜的来历很复杂。陈兆复先生认为，它综合了自然崇拜、图腾崇拜、生殖崇拜和祖先崇拜的多重因素。③ 贺兰山岩画里的人面像岩画不少，相对集中的地点在贺兰山口、苏峪口。这里不但数量多而且凿刻延续时间长。人面部神态各式各样，有的似脸谱，有的人面猴像，有的为胡人面像，有的

---

① 李祥石、朱存世：《贺兰山与北山岩画》，宁夏人民出版社 1993 年版，第 283 页。
② 陈兆复：《古代岩画》，文物出版社 2002 年版，第 180 页。
③ 陈兆复：《古代岩画》，文物出版社 2002 年版，第 189 页。

面部造型夸张,有的人面像再现了面具和黥面的民族习俗,这类造像实际上是变形的人面像,主要在于面部轮廓的变化。人面像头部有装饰物,如有的为角状,有的插着羽毛,有的好似戴着尖尖的帽子。女性的装束特点明显,或者挽着髻,或者留着头饰。贺兰山口猫头鹰面形的人面像岩刻最具代表性。这种怪诞奇异的人面形,表现和反映的是我们所未知的精神世界。荒唐的想象,大胆的创造,既是神灵的形象化,也是先民们思想信仰的表现。这是一种生命力的象征。① 有的研究者认为,这种新石器时代刻画的人面具图像,是原始宗教萨满教的面具。② 贺兰山早期巫师岩画类蛙,"均具有人蛙合体或人蛙两种因素的特点。这种人与蛙互相拥有对方的表现形态,实际上体现的是人和蛙相互转形"。"从意念上看则可能表示巫师请蛙附体。西伯利亚的雅库特人认为普通的萨满(巫)才有变成青蛙的能力。"③看来,学者们对这类巫师人面像的内涵研究是一致的。这就说明,贺兰山巫师岩画的出现,是贺兰山地区巫教兴盛的产物。

贺兰山岩画的原始宗教崇拜,还与远古先民进行祭祀、拜神的场所关系密切。远古先民总是在部落集会、祭祀的场所,刻有神灵图像或舞蹈图。在贺兰山岩画带,贺兰山口是最理想的祭拜祖先的神秘场所和中心。这里是一片开阔地,用于祭祀的神灵人面像就开凿在贺兰山沟口那幽静的山岩上。祭祀的人们面对如此神圣的所在,崇拜和敬慕之情会油然而生。对于后人而言,我们也可以想见当年远古人举行祭祀仪式时,踏着庄严的节奏在神秘的巫术气氛中载歌载舞的情景,还有那留在岩石上的肃穆和壮观的舞蹈场面。在这里,岩画、歌舞与环境融为一体,就成为一个独有的巫术艺术氛围浓烈的世界。

今天,我们研究远古人类遗留下来的岩画艺术,其中有许多内容和题材就反映了当时人类自身"种的繁衍"和狩猎、畜牧等"直接的生活资料"。这些都与人的生存、社会的发展有密切的关系。这些关系的背后就是古人的精神支柱——巫术信仰。

**岩画的开凿者和开凿年代**

贺兰山岩画的开凿者,从宏观背景看,早期就是河套地区的原始人类,包括

---

① 陈兆复:《古代岩画》,文物出版社2002年版,第191页。
② 刘锡诚:《象征》,学苑出版社2002年版,第231页。
③ 盖山林:《贺兰山巫师岩画初探》,载《宁夏社会科学》1992年第3期。

生存在贺兰山境内的游牧民族。作为历史追述，猃狁、鬼方、匈奴、突厥、柔然、契丹、党项等民族都先后在这里驻牧生存过，不同的只是他们驻牧生息的时间长短而已。以贺兰山地区为中枢，根据考古资料、历史文献和同类研究成果看，远古时期，这里曾出现过荤粥、鬼方与狄等氏族和部落，他们大约是贺兰山岩画的早期作者；商周至春秋战国时期，这里生存的主要是猃狁、匈奴等少数民族；秦时主要为匈奴民族，汉以后至魏晋南北朝时期，出没于贺兰山的主要是羌戎、鲜卑、北狄、柔然等民族；进入隋唐，主要是突厥、回鹘等民族；中唐以后，吐蕃人入驻贺兰山，党项人也杂居其间；元代以后，成为蒙古族各部落的驻牧地。在贺兰山地区的先民们一代又一代生息繁衍的过程中，岩画内容也随之而发展变化。进入游牧时代以来，同族之间迁徙变换的力度加大，不少游牧民族在不同时期在贺兰山境内生活过。他们的历史缩影，都留在了贺兰山不同地带的岩壁上。

通常意义上，贺兰山岩画是由远古时期少数民族艺术家们所创造的。这是研究贺兰山岩画的学者们的共识，也是中外岩画研究的一致看法。普列汉诺夫说过："狩猎民族是优秀的画家。"①意大利岩画研究专家埃曼努尔·阿纳缔认为，岩画是远古人类日常生活里不可或缺的和本质的方面，"在世界的每一部分，分散居住在各地的人群，各自绘画或凿刻着岩画。的确，在世界的每一部分，岩石被人们作为最早的画布使用着。"②陈兆复先生认为："岩画不应当被认为是一个孤立的文化现象，或是个别艺术家的创作。'它们是史前人类文化的代表。"③盖山林先生在谈到内蒙古阴山岩画时说，"描绘这一巨幅画廊的绝不可能是一个民族，而是包括北方龙山文化和氏族以及后羌、匈奴、突厥、回纥、党项、蒙古等北方游牧民族的智慧创造"④。盖山林先生虽然说的是内蒙古阴山岩画，但从先民创作岩画的历史角度看都是一脉相承的。可见，关于岩画的作者是谁，研究者的看法是一致的。贺兰山所处的地理环境，正当中原农耕文化与北方草原文化的过渡地带，自古以来就是北方游牧民族活动的历史舞台。在这个漫长的历史过程中，远

---

① 《普列汉诺夫哲学著作选集》第二卷，生活·读书·新知三联书店1961年版，第756页。
② 〔意〕埃·阿纳缔：《世界岩画研究概况》，《卡黄诺史前研究中心公报》第21期，转引自徐建融《岩画的当代意义》，载《新疆艺术》1988年第4期。
③ 陈兆复：《古代岩画》，文物出版社2002年版，第5页。
④ 盖山林：《阴山岩画》，文物出版社1986年版。

古时期的贺兰山地区先后有荤粥、鬼方、猃狁、狄等氏族或部落在这里驻牧生存,他们就是贺兰山早期岩画的创作者。更为具体一点说,一是掌握文化知识的巫师,二是一些能工巧匠。"那些遥远难达的洞穴的绘画是经过训练的画师所作。画师也必须是常常参加打猎,才能觉察并模拟其典范的动作。"①只有实践了生活,才能创作出贺兰山岩画这样富有时代印记和生活气息的绘画作品。到了春秋战国以后,在贺兰山地区前后驻牧、生息繁衍过的北方民族有东湖、匈奴、鲜卑、突厥、蒙古等,他们如同历史长河里掀起的一束浪花,稍纵即逝;但无穷尽的演绎,却留下了这千古无法更改的史诗和乐章。正是从这个意义上,贺兰山岩画是古代北方游牧民族绘就的记载着他们那个遥远时代的生存实践、生活信仰、象征意义、思维理念等的艺术结晶。"由于人口和民族的迁徙,一个地区的文化景观往往是由各种文化叠置形成的。"②作为一种文化景观,贺兰山岩画也是由多种文化的积淀和多元文化的叠加而形成的。

  贺兰山岩画的刻凿年代,是贺兰山岩画研究的主要内容之一。通常只是一种相对的大概念,早期岩画的刻凿始于旧石器时代晚期,新石器时代较为普遍。由于贺兰山岩画是在远古不同历史时期,由不同的北方游牧民族完成并留下来的,所以就存在刻凿年代的问题。根据岩画上的特殊动物来推断岩画的年代,是用一种类比的办法,即类型学。因为不同类型的岩画艺术出现于不同时期,不同时期的岩画艺术又与不同时期的社会经济和生活方式紧密相连。宋兆麟先生认为,贺兰山石刻岩画"最早可到新石器时代以前,因有些动物在新石器时代已经灭绝,它应是旧石器时代晚期的作品"③。陈兆复先生认为,贺兰山岩画鹿图形的刻凿年代为青铜器时代,贺兰山岩画中的双轮、单辕、有舆的车的岩画也大体属于这一时期。④ 这一时期,当在公元前2000—公元前1500年之间,正当夏朝时期。或者是早期铁器时代的题材。⑤ 贺兰山岩画中的巫师岩画图像开凿时代大致在新石器时代晚期到青铜器时代,包括众多不同时代不同氏族、民族刻制的人面像岩画,

---

① 〔英〕贝尔纳:《历史上的科学》,伍况甫、彭家礼译,科学出版社1983年版,第47页。
② 吴必虎、刘筱娟:《中华文化通志·景观志》,上海人民出版社1998年版,第5页。
③ 宋兆麟:《巫觋》,学苑出版社2000年版,第278页。
④ 陈兆复:《古代岩画·岩画研究中的若干问题》,文物出版社2002年版,第5页。
⑤ 邢莉、易华:《草原文化》,辽宁教育出版社1998年版,第13页。

其中一部分与巫师岩画属于同一时代,即新石器时代晚期至青铜时代。① "人面艺术是出现于一定时期的一种特有的艺术形式,从美术史上来看,它是大致产生于新石器时期至青铜时代之间"。② 贺兰山岩画人面像应是这一时期独特艺术的产物。"人面像(面具)是中国岩画中突出的题材……中国新石器时代,无论中原或边远地区,都大量出现过这种风格的艺术品……"③从这个意义上,陈兆复先生还是将人面像这种岩画表现形式的出现定位在新石器时代。阿纳缔认为,旧石器后期的风格是以描绘大型动物为特点的,这是中国最古老的岩画。④ 贺兰山大西峰沟老虎岩刻就属此类。如果此说不谬,这可能也是贺兰山岩画旧石器时代的作品之一,也是贺兰山最古老的岩画之一。

贺兰山岩画所反映的社会生活是一个超长的历史画卷,其制作年代有的出自旧石器时代,有的出自新石器时代,有些属于青铜器时代,有的则出自铁器时代。其中以新石器时代最多,因为贺兰山岩画中数量最多的是野生动物形象,这类图像产生最早,是原始人类以狩猎为主要生产方式时期的作品。人面形的神灵图像所描绘的,应是原始神灵崇拜的对象,属早期巫术图腾时期的作品。这一类型的岩画凿刻时代应在新石器时代,下限当在青铜器时代。有关战争、放牧等岩画要晚一些,大约到了铁器时代。

**岩画的艺术特征**

依据研究岩画的学者们的观点,根据岩画的内容与风格,以及所处的文化区域,将岩画划分为北方、西南与东南三个文化区。贺兰山岩画为北方岩画,造型以动物为主,风格注重写实,技法大都是凿刻。"图形通常是采用自然主义手法,大多数形象都是写实的。……写实总是艺术的主流。"⑤第一,这些特点就是贺兰山地区狩猎与游牧民族作品的总体艺术特征,表现了生存在贺兰山地区的历代游

---

① 孙新周:《内蒙古岩画所见东夷文化遗存辨析》,载《中央民族大学学报》1989年第6期。
② 孙新周:《内蒙古岩画所见东夷文化遗存辨析》,载《中央民族大学学报》1989年第6期。
③ 陈兆复:《中国岩画全集序》,载《中央民族大学学报》1994年第3期。
④ 《阿纳缔谈中国岩画》,转引自蒋学熙:《新疆岩画研究综述》(续),载《新疆师范大学学报》1991年第4期。
⑤ 陈兆复:《中国岩画全集序》,载《中央民族大学学报》1994年第3期。

牧民族崇尚气力、善于搏斗的向外心态。第二，北方早期狩猎岩画，主要是描绘巨大的动物和一些符号，如牛、老虎、马和骆驼等，图像往往是单个的，手法近于写实。贺兰山大西峰沟老虎岩刻就属此类。后期狩猎岩画，由于已经使用了弓箭，表现的主要是狩猎过程中的集体场景，描绘的往往是精力充沛的猎人。狩猎人也是一小群一小群地生活着，显得恢宏刚健。第三，畜牧业发展之后，出现了牧放的场面，还有被驯服的狗，这在贺兰山岩画游牧图中得到了表现。第四，贺兰山岩画分布空间大，南北数百公里，但岩画点却相对集中。每一处岩画都显示出一种古拙而粗犷的原始野蛮的气息。国外研究者认为："野蛮艺术的特点就庞大的体积，某种细节的突出，花样复杂。仅仅这些特点就足以产生一种神秘的奇迹，人们世世代代为此所吸引。野蛮艺术一半是巫术的魔法。"[①]这些特点在贺兰山岩画中大量存在，尤其是岩画细节的突出，如人头、妇女的腹部、男子生殖器等。同时，也是宗教艺术的再现，即"巫术的魔法"，像祭祀、神像、巫术方式等，都是巫教的产物。第五，岩画介于艺术与非艺术之间，展示给人们的既是静态的视角，又凸现着它独有的动态结构，人们仿佛能看到它在动，能听到它在动，更能幻化出它在动。它是以环境艺术或大地艺术的宏壮形式表现出来的。第六，高度概括的简化、符号化，是岩画艺术语言表述的一大特征。这一特征主要表现在人物的造型过程。最典型地表现在人仅是由四肢、头颅构成，羊仅由羊角符号来表现等。崇尚简约和厚重，这是人类艺术童年时代独有的情感表现和巫术感应的需要。

贺兰山白芨沟发现彩色岩画，内容主要以牛、马、羊、狗等为主，彩色岩画以赭石色来表现，是贺兰山岩画艺术表现形式的另一种，也是很特殊的一种。彩色岩画多见于国外和我国的南方，这种艺术表现手法在贺兰山岩画刻凿中的运用，实际上借鉴和融合了外来岩画表现手法。从这个意义上说，彩色岩画出现的时间应在普通岩画刻凿之后。

**岩画的历史文化意义**

通常意义上，岩画的内容是当时人们社会生活状况的真实写照，是后人研究

---

[①] 桑塔耶拿：《审美趣味的衡量标准》，《美学译文》第一集，中国社会科学出版社1980年版，第278页；引自宋兆麟《巫觋》，学苑出版社2000年版，第279页。

当时人们经济和文化生活的活化石。贺兰山岩画以远古时期人类独有的艺术手法，用古朴、凝练、粗犷的笔力和画风，通过岩画的纯自然表现形式，从经济生活、社会活动、宗教信仰、审美理念诸方面记录和展现了人类早期的历史活动。当我们现在回头审视这些远古先民们留在贺兰山历史文化长廊上的岩画时，这些史诗般的历史记载，向我们折射出了先民们的生存轨迹和丰富而独特的历史文化内涵：人类学、美术史、艺术史、民族史、宗教史等。如同中国文学的源头——《诗经》一样，它们同样成为中国历史文化研究的源头。贺兰山地区人类童年的生活场景早已被时光的隧道所湮灭，但留在岩石上的画卷却成了永久的信息，成为文字产生以前宁夏人类活动的重要石刻文献，也是远古人类与今天人类沟通的历史性语言。

当然，我们应该清楚，贺兰山岩画所反映的原始先民的活动和文化背景，不是宁夏所独有。从区域文化的角度看，岩画最直观地表现和反映了文字产生以前宁夏的地域文化，但这种文化同原始社会时期多个地域的文化背景是有密切联系的。岩画作为史前的一种诠释性文化，有很大背景，它又不仅仅是区域性的。审视和观赏那些造型生动简朴、情感狂放不羁的贺兰山岩画，就如同在读一部厚重的历史书。从世界范围看，岩画都有其惊人的相似性：诸如动物母题、狩猎母题、畜牧母题、神灵母题、符号母题等。从这个意义上看，人类早期文化的发生有其同一性。世界岩画研究专家、意大利学者阿纳蒂指出："一些重复的因素出现在所有的大陆，标示出岩画的基本原理和基本结构。岩画作为一种原始语言的表现，也会有方言，但不会像现代语言那样彼此无法沟通。它是一种普遍性的语言，它能为任何一种语言、使用任何一种文字的人们所阅读、所理解。"①依阿纳蒂的观点，岩画是可以跨文化、跨地域并能相互沟通的人类语言。由此可见，贺兰山岩画为宁夏、为中国乃至世界提供了人类早期丰富的历史文化之信息和美伦美奂的岩石画卷。

面对着遍布于贺兰山的岩画长廊，那些形成于不同时代不同作者之手的历史画卷，传递给我们的一幅幅远古的生活图景，是一首首自然天成的田园牧歌，是一缕缕浓缩了的文化气息，是一种最为古老的"原始语言"。通过它们，

---

① 〔意〕E. 阿纳蒂：《世界岩画原始语言》，《岩画》第一辑，中央民族大学出版社1995年版。

我们能从那些看上去表现形式简单，甚至粗糙幼稚的直观的图像里，感受到原始人类强盛的生命力。通过它们，我们可看到贺兰山天然的生态景观，自由自在的各类动物群，先民们在这里的生存状况和一代代延续的过程；尤其是看到了先民们猎取动物时的雄壮场面，祭祀神灵时的虔诚和充满野性的舞蹈……从这里，我们还可以看到远古时期生存在贺兰山的亚热带动物，看到了"马"的驯服与游牧民族的生存和亲近关系，更是看到了弓箭的发明与狩猎民族向游牧民族转换的强大过程。

贺兰山岩画通过独特的艺术造型，虽以其原始古老而朴素的表现形式，经历了数千年的风雨劫数，却承载着遥远的原始人类的生存信息，而且继续向相隔久远年代的人们诉说着人类童年的经历。因为它是"刻凿在岩石上的史书"。在我们研究贺兰山岩画的历史文化意义的同时，我们是否想到了它的衰落与消失。根据目前研究的现状看，贺兰山岩画到了西夏时期，其刻凿画上了一个历史性的圆圈之后基本消失了。"这种迹象表明农耕文化的高度发展对社会经济的发展有着巨大的推动作用，但与此同时，它也加速了狩猎文化的衰落。"①但历史与文化意义上的贺兰山岩画却永远地传递了下来。如果从这个意义上研究贺兰山岩画，我们将会在一个更高的层面上感悟和认识贺兰山岩画存在的历史意义与文化价值。

**岩画的保护问题**

按照当下文化遗产的保护思路看，从生态意义上对贺兰山岩画实施保护，是一种较新的有操作价值的理念，即以文化生态保护区的形式来实施对贺兰山岩画的保护。通常意义上，文化生态区保护是指在一个特定的自然和文化生态环境与区域中，有形物质文化遗产如古建筑、历史街区与乡镇、传统民居及历史遗迹等和无形非物质文化遗产如口头传统、传统表演艺术、民俗活动、礼仪、节庆、传统手工艺等相依相存，并与人们依存的自然和文化生态环境密切相关，和谐相处。②

贺兰山岩画，南北数百公里，既是一个独立的山体文化带，又与历史以来的

---

① 参见朱狄：《原始文化研究》，生活·读书·新知三联书店1988年版，第526—527页。
② 黄小驹、陈至立：《加强文化生态保护，提高文化遗产保护水平》，http：//www.Ccdy.cn/pubnews/483993/20070403/517010.Htm。

自然与文化环境相融合,作为一个相对独立的文化生态区来保护,与目前国家实施的大文化遗产保护的思路也吻合。这种做法,参照法国人乔治·亨里维埃和于格·戴瓦兰提出的"生态博物馆"的概念,即文化遗产应该被原状地保存和保护在其所属的社区及其环境之中。它所保护和传播的不仅仅是文化遗产,还包括自然遗产。这种遗产保护的思路,已成为欧洲很多国家一种有效地保护文化生态的方式。① 通过文化生态保护区或"生态博物馆"的形式,使得物质文化遗产与相关历史文化遗产互相依存,与自然环境、经济环境、社会环境和谐共处,不但能有效保护贺兰山岩画,而且使以贺兰山为主体的自然生态、原生态的历史经历都会得到较好的保存和延续。文化生态区这种保护形式,是今后文化遗产保护的方向。2007年6月,"中国非物质文化遗产保护·苏州论坛",已经讨论了中国非物质文化遗产保护工作中的传承人的认定和保护方式问题、中国非物质文化生态区的设立及保护模式问题。② 因此,无论从哪个层面上看,贺兰山岩画以大文化生态区的形式保护都是科学的。

2006年,贺兰山—西夏王陵风景区列入首批"国家自然与文化双遗产"预备名录。

## 历代长城

长城,是中国古代一项最为雄伟壮观的人工建筑奇迹,是规模庞大的军事防御工程体系,是中华民族文明历史的重要标志,是世界文化的璀璨瑰宝。从春秋战国开始,修筑长城的历史就开始了。此后直到明朝,在中国的北方先后有20多个朝代修筑过长城,而且很多朝代修筑的长城都不在一条线上。由于宁夏所处的重要的军事地理位置,修筑长城最早起始于战国,历经汉、隋、明诸代,凡历代王朝修筑长城,宁夏境内必修。修筑的形式有土夯的,有砖砌的,有石头垒的等。一部长城史,就是一部民族融合史,包含着汉族与少数民族的冲突和战争,经贸与交流。在我国长城建筑史上,宁夏境内修筑长城的时间较早,修筑长城的

---

① 王鹤云:《保护文化生态,激活文化遗产立体生存》,载《中国文化报》2003年7月29日。
② 参见《中国文化报》2007年6月19日,第1版。

里程较长，是我国北方长城的重要组成部分，有"长城博物馆"之美誉。穿过时光的隧道透视宁夏历代长城的修筑，可以发现其与当时政治、经济、文化的变迁关系密切，包括生态文明的变迁。

**固原战国秦长城**

固原境内的战国秦长城，是秦昭王灭古义渠戎国之后所修筑的秦国北面的长城，也是中国古代最早修筑的长城之一，年代当在战国秦昭王（前306—前251）时期。这条长城起始于现在甘肃临洮县西北，途径甘肃、宁夏、陕西，穿越宁夏境内的西吉、固原、彭阳三县，是由甘肃静宁县沿着葫芦河岸，经北峡口从闫庙进入固原境内西吉县的。在西吉县将台堡，长城以90°的角度转折向东，沿马莲河谷出西吉县境，进入固原市原州区张易、红庄，过红庄之后进入滴滴沟。出滴滴沟山口，地势豁然开阔，长城城墩和城墙起伏蜿蜒于山巅，清晰可见。在孙家庄东越过海子峡之后，绕固原古城以北，径往东北方向清水河谷地乔洼，环固原古城的长城分筑"内城"和"外城"两道，外城向西北、东北方向形成一个不规则的半圆状，经乔洼过清水河；内城则依山势而行，在固原城北十里铺过清水河。内、外城在清水河以东沙窝地方相汇。现在，外城基本被夷为平地，残留的多为2—3米高的城墩。内城城墩、城墙高大宽厚且完整，气势雄伟壮阔，每200—230米一个墩台，垂直高10—20米。长城由沙窝出，沿茹水（泾水支流）向东南方向延伸，经阳洼、上黄水库、王家崾岘等地出固原市原州区入彭阳县境，在固原市原州区境内80余公里。彭阳县长城走向是西北—东南向，长城利用的全是茹河上游小川河与小河的分水岭，李岔至张沟圈是一道15公里的长梁，长城就在这道较平缓的梁上夯筑，故称长城梁。长城由孟原乡刘家堡子南侧，又取东北方向，再次进入甘肃镇原县。

战国秦长城在固原境内三县，总计里程近180公里。

战国秦长城内、外城复线设防形式，有利于研究战国秦时期固原的政治和军事。自战国以降，扼守着清水河河谷通道的固原，一直是北方游牧民族南下进袭内地的必经的要道。汉文帝十四年匈奴14万铁骑就是由这里穿过长城的。因此，固原城以北5公里处的战国秦长城内、外城的修筑，表明当时在军事上的绝对地位和作用。

**固原战国秦长城遗址**

战国时期，北方游牧部落对定居农耕区逐渐采取掠夺式战争，地处北部的燕国、赵国和秦国，为防御北方游牧民族的入侵，在自己的辖区之内修筑了北方最早的长城，以示防御。公元前306年到公元前251年秦昭王时期的秦国，土地广大，物产丰富，人口众多，在战国诸国中已是一个兵强马壮的诸侯国。然而秦国北面的匈奴民族也不甘示弱，不时率兵南下侵扰秦国。为解除匈奴的威胁和秦国向东发展无后顾之忧，秦昭王灭义渠戎国后，就在当时的陇西郡（今甘肃中部）、北地郡（今甘肃省东北部、宁夏回族自治区东南部）辖境内筑长城以有效防御匈奴民族的南下。固原战国秦长城的修筑，就是这种历史背景的产物。公元前272年，秦昭王灭掉义渠戎国，宁夏南部纳入秦国版图。"于是秦有陇西、北地、上郡，筑长城以拒胡。"[①]在固原修筑的战国秦长城诞生了，这是在宁夏境内最早修筑的长城。战国时期修筑的长城，是中国古代宗族国家向地域国家转变时期各军事强

---

① 《史记·匈奴列传》，中华书局1987年版，第2885页。

国建立的保卫其新建地域国家的军事屏障。各地区局部统一，为中国的统一奠定了基础，后来的历史发展也证实了这些。

两千多年过去了，现在留存下来的依然可供游人登临凭吊的固原战国秦长城，仍如同一条蜿蜒曲折的长龙，清晰地、静静地躺在这黄土高原上。她如同一部无字的书，一曲无声的交响乐，记载着历史的延伸，凝聚着两千多年前中华民族的勤劳和智慧。2001年，固原战国秦长城，被国务院公布为第五批全国重点文物保护单位，这肯定了固原战国秦长城自身所蕴藏的重大历史价值、文物价值和科学价值，表明了战国秦长城所独有的代表性和典型性，更是显示了宁夏固原悠久的历史和灿烂的文明。

彭阳长城原长城

## 宁夏秦长城

### 1. 宁夏南部秦长城

秦始皇时期修筑的固原秦长城，是以战国秦长城为基础的。它西起甘肃临洮、渭源，经宁夏固原、甘肃镇原、环县，陕西志丹、安塞等县，往东又分为两支：一支经绥德、榆林，止于肤施；一支经绥德往北，过榆林、神木，到达内蒙古自治区准格尔旗黄河南岸的十二连城，长约三千里。秦始皇时期修筑的秦长城，基本是战国秦长城的走向，是在战国秦长城基础上的修缮。这条长城，后来成为秦始皇万里长城西段的基础。[1] 西汉初年，北宋与西夏对峙时期，固原秦长城还修复利用过。明代，固原秦长城仍经修葺并起过防御作用。

---

[1] 罗哲文、刘文渊：《世界奇迹——长城》，文物出版社1992年版，第18页。

## 2. 宁夏北部秦长城

战国时期，固原的秦长城，缘起于宁夏南部；燕国的北长城在今辽宁的沈阳、阜新，内蒙古赤峰和河北的围场、张家口以北；赵国的北长城在今内蒙古呼和浩特、包头、五原以北，约一千多里。这三国修筑的长城，司马迁说得很清楚，目的都是"以拒胡"。到了秦始皇统一六国后修筑的秦长城，是战国时燕、赵、秦三国修筑的长城的连贯延伸，成为万里长城的基础。

秦始皇灭六国，统一中原之后，他的对手是北方匈奴头曼单于。头曼单于是当时北方游牧民族部落里英武有为之主，军事力量相对强大。而秦国刚刚经过连年的统一战争，还没有对北部边境做深入细致的考察。当秦始皇东巡考察了北部边境之后，采取的御边方略就是修筑长城。一方面，他对战国时六国之间相互设防的长城明令废弃；一方面又对燕、赵、秦三国北边的长城加强修造，提高其作为军事防御工程的能力并发挥积极的防御作用。公元前215年（秦始皇三十二年），他命文武兼备的青年将军蒙恬率大军30万北征匈奴，夺得河南地（今黄河河套及鄂尔多斯高原），将居住河套地区的匈奴通过战争的手段逼其北迁。第二年，秦朝的军队继续推进至黄河北岸，攻占阴山、贺兰山脉，匈奴远遁，一时不敢犯边，蒙恬便于北方修筑长城。它的大致走向是"自榆中并河以东，属之阴山，以为四十四县，城河上为塞。又使蒙恬渡河取高阙、陶山、北假中，筑亭障以逐戎人"。

这段记载说明秦始皇在榆中（今兰州以东）以北的黄河东岸，并未修筑长城，而是以密集设置县城的方式起着长城的作用，后人不察，却以为这段长城尚未发现，或因黄河改道而倾圮……新置44县，主要是为军事目的，而不是经济发展的结果，所以各县人口稀少，于是从内地迁徙许多犯人前来充实，即所谓"徙谪，实之初县"①。公元前213年（秦始皇三十四年）又"筑长城"②。

可见，秦始皇为加强西北防务采取了重大防御措施，自榆中沿黄河直到阴山沿线，除依河据险为塞之外，最得力的措施就是修筑长城。当时秦朝版图的西部和北部，居住着大量匈奴等少数民族，不时南下骚扰秦朝边境且掠夺财物。因

---

① 参见周振鹤：《中国地方行政制度史》，上海人民出版社2005年版，第300—301页。
② 《史记·秦始皇本纪》，中华书局1982年版，第253页。

此，抗击匈奴，修筑长城，以保边境安宁是秦始皇的当务之急。在宁夏境内北部修筑的长城，是秦始皇长城的西段。其大致走向从甘肃省岷县起，沿洮河东岸北行，经临洮、兰州，进入宁夏。进入宁夏后到中卫这一段，是沿黄河东岸延伸的，过中卫后即沿贺兰山脉蜿蜒北行，直达内蒙古和阴山，这是整个万里长城的重要组成部分。秦始皇万里长城建成后，为防御和有效打击匈奴等北方少数民族的袭击，以保证长城戍防的物资供应，遂在长城以内、河套以南的广大土地上设郡政建制，建立数十个县级建制，并从中原大量迁徙人口来这里屯田，历史上称为"移民实边"。长城沿线的军队，也是一边种地，一边戍防，共同防御和戍守着中国历史上的第一条万里长城。

**汉代万里长城**

西汉立国后，一时平息不了来自北方河套的边患，以至于十年以后，单于冒顿率兵30万，围汉高祖刘邦于白登。从此，汉朝不敢轻易出兵漠北，只有以"和亲"的方式来维系中原与匈奴的关系。到了"孝文帝"时代，尽管社会逐渐处在上升阶段，但仍没有能力解决牧居在河套地区的匈奴民族对西汉边境造成的绝对威胁。这一时期，宁夏南部固原战国秦长城是关中北出塞外的一道屏障，"在西汉特别是在武帝时期，亦曾做过重大的修缮工程"①。再加上雄踞固原的萧关，一并被西汉政府利用过。西汉初年，宁夏北部成了匈奴民族的畜牧地。孝文帝十四年（前166），"匈奴单于14万骑入朝那、萧关，杀北地督尉印，虏人民畜产甚多"②。可见这次匈奴骑兵南下，不但突破固原战国秦长城防线，而且攻陷了关中北面的著名关隘——固原境内的萧关，烽火直达关中，成为震惊朝野的大事件。这里不是说长城的防御作用小，而是想说长城的防御作用大小是与整个国家的强盛密切相关的。

汉武帝即位后，西汉政权已经历了"文景盛世"，民间物产丰富，国家府库充盈，是西汉国力鼎盛的时期。汉武帝雄才大略，试图再造大汉帝国之伟业。汉朝对匈奴的政策，从防守转为进攻。从公元前133年起，先后对北方匈奴发动了三

---

① 彭曦：《从文化区系关系看长城的历史》，载《庆阳师专学报》1988年1期。
② 《史记·匈奴列传》，中华书局1982年版，第2901页。

次规模巨大的反击战，先后任用卫青、霍去病为主将，发兵数十万长驱漠北，兵锋至今蒙古人民共和国北方的库伦及天山等地。汉武帝在反击匈奴并取得胜利的同时，并没有放弃长城的修筑。汉武帝元朔二年（前127），卫青收复秦朝时河南地之后，"筑朔方，复缮故秦时蒙恬所为塞，因河而为固"①。除修缮利用秦长城之外，他花

长城烽燧

了二十多年的时间，付出了巨大的代价，在阴山以北修筑了另一条长城"武帝外城"，在霍去病打通河西走廊后，还修筑了继续向西延伸的"河西长城"，基本解除了匈奴对汉朝的威胁，直到呼韩邪单于南下臣服于汉，结束了匈奴与西汉王朝一百五十年以来的对立状态。

西汉时期，面对来自北方边境的威胁，汉朝在宁夏南部固原修缮和利用战国秦长城，尤其是汉武帝时期。因为汉武帝曾先后六次北出萧关，到固原以北视察巡边。宁夏北境还没有修筑长城。但西汉时期是宁夏平原农业开发的重要时期之一，这里各种名目的屯田和大量的驻军，为汉武帝在阴山以北修筑长城提供了尽可能的物资援助，是阴山前沿的大后方。西汉中期，汉武帝任命卫青、霍去病反击匈奴，宁夏平原大后方作用尤其要紧。

东汉，仅是在西汉长城的基础上加强了亭堠、障塞等信息传递的系统工程修筑。秦汉四百年，是汉、匈长期对峙而又联系空前的四百年，也是长城得以巩固、发展并做出重要贡献的四百年。② 汉朝，是中国历史上修筑长城最长的一个朝代；③ 也是中国历史上疆域广大，国家强盛的朝代，尤其是西汉。

---

① 《史记·匈奴列传》，中华书局1982年版，第2906页。
② 彭曦：《从文化区系关系看长城的历史》，载《庆阳师专学报》1988年1期。
③ 罗哲文、刘文渊：《世界奇迹——长城》，文物出版社1992年版，第30页。

物质文化遗产

## 隋代宁夏长城

从公元220年汉朝灭亡到公元581年隋朝统一，其间经历了361年的战乱和分裂割据。隋朝建立后，为了防御突厥、契丹、吐谷浑等北方游牧民族对长城南侧农业文化区的侵扰破坏，曾七次修筑长城，但隋朝对长城的修筑，主要是对旧长城的加固和修缮。①

隋朝宁夏的政权建制仍旧是南北两个政治中心，南部是原州（固原），北部是灵州（灵武）。宁夏所处的地理位置，正当北方突厥南下的通道，是防御突厥的最前沿。在南部固原有两条通道：一是木峡关（固原西南），一是石门关（固原西北），突厥兵锋经常由此二道南下进入腹地。北部灵州更是隋朝政府防御突厥的重点地区，尤其是灵州具有独特的军事地理位置。原州、灵州军事重镇的防务都由朝廷派遣大员亲任总管。为防御突厥民族南下，隋朝政府继续采用了秦汉以来防边的得力措施——修筑长城。

隋代在宁夏境内修筑过隋长城。据《隋书·崔仲方传》记载，隋文帝开皇五年（585），朝廷命司农少卿、安固县公崔仲方，发丁三万人，在朔方（今陕西横山）、灵武一线修筑长城，东起于黄河，西至绥州，绵延七百里。第二年，再命崔仲方发丁十五万人，在朔方以东的险要处修筑数十座城池，以防突厥的入侵。《崔仲方传》里的"东起于黄河，西至于绥州"有矛盾处。许成先生说：曾有人考证过这段长城，认为是西起现在灵武附近的黄河东岸，并认为记载中"东"、"西"两字一定是对调错了。② 实地考察过隋代灵武长城的先行者的说法是对的。《中国文化史年表》也记载了隋开皇五年在朔方、灵武修筑长城的事，但仍袭用《隋书·崔仲方传》的记载：这条长城是"东距黄河，西至绥州"③。其关于东西方位的记载是颠倒的。

隋代在灵武修筑的长城，是隋代新修筑的，还是在旧城基础上的修缮？据长城专家罗哲文先生的观点：隋朝对长城的修建，也仅限于对旧长城的加固和修

---

① 罗哲文、刘文渊：《世界奇迹——长城》，文物出版社1992年版，第32页。
② 许成：《宁夏古长城》，宁夏人民出版社1988年版，第17页。
③ 《中国文化史年表》，上海辞书出版社1991年版，第259页。

缮。① 依《隋书·崔仲方传》看，罗哲文先生的说法是对的，隋代在宁夏灵武修筑的长城是对原有旧长城的修缮。因为"三万人"一年时间无论如何是修建不成长达"七百余里"的长城的。同样是《隋书·崔仲方传》所载，第二年发十五万人，在朔方以东的险要处修筑了数十处城池。也说明崔仲方公元585年修筑的宁夏灵武长城，是在原旧长城基础上的修缮。

**明代的边墙**

隋代虽是一个短暂的王朝，但它各方面都为盛唐的出现奠定了基础。唐朝，不但国力强大，疆域广阔，而且是一个开放的国度，由于与北方少数民族相对密切的关系，基本没有边境冲突，再现的是大唐的恢宏气象。宋朝立国不久，北方的大片领土已先后落入辽、夏、金之手。元朝，是游牧民族建立的政权，地跨欧亚二洲，既无修筑长城的打算，也无修筑长城的必要。唐、宋、元三代基本没有修筑长城。而明代，却是在经历了唐、宋、元三代之后修筑长城规模最大的朝代，也是最后修筑了最完善的万里长城。在明朝统治的二百多年中，与明朝封建统治相始终的是来自北方蒙元残余势力的侵扰。因此，明朝政府特别重视对北方沿线长城的修筑及其以长城为防御体系的苦心经营，修筑长城的时间没有停止过，是其他朝代都无法相比的。

朱元璋建立明朝之后，周围的环境还比较复杂，面对的敌对势力还比较特殊。在这个过程中，修筑长城成为朱元璋统一事业的头等大事。朱元璋以后，终明之世的历代皇帝，都将修筑长城作为加强北方军事防御的根本。洪武二十七年以后，明朝在修筑长城的同时，在沿边设置卫所，用军事政权组织的形式建立起长城以外的"长城"，即在东起鸭绿江，西抵嘉峪关的12700余里的边防线上设置了九大边镇：最初为辽东、宣府、大同、榆林四镇，后又增设宁夏、甘肃、蓟州三镇，再加上固原(陕西镇)和山西的偏头关，统称"九边"，并有重兵戍防。

明代北线的九大重镇，实际上是以长城为标志的九个军事防御区。明朝放弃内蒙古河套平原、退守宁夏后，失去了地利上的战略防御，宁夏的军事地位显得

---

① 罗哲文、刘文渊：《世界奇迹——长城》，文物出版社1992年版，第32页。

更为重要。顾祖禹在他的《读史方舆纪要》里说：宁夏镇为"关中之屏蔽，河陇之噤喉"①。宁夏灵武、盐池一带就成为蒙元兵锋南下的要道。宁夏镇为明代西北四大重镇之一，由驻节固原的陕西三边制府统领。在明代的九大边镇中，宁夏占有两镇：宁夏与固原。在明代修筑长城的过程中，宁夏修筑的长城，其规模也是空前绝后的。

总体上说，宁夏镇管辖的长城，东起宁夏盐池县的大盐池，西到甘肃省的皋兰、靖远，全长2000里。镇总兵驻地宁夏银川。固原镇管辖的长城，东起陕西靖边县，西到甘肃皋兰县，全长1000里。有的地段长城多重，总兵驻地宁夏固原②。罗哲文先生是将宁夏境内的长城拢起来说的。明代宁夏镇地处前沿，修筑长城早于固原镇。具体来说，明代宁夏镇修筑的长城，有东长城、西长城、北长城之分。

1. 东长城

宁夏镇东长城，主要分布在今宁夏盐池县境内。明代正统之后，蒙古族进驻河套地区，花马池一带的军事地位逐渐凸显出来。明朝政府在花马池增设守御千户所，到了正德元年(1506)改为宁夏后卫。明代在这里修筑有两道长城：一道是成化十年(1474)右佥都御史徐廷章、都督范瑾上奏获准修筑的"河东墙"；一道是嘉靖十年(1531)三边总制尚书王琼奏筑的"深沟高垒"的城墙。右佥都御史徐廷章、都督范瑾奏筑的"河东墙"，是明代宁夏镇最早的东长城。③

河东墙，西起于今宁夏灵武市横城堡黄河岸，东南行，过水洞沟文化遗址、清水营、柳杨堡等地，进入盐池县高家边壕、兴武营等地，达陕西省定边县苟池西畔村，全长近400里。兴武营以东的长城，为河东长墙的东段，俗称"二道边"，这是与它南面的"深沟高垒"长墙相比照而说的。河东墙最明显的标志，就是每隔数里便有一座高大的墙台耸立在蜿蜒的城垣之上。即每隔30里筑一堡，60里筑一城，以利于屯兵驻守。

深沟高垒长墙，是王琼奏筑的新墙。明代中后期，蒙元势力屡屡破墙南下，

---

① 顾祖禹：《读史方舆纪要》卷六十二，中华书局2010年版，第2941页。
② 罗哲文、刘文渊：《世界奇迹——长城》，文物出版社1992年版，第64页。
③ 王琼：《北虏事迹》，载《金声玉振集》，北京中国书店1955年影印本第11册，第17页，转引自华夏子：《明长城考》，档案出版社1988年版。

攻入平凉、固原等腹地，好多次就是由这里进入的。王琼奏筑的新墙，分两步处理：一是将原来"河东墙"兴武营以西至横城的西段长墙加固，继续发挥防御作用。二是将兴武营以东的长墙南移，将通常称"二道边"的这一段长城放弃。重新修筑的长墙向南移动10余里，长54里，走向与"二道边"相同。有了这段新墙，人们又称它为"头道边"。现在，我们在盐池县境内可看到两道长城遗址。

"堑"在汉语中是壕沟的意思。如果将"堑"的深度与"墙"的高度加起来，已达5丈，故称为"深沟高垒"。这段长墙全长360里，是宁夏境内保存较为完整的古长城。长城的布局，大约每间隔150米，就有一座台城耸立在城墙上。同时，还在长城外挖有"品"字形的坑，用来防止敌骑袭击。

水洞沟红山堡明长城保存完整。长城、烽燧、城堡、沟堑、墩台等军事防御设施齐全，蜿蜒的长城，轮廓清晰的城堡，曲折幽深的沟堑都会让人兴奋。尤其近年发现的红山堡藏兵洞，将长城与城堡连在一起，在全国目前发现仅此一处。修筑于明代弘治十六年(1503)的这段长城，再加上它的军事防御附属设施烽燧、城堡等，成为研究明代长城防御体系的重要实物依据。

2. 北长城

北长城，位于贺兰山与黄河之间。黄河流经其东，贺兰山耸立在西，军事地理位置非常重要，是明代宁夏镇的北面防御屏障。北长城有两道：旧北长城、北关门边墙。

旧北长城修筑于明代弘治年间，它始于贺兰山红果儿沟北侧，再向东延伸，经下营子、惠农直达黄河西岸，长30里。嘉靖十年(1531)三边总督王琼于旧边墙内再筑边墙一道，这段长城也就随之废弃。旧北长城的位置，正是明朝初年宁夏镇城北部的镇远关长墙，为宁夏镇北部的重要屏障。镇远关，是明代宁夏最北的边关，旧北长城也是明代宁夏镇所辖最北的长城。

北关门边墙，是嘉靖十年由金事齐之鸾建议三边总制王琼上奏朝廷同意修筑的，起筑于大武口，终止黄河西岸。特殊的年代留下了边防北关门长城这段历史遗址，朝代更替后却成了历史文化的化石。到了清代，边防北关门长城，不再是战争的象征，更不再是经济和文化相融会的藩篱，而是成了文人们怀古凭吊的文化遗存，清代宁夏八景之一——"边墙夕照"因了文人们的光顾而成为宁夏盛景；也因了这约定俗成的文化景观，吸引了更多的游人去感悟那种苍凉与壮观。

盐池兴武营头道边

### 3. 西长城

西长城从甘肃靖远县界的芦沟塘，向东进入宁夏中卫景庄乡南长滩，之后沿黄河东行至常乐下河沿，逾黄河再东北行，由西园乡黑林村西河嘴起，沿腾格里沙漠东部边缘进入贺兰山麓南坡，长达400余里，属于明代宁夏镇左屯卫管辖，弘治年间修筑，《读史方舆纪要》、《明会要》等都有记载。嘉靖年间，再修筑青铜峡大坝至贺兰山三关口一带长城，这一段长80里，称西关门墙。总体上，称为西长城。

明嘉靖以后，明朝除对先前筑就的长城进行修缮外，还陆续增筑到达贺兰山红果儿沟的长城。宁夏西长城的走向，依照地理环境和方位大致可分为四段：甘肃靖远县向东、宁夏中卫向西宁夏境内这一段长城为第一段，宁夏中卫以北可分为三段。

第一段长城从甘肃靖远县的芦沟塘向东，进入宁夏中卫的下河沿，长100多里。这一段长城属中卫境黄河南段。这里沿墙留有暗门边口29处，墩台烽堠75个。上下河沿这一段长城遗迹相对保存较为完整，其中有长约5里的一段长城就筑在河边山地上,顺着河水而行。

贺兰山三关口外长城

第二段长城起于黄河北岸中卫西园乡的黑林,长城越过黄河接沙坡暗门北行至胜金关,整个沿腾格里沙漠东部边缘、依着贺兰山南坡修筑,长约180里,还存有墩台。胜金关是这段长城的主要关隘,是利用贺兰山在这里的独特走势而修筑的,地势位置特别紧要,是宁夏境内重要的关隘之一。

第三段长城从胜金关至赤木关。这段长城继续沿贺兰山由南向北而行,过中宁、青铜峡、永宁等县市,直到银川市西90里地的贺兰山赤木关(今三关口),全长250里。三关口,是宁夏与内蒙古阿拉善左旗的交界处,这里山脉蜿蜒曲折,地形雄奇险峻。这段长城修筑于明代成化年间,明代后期曾重新修筑过。三关口,是宁夏明代长城的重要关隘之一,位于贺兰山中部,是阿拉善高原进入宁夏平原的咽喉关隘,为古代宁夏镇镇城防御的"四险"之一。

第四段长城从赤木关至红果儿沟。由赤木关至红果儿沟全长300多里,中间有宿嵬、归德、大武口等诸隘口,是人马出没的通道,是明代宁夏镇的西北防线,战略位置非常重要。这一段长城保存较好,多为人们所观赏。这段长城,已

物质文化遗产

经利用了贺兰山天然形成的山势险峻、崖面陡峭的优势，堑山削壁成为长城，或石砌或土筑，将它们连接起来，再筑墩设台，凭险而守。

宁夏镇西长城，著名的有四大关口：胜金关、赤木关、打硙口和镇远关，由南向北耸立在西长城的险要地段，是宁夏镇西北一线防御的重要关口，被人们称为"城防四险"。而以打硙口、赤木关最为要紧。但随着时间的推移，三关设防的"打硙口"，还是被无情地废弃。这是明代北方长城修筑与防御的特点，即随着年代的推移，长城防御线一直向内迁徙。

贺兰山境内的长城隘口崖壁上，研究者调查发现还有多处明代人刻记的文字，诸如拜寺口、贺兰口、宿嵬口、大水口等，都是研究明代宁夏修筑长城历史的珍贵资料。现在，当我们走进贺兰山沟谷时，依旧能看到当年留下来的石刻文字。

### 4. 固原镇旧边长墙

在明代西北的防御体系中，延绥、甘肃、宁夏数镇地处边外前沿，固原镇（陕西）地处腹里，因而陕西三边总督驻节固原，居中调度，统一指挥。固原镇修筑长城是在弘治十四年设镇之后，秦纮总制陕西三边时期。

一是固原镇所辖东西长城的修筑。这是固原镇较早修筑的长城。正德元年（1506），杨一清总制陕西三边后，曾奏请朝廷，朝廷批准了他的修边建议，但因宦官刘瑾从中作祟，杨一清修筑固原镇长城的计划只完成一小部分，未得以全部实施。这条长城由东向西的大部分，主要是嘉靖年间王琼总制陕西三边时修筑的。

二是花马池防御城墙的修筑。依三边总督王琼奏准，在宁夏花马池与延绥定边营相接的地方，挑挖壕堑，修筑长城。即在"土脉好处挑成沟堑"，在平漫之地"深沟高垒"。不但在花马池修筑长墙，而且在城垣上筑墩，每墩盖铺房一座，调拨军队驻守；每年二、八月要抽调劳力修浚一次，费用由固原州库供给。①

三是嘉靖十六年（1537）修筑的徐冰水至鸣沙州长城，这是刘天和总制陕西三边军务时，由固原镇总兵官任杰所修筑的。刘天和此举因各种原因未能得到朝廷获准。但万历四十四年所修《固原州志》却载："嘉靖十六年，总制刘公天和修干沟干涧六十里，挑筑堤壕各一道。复自徐冰水迄鸣沙州黄河岸，修一百二十五

---

① 《嘉靖固原州志·奏议》，宁夏人民出版社1985年版，第124页。

里,增葺女墙,始险峻。"①说明这道边墙还是修筑了。

由上可见,弘治以后,尤其是嘉靖时期,固原镇旧边墙曾进行过大规模的修筑。据《万历固原州志·边隘》载:固原以北自下马关东西主要采用挑沟筑垒的办法修筑,东西延伸长达500余里的长墙,是由出任陕西三边总督的几代人来完成的:弘治年间,杨一清修筑40余里;唐龙接着修筑40里;王琼修130里;王宪继修57里。到了嘉靖年间,刘天和修干沟干涧60余里;挑筑壕堤各一道。再复修徐冰水至鸣沙州至黄河岸长墙125里,还增了修女墙;张珩时又添修敌台墩铺。至此,这道边墙已日臻完善。

明代以后,中国历经两千多年的长城修筑基本画上了一个凝聚着深厚的中国历史文化的圈。但长城的修筑到了明代,我们发现它一直呈"内迁状态",明代宁夏境内的东长城足以说明这个问题。这一方面,是由于明代中叶以后受到蒙古兵锋南下的强大压力,明朝政府不断放弃河套地区的重要据点,防线大幅度南移,已经到了黄土高原边缘。另一方面,宁夏东部花马池一带为旷野之地,已无险可凭,唯有利用鄂尔多斯南部的毛乌素沙漠,将沙漠之地放在长城以外。陕西三边总督刘天和在任时,修筑长城的思路是"凡水草便利处皆筑之于内,使夷绝牧;沙碛之地,筑之于外,使夷不庐"②。以此来制约南下的蒙古骑兵。此修筑长城的策略也展示了这里的生态环境。秦、汉时代,长城以南,土地均宜于农耕。以鄂尔多斯高原为例,考古发现了秦、汉时农耕社会的遗址,但现在大部分已成沙漠。明代在宁夏东部的长城不断内迁,可见农耕土地日益沙漠化。从长城的不断内迁,我们看到了生态的变化。

### 5. 长城文化的历史作用

历史上的长城,其本身就蕴藏着丰富而复杂的历史内涵。历代人们审视的用度不同,长城的价值就不同,认识和结论相异是很自然的事。长城的缘起,是出于军事防御,但深层的原因却包含着文化和经济两方面的内容,这是无疑的。

北方戎族的入侵,少数民族骑兵的出现,再加上铁器的应用,修筑长城便成了历史的必然。宁夏固原境内战国秦长城修筑,旨在防御匈奴的南下。秦始皇灭

---

① 《万历固原州志·建置志》,宁夏人民出版社1985年版,第144页。
② 《秦边纪略》卷五,第13页。

六国统一中原,在派大军北征并夺得河套地区后,一面修缮途经固原的战国秦长城,一面又沿黄河内侧修筑西北外围的长城,宁夏境内南北都有了防御匈奴南下的长城。此后,直到明朝末年,宁夏境内的长城,是西北地区历代修筑长城的重要组成部分;宁夏早期的开发与长城的修筑过程有直接关系。历史地看,长城虽然是军事防御工程,但它不完全是中原王朝处在衰势或被侵时期的防御工程,而是中原王朝处在强大时期,有力量对付北方游牧民族的侵扰及有防御能力的背景下修筑的。这种直观上的长城带似乎成为节制和封锁两种经济和文化之间交流的藩篱,其实不然。在这个过程中,中原与漠北之间或者是和平友好往来,或者是对立冲突,这种格局就是对"长城藩篱"的一种诠释。长城作为历史的见证人,它目睹了历代发生在长城带上的民族间的冲突和战争。无论采取什么形式,南北之间的经济交往并没有间断,文化的交流更是不可分割的,你中有我,我中有你。民间的频繁接触与民族融合是中华民族发展、繁荣的历史必然。从汉朝在长城线上设立"关市"到明朝在长城沿线设立的"马市",民间往来的"民市"、上层间往来的"官市"等交流形式都是在长城线上来完成的,呈现的是贸易繁荣的景象。宁夏境内的北部长城沿线的诸多关口,实际上就是历史上南北经济贸易的集散地,发挥了经济文化交流的作用。和平时期的往来自不在话下,即使冲突与战争,也是另一种形式的交流。尽管这种交流是被动的,而且给汉匈双方都带来过巨大损失。但最终,长城成为中华民族凝聚力形成过程的一种物化的体现,突出了长城带在中国古代稳定和统一过程中的地位和坚实的基础。

长城出现并经历了两千多年的发展过程,成为中国历史文化的集大成者,有着其深刻的自然、经济和文化的基础,对中国的政治、经济、文化的地理分布乃至自然景观都产生过重大影响。长城的走向,是中国自然地理的一条重要界线,尤其要紧的是一条文化线。我国的农业民族与游牧民族长期以来在地理上的分界线就是长城,它是农业与游牧民族相互碰撞的过程中树立起来的一座凝聚中华民族的不朽丰碑。追溯历史,这一格局的形成和出现,就是从秦始皇时期开始的。在文化方面,长城有着重要的意义。在中原与草原处于分裂对峙状态下,沿着传统农牧分界线出现了举世闻名的万里长城;中原文化与北方草原游牧文化的冲突和交流就是通过长城的媒介来进行的。宁夏长城的历史,从某种意义上说,是农耕与游牧两种文化冲突、传播、交流、变迁与融合的历史,是中华民族共同的宝贵财富。

文化的交流是双向的，长城的存在并没有对农业文明和牧业文明起到彻底的隔阻作用。西汉以来，匈奴人越过长城南下中原，很快都融入汉民族之中，对中原文化产生了巨大影响：一是为汉代畜牧业的兴盛提供了人力资源和技术资源。匈奴人以畜牧业为主，匈奴人所擅长的养马术也随之传入中原，极大地促进了汉代畜牧业的发展。秦汉时，宁夏畜牧业已经相当繁盛，与以长城为纽带的交流是有必然联系的。二是进入中原的匈奴人还带来了本民族特色的文化艺术财富。近年来在宁夏境内出土的大量文物，尤其是匈奴青铜文化艺术品，已得到了学术界的公认。三是草原游牧民族与中原农耕民族的"互市"或者"关市"的开放，也是增进民族融合的主要渠道和形式。宁夏北部长城沿线有众多关口，诸如宁夏清水营、中卫、平虏（平罗）卫、花马池等，这些关口实际上都起到了"互市"的历史作用。法国研究中国历史文化的著名学者谢和耐在论述中国长城的历史作用时指出："草原各帝国如果没有无数借自中国的事物，没有中国的谋臣策士、行政官员、工匠、农民的帮助，就不可能形成一套制度。在若干时期内，中国北方是与入侵的蛮族高度混居的，这一地区从来就没有停止过接受草原的影响。中国人学会畜牧、骑术、使用马具和某些战术是应该感谢游牧者的。事实上，双方通过对峙线上的只供使臣、商人出入的口岸而转输的不仅仅是双方各自需求于对方的产品（丝织品、茶、盐、中国金银、马、驼、牛、羊）。正和欧亚旧大陆所有农牧交界地区的情况一样，各种宗教、工艺也无不循着贸易商路而传播。"[1]由此可见双方交往过程的相互依赖。这种交往方式也包括占主要地位的冲突和战争。

与此同时，中原的汉族也越过长城进入北方匈奴地区。秦始皇修筑河套长城时，不少中原人由于各种原因流入草原。西汉时正是匈奴势力空前强大的时期，"控弦之士三十万"经常南下扰边掳掠。据马长寿先生估计，"匈奴所掠夺的汉族人口，虽然无法统计，然大体言之，至少也有二十万左右"[2]。再加上战俘、投降或亡失在匈奴的士兵，包括"和亲"的队伍等。这些由中原北上的各色人到了漠北草原，对匈奴的游牧文化将会是一种迅猛的冲击，长城以南的农业文明的营养会融会到草原文化之中。在这个过程中，宁夏是在地理上尤其突出的地带，是两种

---

[1] 转引自张广达《古代欧亚的内陆》，见第十六届国际历史大会《中国学者论文集》，中华书局1985年版，第260—261页。
[2] 林干：《匈奴史论文集》，中华书局1983年版，第237页。

文化交融荟萃之地。汉族所擅长的农业技术、建筑技术、铜铁冶铸技术等都传到了匈奴地区，中原的文化艺术亦随之传入。

历史上，修筑长城规模最大的就是秦、汉和明朝。这三朝在宁夏修筑长城最多，持续的时间最长，尤其是明朝。每个朝代修筑长城都是一种"务静方内而不求辟土，中国既安四夷皆服的传统政治文化心理的物质体现"①。正是从这个意义上，历代长城文化意义基本是一致的。

### 6. 长城文化的时代意义

将长城视为中华民族的标志，或者一种文化符号，使长城成为维系中华民族凝聚力的象征，是近代以来的事。同爱国主义内涵一样，长城的历史内涵也是伴随着时空的变化融进了新的内容的。孙中山先生明确提出，民国虽然取代清朝，但在中国文化中心造成的空白却未能填补，将长城转化和视为一个民族凝聚力的象征，正是适应了这种历史的需要，是一种民族认同的文化需求给予长城伟大的文化意义。同理，毛泽东《清平乐·六盘山》词里的"不到长城非好汉"，正适应当时中华民族齐心抗日的国内形势和民族心理，使人们将对长城的敬慕转化为一种爱国主义的情绪，在中华民族生死存亡的危急关头，因长城精神而唤起了民众。这种民族情感上的升华，的确感动和激励了几代人。在抗日战争最艰难的时期，一曲《长城谣》曾激励过每一位中华儿女。可见长城在中华民族心中的位置。

时空不会掩埋长城的光辉，也不会淡化人们对长城的敬仰。长城，使海内外炎黄子孙为之骄傲，许多人到中国就一定要看一眼万里长城，爱长城成了爱国的一种象征。今天，长城所特有的军事防御作用早已随着时空的延伸成为了历史，但蕴藏在它身上的精神却成为凝聚中华民族的历史丰碑。面对21世纪中国文化走向世界的大趋势，长城文化同样要走向世界，我们要用全球的眼光来审视长城文化。正是从这个意义上，我们应该把宁夏长城文化的保护、开发与研究，同西部大开发及其宁夏旅游事业衔接起来。许嘉璐先生认为：要把长城学研究与西部大开发结合起来。他在《立足中华大地，尽快发展长城学的研究》一文中引用侯仁之先生之语："……长城遗址都是宝贵的潜在的旅游资源和研究对象。如何科学保

---

① 侯仁之语，见《长城国际研讨会论文集》，吉林人民出版社1995年版。转引自许嘉璐：《立足中华大文化，尽快发展长城学的研究》，载《清华大学学报》2002年第1期。

护、合理利用这些资源，既为西部人民造福，又使其不致遭到破坏，正是长城学可以发挥作用的地方。同时，也许更为重要的是，长城以无言的方式记录下来的地理地质、生态环境种种信息，正是发展西部经济所需要的。长城学只有主动地为西部人民服务，才能更加充分地显示其价值。……站在时代的高度，弘扬中华优秀传统文化，使之与时代精神相结合，形成有中国特色的先进文化……这正是长城学的用武之秋。"①可见，长城文化的意义是伴随着时代而不断丰富的。

其实，任何一个民族，在历史进程中都会有一些具有代表性的建筑，长城就具备了"这种历史价值"。"长城之所以伟大，是因为其具备无与伦比的文化价值，这种价值是与华夏文明的自我塑造和认同紧密相关的。"②从文化意义上审视长城，这是研究长城文化价值的核心所在。

宁夏长城，囊括了中国历代修筑的长城。南部固原的战国秦长城、秦长城，已成为国家重点文物保护单位，来固原旅游的人都要登上巨龙一般的长城，感悟横亘在黄土高原上的历史遗迹，领略汉代著名诗人班彪登上固原战国秦长城之后苍茫雄浑的历史情怀。北部的秦长城、汉长城、隋长城、明长城，尤其是秦、汉、明三代长城，仍旧在向世人诉说着秦汉以来的战争风云，民族间相互冲突又相互友好往来的壮阔场面。战国秦长城、明代长城相对保存完整。银川，是明代北方"九边"重镇之一，修筑了不少长城，作为一种文化景观，是历史留给宁夏丰厚的历史文化遗产。我们要在保护和研究的基础上开发利用。

在西部大开发的过程中，开发地方文化资源，为旅游文化提供丰富的历史文化景观，宁夏的长城文化是独具魅力的。这不但显示了宁夏历史的悠久，文化的深厚，而且展示了宁夏在历史上重要的军事地理位置。在大力发展旅游业的今天，国内的不少地方都在做"长城"的文章，设法将旅游景点与"长城"衔接起来，开发长城旅游。宁夏旅游资源丰富，而且非常独特，贺兰山岩画、须弥山石窟、中卫沙坡头、黄河古渡等，而宁夏历代长城，就是这独特景观中的一类。长城自诞生之日起，就与广袤的大地相融在一起。宁夏历代长城，或者在黄土高原上起伏涌动，或者在黄河岸边与河水相伴相随，或者在贺兰山巅蜿蜒而行，或者在一

---

① 许嘉璐：《立足中华大文化，尽快发展长城学的研究》，载《清华大学学报》2002 年第 1 期。
② 燕海鸿：《长城的文化史意义》，载《中国文物报》2009 年 7 月 6 日。

望无垠的沙漠中体会着历史的亘古。但无论长城在哪里，都非常壮阔而苍凉，雄浑而厚重，每一处长城景点，都融汇着一段悲壮的历史。我们应该有选择、有计划、有步骤地实施宁夏长城旅游文化的开发战略，将长城的容貌展现给世人，让长城文化走进游人心中。正是从这个意义上，我们要充分认识长城的历史价值，认识长城文化在宁夏历史文化中的意义和价值，使更多的人来关注长城，体悟长城的文化内涵，发扬长城精神。

2006年底，国家颁布了《长城保护条例》，全面提升了长城保护的法律地位。国家就某一文化遗产颁布专项法规，在我国历史上还是第一次。《条例》明确规定，长城所在的省级人民政府应当将长城公布为全国重点文物保护单位或省级文物保护单位，并开始对明长城资源进行调查，2006年8月至2008年6月整个调查结束。在这个过程中，文物部门对长城的规模、分布、构成、自然与人文环境、保护与管理等情况都有详细资料记录在案。国家测绘局和国家文物局权威公布，明长城总长度为8851.8千米，宁夏境内明长城837.6千米[1]，约占明代全国长城修筑的十分之一。宁夏地域不大，但长城资源十分丰富，是一笔丰厚的文化财富，我们应该从长城的文化意义上来审视长城遗产的存在。

1997年至1999年，原国家邮电部依据中国长城学会的推荐，印制了明代万里长城邮票，图案选取全国22个重要关隘作为样图。宁夏选取两个：花马池（宁夏盐池县境）和三关口（贺兰山三关口）[2]，这对宁夏同样是一种很好的宣传。

## 西夏王陵

西夏王陵，是一处特殊的帝王陵遗址。为便于人们从多层面了解西夏王陵及其西夏历史文化，这里将其重要的文化遗产附带做些叙述，包括地面遗存、地下考古发掘的重要文献资料。

### 西夏宗教文化遗产

西夏立国之初的前两年（1036），即开始创制文字，是在开国之主李元昊的倡

---

[1] 燕海鸿：《长城的文化史意义》，载《中国文物报》2009年7月6日。
[2] 《中国文物报·收藏鉴赏周刊》，2010年9月15日。

导和大力支持下,由野利仁荣来主持创制完成的。《宋史·夏国传》上记载说:"元昊自制蕃书,命野利仁荣演绎之,成十二卷。"在宋朝人眼中的"蕃书",就是西夏文字。西夏文字是依照汉字构架创制出来的。党项社会的不断发展和进步,为西夏文字的创造奠定了经济基础,提供了政治舞台。同时,西夏文字的创制及其广泛使用,不仅涉及文史典籍、官署文书,还涉及佛经的翻译和刻印。佛经的大量刊刻和流布,使得西夏的佛教文化极为盛行,也为后世留下了大量的文化遗产。

西夏文字雕版

## 1. 西夏佛教文化生成原因

党项民族的佛教信仰,是由于统治者的大力倡导和推行而逐渐开始的。党项民族的早期信仰是原始的以祭天为主的自然崇拜。不断内迁以后,变化发展为鬼神崇拜,流行巫术。西夏文字的产生,佛教文化的传入等,体现的都是这个民族社会阶段的变迁而带来的文化现象的变化和延伸。西夏佛教文化的广布与流行,是由其自身与生存环境不断变化等多方面的历史文化缘由形成的。

一是环境因素。西夏都城兴庆府所在的银川平原,自秦汉以来就是中原统治者着力经营的北部边境重镇,及至宋夏对峙时期,这千余年的历史相对于银川平原来说,虽然战乱不断,少数民族的铁骑不时地光顾这块秀美的塞上水乡,但除特殊时期外,这里的政权建制一直统辖于中央政府,中原汉文化一直是这里的文化主体。正是这一历史与文化发展的大背景，为西夏佛教的传播和发展提供了丰厚的文化土壤。更大背景上看，隶属于西夏国土的河西、陇右地区，原本就是佛教文化东进西出的通道。

二是党项民族的心理归属。西夏立国后的党项民族，经历了多次的长途迁徙，经受了无数次动荡的流离生活之后，向往着一种安定的社会环境和社会生活。佛教中宣扬的"极乐世界"正迎合了他们的心理，为他们提供了精神上的慰藉和虚幻的美好未来。因此，佛教在党项民族中流行就有了适宜的土壤，① 顺应了党项民族的文化心理。

三是统治者的倡导和推行。李德明的母亲罔氏死后，德明要求到宋朝境内的五台山修供十寺，并派致祭的官员护送贡物往五台山。此后，又派使臣向宋朝献马以求佛经。到了他的儿子景宗李元昊，更是通晓"浮屠学"，他在推行儒学的同时，重视发展佛教。不仅在皇室重视佛教，而且也倡导于民间，规定每一个季节第一个月的朔日（农历每月初一）为"圣节"。这一日，西夏国的官民都要敬佛事。即使在谅祚、秉常、乾顺三朝母后专权的时期，也同样崇尚佛教文化。由李德明到秉常时，西夏曾先后六次向宋朝求取《大藏经》，并以此为底本做翻译刊刻工作。在统治者的大力倡导与推动下，佛教在西夏得以迅速传播。到了仁孝时，政府机构中已设有专门管理宗教事务的部门——僧众功德司、出家功德司和护法功德司，地位仅次于中书省和枢密院。可见这一时期西夏佛教文化兴盛和发展的程度。始于西夏后期"帝师"制的分封和设置，更是西夏佛教史上的大事。在西夏历史上，先后封过四位帝师。帝师高于国师，是为皇帝讲经说法的人，其职位名列西夏皇帝仁宗之前，在宗教上高于皇帝，实际上是西夏佛教事务的最高负责人。元代帝师的地位极高，位于"皇天之下，一人之上"，仅次于皇帝。② 由西夏与元朝佛教的承袭关系看，这不仅表明西夏后期对佛教的倡导与尊崇已达到极致，而且对后世佛教制度的变化也带来重大影响。元代建立并完善的国师、帝师等僧官制度，就是由西夏帝师制承袭而来的。

佛教是西夏的主要宗教，但西夏同样有道教流传，包括较原始的鬼神崇拜。

---

① 史金波：《西夏文化》，吉林教育出版社1986年版，第65页。
② 熊文彬：《从版画看西夏佛教艺术对元代内地藏传佛教艺术的影响》，载《中国藏学》2003年1期。

这同样表明西夏宗教文化的多元性，是符合文化发展的历史轨迹的。

## 2. 西夏佛教与藏传佛教

西夏立国后，在接受佛教文化的总体思路上是开放的。它一面接受中原的汉传佛教，一面又大力吸收藏传佛教的文化内涵，致使藏传佛教文化在西夏同样得到了一定程度的传播。当然，汉传佛教是西夏佛教发展的先导和主流。同时，又利用地域上的方便，从西藏、河西等地延请少数民族的高僧传教译经。另外，西夏的不少僧人还前往吐蕃(西藏地区)求法学经，并游学于一些著名的寺院。西夏统治者上层与吐蕃高僧多有来往，尤其是仁宗时期遣使迎请吐蕃著名寺院的高僧来西夏，被尊为上师；有的应邀担任西夏的帝师和国师。这些来西夏的噶举派、萨迦派和宁玛派僧人，与西夏佛教僧人一道为西夏藏传佛教的传播发挥了极其重要的作用。[①]

传入西夏的藏传佛教文化，在莫高窟、榆林窟等河西走廊沿线的石窟中都有分布。在宁夏境内的宗教遗存，主要集中在贺兰山，包括建筑、雕塑和绘画等。遗憾的是在公元1226年成吉思汗攻灭西夏时，蒙古军队摧毁了不少佛教寺院，杀害了不少佛教僧人，贺兰山西夏佛教文化遭到毁灭性打击。在西夏传教的藏传佛教僧人，一是以西夏文翻译藏文佛经；二是绘制藏传佛教密宗佛画(唐卡)。从佛教艺术的角度看，西夏创作的唐卡版画，已将藏式风格与汉式风格有机地融合在一起。

## 3. 西夏佛教的文化遗存

西夏佛教文化遗存，主要是指宗教建筑物和传世的佛教经卷。无论是西夏佛教建筑物，还是西夏佛教经卷，都是对西夏佛教文化兴盛的一种诠释。

西夏佛教建筑遍布境内，寺庙与佛塔林立，建筑技艺高超。这些曾经辉煌过的西夏佛教建筑，有的至今还为世人所观赏，有的因各种原因早已成为历史，但它们都与佛教经卷的搁置与佛经的大量翻译过程有直接关系。西夏时期曾大规模地修建寺院，境内塔寺林立，到了明代贺兰山中还有西夏废弃佛寺百余所。佛塔在西夏佛教建筑中保存最多，有贺兰县拜寺口双塔、拜寺沟方塔、宏佛塔，银川市承天寺塔，平罗县田州古塔，同心县康济寺塔，青铜峡市一百零八塔等，这些

---

① 熊文彬：《从版画看西夏佛教艺术对元代内地藏传佛教艺术的影响》，载《中国藏学》2003年1期。

古塔在细部处理上各有特点,有的塔身上还有藏传佛教的影塑佛像,但其共同点是底层特别高,有简单的叠涩出檐,砌砖用黄泥作浆等,这些建筑风格和特点,都是对唐代佛塔建筑风格的传承。时间较早、平面方形的拜寺沟方塔,更是深受唐代建筑艺术的影响,外形多为八角形密檐塔,也是辽金时期北方盛行的塔的样式。就宁夏境内至今仍存留的可供人们观瞻的西夏建筑物看,已足以让世人看到和感悟出八百年前,西夏佛教建筑艺术的建筑样式和精湛技艺。

### 4. 佛塔建筑

李元昊立国之初,就开始大兴土木,佛塔是修建的主要宗教建筑物之一。《大夏国葬舍利碣》记载了建佛舍利塔的经历和盛况。此后,佛塔就逐渐诞生在西夏的大地上,在宁夏境内有挺拔秀丽的承天寺塔,依银川平原高纵耸立;华丽新奇的贺兰山拜寺口双塔,依偎着壮阔的贺兰山而远眺银川平原;还有贺兰山拜寺沟的方塔、同心县境密檐式康济寺塔、贺兰县楼阁式与覆钵式建筑艺术相结合的宏佛塔、青铜峡境内黄河岸边一百零八塔阵等。除一百零八塔外,其余各塔都是塔寺一体的建筑,都有专门事佛的僧众。

西夏佛教建筑艺术,体现的是西夏佛教兴盛的一个侧面。而发现于建筑之中的西夏佛经及其文化遗存,更是展现了西夏佛教文化的辉煌。贺兰山拜寺沟方塔内发现的西夏文活字印刷本佛经,再现的是西夏雕版印刷技术的发达程度,尤其是活字印刷本身引起了国内外学者的极大关注。活字印刷术发明于宋代,而活字印刷的佛经文本却发现于西夏。这些遗存的西夏佛教建筑物为中国木活字印刷术提供了宋夏时期的印刷品经典文本,有着巨大的学术价值和文物价值。

高台寺,是李元昊时期修建的佛寺,也是西夏时期著名的佛教建筑之一。高台寺建筑及其后代的修缮兴衰,只有在文化典籍里去寻觅,但它的名字至今仍在沿用,依旧传递着一种久远的历史文化信息。西夏创立文字之后,不久即开始将汉文佛经译成西夏文的工作。为了能有一个专门的场所翻译并贮藏佛经,李元昊在天授礼法延祚十年(1047),"于兴庆府东一十五里,役民夫建高台寺及诸浮屠俱高数十丈,贮中国所赐《大藏经》,广延回鹘僧居之,演绎经文,易为蕃字"[①]。由记载高台寺建筑的文字看,建筑物高大雄伟,寺庙里的浮屠(佛像)雕造也非常

---

① 《西夏书事》卷一。

华丽高大。这里不仅是佛教徒们礼佛的地方，也是居徒译经的专门场所。从西夏佛教建筑的整体布局看，高台寺地处西夏都城的外围市郊，是西夏重要的佛寺之一。贺兰山腹地虽有专供西夏皇室礼佛的寺庙，但高台寺也是皇族礼佛时偶尔要去的地方。遗憾的是高台寺毁于黄河冲淹，建筑物早已荡然无存，只有残留的土丘在诉说着昔日的晨钟暮鼓和悠远缥缈的诵经声声。

承天寺塔，是西夏塔寺一体的寺院建筑，如今依然耸立在当年西夏的都城兴庆府。承天寺塔，是谅祚母后没藏氏主持修建的，是一座规模宏大的佛教寺院工程。承天寺舍利碣铭记载说，修建时"役民数万"。没藏氏曾一度出家为尼。她在临朝摄政的第三年，即天祐垂圣元年（1050）开始兴建此塔，前后费时近六年方才修建完成。承天寺塔建成后，将中原宋朝所赐《大藏经》庋于寺中。这里不仅藏置经卷，还延请回鹘高僧登台讲经，没藏氏与谅祚也经常来这里临听。[①] 耸立在皇城外围的承天寺，有皇太后、皇帝时常亲临听佛经，自然是西夏当时最重要佛事场所之一。由此可见，高台寺是西夏统治上层常去礼佛听经的地方。

5. 寺庙建筑

寺庙建筑，同样是西夏佛教文化兴盛的标志。据史金波先生《西夏佛教史略》一书研究表明，以西夏都城兴庆府为中枢修建的寺庙有：戒坛寺，是西夏第一代帝后李元昊的妃子没藏氏出家的地方。承天寺，如前所述。海宝塔，又名黑宝塔，建于前朝，西夏时仍是一个规模较大的寺庙。大度民寺，是仁宗赵仁孝时为刻印《观弥勒菩萨上生兜率天经》，延请国师诵读佛经的地方。戒坛寺和大度民寺的建筑早已不存在，也无法考证修建时间和详尽的寺址，但似应在兴庆府周围。

以贺兰山为中枢修建的寺庙有：贺兰山佛祖院，在兴庆府以西的贺兰山中。这里是西夏时期雕版印刷汉文佛经的一个中心。五台山寺，也在贺兰山中。五台山寺不是单一的寺院，而是一处寺庙群，包括清凉寺等。慈恩寺，在贺兰山石台岩云谷，是僧人编辑和刊刻西夏文佛经的地方。大延寿寺，是西夏刊刻汉文经文的地方。

从元昊时期开始到乾顺年间，西夏先后用五六十年的时间译出西夏文佛经三千五百多卷，是西夏佛教文化发展史上的一座丰碑。

---

① 《西夏书事》卷十九。

兴庆府、贺兰山以外，在宁夏境内修建的西夏寺庙佛塔还有：康济寺塔，在宁夏同心县韦州旧城东南隅，现存于世。据《嘉靖宁夏新志》记载，规模较大的还有在广武营（青铜峡市境内）修建的大佛寺，明嘉靖年间栋宇尚存。安庆寺，在鸣沙州（中宁县）城内修建，明代尚存佛塔。青铜峡峡口黄河西岸的一百零八塔，是一处顺着陡峭山坡修建的三角形塔林，而今已成为一大宗教文化景观。

以上所列的寺庙，仅是宁夏境内西夏寺庙佛塔建筑的一部分，而且是其中较著名者。以此看来，后世人通过西夏时期的寺院佛塔建筑群，才真切地感悟到了"云锁空山夏寺多"[1]的佛教文化，在西夏时期的表现及其兴盛程度。

西夏文物早在清代嘉庆年间就有发现。20世纪初，内蒙古额济纳旗黑城大量西夏文献的重大发现，对西夏学研究具有重要意义。20世纪50年代以来，在西夏都城兴庆府（宁夏银川市）及西夏故地宁夏有大量西夏遗迹、遗物发现。目前，已列入国家重点文物保护单位的西夏文化遗产是：西夏王陵、灵武窑址等。

## 西夏王陵

西夏王陵是全国重点文物保护单位，位于银川市西郊，地处贺兰山东麓中段，东西宽约4.5公里，南北长10公里左右，总面积近50多平方公里。陵区内现存9座帝陵，254座陪葬墓。[2] 陵区北端有一处大型建筑遗址。西夏王陵现为国家级风景名胜区，宁夏主要旅游景点之一。依陵墓的自然分布，西夏陵可分为四区，自南而北纵向排列，每区各有帝陵2—3座，其分布又可分为前后两组。陪葬墓多集中于帝陵左右或前面，成群组式分布。自20世纪70年代以来，西夏王陵的发掘工作曾进行过多次，发掘内容包括1座帝陵（6号陵）、4座陪葬墓、7座帝陵碑亭、3座窑址及北端建筑遗址的一部分。

西夏王陵建筑保存较好，建筑的主体为夯土，外面包以砖石，现在外层均已坍塌，仅存圆形夯土堆。每座陵园由角台、鹊台、碑亭、月城、陵城、门阙、献殿、陵台等8种20余座建筑组成，占地面积约8万—15万平方米。陵园基本结构略呈"凸"字形，由月城与陵城连接而成，前面是东西对称的碑亭、鹊台；角台位

---

[1] 《嘉靖宁夏新志》卷七，宁夏人民出版社1982年版，第380页。
[2] 许成、董宏征：《宁夏历史文物》，宁夏人民出版社2006年版，第72页。

西夏王陵

于最外围，献殿、标示墓道的鱼脊梁和陵台位于一条南北轴线上，位置居于陵城中轴线西侧。陵台系一座塔式建筑，八角形，上下分为五级、七级或九级，外部并有出檐及砖瓦结构。这是西夏陵最具特色的建筑。帝陵的墓室为多室土洞式，陪葬墓也是由一定的墓园建筑组成。建筑的数量与规模不尽相同，内容最复杂的包括碑亭、月城、墓城、门楼、照壁、墓冢等部分。规模最大的陵墓占地面积约2万平方米，内容最简单的只有一座墓冢。陪葬墓的墓冢形制多样，有夯土冢、积石冢、土丘冢。夯土冢又分山丘形、圆锥形及上部分为二级或三级、蘑菇状等多种形制，墓冢高度16米至数米不等。陪葬墓的分布多呈群组式，显示出较强的规律性，并且出现了一域双墓、一域三墓(同一座墓园内埋葬两或三座墓)的特殊葬式。陪葬墓墓室均为单室土洞式，流行随葬铜牛、石马和石雕动物(羊、狗)的习俗。在历年调查和发掘工作中，西夏陵出土文物以建筑材料为大宗。其中石质材料有螭首、望柱、兽头、柱础、石座、碑刻、石像生等，陶质材料有砖、瓦、滴水、瓦当、脊兽、鸱吻，其中绿色琉璃器占相当比例。随葬品多残破不堪，以陪葬墓出土的铜牛、石马、石狗等最具特色。陵区内最重要的出土物是7号陵出土的西夏文的"大白上国、护城圣德、至懿皇帝、寿陵志文"等残碑碑额。

物质文化遗产

2000年9月,由中国社会科学院考古所、宁夏考古所和西夏王陵区管理处三家联合,对3号陵进行考古发掘,清理面积3.2万平方米,出土了一批珍贵文物,备受海内外关注的西夏陵3号陵园地面建筑遗迹考古发掘获重大发现。文物考古工作者经过艰苦细致的田野清理发现,整座陵园建筑形制是以塔为中心进行布局的。陵园所有地面建筑形制首次基本清楚地呈现在世人面前,这样大规模对帝陵地面建筑遗迹全面进行发掘,在国内尚属首次,终于掀开了西夏陵的神秘面纱。

2001年,国务院公布西夏王陵为全国重点文物保护单位。2006年,包括贺兰山岩画在内的"贺兰山—西夏王陵风景名胜区"被国家建设部公布为首批"中国国家自然与文化双遗产预备名录"。

## 西夏窑址

西夏窑址,根据考古发掘及出土文物看,有普通窑址与皇家窑址之别。普通窑址主要分布在黄河以东灵武境内,皇家窑址在贺兰山中。灵武窑址,也称瓷窑堡窑,位于灵武市东35公里处。古人之所以将窑址选在这里,是因为这里有烧制瓷器的自然资源和条件,诸如煤、瓷土和水源等。近半个世纪的考古发掘显示,宁夏、甘肃近内均有西夏古瓷窑遗址发现,尤其是20世纪80年代以来的考古发掘。中国社会科学院考古研究所曾三次(1984年、1985年、1986年)对窑址进行发掘,发掘面积700平方米,窑址面积24万平方米。不但清理了西夏时期的窑址,而且对

**灵武窑遗址**

西夏瓷的种类、造型、纹饰和制造工艺进行了深入研究,取得了重大成果。① 灵武窑址现已公布为全国重点文物保护单位。

---

① 参见中国社会科学院考古研究所:《宁夏灵武窑发掘报告》,中国大百科全书出版社1985年版。

**普通窑址**

1983 年，原灵武县文物普查队在县城以东瓷窑堡镇终于找到了瓷窑遗址，共发现窑址 4 处，作坊遗迹 7 处，出土的瓷器有白釉、黑釉、褐釉和青釉 4 类。[1] 整个瓷器装饰纹饰图案内涵丰富，创意和构图十分精美。总起来看，主要有反映民间习俗的纹饰、动物纹饰、图案纹饰、植物花卉纹饰等。大量的瓷器遗物，如碗、罐、釜、高圈足碗、高足杯、颈瓶、剔刻花扁壶和花口碗等，尤其是剔刻花瓷器最为精致，白瓷别具特色。瓷窑堡窑剔刻花瓷器很具特色，印花器数量少。

回民巷窑，是灵武窑的重要组成部分。在制造工艺方面，回民巷窑几乎不见剔刻花瓷器，多素面釉、姜黄釉和青釉印花碗。研究者认为灵武窑受宋代北方定窑和磁州窑影响较多，剔刻花纹是以上二窑常用的装饰技法，但也反映了西夏瓷窑的特点。[2] 回民巷窑瓷器以黑、褐、青釉为主，"受陕西耀州窑影响较大"[3]。西夏灵武窑的发展过程中，在不断吸收北方山西、河北、陕西诸窑先进工艺的同时，发展自己的制瓷业。[4]

实际上，距离较近、且都在黄河沿岸的陕西北部铜川的耀州窑，对西夏时期的灵武窑及其工艺产生过重大影响。北宋时期的耀州窑，瓷器生产已达到鼎盛阶段，曾经作为贡品上贡朝廷。因此，耀州窑对灵武窑影响较大。但由于灵武窑发掘较晚，已出版的《中国陶瓷史》里没有收入灵武窑遗址，自然是十分遗憾的事。

距瓷窑堡遗址较近的回民巷窑址，位于灵武市临河乡境内，应是西夏至元代的民窑遗址。1997 年，宁夏考古所抢救性发掘了灵武窑附近的回民巷窑址，清理窑炉两座，灰坑 3 座，出土文物 2000 余件，出土的瓷器以黑、褐青釉居多，次为白釉，出土的器物有罐、钵、壶、盏、钩等，建筑材料有条形瓦等。[5] 回民巷窑址的发掘，对西夏瓷的生产和发展做了重要补充。据研究，灵武窑共分五期，一、二期为西夏中晚期，西夏灭亡后继续生产瓷器，直到清代。回民巷窑略早于

---

[1] 许成、董宏征：《宁夏文物》，宁夏人民出版社 2006 年版，第 38 页。
[2] 许成、董宏征：《宁夏文物》，宁夏人民出版社 2006 年版，第 38 页。
[3] 宁夏文物考古研究所、灵武文管所：《宁夏灵武市回民巷西夏窑址的发掘》，载《考古》2002 年第 8 期。
[4] 牛达生：《西夏遗迹》，文物出版社 2007 年版，第 142 页。
[5] 许成、董宏征：《宁夏文物》，宁夏人民出版社 2006 年版，第 38 页。

灵武窑遗址

灵武窑,却废于西夏晚期。回民巷窑址已公布为宁夏第三批重点文物保护单位。灵武窑址已列为第六批全国重点文物保护单位。

目前,西夏瓷窑经过正式考古发掘的,只有磁窑堡窑和回民巷窑,两窑出土的瓷器都具有西夏瓷器的共同特点,但是在器物表面装饰上有一定区别。西夏瓷窑在初期主要受到耀州窑的影响,以回民巷窑为代表。北宋以后,山西北部诸窑直接影响到西夏瓷窑,同时还直接或间接地受到陕西、河北诸窑的影响,这以瓷窑堡窑为代表。灵武瓷窑堡瓷窑遗址,是位于我国最西北的一处古瓷窑遗址。回民巷窑址属民间瓷器作坊,瓷窑堡遗址属西夏上层官窑遗址。研究者认为,遗址"姜黄釉瓷片的发现,就可看到灵武窑受耀州窑的影响,这为我们了解基本失传的西夏文化提供了非常有价值的信息"①。

**贵族窑址**

近年,考古工作者在贺兰山腹地考察了名为缸沿子、贵房子的两处西夏瓷窑遗址。瓷器标本,依据釉色可分为白釉、双色釉和黑釉三种,其中白釉又分精细与一般两类,黑釉分一般和粗质两类。胎釉洁白细腻,兼具景德镇青白釉和德化白釉的特点。经过考察和研究,这两处窑址应该是直接供应西夏王朝贵族阶层消费的,属官营制瓷作坊,贵房子可能略早于缸沿子窑址。窑址位置,正当"皇城台子"两则。两处遗址的年代,上限不会早于李元昊时期,下限应该在蒙元摧毁西夏王朝之时。这两处遗址的标本与灵武窑的标本"迥然不同",这两处窑址的时代上限与下限,应该以西夏王朝为始终。②

贺兰山腹地这两处西夏窑遗址及其瓷器标本的研究结论,印证了西夏贺兰山"皇城"的存在,揭示了西夏制瓷业的另一面,也说明西夏社会贵族阶层的等级观

---

① 钱汉东:《苍凉的西夏灵武窑》,见《寻访中华名窑》,上海古籍出版社 2005 年版。
② 王健保:《贺兰山腹地的两处西夏瓷窑遗址》,载《中国文物报》2010 年 12 月 31 日。

念与享乐思想受宋朝深刻的影响。

## 窑 具

近年来，随着宁东镇磁窑堡、回民巷等地西夏窑址的不断发掘，瓷器的窑具模型亦随之出土。从目前看，窑具数量多，形状各异。外在表层，有的素烧而成，有的施以胎釉，有的表面还留有使用过的痕迹。总体上看，有喇叭形顶碗、筒形顶碗、钵形顶碗、烧制盘子的低矮顶碗、桶状匣钵、平底匣钵、尖顶匣钵、支钉、垫饼、条状垫圈、支圈、鱼纹压具等。此外，还发现有骨制的刻刀、铜制的刻刀，人物与动物的模具、刮板、档箍、石臼、石轮盘等。[1] 这些窑具的出土，再现了灵武窑的规模和生产瓷器的种类。在工艺方面，也可比照与耀州窑的渊源关系。

在当代人的笔下，西夏时期的灵武窑，自然蕴藏着丰富的历史文化信息，已进入中华名窑的序列。

## 古 塔

塔，西域浮屠，即形体高大而尖顶的佛教建筑物。塔多为五层七级，也有高至十三级的，初为藏佛骨(舍利子)的地方，后世也藏经卷于其中，俗称宝塔。晋、宋时期，译经的过程始造"塔"字。后世凡有佛教寺院的地方，大多都有塔的建筑。宁夏历代建塔较多，与宗教文化的繁盛有关。这里所说的古塔，是指现在还能看得见的传世的塔。

### 一百零八塔

青铜峡，是黄河进入宁夏平原之前最后一道天然屏障。传说上古时期大禹西往积石山由此经过，劈开了一条峡谷，黄河水才得以穿越宁夏平原。青铜峡一百零八塔，就修建在黄河出口处青铜峡大坝西侧面东陡峭的山坡上。一百零八塔的得名，应该与塔群自身的数字有关，而且是在明代以后的事。明代《大明一统志》

---

[1] 刘宏安：《神秘的西夏瓷窑窑具》，载《新消息报》2012年4月23日、5月7日。

里,只称其为"古塔一百零八座"①,顾祖禹《读史方舆纪要》记载青铜峡是:"两山相夹,黄河经其中,《水经注》谓之上河峡……《一统志》:'峡口山一名青铜峡,上有古塔一百八座。"②明代《嘉靖宁夏新志》称其为"一百八塔寺,在硖口内,以塔数名"③。这里说明两个问题:一是明代一百零八塔为"塔寺",除塔外还有寺的建筑,塔与寺相融,不是后人单纯感觉的"塔"。二是明确称谓"以塔数名",依照塔的数字命名,一百零八塔已约定俗成。

20世纪60年代初,青铜峡水电站建设始,在塔群下的河滩发掘过两座小墓,出土过珍贵的西夏绢本《千佛图》,属于藏密风格的卷轴画。1987年、1988年,对塔群进行过彻底的清理,出土有砖雕佛像、西夏文佛经残页、小泥塔和绢本千佛图等,且为西夏文物。④这样,一百零八塔就被确定为西夏时期所建。

青铜峡一百零八塔

---

① 《大明一统志》卷三七载:"峡口山一名青铜峡,上有古塔一百八座。"
② 顾祖禹:《读史方舆纪要》卷六十二,中华书局2010年版,第2945页。
③ 《嘉靖宁夏新志》卷之二,宁夏人民出版社1982年版,第156页。
④ 牛达生:《西夏遗迹》,文物出版社2007年版,第213页。

一百零八塔属于喇嘛式的实心塔，所有塔体的外表均涂有白灰，建在一排排被人工铲削成阶梯式的山崖上。佛塔背山面河，依山势自上而下，按照 1、3、3、5、5、7、9、11、13、15、17、19 的奇数排列成 12 行，构成总体平面呈等腰三角形的大型塔群。塔群最高处是一座建筑形制较大的独立塔体，高 3.5 米，塔基为"八"字形须弥座，顶部为宝珠式。第二行以下均为单层八角形须弥座，形体较小，高度均在 2.5 米左右。塔体形制大致上可以分为四种类型：覆钵形、八角鼓腹尖锥形、葫芦形、宝瓶形。从塔的外形看，与北京元代妙应舍利塔相似。塔基下曾出土过西夏文题记，缘此便推断塔群始建于西夏时期。笔者以为可能是西夏时期建筑样式，元代再修复利用，应该是西夏佛教与元代藏传佛教文化建筑艺术相结合的产物。塔的形制、色调，包括塔体上留下的墨色梵文等，与宁夏境内西夏时期、甘肃河西地区西夏至蒙元时期的土塔十分相似。这里的塔群，曾多次维修。现已公布为第三批全国重点文物保护单位。在塔群北侧的山水沟北坡上还有一座砖塔，塔内发现过陶钵、泥塔模、西夏文经书残卷等，是藏传佛教在西夏广泛传播与深远影响的见证。

青铜峡一百零八塔，从数字概念上与佛教文化直接相关。各地佛教寺院撞钟的节奏和韵律不同，但一百零八声却是定数。佛教认为人有一百零八种烦恼，敲钟一百零八下，便可消解忧愁和苦闷。一百零八又与一年的大小节气数相同，体现的是儒家思想与佛教思想的融合。从这个意义上，青铜峡一百零八塔，是标志性佛教建筑艺术样式。元代以后，这里仍是香火旺盛的佛教寺院。

### 承天寺塔

银川承天寺塔，应该是西夏皇家寺院的遗物，是西夏时期塔寺一体的寺院建筑，坐落在银川古城区西南隅，如今依然耸立在当年西夏都城，后世俗称"西塔"。寺院坐西朝东，现存的主要建筑有五佛殿、韦驮殿和卧佛殿。佛塔的位置正当五佛殿与韦驮殿之间，同在一条中轴线上。承天寺塔，是寺院内的主要建筑之一。1919 年，林竞（1892—1962）考察大西北时在银川城小住几日，在他的《亲历大西北》一书里收录一幅西塔的照片，塔周围的寺院房舍四面没有围起来，显得很空旷。

承天寺塔，建于西夏天祐垂圣元年（1050），这是宁夏现存的一百多座古塔中

承天寺塔(又名西塔)

最高的一座砖塔。《夏国皇太后新建承天寺瘗佛顶骨舍利碑铭》记载：西夏开国皇帝李元昊死后，"承天顾命，册制临轩"的皇太后没藏氏，为保年满周岁就"幼登宸极"的毅宗李谅祚长治久安，于公元1050年修建了这座承天寺塔。1048年正月，建立大夏国的第一代皇帝李元昊，在外戚参与的宫廷斗争中被太子宁令哥刺杀致死。临死前遗嘱由从弟委哥宁令继承帝位，大臣大都主张按照元昊的遗命办，但外戚没藏讹庞以委哥宁令非元昊之子为由坚决反对。年仅周岁的谅祚即位，他的母亲没藏氏被尊为宣穆惠文皇太后，没藏讹庞为国相，大权在握。这是修建承天寺的背景。五年后，承天寺竣工。"好佛"的没藏氏，将宋朝所赐的《大藏经》贮厝寺中，赐额"承天"，并延请回鹘高僧登坛说经。皇太后没藏氏抱着只有数岁的谅祚，成了在这里听经的常客。① 说承天寺是西夏第一座皇家寺院，就是在这个时空上说的。

承天寺塔为一座八角十一层楼阁式砖塔，高64.5米，塔体建在高2.6米、边长26米的方形台基上。塔门面东，可通过4.8米的券道进入塔室。塔室呈方形空间，室内各层为木板楼层结构，有木梯盘旋而上。塔身一至二层各面设券门窗式壁龛，三、五、七、九层设南北券门式明窗，塔身各层收分较大，每层之间的塔檐上下各挑出三层棱牙砖。塔身十一层以上挑出五层棱角牙砖，上建八面攒尖顶刹座，其上立桃形绿色琉璃塔刹。四、六、八、十层设东西向多门式明窗，十一

---

① 吴广成撰：《西夏书事校证》卷十九，龚世俊等校证，甘肃文化出版社1995年版。

层设四明四暗圆窗。整座塔造型挺拔，呈角锥形风格，古朴简洁，是西夏著名的佛教圣地之一。承天寺塔的建成，不仅成为藏置经卷的地方，而且是延请高僧讲经的场所。承天寺塔是宁夏唯一有文献记载始建年代的古塔。

元明时期，曾遭兵燹和地震的危害，明初时仅是"一塔独存"。后来，就藩宁夏的朱元璋第十六个儿子庆靖王朱栴重修了寺院，增建了殿宇，承天寺以"梵刹钟声"名噪塞上，成为明代宁夏八景之一。清乾隆三年十一月二十四日（1739年1月3日）大地震，塔、寺全部震毁。现在看到的承天寺塔，为嘉庆二十五年（1820）重修，保留了原西夏佛塔的基本形制。只是绿色的桃形塔顶，与一般佛塔的塔顶相轮、宝珠不同，却与广州伊斯兰教的圣怀寺塔顶相仿，似乎受了伊斯兰文化的影响。①

### 海宝塔

海宝塔，是银川历史文化名城的象征，坐落在银川城区北侧。1961年，国务院公布海宝塔为第一批全国重点文物保护单位，是全国十六座名塔之一。海宝塔寺坐西朝东，寺中主要建筑有山门、接引佛殿、大佛殿、韦陀殿、卧佛殿等，它们都排列在一条东西向的中轴线上。海宝塔耸立在大佛殿与韦陀殿之中，是佛寺的中心建筑，建在方形的台基上。塔为清乾隆四十三年（1778）重修，塔身为楼阁式，青砖砌筑，高为九层，每层四面设券门的部分向外凸出，通高53.9米。正方形平面上由于券门凸出的缘故，形成了双线"十"字形，塔的外在形式成为十二角形塔，看上去十

海宝塔（又名北塔）

---

① 牛达生：《西夏遗迹》，文物出版社2007年版，第197页。

分华丽且增强了塔身的立体感。塔顶为砖砌覆斗式，塔刹为方体桃形攒尖式，绿色琉璃砖贴面，在我国的古塔中建筑样式别致。

历史上曾称为赫宝塔、黑宝塔，清代康熙年间重修后才称为海宝塔。称赫宝塔，可能与1500年前盛极一时的赫连勃勃有关。史书记载，赫连勃勃建立大夏政权后，建制过12个较为重要的城池，黄河西岸的"饮汗城"就是他修建的重要城池之一。赫宝塔，是赫连勃勃佛教思想在饮汗城的集中体现。海宝塔建在一个方形的高台上，在台基中央耸立着11层楼阁式砖塔，高40余米，攒尖式的塔顶是一个绿色琉璃贴面、形状如同火焰的穹隆顶造型，风格别致。清代的海宝塔，已列为朔方八景之一，是宁夏著名的佛教寺院。每逢农历七月十五日庙会，和尚诵经，居士拜佛，各地善男信女进香，有地方戏助兴，买卖人生意红火，一派人头攒动的景象。20世纪60年代，78岁高龄的董必武老人来宁夏视察工作时曾登上宝塔，即兴赋诗：

银川郊外赫连塔，高势孤危欲出云。
直以方形风格异，只缘本色火砖分。
登临百级莫嫌陡，俯视三区极可欣。
四野农民皆组社，庆丰收亦乐清芬。

40多年过去了，董老当年看到的银川郊外景色早已旧貌换新颜，翻天覆地。只是海宝塔依旧，仍在叙说着一幕幕目睹过的历史。而今传承下来的不仅是海宝塔，还有海宝塔寺形成的民间宗教文化。

盂兰盆会的源起，是在南朝梁武帝大同四年(538)。这一年，梁武帝在"同泰寺"设盂兰盆斋，依佛法行施、行孝、行食，设斋供佛及僧，求其灭罪增福，此后逐渐在民间广泛流传。在民间宗教看来，七月十五日这一天，是各方诸圣成道吉日，也是诸佛欢喜的日子，正是施舍和教化众生的日子，教人行孝、行施，如法而合理的生活。盂兰盆节，在日本影响很大，是日本的清明节，也是日本民间最大的传统节日。原本是追祭先祖、祷冥福的日子，现在变成了家庭团圆的节日①。

改革开放以来，随着经济社会的快速发展，海宝塔每年七月十五日的盂兰盆会规模也在不断扩大，已成为海宝塔寺的重大活动。每年七月十五日，海宝塔寺人山人海，连续数日商业活动伴随着庙会的全过程，以庙会的形式又带动了民间商业活动，已成为海宝塔寺的一大景观。

## 拜寺口双塔

西夏时期曾大规模地修建寺庙，境内塔寺林立，到了明代贺兰山中还有西夏颓寺百余所。拜寺沟，是贺兰山东麓的沟谷之一。拜寺口双塔，位于贺兰县金山乡境内的拜寺口沟谷北侧的台地上。20世纪80年代初，学者对其已做过考察，认为是西夏时期的建筑。② 目前，它仍是宁夏现存唯一的密檐式砖塔。这里是西夏时期宗教文化活动的重要场所，也是西夏文化遗存最多的地方，除双塔外，距沟口约5公里处的方塔，同样是贺兰山极具代表性的宗教建筑。方塔虽然被毁，却发现了大量的佛经、佛画。西夏文佛经《吉祥遍至口和本续》，为藏传佛教密宗经典中最早的印本，也是世界上现存最早的木活字印本。该佛经的发现，将我国木活字印刷术使用时间提前了一百多年，历史文化意义非常重大，是具有世界意义的实物依据。拜寺口方塔，是一座平面方形、高13层的密檐式砖塔，也是西夏佛塔中唯一有明确纪年的塔，建于惠宗大安二年（1075），显示了西夏佛教文化的时代意义。

拜寺口双塔的造型，都是正八边形、高十三级的密檐式砖塔。两塔东西对峙，相距80米左右。东塔高39米，13层；西塔14层，其高度和外形与东塔相近似。塔顶刹座由一排排施以彩绘的仰莲组成，转角处各有力士一尊，挺腹昂头，栩栩如生。东塔每层檐下的八面均有两个砖雕的兽面，作为一种造型，自然增加了塔形外在的灵动和神奇。西塔每层檐下正中设有一龛，内塑有佛像，神态各异，造型更为生动。佛龛两侧有砖雕兽面，也是人化的表情，工艺精美，更显其艺术魅力。在两塔不远处靠西北的坡地上，有60余座实心喇嘛塔塔基遗址，更是

---

① 〔日〕茂吕美耶：《盂兰盆节：日本的清明节》，载《中国文化报》2010年4月2日。
② 牛达生：《宁夏贺兰山拜寺口西夏古塔》，载《考古与文物》1986年第1期。牛达生：《再论贺兰山拜寺口古塔为西夏原建》，载《考古与文物》1987年第1期。

贺兰山双塔

印证了拜寺沟口是西夏时期宗教活动的重要地方。

研究表明，这里曾是西夏国的佛祖院，供奉释迦牟尼和多宝如来。据塔内佛龛发现的西夏文字和周围采集到的宋代钱币推断，双塔始建于西夏时期。唐代建塔的特点最为突出，受中原建筑文化影响较大，而且塔的中心柱上有汉文题记。

明代就藩宁夏的庆靖王朱栴的继承者安塞王朱秩炅，曾游历拜寺口，面对西夏历史文化曾经在贺兰山的辉煌颇多感慨，写下了《拜寺口》[①]七言诗：

> 风前临眺豁吟眸，万马腾骧势转悠。
> 戈甲气销山色在，绮罗人去辇痕留。
> 文殊有殿存遗址，拜寺无僧话旧游。
> 紫塞正怜同辇画，可堪回首暮云愁。

---

[①] 《嘉靖宁夏新志》卷之一，宁夏人民出版社1982年版，第17页。

明代的拜寺口，已经清冷了，但双塔依旧，西夏文化的遗存还在。1988年，拜寺口双塔公布为第三批全国重点文物保护单位。

## 建筑艺术

### 董府——清代将军府邸吴忠董府

吴忠董府，是清末武卫后军统领、著名将领董福祥的府邸，时称宫保府，位于宁夏吴忠市金积镇，已列为全国重点文物保护单位。董福祥（1839—1908），清代甘肃固原（今宁夏）人，清代同治年间聚众反清，后投降清朝政府并参与镇压西北回民起义。1876年后随左宗棠进兵新疆，新疆收复后，驻防新疆16年之久，期间任阿克苏镇总兵、喀什噶尔提督。1894年中日甲午战争爆发后率甘军驻防北京，1895年任甘肃提督。1897年再调防北京，1898年支持慈禧太后发动戊戌政变。之后，甘军纳入清政府直属部队序列，为武卫后军，即北洋三军之一，董福祥出任武卫后军统领，嘉封太子少保。1900年义和团运动时期，率部竭力抗击八

董府俯瞰

物质文化遗产

国联军入侵。北京失陷后，清政府与八国联军议和的过程中，被指控为"祸首"，迫使清政府将其革职。1902年春夏之际退居金积堡，旧部开始屯垦于马家滩。第二年，建董府于金积堡，前后数年。董府建成后，周围以名目繁多的小府(如姚府、周府、薛府、杜府等)环绕，小府左右便成了驻军的新地。随董福祥定居的数千卫队，也环驻董府周围，并建成了一条董营街。现在人们还习惯于称这里为"董营村"①。

1908年2月，董福祥病逝于董府。

董府的建筑格局，是按清朝尚书衔提督职位修建的。整个建筑呈平面长方形，四周为夯土院墙，高5米，整个建筑坐西向东，砖木结构，斗拱飞檐，大屋顶门楼，为"三宫六院式"布局，中间为一进两院，建筑为一硬山式重檐两层楼阁，前后左右配以门楼、厢房、照壁、回廊。砖雕石砌，描红画绿，布局对称严谨，工艺考究，气势宏伟。楼顶覆盖琉璃瓦，上下两层有大小房屋56间。南北院均为一进两院式，但建筑的精华在中院。整体上，门窗的木刻，墙上的砖雕，工艺都极为精湛，充满府院贵宅的豪华气息，是具有代表性的西北地区明清四合院园林式建筑遗存。

吴忠董府，在列为宁夏重点文物保护单位后，2006年，国务院公布为全国重点文物保护单位。近年，在政府实施非物质文化建设的过程中，董府建筑及建筑艺术，都成了非物质文化遗产的经典。古建筑专家说："中国建筑的装饰艺术，如木雕、石刻、砖雕等，皆独具一格，成就很高，是古代艺术遗产的一部分。"②董府属明清建筑风格，这在西北地区已是凤毛麟角。列为全国重点文物保护单位后，在实施有效保护的同时，对董府建筑的砖雕和木雕艺术做些析论，还是有意义的。

**建筑雕刻艺术**

**1. 董府建筑艺术与现状**

中国传统的建筑样式是多种多样的大屋顶，董府建筑即为其中之一种——卷

---

① 薛正昌：《董福祥传》，甘肃人民出版社1994年版，第333—334页。
② 罗哲文主编：《中国城市建筑》，上海古籍出版社1994年版，第13页。

棚顶。卷棚顶建筑形制，是将歇山或硬山顶的正脊做成圆弧形，便成为卷棚顶，具体说为硬山卷棚顶。在外观上，少耸起之感，多温和与圆柔之美感。这种建筑多见于北方民居与园林建筑。选取这种建筑形制，与当时董福祥"贬官"的处境相吻合。外在形式上首先是民居，但在内容结构上依然体现着"三宫六院"的形制，建筑艺术体现得精湛完美，极尽富丽华贵之装饰。同时，董府建筑体现了北京四合院民居的封闭性，罪臣的结局使他"穷则独善其身"，体现的是道家"无为"以求得"天人合一"的境界，是一种淡泊、虚静于心的自然外化。从建筑艺术的角度讲，董府的装饰艺术形式活泼，题材广泛，造型生动，形象传神。装饰技法有的简洁明了，有的精雕细琢。具体说，有历史人物题材、祥禽瑞兽、花卉果木、器物组合图案、法宝纹图案、几何纹图案等，具有很高的文化品位和观赏价值。

**董府中院**

中国古代建筑以北京四合院最为典型，它符合我国古代家庭型制需要和宗教、伦理需要，最为突出的装饰艺术就是木雕、砖雕和石雕。木雕多在构架、门窗顶棚等部位，石雕在墙垛、门洞、门框、阶沿、明沟和柱础等部位，砖雕在于主入口处门罩等部位。其雕刻看起来是艺术装饰，但它的深层同样蕴藏着功利和教育目的，内涵丰富。建筑图案的内涵，主要是讨吉利，如鹿鹤同春、紫气东来、岁寒三友等，其次才是好看，讲审美感觉。

20世纪90年代初一个寒冷的季节，因撰写《董福祥传》笔者第一次来到董府，是当时宁夏银南地区文化局的韩志刚先生向导、讲解并作陪的，那时候只是直观地感觉董府建筑，并没有认真地欣赏建筑艺术。转眼十余年过去了，但考察董府的机会却逐渐多起来，或者学术考察，或者陪电视台的记者，或者自己单独考察。对于董府，总的感觉还是保存得不错的。一处百余年的建筑，在经历了风雨的同时，还经历了无数次各种各样的人为的毁坏，但保存尚完好。近年，政府拨专款进行了维修。

董府建筑，分内寨与外寨两部分，类似于传统的内城与外城，外寨即城廓与护城河已荡然无存，内寨城墙基本完好。现在看上去，依旧雄伟，极具沧桑感的砖砌城门和城门上的飞檐城楼，仍能彰显出昔日的壮观。寨内的整体建筑群基本保持原样，当然细微处破坏还是很厉害的，比如砖雕和木雕，有一些或者残了，或者只留下令人痛心的印痕。董府列为国家重点文物保护单位后，吴忠市文物管理部门已邀请甘肃古建筑设计与维修公司的工程技术人员做维修方案。2008年年初去董府时，正好见着他们一行在忙碌。何先生是首席专家，我有了请教的机会。对于董府建筑，何先生从整体上谈了他的观点：

首先，董府建筑是比较特殊的北方晚清民居，这与董福祥的经历有关，在西北地区是独家。其次，内宅建筑样式不属于西北，是依北京四合院形式；建筑、布局、用料等，在西北仅此一家。第三，木雕类的门窗、隔墙等属北京工艺；砖雕类有甘肃临夏的传统工艺，也有北京砖雕工艺，包括石雕；中院的建筑彩绘，有些地方现在看上去还很清晰，色泽亮丽，是陕西古建筑艺术的感觉。总体上看，董府建筑较复杂。这是何先生对董府建筑宏观上的看法，也是我们认识董府建筑雕刻艺术的背景资料。缘此，我们认为，董府建筑是集多元建筑文化而成的。

## 2. 董府建筑砖雕艺术

明代以后的建筑，刻砖越来越多，越来越精，在门楣、影壁上，山水、花鸟、人物故事屡见不鲜。砖雕，俗称"硬花活"，有平雕、浮雕、透雕三种形式。董府建筑砖雕，主要是浮雕。华丽的门楼是门第的标志，门楼上的大型砖雕和精美的图案，成为门第的重点装饰。

### 影壁

影壁，是一种有特殊功能的墙壁，它有内外两种。影壁是宅院、园林建筑等门楼的附属部分，它的名字是由"隐避"二字演化而来的。影壁有两种建筑形式，在大门内者称为"隐"，在大门外者称为"避"，合称为影壁。在表现形式上，内壁有两种，一种是独立的，一种是借助和利用迎面山墙来做成影壁的造型，再雕刻上各种砖雕图案，董府的内影壁即属此类。后来的影壁概念，是从审美意义上来说的。静夜月明的时候，月光与影壁形成的那种清雅的意境与层次感，就别具情趣。它如同建筑的屏风，无论北京的四合院，还是江南园林的入口处，都有影壁设立。董府建筑为标准的四合院形制，为一字影壁（还有八字影壁、撇山影壁等），为青砖雕砖而成，静静地屹立在府院的墙壁上。影壁往往装饰有精致的砖雕，在空间上起轴线转折的作用，在古代主要意图是避邪，家不露财，家丑不外扬，这是中国传统文化观念在住宅建筑上的反映。董府的影壁，上面的砖雕已经毁坏，但影壁墙体及周边的砖雕尚好。

按照董府的建筑层次看，进内寨东大门，迎面是一座高大的照壁，砖磨对缝，雕刻工艺精细，是一幅"百鸟朝凤图"，砖雕图已毁坏，照壁还完好。

### 大门楼

董府庭院大门分为两道，门楼为绿筒瓦铺顶，悬山式飞檐，平座斗拱，饰有五彩云纹，至今仍颜色清晰。大门两侧砖磨对缝的门楼码头墙，图案砖雕独具意蕴。中间部分是砖雕的一副对联：右侧为"铭怀四字"，左侧为"誓监二心"。字本身为砖雕而成，嵌在砖框里，字大而苍劲。"铭怀四字"当为"忠孝节悌"，"二心"，即有悖于朝廷之心。此时董福祥是罪臣，此副对联是他心迹的反映，是他情绪的流露。上端靠近门楼的地方，两边码头的左中右二面都是精美的砖雕图案。右码头，正面是相连的三幅砖雕图案：下面一幅是张开翅膀的蝙蝠，头向下，嘴里衔着仙草；中间是被海水遮掩着的龙，只有龙尾和龙头露出水面；上面是一幅石榴图，盛在碟子里。左面的下端同正面一样，仍是蝙蝠图；中间是腾空的凤凰；上面是一碟寿桃。右面的砖雕已毁坏了。左码头，正面的下方也是口衔仙草的蝙蝠图，中间是一幅人面下山虎，上面是水果碟。左码头的右边，下面仍是口衔仙草的蝙蝠，中间是一幅麒麟图，上面是葡萄水果碟，左码头的左边，雕刻图案已毁坏看不清了。总体上，右面的码头雕刻的主要是龙凤，左面的码头雕刻的是麒麟、老虎和蝙蝠类。蝙蝠在大门楼多处出现，它代表着富贵和祝福。作为一种装饰图案，蝙蝠是具有飞翔能力的哺乳动物，其真正形态并不是太好看，但在董府大门楼墙上的砖雕图案造型经过艺术化处理而再现，变得活泼可爱，成了传统文化意义上的吉祥物，成了幸福的象征。

以上是门楼左右码头上的砖雕图案，应该是18幅，实际现在保存完好的是12幅。如果就一边的码头说，左中右三面的9幅砖雕图案是依托在一个四方形的供桌上的，供桌的腿是古典的造型，有图案相连接，非常逼真。粗看上去，蝙蝠是单独的一幅，如果从整体上观察，蝙蝠是在供桌下面，有云纹衬托。龙、凤、麒麟、人面虎等主要构图雕刻都成为供桌上的精品，雕刻工艺十分精美，造型栩栩如生，百年过去了，依旧神态动人。董府门楼上的这些砖雕图，无论从当时雕刻，还是现在保存完好的程度看，都是董府砖雕的精品，体现了当时设计者独特的匠心。在内涵上，除了体现传统福寿的内容外，如果与董福祥当时的处境联系起来，构图应该还有潜在的深意。

董府的门是深门，有两道。以上说的是第一道门外码头的雕刻。由第一道门进入第二道门，两边砖墙下面的墙面都由砖雕来完成，都是菊、石榴、佛手、灵芝、卷草等花卉，保存基本完好。花卉砖雕连接着两道边墙。第二道门的正门一般是关闭的，只有朝廷或地方大员出入时才开。平时走左右侧门。现在正门早已不存在了，进入二门正面是一处照壁，借山墙为依托，现在已经看不出有什么砖雕图案，但仿木照壁的上部框架还完整地保存着，檐下雕刻的各类植物如水仙、兰草、马蹄莲，生活用品如茶壶、香炉、水果碟等还保存着。尤其是门楼、梁柱上的彩绘保存完好。

**中院砖雕艺术**

董府的建筑布局是仿宫廷"三宫六院"样式，进第二道门，有回廊将各个院落相连通，以中院为中轴线左右对称布局，即南院、中院、北院，每一院又分为前后院，形成双四合院，分则单独成体，合则有过道、走廊、过间相通，成为一个整体。中院的后院，是董府建筑的中枢，为硬山式重檐二层楼阁。楼顶覆盖琉璃瓦，上下两层共有五十六间房子，由一木制楼梯上下连通。二楼主室为祖先堂，供奉其先祖，建造极为精致。这个后四合院，均为大屋顶飞檐，砖木结构，建筑气魄宏伟，工艺精湛。

董府二门码头砖雕

中院以"倒座"建筑隔为前后两院。前院的砖雕主要分布在门楼的两侧、廊心墙的周围、坎墙(窗下镶进去的砖雕图案)、雀替(廊柱上部的装饰)等地方。无论是大门两侧的砖雕,还是廊心墙下的砖雕,粗看上去像传统雕刻里的须弥座,仔细观察,它都是用相对抽象化的传统供桌造型来支撑上面的砖雕图案,与大门楼码头上的思路相近,供桌上面有三层不同造型的纹饰。再上面才是用分格的方式雕刻的各种图案造型,有各类花卉,也有动物,都很传神。廊心墙,是古建筑的专用术语,是指山墙里皮檐柱与金柱之间的部分,换言之,是指有回廊的一栋房子相对的两头墙壁。廊心墙所用材料为廊心方砖,刻有不同的图案。董府廊心墙的外框砖雕回文图案尚好。作为明清建筑样式,董府中院前后两院阁楼走廊两头都有这种建筑样式,深深的檐下,有立柱回环,两头墙壁相望,雕刻着精美的图案。遗憾的是董府廊心墙上的原有砖雕图案已经毁坏了,只有墙下边雕刻的各类造型还保存了一些。廊心墙的造型很特殊,古人是把它作为一幅完整的画面来处理的,廊心墙的上端,靠近屋檐的地方,雕有类似于窗户上的横帘子一样的装饰,悬着垂下的部分约尺余,折叠成褶,给人以丝绸般的柔软质感,雕有简单的

物质文化遗产

纹饰，垂挂着的部分是另一种纹饰。

中院的后院，是董府建筑的精华，但后院与前院又不完全一样。后院建筑的主体，门窗全是木雕，其他地方的砖雕也比前院更精细。在这个四合院里，窗下的砖雕有不少都是高浮雕，雕刻的花卉及其果实都不是北方所有，花枝上面雕有各类山雀，有的是八卦图、蝙蝠等，分隔竖柱上也雕有猴子等动物造型，都比较精细。廊心墙上的砖雕毁坏了，但环绕廊心墙的纹饰却比其他地方的雕刻精细，廊心墙上面的横帘如同前院的一样，但样式又不完全一样，折叠的纹路也不一样，纹饰更细腻，更具有弹性、立体感和质感。作为一种室内装饰性点缀，这种雕刻工艺使人容易联想到华丽宫室里的辉煌来。

**3. 石雕艺术**

石雕，是董府建筑雕刻工艺的另一种形式。门墩的大小、样式和雕刻图案，都显示主人的地位和身份。北京王公大臣们的四合院门前都有雕刻精美的石门墩，董府的建筑样式取自于北京四合院，门庭前左右同样都有直径二尺多的石雕门墩。右面的门墩侧面花卉尚好，雕刻的动物头部已经毁坏；左边侧面雕刻的麒麟尚好。左右石墩上都有石雕狮子爬在上面，狮子头部已毁坏。石墩的正面雕有两圈联珠纹饰，中间是彩带相连的钱币造型。

石柱础是柱子的基石，是承载梁架、柱子的受力点。石柱础及其雕刻，是董府石雕的另一部分。董府建筑整体都是深檐回廊式，用了大量的廊柱，廊柱地基用了大量的柱础石。从门庭的过道到整个建筑回廊的柱础石都有图案雕刻，但却不完全一样。中院的柱础石与其他地方的不一样，

柱础石

即使中院的后院与前院也不一样。后院是董府建筑中枢，柱础石比其他地方的更精细，最上面一圈几乎都是联珠文圆钉，雕刻的花纹有的是云纹，有的是石榴，有的是莲花纹，还有幸福结，即现在的中国结……虽然是柱础，看得出来每一个柱础雕刻都是精心完成的，不但图案布局上乘，而且雕刻工艺都很精细。在图案

造型上既统一又富于变化,包含独特的建筑情趣,既秀气典雅,其装饰性又不喧宾夺主。整个石雕与砖雕相融会,更是凸现了董府雕刻艺术的有机结合,增强了雕刻艺术的观赏性。

4. 木雕艺术

在传统木雕技艺中,其雕刻工艺有好几种表现形式,如线雕、透雕、混雕等。就其装饰应用范围来说,有建筑雕刻、家具雕刻和工艺雕刻等。建筑雕刻是指建筑的木雕装饰。董府的装饰工艺主要是砖雕和石雕,木雕不多,但木雕同样雕刻得非常精美,活灵活现。一是大门楼的垂柱,二是中院的后院门窗,三是二层楼阁的栏杆。有了这些多元艺术雕刻图案的装饰,就具有了古朴典雅、富丽华贵的格调,就显示出了木雕艺术在董府建筑中所具有的装饰作用。走进董府,扑面而来的就是这种感觉。

木 雕

门窗相连,以雕刻的形式出现。装饰华丽,成为独立的审美对象,经历了百年的风雨,雕刻的图案依旧完好无损,栩栩如生。木雕、石雕和砖雕相互辉映,线雕、浮雕争奇斗胜,充分体现了装饰艺术的异彩神韵。同时,也体现了传统儒道精神的文化性格。垂花门,通常装饰华丽,门内就是一个大院,即四合院主院。由这道院门,能依稀感觉到它昔日的华丽。

门楼的垂柱,是在进第二道门后通往中院的门楼上,雕刻的工艺主要在垂柱上,垂柱头是一个多面加工、类似于仙桃的造型,紧接着垂柱头由四层不同图案的精细雕刻完成。虽然是垂柱头,但雕刻很用心思。此外,这里还用了斜拱造型。甘肃古建筑公司的何先生说,这样的斜拱造型样式西北地区没有,应该是南方的建筑样式。正是从这个意义上,我们可以感知董府建筑设计所体现的南北建筑文化风格。

后院的主楼是董府建筑的核心,这里不但地基稍高于别处,而且除墙群砖雕外,门窗全部是木雕,精华在四扇门面上。据吴忠市文物管理所编著的《董府与董福祥》一书统计,董府木雕有72种图案,由于几十年间的破坏,许多精美的雕刻图案已毁,诸如柱上盘龙、二龙戏珠、雀儿弹板、麒麟送子、凤凰展翅、仙女拜寿、韩相子出家等精美图案已不复存在。现在能看到的雕刻图案多取材于传统文化里的传说和故事,还有日常生活用品等,如道家文化里的笛子、官印、羽扇,儒家文化里的文房四宝笔、墨、纸、砚,日常生活里的几、壶、盒,等等。现在依旧保存较好的是后院二楼西房门扇上雕刻的人物故事,每扇门上雕刻一幅,分别是西域人牵怪兽、武松打虎、英雄训狮、力士牵象。这些或牵着怪兽,或观望着大象的人,都是身着便装,腰系带子,脚蹬短鞋的平民人物造型,但服饰又不是清代,而是显得更古。从与这些凶猛动物接触的神态看,又都是武人刚劲的姿态。何先生说:后院门扇上的木雕是南方的工艺,图案造型新奇,应深入研究。看来,这是很有道理的。

从雕刻与造型看,无论是人物,还是动物,皆造型神态毕真,栩栩如生,怪兽回头反观主人的神态刻画得惟妙惟肖,怪兽的凶猛与大象的温顺,都得到了不同程度的描绘。雕刻设计者把人与动物的经历放在山野之间,不是在喧闹的城乡,图案外围都是山林状态,人物与动物的造型布置在一个截取的山峰横断面上,更是匠心独具。

董府建筑整体装修风格趋于平和素淡,门窗上的木雕、墙体上的石雕等都趋于朴素,但在朴素中又彰显出它的"典丽"特点,即《中国大百科全书·美术卷》关于"中国古代建筑装饰"词条所称,"明清严谨典丽"。董府建筑装饰艺术就体现着

董府二门

这种风格和特点，地域特色明显。

中国的木雕艺术源起很早。据史料记载，战国时期的建筑就已有"丹楹刻桷"的做法，明清时期更趋成熟。董府建筑木雕虽然不多，但却是这种文化背景的体现，它融合了南北传统文化审美的意象，具有古朴淳厚的艺术风格，其线条流畅，人物造型生动，尤其是具有南方雕刻文化精巧细腻的工艺，更是增加了其文化艺术价值和观赏价值。

5. 各类雕刻的文化内涵

各类雕刻艺术，是董府建筑的重要组成部分。以上仅做了简明的析论，但从建筑文化的意义上看董府的砖雕、石雕和木雕，它本身蕴藏着丰富的文化内涵。

首先，是传统文化的体现。董府建筑，无论从整体布局上，还是在建筑风格上都特别讲究，细微处的砖雕，大面积的木雕，与整个建筑和谐融在一起。砖雕或木雕的内容，反映的是传统文化最精粹的东西，龙凤、麒麟、龟等祥瑞神兽，牛、羊、马等家畜，竹、菊、梅等植物类，都充满着和谐吉祥的寓意，是董府建筑物上的主要装饰图案。

物质文化遗产

其次，是宗教文化的体现。道教文化，是董府建筑的突出内容之一。在后院主楼的墙群下，有两幅砖雕就集中展示了道教文化的内容。第一幅：在一张古典长条桌上，横放着一幅雕刻在画卷上的"太极图"，画卷的四角有类似于四只蝙蝠的抽象图案。桌子上有笔架和笔等，桌子的另一面有一张古典造型的椅子，桌子的另一头是雕有图案花纹的鼓形小圆凳。第二幅：在一个古典小圆桌上置有类似于花篮的造型，上面是一幅"太极图"，周围是花叶，两边是舞动着的飘带。雕刻特别细腻，构图非常平静。道教文化，是一种山林归隐文化，道教文化雕刻在董府建筑物上得以非常直观地展示，应该说是暗含着主人的心态。经历了一生征战，经历了宦海沉浮之后，主人的心态已经很冷静。当然，这种冷静是相对的。从后院楼门上的木雕图案看，武人的气质并没有消失。

体现宗教文化的砖雕，雕刻技法较特殊，在砖雕构图上有其独到处。一是以古典家具为依托，在传统的基础上反映传统文化；二是雕刻技术的运用，在高浮雕的基础上做精细雕琢，无论构图还是雕刻工艺，都显得很清秀，在风格上接近于南方雕刻，尤其是木雕。

百年前修建的董府，是一处规模宏大的建筑艺术精品；百年后，虽然岁月的沧桑刻满了董府的建筑群，但从物质文化遗产的意义上，更显得珍贵。董府建筑遗产的保护已经非常紧迫，2006年被列入国家重点文物保护单位，各级政府都非常重视和关注，保护与维修已提上议事日程，已邀请古建筑研究部门进行勘测和绘图，大规模维修在即。一处老宅子，就是一段历史文化的浓缩；一处相对完整的传统建筑物，就是当地建筑文化艺术的再现，对地方历史文化的研究，对丰富和完善中国雕刻艺术的研究同样具有积极意义。

## 同心清真大寺

宁夏有不少著名的回族建筑。这些建筑，大多历史悠久，建筑风格独特。

同心清真大寺，位于同心县城西南隅，是中国传统建筑风格和伊斯兰教装饰艺术相结合的高台式建筑群。它是明朝初年由藏传佛教寺院改建而成的，是我国现存较为古老的清真寺之一，也是元明时期回族形成的历史文化见证。建筑样式古老，历史久远，明朝万历年间（1573—1620）、清乾隆五十年（1791）、清光绪三十三年（1907）曾数次进行修缮和扩建。大殿由三部分组成，第一部分是抱厦，单檐卷棚歇山顶，面阔五间，进深一间。抱厦两侧由青砖砌山墙，刻有花草。抱厦的后檐柱是大殿的前檐柱，柱间有花纹精美的隔扇。大殿分为前殿和后殿两大部分。前殿面阔依架梁五间，进深三间，实际布置上面阔变成三间。后殿面阔三间，进深也是三间，西面墙是礼拜墙。大殿前后殿都是单檐歇山式，檐口等高，但不等宽，两坡之间加设连接屋顶以利排泄雨水。就总体而观，大殿属不等宽纵深型，中间宽，前后狭窄，墙面凹进凸出，屋顶翼角也随之曲折错落，雄姿犹在。

同心清真大寺

据《同心县志》记载，同心清真大寺曾三次重修。第一次是在明万历年间（1573—1619）；第二次是在清乾隆五十六年（1791）；第三次是清光绪三十三年（1907）。从同心清真大寺三次修建，我们看到了它悠久的历史；从同心清真大寺的建筑风格及其图案的设计，使我们看到了中国传统建筑文化与伊斯兰建筑文化的多元融会。尤其是在中国现代革命史上，在它的身上还凝聚着一段光辉的历史。1936年红军西征在同心的大会师，豫海县苏维埃回民自治政府的成立，都与同心清真大寺结缘。而今，同心清真大寺礼拜大殿悬挂着的"豫海县苏维埃回民自治政府成立会址"的牌匾，依旧在向人们诉说着80年前的那段激动人心的历史。

从建筑艺术的角度看，同心清真大寺是吸收中国传统建筑艺术而发展形成的，是伊斯兰教中国化过程中在建筑艺术风格方面的最好体现。从建筑意义上看，同心清真大寺建筑群最具代表性，它不但修建年代久远，而且建筑风格融入传统建筑艺术的风格和特点，体现得最为明显。

宁夏同心清真大寺的建筑样式及建筑工艺，将我国传统木结构建筑和伊斯兰教木刻、砖雕等装饰艺术完美地融为一体。大寺门前有青砖砌成的高6米、宽9米的仿木结构的砖雕照壁，照壁中心为"月藏松柏"的精美砖雕图案，一轮明月隐隐约约藏于松柏之间，体现的意境也包含着中国传统文化的审美特征。"月藏松柏图"外围花框是两层透雕图案，里层是统一的图案，外层是花卉兰草、梅花、戎芦之类。牌楼有八个垂拱，也是上下两层图案，非常精致。两边雕一幅隶书体对联："万物偏生沾主泽，群迷普度显圣恩。"照壁重修于清光绪三十三年（1907），照壁的图案和对联的雕刻皆为河州工匠马忠良所刻，照壁的修建样式与大寺建筑在风格上是一体的。照壁人字梁脊两头有龙头，双层出檐，斗拱砖雕；垂柱8个，皆雕刻而成，且有花纹图案与垂柱人字梁相连接。照壁中间镶嵌的"月藏松柏图"以自然山水、日月相映衬。外围雕刻的是葫芦、宝剑等道教图案，以竹、梅等相

清真大寺前照壁

连，总体上显示的是传统文化特色。

其主体建筑礼拜殿、宣礼殿（邦克楼）、阿訇住房等全建在高达10米的大台基上。礼拜殿坐西向东，为单檐歇山式顶建筑，面阔5间，进深9间，用20多根巨大的圆形木柱支撑梁架。礼拜殿右前侧，有二重檐、四面坡式屋顶的亭式建筑邦克楼。礼拜殿和邦克楼的建筑样式体现了传统汉文化建筑和伊斯兰建筑艺术的完美统一。邦克楼，坐落在大殿南侧，是清真寺最高、也是最主要的建筑之一，通高22米，原为3层，1878年的一场巨大的龙卷风，将顶层的装饰物脊兽等饰件刮掉；数十年之后又遭遇1920年海原大地震，遂改建为两层阁楼。邦克楼外围四面有圆形立柱，楼阁主体为砖木结构，中间空心，属塔柱式建筑，有19级木梯可直通顶阁，楼顶造型为四角攒尖式，极具特点。礼拜大殿坐西向东，砖木结构，大殿由前后两座殿宇和门前抱厦相连接，抱厦进2间，面阔5间，宽敞明亮，看上去十分气派。抱厦向外两侧呈"八"字形引壁墙，墙壁上雕刻有代表中国传统文化的文房四宝、荷花翠竹、梅花牡丹、葡萄石榴等，整个图案布局有序，构图体现了中国传统文化的丰富内涵；雕刻工艺非常精细，刀法极具功力，是我国传统砖雕艺术的精品。

总起来看，伊斯兰文化建筑艺术风格，主要体现在：

首先，它采用了汉族建筑的院落式布局原则，组合成封闭的院落。同时，也讲究建筑布局的轴线和对称关系，突出主殿——礼拜殿，显示着整个建筑的主从关系。宁夏有些古老的伊斯兰宗教建筑，如海原县韭菜坪拱北、固原城南二十里铺拱北，传统文化传统建筑风格都体现得非常明显。其次，大量运用中国特色小品建筑，如牌楼、影壁、砖门楼等，尤其是将伊斯兰教的特色建筑——邦克楼，建成传统的楼阁样式。清真寺大殿屋顶组合建筑样式更是独具特色，礼拜殿的纵深空间很大，同时还要解决好采光与防雨的问题。所以，礼拜大殿多为组合式坡屋顶。第三，清真寺木构件所绘制的彩画，也是按传统构图及技法进行绘制的，但在用色方面与传统有所不同。宁夏清真寺多用蓝绿点金。

在雕刻工艺上，中国传统建筑艺术中的砖雕、木刻这类也在伊斯兰建筑中大量运用，有些雕刻品就是珍贵的艺术品。同心清真大寺大殿南北两边的八字墙上大圆布局中的雕刻图案最为精美，雕刻工艺是两层，里面一层为底纹图案，衬托着外面一层代表各种传统文化的砖雕。南墙雕有砚、笔筒、花瓶、香囊、如意香

**清真大寺砖雕**

炉、茶壶、《三国志》、《东周列国志》等；北墙雕有石榴、鼻烟壶、盖碗茶、挂毯、钟表（国外新式）、佛教"卍"字等，钟表为西洋式，针指的时间为罗马数，高足香炉两边的耳朵和腹部有龙造型，嘴上衔环，显得很古老。可见，清真寺建筑艺术中充分融合并体现了中国传统建筑，是承载着中国传统建筑文化与伊斯兰建筑文化的建筑物，具有多元的文化精神内核和艺术魅力。

## 将台堡革命旧址

将台堡，位于西吉县城东南30公里处的葫芦河东岸，战国秦长城在这里向东转折，留下了苍凉宏阔的景象。在古代，这里称为西瓦亭，为军事要塞，将台堡的名字本身就包含了军事与战争的成分。当代意义上的将台堡，即以将台堡红军长征纪念碑为中枢的建筑物。1936年9月10日，红四方面军特别支队一军团一师三团作为先锋，在将台堡发动群众，建立苏维埃政府及农会，为红军三大主力的会师做好了准备工作。1936年10月22日，贺龙、刘伯承、聂荣臻、邓小平等率领的红一方面军一军团主力在将台堡（时属甘肃隆德县）胜利会师。10月24日，红二方面军总指挥部及二军团与一军团二师在将台堡会师，宣告红军长征三大主力胜利会师，参加会师的红军部队有红二方面陈伯均（红六军团军团长）、王震（红六军团政委）、李达（红六军团参谋长）、甘泗淇（红二军团政治部主任）；红一方面军杨得志(红二师师长)、萧华(红二师政委)等,参加会师的红军部队和当地群众近12000人,在将台堡东侧广场举行了规模盛大的庆祝联欢会。10月24日,时任红一军团政治部副主任的邓小平在将台堡向红二方面军营以上干部传达了瓦窑堡会议精神和毛泽东的讲话《论反对日本帝国主义的策略》,并做了统一战线和回民问题的报告。将台堡这个古城,由此而闻名于世。

红军会师这一天,毛泽东在给刘少奇的信中说:"三个方面军全部在西兰大道会合,内部已基本团结……二、四方面军均保存了基本力量并比先前进步,一方面军亦加强了。"①红军三大主力的胜利会师,是中国现代革命史上的重大历史事件,也是中国共产党领导的革命队伍在经历了千难万险之后的历史转折。西吉将台

将台堡红军长征纪念碑

堡见证了这一历史过程,承载了这一特殊的历史使命。

西古县将台堡是三军会师纪念地。1996年10月,在纪念中国工农红军长征一、二、四方面军会师60周年的时候,宁夏区党委和人民政府报请中共中央宣传部批准,在一、二方面军会师地宁夏西吉县将台堡修建中国工农红军长征将台堡会师纪念碑,时任中共中央总书记、国家主席、中央军委主席江泽民同志题写碑名——"中国工农红军长征将台堡会师纪念碑",被镌刻在雕有三尊红军头像、象征着红军三大主力会师的巨型花岗岩纪念碑正面,纪念碑背面是中共西吉县委、政府撰写的碑文。纪念碑高22.8米,碑身下部由代表中国革命胜利的八组浮雕构成。纪念碑坐西朝东,由基座、碑身、碑顶三部分组成,坐落在多台级的墩台上,高耸雄伟的基座东侧有5000平方米的纪念广场,可供游人观瞻凭吊。

---

① 《毛泽东年谱》上卷,中央文献出版社、人民出版社1995年版,第601页。

将台堡红军长征会师纪念标志的建成，既是对英勇牺牲的红军国将士的缅怀，也是对后人的一种激励。现在，已公布为第六批全国重点文物保护单位。

## 农业文化遗产——灵武长枣

黄河文明孕育了宁夏平原农业文明，也生成了农业文化遗产，宁夏灵武长枣即为其中之一种。此即非物质文化遗产，也不属非物质文化遗产，而冠名为农业文化遗产，我们也纳入遗产文化范畴之例。

农业文化遗产，是一个全新的概念。2013年5月，农业部分布了19个第一批中国重要农业文化遗产名单；2014年7月，农业部颁布了第二批《中国重要农业遗产名录》16个省区的20个传统农业系统入选，标志着中国农业文化遗产保护正式列入中国政府相关部门的日常工作，将得到中央政府的保护。宁夏灵武长枣种植系统列入其中。①

### 灵武长枣

灵武长枣，别名马牙枣，栽培历史悠久，据《中国果树志·枣卷》记载：栽培历史始于18世纪，品质优良，是宁夏特有的品种，长椭圆形或圆柱状，色泽艳丽，果肉为白绿色，酥脆可口，果味鲜美，营养价值高，含有多种人体需要的营养成分。单果重量最大可达40克，成熟期在9月下旬至10月上旬。灵武地处宁夏中部，海拔1250米，属典型的大陆性气候，四季分明，日照充足，热量丰富，气候干燥，无霜期157天，植物生长期持续170天，环境与气候适宜于枣类干果作物生长。优质灵武长枣产地主要在东塔乡、临河乡、郝家桥镇等地，是长枣生产之基地。这里为砂壤土，土质深厚肥沃；黄河水灌溉，水源充足。这些特殊的自然条件，为灵武长枣的生存提供了难得的地理环境。

目前，灵武已建成长枣标准化产业基地8.6万亩，千亩精品示范园区5个，万亩绿色无公害生产基地2个。与天津科技大学合作开发研制的"灵州红"系列长枣果酒，已正式投放市场；灵武市伊农枣园红农副产品开发中心研制的灵武水晶

---

① 李佳霖：《第二批中国重要农业遗产名单公布》，载《中国文化报》2014年7月3日。

枣，2008年已进入北京、广州、上海、深圳等大城市；宁夏最大的现代化长枣深加工企业已经运行。

作为品种独特的宁夏平原的长枣，根据国家《地理标志产品保护规定》，灵武枣于2006年获国家质检总局批准的"地理标志保护产品"，对灵武长枣实施地理标志产品保护。同年，灵武被国家林业局批准为"中国灵武长枣之乡"。2008年"灵丹"牌灵武长枣被国家农业部评为"中国名牌农产品"。"灵丹"、"灵武红"等7个产品品牌通过了ISO9001：2000国际质量管理体系认证，获国家绿色食品发展中心A级认证。

**农业文化遗产保护**

农业文化遗产的保护，一是为确保农业可持续发展，二是确保物种、粮食品种多样性发展，三是为了粮食与食品安全以确保人类高品质生活，四是为了认识和传承农耕历史文明。"中国重要农业文化遗产所要达到的目标之一，就是通过我们的努力，将祖先历经千百年培育出来的各种条件、各具特色的传统农业物品及其相关技术，最大限度地保护起来、传承下去，为人类未来的高品质生活、多品味需求，保留下更多的物质资源、技术资源与人力资源，并为打造当代绿色农业与可持续发展农业，为人类社会提供更多更好的高品质农产品做出自己的贡献。"[①]

灵武长枣进入第二批《中国重要农业遗产名录》，成为农业文化遗产，开宁夏国家层面上重要农业文化遗产之先。

---

① 苑利：《为何要保护农业文化遗产》，载《光明日报》2014年7月19日。

## 三、区级重点文化遗产

## 石 窟

### 石空寺石窟

#### 1. 丝路之路的产物

石空寺,坐落在中宁县余丁乡石空寺山上。石空寺山,或许是因石空寺而得名的。

石空寺有东西两院,石窟造像在东院,西院实际上是礼佛的地方。考察中国的石窟寺,大都有一段与石窟造像诞生相伴随的神话传说。石空寺也未能例外。清代乾隆年间任中卫知县的黄恩锡,在他编纂的《中卫县志》里,将神话传说与石窟有机地结合在一起,突出了"石空"的空间特征和佛造像的高大。同时,他还记载和提供了当时石窟的保护措施,"重楼倚山……楼下启洞门而入"[①]。石窟的前面建有楼阁,以示对石窟佛造像的保护。须弥山大佛前同样曾建有楼阁,俗称为"大佛楼",毁于 1920 年的海原大地震。这种佛造像的保护形式,似乎都是接近的。至于佛像雕凿及其源起,自然与丝绸之路有关。

石空的名字是怎么来的?它是山与窟的结合体。山是自然状态,窟是人工开凿的。清代道光年间续修的《中卫县志》载,石空寺山"山石横亘,嵯峨中空若陶穴,因石凿削镂成佛像,旧建梵宇,皆倚山构"。这里只是说"山石横亘,嵯峨中空若陶穴",陈述的"陶穴"仍是天然状态。黄恩锡笔下的"中空若邃屋",是说凿佛的石窟是一处如同一座深邃的大屋子一样的地方,从另一个侧面陈述了人工开窟造像的历史。

其实,石空寺的孕育和形成,是丝绸之路的产物。汉唐以来的丝绸之路东段北道,在宁夏境内自南向北,是有好几条通道的,穿越中卫进入河西走廊就是其中的一条。汉代中卫名朐卷县,隶属于安定郡所辖,贯通宁夏南北的清水河,就

---

① 《中卫县志》,宁夏人民出版社 1990 年版,第 215 页。

是丝绸之路凭借和依托的空间,清水河将宁夏南部安定郡(固原)与北部眗卷县连在一起。因此,作为宗教艺术的石窟,中宁石空寺石窟,也是丝绸之路东段星罗棋布的丝路明珠之一,只是随着中原与边地关系的变化不断沉浮而已。作为宗教意义上的石窟,它的生命意义还是极强的。从石窟寺的兴衰看,除了政治、军事、经济意义上的原因外,自然环境的变化,也是石空寺石窟兴衰的主要原因之一。

现在人们看到的中宁石窟寺大佛,是宁夏重点文物保护单位。它借助石空寺山,依山而建,其石窟开凿形式与甘肃敦煌莫高窟相类

**大佛寺出土佛造像**

似。石窟开凿时间应该说已经很早了,如果我们把它的开凿与丝绸之路联系起来看,自然是唐代以前开凿的。最晚,也是在唐代中期以前。因为安史之乱后,吐蕃民族进入并占据宁夏大部分地区,汉唐以来的丝绸之路被阻塞而停滞。所以说,石空大佛的开凿应在唐代中叶以前。

### 2. 多元宗教文化融合的产物

石空大佛开凿以后,伴随着时间的推移,宗教带来的佛事活动越来越兴盛,石窟寺的称谓也得以形成。宗教活动与民间宗教信仰相融,宗教情结的形成,以石空寺为依托便有了很长的历史延续,后代也进行过新的开凿和维修。保存较多的大致是明代的遗物,主要是彩塑。明代中卫,虽然是防御蒙元兵锋南下的主要通道之一,但明代外来文化较丰富,极大地带动和丰富着地域文化。作为宗教文化相对兴盛的石空寺,再度得到地方各界的重视,或者开凿,或者维修,或者保护。清代乾隆年间中卫知县黄恩锡游石空寺时所看到的寺外建筑景观,可能就是明代或清代前期人修建的用以保护洞窟的建筑物。

道路的兴废，对于一处文化景观的繁荣与衰落至关重要。同样的道理，中宁石空寺大佛的开凿与它的衰落，与丝绸之路的畅通与停滞有直接关系。后来，再加上自然环境的变化，石空寺大佛曾一度从人们的视野中消失。原因之一，是由于生态环境不断恶化，与腾格里沙漠为邻的石空寺也受到影响，致使黄沙将洞窟慢慢吞噬和封闭。这种现象如同宁夏须弥山石窟、重庆大足石窟的发现过程一样，直到20世纪80年代初，被黄沙掩饰的中卫石空寺经过长达三年的清理，才终于使洞窟和洞窟内的彩绘、雕塑重见天日。

　　石空寺大佛何时为黄沙所封，相对准确的时间还不大好限定。据当地文物管理部门的工作者说，清理后的石窟寺，在洞窟内没有发现任何晚于明代的遗物，说明被风沙掩埋的时间可能已经很长了。[①] 但据乾隆年间中卫知县黄恩锡所记"……楼下启洞门而入，中空若邃屋"看，似乎当时并没有被黄沙所封，可能时间还要靠后一些。清代人罗元琦的《石空灯火》诗："洞壑嵌空最上乘，翠微台殿控金绳。半空错落悬星斗，知是花龛礼佛灯。"似乎也看不出洞窟被封的迹象。但同在清代道光年间《续修中卫县志》里，还收有清代佚名诗《石空灯火》："叠嶂玲珑竦石空，谁开兰若碧云中。僧闲夜静烯灯坐，遥见青山一滴红。"已看不出与洞窟相关的内容，而主要是从中卫十二景的角度写石空灯火的。

　　石空寺洞窟所依托的山峦并不是很高，它呈南北走向耸立在宁夏平原上。洞窟的西北面是漠漠黄沙，面临的是滔滔黄河，地理位置和自然条件都有利于在这里开窟造像。与宁夏南部须弥山石窟造像相比，这里的地质属砂砾状沙崖，洞窟用砖砌成窑洞型，造像只能是石胎泥塑，洞窟由于沙漠掩埋而保存完好。30年前清理石空寺埋沙的过程中，出土了数百尊或泥塑或刻凿的各类人物造像，保存完好，大的高约1米左右，一般都在70—80厘米之间。造像神态毕真，服饰色泽艳丽，世俗人的神情面貌暗合于造像，唐代的审美时尚和宗教世俗化在佛造像身上体现得非常明显。由各类造像我们可以看出：

　　第一，唐代中卫一带宗教文化非常兴盛，而且是多种宗教文化并存。从洞窟里清理出来的各类造像中有道教、佛教、藏传佛教（当地人称为"黄教"）等造像，有戴着道冠站立的道人，披着袈裟盘腿而坐的佛祖，头戴松赞干布式尖顶帽子的

---

① 庄电一：《宁夏中宁县石空大佛寺损毁严重》，载《光明日报》2004年1月3日。

藏传佛教人物。通过各类人物面相和服饰，再现了不同宗教文化在这里融会的历史经历。

第二，汉唐以来丝绸之路文化繁荣的历史，在这里同样得到了印证。在众多的佛造像里，有棕色或黑色的非洲人，有头披纱巾的典型的中亚阿拉伯人。人物造像神态活灵活现，面部颜色、服饰等都会让你的直觉认为，这里体现的是多元文化的精粹。这些各类宗教人物造像在中宁石空寺的出土，是古代丝绸之路文化在宁夏北部的折射。

**无量山石窟**

无量山，位于宁夏彭阳县西北约25公里处的川口乡田庄村北塬。川口的地名，已说明其特殊的地理屏障，是河道通水的地方。古代凡开凿石窟的地方，必具备两个条件，一是交通要道；二是沿河流通水的地方。无量山石窟开凿于川口沿河道的石崖上，选取的自然是山水风光秀美的地方。民国《固原县志》载："石家峡……形势壮丽，草木蒙茸。山腰古石佛三，罗汉一十有八。水出峡口，宗宗之声，无间冬夏，烟云霭霭，朝夕不散。"无量山石窟就开凿在这峡谷里头。沿峡谷逆水上行二里许，便可看见开凿在无量山半山腰的石窟。这里的石窟群东西相对，距离约200米之遥。

东窟窟顶呈穹隆状，进深0.8米。石窟造像5尊，4尊保存完好，3尊主佛并排而坐，造像通高2.1米。居中为释迦牟尼，结跏趺坐于莲花宝座上，身着袈裟，高肉髻，面目清癯，造像是一幅说法的神态。居右为无量寿佛（阿弥陀佛），结跏趺坐于仰莲座上，亦着袈裟，眼神微闭，神态肃穆，双手相叠置于腿部，做禅定印。居左者为弥勒佛，双腿倚座，同样身着袈裟，面部丰润饱满，阔鼻大耳，双耳垂肩，笑容可掬。除三佛之外，尚凿有高约1.6米的护法神和已残损的胁侍弟子。护法神造型怒目圆视，神态显得十分威严的样子。护法神之侧，还有一处未雕凿完成的造像。

西窟造像20尊，比东窟多。整个造像一字排列在距地面高0.9米、长8.2米的石崖上。佛造像高者0.8米，低者0.38米；造像内容为一佛二菩萨、十六罗汉、护法神。其中雕凿最高的造像，结跏趺坐于莲花宝座上，身着袈裟，右手扶膝，左手托钵置于腿部，头部已残损。有的菩萨身着长裙，右手呈握状，左手扶膝，双腿倚座；有的菩萨身着长裙，双手合十置于前胸。罗汉像造像神态分明，衣褶清晰可辨，有的闭目养神，悠闲自得；有的手捧经卷，虔心诵经。

无量山石窟的开凿时间，较须弥山石窟已显得很晚。据崖壁题记看，东窟有一处竖题阴刻的文字："天圣十年"，这一年是公元 1032 年。西窟的题记文字："景祐二年"，这一年是公元 1035 年。这一时期，正是北宋、西夏关系紧张的时期。1032 年，李元昊已继嗣，且攻取甘州，拔西凉府，准备与宋朝彻底决裂。两年之后的 1034 年，李元昊已不断侵扰宋朝边境府州；同时，已自号嵬名吾祖，建元开运，只是尚未公然绝交于宋。无量山石窟后期开凿，实际上就是在这种背景下结束的。北宋时期，彭阳境内的无量山属镇戎军所辖，且属宋朝与西夏对峙的前沿。未完成的多处石窟造像，就是宋夏关系紧张之后放弃的，实际上是宋夏战争的产物。

1988 年，无量山石窟被宁夏回族自治区公布为区级重点文物保护单位。

## 山嘴沟石窟

山嘴沟石窟，也叫山嘴沟千佛洞，位于银川市区以西约 40 公里的贺兰山山嘴沟内。洞窟开凿在距沟口约 10 公里的悬崖上。为西夏时期所刻凿。近年来，考古调查和对壁画、文献资料的整理研究表明，这里是西夏时期开凿的石窟。贺兰山岩画、贺兰山西夏文化遗址的发现、考察和研究，是 20 世纪 80 年代的事。因此，山嘴沟石窟的发现，是依附于贺兰山麓沟谷的历史文化研究的重要遗存。

山嘴沟石窟，20 世纪 80 年代文物普查过程中发现，但当时没有资料和足够的证据能说清楚开凿的具体年代。牛达生、许成等人 20 年前考察时，根据洞窟的方砖及相关建筑材料，推断为西夏时期所开凿，洞窟在西夏时期已存在。① 2005 年，经国家文物局批准，宁夏文物考古研究所开始对贺兰山西夏寺院遗址进行考古调查，在对山嘴沟石窟壁画进行清理时，意外发现了西夏文献，从而明确了山嘴沟石窟为西夏时期所开凿，证实了 20 年前考察和研究的结果。石窟内出土的文献以佛教文献为主，不仅种类多、数量大，而且保存状况较好，是研究藏传佛教早期东传难得的实物资料，也为研究西夏宗教文化提供了十分珍贵的第一手材

---

① 牛达生、许成：《贺兰山文物古迹考察与研究》，宁夏人民出版社 1988 年版，第 82 页。

料。山嘴沟石窟，共有6个洞窟，是依自然岩洞修补而成的，分为上下两层排列。上面的3个石窟中还存有佛教壁画，下面的石窟有人居住过的痕迹。在山嘴沟的南侧还有3个石窟，窟室极不规整，是在自然山洞的基础上稍加修整而成的。壁画，是山嘴沟石窟的重要发现，内容以佛教经变故事为主，画风粗犷，着色浓厚。从壁画风格看，很可能开凿于西夏时期。[①] 从壁画的层次看，窟室内壁表层先抹上白灰，然后再用石绿、赭红、墨汁等颜料绘制壁画。从残存的遗迹看，至少有过五次以上的整修，有明、清时期的题记。现存壁画内容主要为佛教经变故事。西夏时期的壁画主要集中在甘肃河西走廊地区，如安西榆林窟、敦煌莫高窟等。而在贺兰山有西夏时期的石窟开凿与宗教壁画，说明西夏时期贺兰山宗教文化艺术表现呈多元形式，不仅仅只是在河西走廊有壁画遗存。

山嘴沟西夏时期的石窟壁画，填补了西夏都城兴庆府附近没有发现石窟壁画的空白，极具保护价值、艺术价值和研究价值。

**天都山石窟**

天都山石窟，位于海原县西安州古城西15公里处的西华南山上。因此，天都山石窟亦称西华山石窟。海原境内，原本是古丝绸之路东段北道必经之地，宗教文化传播过程中沿途生成石窟文化的影响，天都山石窟就是这种历史文化影响的文化遗产。对天都山的真正影响，是西夏建国之后的重大政治、军事活动所形成的。西夏王李元昊称帝后，遂在海原西安州建南牟会行宫，再一次扩建了天都山石窟，并将其纳为西夏皇家寺院。

李元昊建国称帝后，宋仁宗拒不承认西夏李元昊的帝号，而且"诏削元昊赐姓官爵"，"绝和市"，原来封给李元昊的官爵和宋朝的赐姓都掌掉了，边境贸易的集市也不存在，双方关系陡然变得紧张起来。宋朝想以强硬手段解决争端，李元昊不但没有就犯，而且提前对宋朝大举用兵，遂发生了宋夏之间著名的"好水川之战"、"定川寨之战"。有趣的是这两次重大战役，指挥中枢与出兵地点都在天都山。从军事意义上看，西夏建国后的一段时间，天都山就是李元昊的行宫。宋夏战争之后公元1042年，元昊纳没藏氏为妃子，他们在天都山修建宏大华丽的

---

① 牛达生、许成：《贺兰山文物古迹考察与研究》，宁夏人民出版社1988年版，第82页。

行宫，在这里尽情享乐。约40年后，这座华丽的宫殿被北宋大将李宪焚毁。从文化意义上，却为天都山留下了遗产。清乾隆年间编撰的《乾隆盐茶厅志》里记载：清代人称天都山为"西山"，上有"西山寺"，凿石为洞者三。山下即元昊避暑宫遗址，为南牟内殿。① 这是清代乾隆年间人对天都山与李元昊历史遗迹的记载。

天都山在民间，又称为金牛寺。缘于金牛寺，还有一个与金牛有关的传说。传承下来的故事，就成了文化遗产。海原县兴仁镇伏兆凤的剪刀下，以金牛寺传说为题材剪出了剪纸连环画故事，剪纸艺术与地方民间历史文化有机地融合在一起。

天都山，现有六个洞窟保存较好，平面皆呈长方形，平顶，洞窟空间较大。在这里能看到与洞窟相关的遗物，最早的是明代万历年间重修西山上帝祠宇的碑记，清代乾隆、道光时期的残碑，光绪年重修天都山金牛寺碑记等。② 现在，民间民俗宗教文化，在这里非常兴盛。

天都山石窟，已列为宁夏重点文物保护单位。

## 大麦地岩画

大麦地岩画，位于宁夏中卫市城区东北方向15公里处的北山上，是由大麦地、石房圈、大通沟、新井沟、黄石坡、老虎嘴沟、苦井沟等岩画区组成，冠以大麦地岩画的名字，是因为大麦地岩画区是这里的主区，遂统称为大麦地岩画。整个大麦地岩画区，分布在一个东西长、南北宽各约5公里的范围之内，周围都是腾格里沙漠的景象，沙漠环抱着承载岩画的群峰。目前，在这里已发现的岩画有1698幅，个体图像6298幅，如此多的岩画就开凿在面积约6平方公里的山梁与山沟的岩面上。一块最大的岩面（长约10米，宽约1.2米，面积约12平方米）上，开凿图像210多个。在这样一个空间里，能开凿如此之多的图像，自然是大麦地岩画的精华所在。

与贺兰山岩画相比，大麦地岩画有它自己的特点。一是由于大麦地岩画区为

---

① 朱亨衍总纂、刘华点校：《乾隆盐茶厅志》，宁夏人民出版社2007年版，第36页。
② 海原县委、政府编：《奇遗之乡》，宁夏人民出版社2008年版，第56页。

沙漠所围，气候干燥，是人迹罕至地方，却有利于岩画的保存。现在大麦地岩画，相对保存完好。二是大麦地岩画的主要内容，多是实物的象征性图案，也有少量的表意图形和符号。三是岩画图案相对集中。在一处岩面上开凿出二百余幅岩画，的确是难得的天然岩画博物馆。说大麦地岩画是一处独特的世界岩画艺术画卷，从这一块石头即可看出。

随着对大麦地岩画研究的不断深入，见诸报端的说法较多，一是人类起源问题；二是神秘女性岩画"维纳斯"问题；三是中国文字起源问题。这三个看似宏大的学术问题，都试图通过大麦地岩画的一些特殊的图案造型来找到对应点。① 实际上，学术创新的理念让人们佩服，但如此重大的学术问题，自然是不敢轻易有结论的。

# 古 塔

## 康济寺塔

康济寺塔，坐落于同心县韦州镇古城东南隅康济寺旧址上。这里原有康济禅院，建于西夏时期，塔因寺而得名，后来寺毁塔存。康济寺塔是一座没有基座、八角形密檐式13层空心砖塔，塔高42.7米，塔体由塔身、刹座、相轮宝顶三部分组成，除了底层南面辟有通往塔心室的券门和第13层塔身各面砌装有垂柱帐形砖雕假门龛及角柱外，其余各层塔身均为素面，无门龛。塔的底层较高，第二层被层层密檐平座紧箍，再往上逐层都有收分，塔顶为八面桃形攒尖式刹顶，塔身与刹座宝顶有机结

康济寺塔

---

① 文唐：《大麦地岩画：人类童年的记忆之花》，载《新消息报》2009年11月11日。

合，形成优美的抛物线轮廓，显得凝重柔美。

据塔身后的石碑记载，康济寺塔，明、清两代都修葺过。明万历九年（1581）所立碑头文字为《重修敕赐康济禅寺浮屠碑记》，这与皇封宁夏庆靖王朱栴及其后人有关。朱栴受封早期就在韦州，这里有明代庆靖王朱栴的王府。这里还有王府监牧机构，名为宁夏群牧千户所。庆王朱栴在韦州时，依据原殿址残迹，捐资修建并赐名为"千佛殿"。在这个特殊的时期，文化建设相应繁荣过。康济寺塔，明清时期就是"韦州八景"之一。

现在看到的康济寺塔，是20世纪80年代初由宁夏文物管理委员会与同心县政府共同制定维修方案，由云南大理古塔修缮队组织施工的。施工的过程中，在原旧塔里发现了一批珍贵的文物，如佛教、道教铜造像，还有经卷等，经卷大多为明代所刊印。康济寺塔属自治区重点保护文物。

### 田州古塔

田州古塔，始建于西夏时期，位于平罗县姚伏镇，俗称姚伏塔，是一座平面呈六角七层楼阁式砖塔。塔建在高4米，南北长70米，东西宽40米的原"皇祇寺"台基上，塔高约38米，塔底层直径为7.5米，塔门面南，整个建筑结构严谨，造型挺拔素雅。门楣上方嵌有"田州古塔"的石刻匾额；门左右有对联一副：上联为"一柱撑天东带黄河明献瑞"，下联为"孤标拔地西屏兰岳秀争辉"。塔座北面亦辟有一门，与南门相通。北门亦有对联一副："凌霄矗庄岩陡处仰窥觉路，冲漠饶色相登来俯视迷津。"

田州古塔

横额为"分分兰峰"。这里原有寺庙，只是佛寺已毁，独存一塔。底层塔身施以砖雕斗拱、椽飞、瓦垄构成的塔檐，其余各层为砖叠涩檐。第一层檐下的装饰工艺极为丰富，除砖雕斗拱、替木、柱头等外，还有各种山水花卉、人物雕像等，田州古塔修建工艺非常精细，尤其是砖雕檐和双层斗拱与插拱相支撑，雕刻细腻，中间的各种砖雕图案与花卉等十分精致和谐，包括非常传神的凤鸟砖雕等。整个雕刻工艺玲珑剔透，精湛娴熟。塔顶呈六边覆斗状，刹顶承托锥形相轮。田州古塔工艺之精细，是宁夏所有古塔中罕见的。现已公布为宁夏重点文物保护单位。

田州古塔砖雕

姚伏镇曾是隋唐时的重要军镇，田州城当始建于唐代。《平罗县志》载，田州古塔是西夏时所建。现存的塔身为清代乾隆年间所重修。① 田州古塔，也是西夏时期宗教建筑的组成部分。

### 镇河塔

灵武镇河塔，耸立在灵武城南，是清代形成的黄河边上的宗教建筑景观。翻检明代宁夏地方志书，无论是宗教方面的文字，还是寺庙建筑景观，都没有关于灵武镇河塔的记载。镇河塔的建成，融注着佛、道、儒多重文化内涵，在明清以来的宗教建筑文化景观中，是较为独特的。据《重修镇河塔碑记》记载，1709年、1718年两次地震，镇河塔倾圮，清康熙六十一年（1722）重新修建，现存塔身当为康熙年重修后的遗物。② 关于镇河塔，当地还有一个传说故事，相传承天寺塔与镇河塔为姐妹塔，故事的根源在须弥山。

据灵武地方史料载，镇河塔在市区东南，至今依然高高地耸立在黄河边上。

---

① 许成、吴峰云：《宁夏古塔》，宁夏人民出版社1988年版，第19页。
② 许成、吴峰云：《宁夏古塔》，宁夏人民出版社1988年版，第37页。

塔高43米多，是一座八角形空心11层砖木楼阁式塔，塔顶是天蓝色琉璃砖雕须弥座，承托着宝瓶形塔刹。塔室门向西开，原有木梯可盘旋登楼。据建塔碑文记载，镇河塔建于清代康熙年间，中间因地震造成损坏而重建过。镇河塔建成时，有寺院建筑相匹配。水患，是沿河民众最为担忧的事。镇河塔的修建，旨在祈求平安，体现的是当时老百姓美好而善良的愿望，深层是一种更虔诚的宗教期盼。

**宏佛塔**

宏佛塔，始建于西夏晚期，位于贺兰县潘昶乡王澄村。这是一座砖筑的三层八角形楼阁式与覆钵式兼构的复合体建筑，面南辟有券门，门楣两侧有砖雕龙凤等花纹图案；塔身每层之间有上下两重檐，檐下每面饰有两组砖雕斗拱，塔棱转角处饰有一组砖雕斗拱，均系一斗三开的仿木结构。塔身之上即为塔刹，整个塔由刹座、刹身、刹顶三部分构成，塔的形制基本上是一座较大的喇嘛式规划，其造型独特，风格古朴，是国内罕见的一座古塔。此塔集中原传统的楼阁式佛塔和藏传佛教佛塔建筑艺术于一体。

从塔门上刻字得知，清朝雍正年间曾经过维修，应为西夏时所建。从宏佛塔寺院出土的唐代彩绘泥塑佛教造像、西夏彩绘绢质佛画、高档建筑材料、大规模的建筑遗址等，均可说明宏佛塔寺院香火不断，在西夏时仍是一座高规格的佛教寺院。宏佛塔遗址，就是西夏贺兰山佛祖院。在修复这座濒临倒塌的佛塔时，于刹座天宫内出土了一大批残朽的西夏文物，被《中国文物报》和文物考古专家、学者评定为1990年全国十大考古新发现之一。此后，还聘请了著名文物保护修复专家，对这批残朽的文物进行了抢救性修复整理。这批修复完好的文物有西夏绢彩佛画幅，彩塑佛像、罗汉、力士面像及身像18尊，西夏文佛经雕版200余块，还有幡带、木雕、木简、琉璃等近100件文物，其中绢彩画"炽盛光佛"、"玄武大帝"及彩塑佛都是宫廷艺匠的力作，也是我国已发现的同类题材的佛教艺术品中的精美之作，对于研究西夏佛教文化、美术史、印刷史提供了系统的实物标本，具有极其重要的历史、艺术、科学研究价值。宏佛塔寺院是西夏印刷佛经的重要场所，尤其是木活字印刷。

1996年6月至1997年10月，按照拆卸重建方案，对宏佛塔进行了修缮。现已列为宁夏第二批重点文物保护单位。

璎珞宝塔

## 璎珞宝塔

　　璎珞宝塔，位于宁夏彭阳县冯庄乡与交岔乡交界处的七座山峰之间。地方志书称其为"璎珞塔"，是宁夏南部唯一得到保存的明代塔式建筑。塔的造型，为七层楼阁式空心砖塔。此塔看上去好像是珠玉镶嵌装饰而成，显得十分华丽，故以"璎珞"相称。塔身通高约 20 米，每层正中及塔棱的转角处，均饰有一斗三升的斗拱，塔顶为八角覆斗式十三璇相轮，在相轮之上置圆形刹顶。每层挑檐的转角处原有悬挂的风铃，现已铃毁柄残。整个塔体为仿木结构，八角十窗，既显得简洁朴素大方，又小巧玲珑剔透，塔心原有木梯可以登攀。此塔腰嵌有建于明"嘉靖三十年"的石刻题匾，即建于公元 1554 年，距今已有 460 余年的历史，也是宁夏为数不多的有明确纪年的砖塔。

璎珞塔修建在山地的平台上，塔身与周围山体相映衬，沟谷有小溪环绕，蓝天白云相伴，藏在深山人未知的璎珞塔别有天地，是另一幅画卷。

## 清真寺与拱北

### 纳家户清真寺

纳家户清真寺，位于永宁县境内，是宁夏著名古寺之一，始建于明嘉靖三年（1524）。纳家户清真寺平面组合简单明了，呈东西向长方形，由门楼、礼拜大殿、厢房和水房四部分组成，是典型的中国传统四合院式建筑群。现占地12亩，寺前设广场，在中轴线的起点上建有高大的照壁。门楼下面是青砖砌就的高大城台，门楼上是高达21米的重檐歇山顶三层邦克楼。面阔五间，进深四间，三层三檐，单檐歇山式。楼身仅三间，其余各间为回廊。二层较一层缩进半间，三层则再缩进半间，取消回廊。清真寺的主体建筑是礼拜大殿，前为面阔五间、飞檐斗拱抱厦，后为三脊（歇山顶）、三卷（卷棚顶）交错勾连式礼拜大殿。大殿进深暗9

纳家户清真寺

间，明 12 间，建筑面积 800 多平方米，宽敞宏大，可同时容纳千余人礼拜。大殿内明柱林立，殿前及两侧廊柱环绕，共有柱子 84 根。该楼为现代重建，但具有明代木结构风格。现为自治区重点文物保护单位。

## 银川南关清真寺

银川南关清真寺，创建于明末清初。原在城外，民国四年（1915）迁于今址。1953 年扩建，占地 20 余亩，为中国传统式古典建筑群。"文革"中被拆除。1980 年集资重建，大殿采用钢筋混凝土结构，建筑形式采用阿拉伯样式，通高 22 米。四角又设四个小穹隆。用汉白玉做成复叶型圆券米哈拉布，上刻《古兰经》经文。大殿前设置宽敞的尖拱廊，是室内外通道，面阔七间，中央五间敞开，两尽头封闭。中央明间是大阶梯，可从室外直接进入殿内。大殿前建有喷水池，栽植荷花，两侧南北厢房与主体建筑间由曲廊相连。

## 韦州清真大寺

韦州清真大寺，相传创建于元代末年，盛于明中期。原大殿是不等宽纵深型"三脊两卷"勾连式大殿，轴线明确，布局规整，呈左右对称之势。分前后进院落，三间、三座单歇山并排合计九间的大门楼。二门楼与邦克楼结合，是二阶重檐三滴水十字脊式楼阁建筑。后为广庭。"文革"中被拆除。1979 年当地群众捐资重建，占地四亩多。大门楼为沿街二层钢筋混凝土结构，面阔七间，门廊三间，半圆拱窗，设置并列三穹隆为寺院标志。大殿由七座屋顶勾连而成。

## 九彩坪拱北

九彩坪拱北，位于海原县九彩坪乡，始建于清代后期，毁于 1920 年的海原大地震，之后重建。上世纪"文化大革命"时再毁，80 年代初复建，建筑格局和样式基本恢复原貌。九彩坪地理位置很特殊，是修建在一处凸起的圆形山包上，周围亦有类似的圆形山峦，九彩的得名可能与这种特殊的地貌有关，也与历史经历有关。近乎千年前北宋与西夏对峙时期，这里也是李元昊南下攻宋的军事通道，与李俊河相通。宋朝大将章楶沿宋夏边境修筑防御堡寨时，在这里修筑了有名的"九羊寨"城堡，以当地民间九羊传说的故事取名"九羊寨"。

九彩坪拱北，建筑规模宏大，一进四院式格局。建筑工艺精美，主要体现在砖雕艺术方面，诸如文字、花草、几何图案、吉祥物等。砖雕装饰主要在门楼、照壁、卷门、墀头和饰脊等处，砖雕艺术传承的是甘肃河州的砖雕技艺，雕刻工艺的质感极强。文化吸纳多元，体现在伊斯兰文化与传统文化、包括佛、道宗教文化的有机融合，由门楼上的对联可以看到佛教文化对这里的影响。雕刻与装饰图案中有太极图、莲花、竹子等。

每年农历正月二十五日、八月十五日，是回族嘎得忍耶门宦教徒聚会的日子，宗教活动隆重，在区内外影响大。

在这里，建筑样式和各类砖雕艺术，不仅体现了多元文化的聚合，而且保存了不少文化遗物，诸如民国年间国民党高级将领和政界要人的题刻和匾额砖雕，增加了另一层文化内涵。

### 二十里铺拱北

二十里铺拱北，又名五原山南古寺拱北，位于固原城南 10 公里清水河东岸。这是宁夏较早的伊斯兰建筑之一，传说始于元朝，与开城安西王府有一定关系。拱北建筑依山势分为三个院落，有 90 多个台阶可达，大殿、墓祠、经房、浴室、厢房一应俱全，建筑风格集伊斯兰文化与传统建筑为一体。从信仰的角度看，体现着一种祥和且独具魅力的文化特质——伊斯兰教信仰者在这里虔诚礼拜，汉族宗教信仰者也在这里焚香祈福。建筑样式是伊斯兰建筑与中国传统建筑艺术相结合，已成为一处重要的文化旅游景观。现已公布为宁夏第三批重点文物保护单位。

## 寺庙建筑

### 中卫高庙

中卫高庙，位于中卫县城。中卫建县历史悠久，地方富庶，人文荟萃，文化积淀深厚，宗教文化同样兴盛。中卫高庙，就是凝固了的宗教文化的象征，是明代以来逐渐生成和发展起来的一座较有影响的寺院建筑。依地方史料记载，中卫高庙源起于明代永乐年间，与明代中卫大规模军屯及当时宗教文化时尚有关，建筑规模的形成可能已经到了明代后期。清代前期得到了大发展，但毁于乾隆三年的大地震。现在我们看到的高庙寺院建筑,为20世纪40年代重新修建,宗教文化的影响力是根深蒂固的。

中卫高庙

### 1. 高庙的得名与建筑结构

中卫高庙,应该是后来约定俗成的名字,是以建筑物的造型来命名的。保安寺,是最早的名字。这是一座佛、道、儒三教合一的寺院,体现了多元文化在这里的渗透与融会。寺院建筑规模很大,宫殿楼阁260多间,由保安寺、南天门和高庙三部分构成。以魁星楼、大雄宝殿、南天门、中楼为中轴,形成东西对称格局,由南向北渐次提升建筑物的高度,最高处的达29米。保安寺,是高庙的前部分,建筑样式以单檐歇山顶大雄宝殿为主体;殿后的南天门东西各建有一重檐歇山顶天池,南天门身后建有三重檐四面坡顶中楼。中楼后为三层重檐五岳庙以及钟楼、鼓楼和配殿。这样一处规模宏大、曲径通幽、参差高耸的寺院建筑群,伴随着游人登高望远,卫宁平原的景致尽收眼底。登斯楼,会感觉到明清以来中卫寺院文化的繁盛。中卫高庙,除了它的宗教建筑意义之外,宗教文化的世俗化对人们的影响也很深。从民国年间的重建,即可看到它的宗教文化的影响。

## 2. 高庙的砖雕艺术和廊柱布局极具特点

高庙保安寺山门砖雕牌楼式建筑、两侧的砖墙浮雕，古典灵透。牌楼两侧抱鼓石的图案、鼓边上雕刻的小狮子，神气十足；鼓面内雕刻的麒麟异兽，更是吞云吐雾，精工雕刻，包括外围的花卉、缠枝连理等图案，都雕刻得古色古香、质感极强。天王殿为早期明代建筑风格，重构成歇山式殿堂，两侧的砖雕牌楼很有代表性，上下码头全是砖石浮雕来装饰，上部七层砖雕雕刻着月窗罗汉、兽头夔纹等，造型十分传神。下部长方形石座上，刻有麒麟吉祥、虎威豹跃图，造型古朴，呼之欲出。东西配殿码头，也是雕刻朱阁数层，寒窗垂帘，是古人读书的造型。"高庙砖雕，富丽堂皇，上雕天界，下镂基石，应物刻形，随类造化，洵美且仁，雕艺之大观也。"①

砖牌坊，是高庙建筑艺术的瑰宝。现在看到的砖牌坊，是清代咸丰年间修建的，它承载着丰富的宗教文化内涵，是三教合一的宗教牌坊，"儒释道之度我度他皆从这里，天地人之自造自化尽在此间"②。可见，这里是多元宗教文化融合的典型。

同时，牌楼上的题字，也是书法艺术一绝。牌楼七层浮雕，内容妙趣横生，有砖雕西游记人物故事图唐僧、悟空、八戒等造型，有博古、鼎炉等器皿，有十二生肖，有菩萨和罗汉人物造型，也有花鸟图案等，雕刻得惟妙惟肖。高庙建筑廊柱788根，③支撑着整个高庙的天桥曲廊、亭台楼阁，是高庙建筑艺术的另一大特色。

## 北武当庙

宁夏平罗县境内的北武当山，又名寿佛寺，所在位置紧依贺兰山，是宁夏北部重要的寺庙文化景观。据《平罗县志》记载，武当庙修建于清朝康熙年间，是在原小庙的基础上修建的，因供奉真武石像，故名为"北武当庙"。清代乾隆、嘉庆时期都有过扩建修葺，规模逐渐增大。现在的北武当庙是一处四进院落的建筑群，依山而建，错落有致，布局独特。中轴线上的主要建筑物，依次有山门楼、

---

① 释圆涛编：《高庙保安寺》，宁新出管字2005年版，第28页。
② 释圆涛编：《高庙保安寺》，宁新出管字2005年版，第33页。
③ 释圆涛编：《高庙保安寺》，宁新出管字2005年版，第13页。

灵官殿、无量殿、多宝塔和大佛殿等，两侧有钟楼、鼓楼、厢房、五藩殿、正殿等。多宝塔建于清代道光年间，矗立在无量殿与大佛殿之间，古朴壮观，更是独到的建筑景观。

武当山寺庙东西亦有配殿，东为准提殿，俗称眼光殿；西为药师殿，也称百子殿。《平罗县志》描述这里是山势逶迤，百年

北武当山寺

苍松挺拔，松下有泉水三眼，汪洌甘甜，被称为百寺清泉。这里独秀的景色，成为清代平罗八景之一。《平罗纪略》风俗载，"四月望，男妇乘驴烧香武当山，曰'朝山'。""七月望，九月九皆然，蒙古人多。"说明清代的武当山，早已不仅是道教的天地，佛教文化也走进了蒙古人的心中。

北武当山寺庙的佛教音乐"渣渣子"，已进入第二批国家级非物质文化遗产佛教音乐项目。佛教音乐传承人徐建业，已列为第三批国家级非物质文化遗产"北武当庙寺庙音乐"项目代表性传承人。这些内容在非物质文化部分有专文论及，此不赘述。

银川玉皇阁

## 银川玉皇阁

银川玉皇阁，也是清代道教文化建筑，位于银川市解放东街。源起应该是在明代后期，清代初年有过大规模改建，但同样毁于乾隆年间的大地震，之后再重修。现在看到的玉皇阁，是修建在高大台基上的楼阁式建筑。台基长28米，宽25米，高19米，台基

有券顶门洞。门洞上方有题字，南为"帝鉴"，北为"天烙"。主体建筑为长方形重檐歇山顶大殿，面阔五间，进深两间，大殿两侧配有方形重檐十字歇山顶楼阁，左右对称。现在，仍是银川古城的一道风景线。

### 平罗玉皇阁

平罗玉皇阁，是清代以后逐渐形成并发展起来的。明代的平罗，是宁夏镇在北边的军事防御的战略要地，没有生成大规模寺院文化建筑相对安定的环境。清代，平罗有了县级政权建制之后，文化的生成和发展随之开始。寺院文化，就是大文化的伴生物。

平罗玉皇阁

平罗玉皇阁，位于平罗县城北，整个建筑由新、老玉皇阁构成，分前后两进院落，建筑群坐落在长 105 米、宽 40 米的台基上。建筑格局，仍是由南向北渐次升高，建筑物最高处为 26 米。前院为清代光绪年间修建，是在白龙庙的基址上由城隍庙、观音殿、娘娘殿、三清殿、斗母宫及玉皇大殿组成的九脊歇山顶二层建筑。玉皇阁，为道教寺观，是平罗县最大的古建筑群。据《平罗县志》载，玉皇阁建筑群亭台楼阁，玲珑剔透，雕梁画栋，参差错落，颇具气势，寺院的建筑群主要传承的是道家文化。

后院为民国二十八年（1939 年）修建，是两个并列的十字歇山顶三层楼阁建筑。整个后院建筑群，是由山门楼、文昌阁、关帝庙、无量殿、三宫殿、洞宾殿、三宝殿、王母殿构成。随着时间的推移，宗教文化的审美走向也在发生变化，儒家的文化同样受到了重视，体现在宗教文化上，魁星楼、文昌阁的修建，反映的是人们对地方文化教育兴盛的期盼。

## 马月坡寨子

马月坡寨子，位于吴忠市利通区东塔寺乡，是吴忠回族工商实业家马月坡（1900—1969）修建的私宅，始建于20世纪20年代初期，完工于30年代。整个建筑坐北面南，呈长方形，原占地10.88亩，四周有黄土夯筑的围墙。寨内原建筑布局分前后两院，后院又分为东、中、西三院。三个院落是一字排开，均坐北朝南，共有房屋60余间。马月坡寨子，因马月坡的名字而来，目前仅存的三合院是西院，堂屋和东西厢房各5间，还有一段黄土夯筑的寨墙。2005年，公布为宁夏第三批重点文物保护单位。

**马月坡寨子木雕**

从现存的建筑来看，堂屋和厢房都是土木结构平顶式建筑，廊檐是青砖雕刻，主要雕有磬、剑、戟、棋、花篮、笏板等图案，垂檐以及门窗和院内墙面均为精美的木雕和砖雕，主要图案有"五福捧寿"、梅、兰、竹、菊等，包括各类诸如缠枝莲花、对头如意等，多采用镂空、浮雕、浅刻等手法。马月坡三合院的装饰艺术,集中体现在房屋前檐和走廊的砖雕和木刻工艺上。砖雕工艺精湛,木刻技法考究,是典型的西北回族建筑,具有浓郁的民族特色。同时,它也吸收了我国南北建筑风格。如檐下走廊柱上的斜撑拱,就是南方建筑艺术的风格,斜撑拱上雕刻有图案造型吉祥鸟之类,亦十分难得。

完整的建筑样式只能在一些文字里看到。现在看到的建筑样式,已经是经历过自然与人为破坏之后的三合院形制。整个建筑坐北面南,土木结构,北、东、西三面的建筑保存完整,上房坐落在不高的台基上,由客厅和配房组成,门窗宽大,皆为木式雕刻。上房和东、西厢房正面皆为传统立木前墙,双开扇雕刻花板门,回字格宽大棱窗,窗台以下为砖墙,皆为雕花砖罩面,全系青砖雕刻,主要图案有磬、剑、棋等图案。建筑采用挑梁减柱形式突出屋檐的空间,上房屋檐为两层,上层檐由挑梁支撑,下层檐稍有收缩,有雕刻精致的垂拱,檐下形成一字走廊;下檐用斜式、雕刻有图案花纹的木柱支撑,这是借鉴南方

马月坡寨子木雕

建筑艺术的典型体现。上层檐全部为木板雕花,下层檐雕刻更为精细。垂檐及门窗和院内所有建筑的墙面皆为木雕和砖雕,图案全部采用传统文化里的样式,主要有"五福捧寿"、梅、兰、竹、菊等,横梁、挡板等建筑构件皆为雕花,雕刻内容也不仅一样。整个建筑的砖雕与木刻都为建筑材料本身颜色,没有施加彩绘和油漆,体现了主人淡雅清静的心态和崇尚自然天成的审美理念。

马月坡寨子的装饰艺术,集中体现在屋檐、窗户的木雕和墙下的砖雕。屋顶的封檐砖,雕刻的主要是绶带宝剑、葫芦、笏板、芭蕉扇等"暗八仙",还有官印、莲花等"杂宝";琴、棋、书、画图案和"岁寒三友"等传统图案。廊檐的木刻工艺最为精细,在表现手法上镂空、浮雕、浅刻等艺术手法交替使用;在云板、挡板、垂拱、斜撑、门扇等地方,主要由"团花"、"缠枝莲花"、"缠枝牡丹"、"五福捧寿"等传统文化里的图案来点缀。整个雕刻艺术,极具观赏价值和研究价值。

马月坡寨子建筑风格独特,建筑结构精巧,雕刻工艺精湛,是一处典型的现代回族民居样式。它集中反映了上世纪初回族民居建筑样式,是回族建筑艺术、传统建筑艺术与南方建筑文化艺术的有机结合,也是马月坡开放的思想意识和传统审美文化思想的体现,是研究现代回族民居建筑艺术不可多得的典型建筑。

**马月坡寨子砖雕**

总之,无论是剪纸艺术、雕塑艺术,还是建筑艺术方面的木雕或砖雕,从民间造物艺术的角度看,它们都体现着一种传统的伦理思想和观念。在中国传统社会里,道德伦理观念深深地影响和制约着民众的价值观念和行为方式,也是规范社会和人伦关系的准则,尤其是渗透在民众的心目中的观念、行为、信仰、思维方式和情感思想等诸多方面。作为民间传统民俗文化的活化石的剪纸、雕塑,无不受这些方面的影响;反过来,这些丰富而深刻的文化内涵,就是通过民间艺术的形式体现出来的。

民间艺术创造和文化传播的过程中,天地神尊、圣贤祖宗、历史故事、神话传说是一类,祥禽瑞兽、仙花芝草、吉祥符号等是另一类。无论是哪一类,它的精义都是通过民间艺术创作的样式来体现的,它们或多或少地体现了传统的道德伦理观念。特别是那些具有较强的精神审美意义的民间艺术品诸如年画、剪纸、脸谱、皮影、砖木石雕等，这些民众耳熟能详、普遍认同的艺术形象，极具审美价值和文化意义，本身就承载着精神文化及其多样性，具有道德伦理教化功能，蕴藏着永恒而旺盛的生命力。

以上这些物质文化遗产，包含着不少传统建筑艺术样式，我们在后面的非物质文化遗产部分还要做工艺技术方面的论述，这里从略。

### 窑洞文化

宁夏南部的民居窑洞，也是一大文化资源。

窑洞是黄土高原上的一大历史悠久的居住景观。窑洞民居在宁夏，还未列入保护范围，也没有引起足够的重视，但从历史文化的视角看，是应该高度重视的。民居是一种历史传承，也是一种悠久的文化现象，更是一种社会变迁现象。中国是一个

宁夏南部的窑洞

传统民居多类型的国家，宁夏南北地貌不同，民居也呈现不同建筑样式。地处南部黄土高原边缘的固原，窑洞建筑文化独具特色，历史极为悠久。作为文化的重要载体——窑洞文化，是最为古老的民居文化。现在，宁夏南部的一些地方仍修建有漂亮的窑洞。在外国人的眼里，窑洞是非常神奇的建筑样式，我们应该保护和传承窑洞文化，将其作为我们物质文化保护的重要内容之一。

由窑洞文化引申开去，我们对建筑文化的保护应该凸显地域特色，应该学习别人对待传统建筑文化的经验，要遵守自然法则，要将建筑文化的设计完全融合于自然，不要千城一面，千村一面。在北欧，无论是现代建筑，还是古建筑，都讲究建筑物与周边环境的搭配与协调，与周边环境的结合，并注重城市文脉的继承，留下历史印记，这一点至关重要。

# 非物质文化遗产

"非物质文化遗产"一词,源自于日本"无形文化财"。联合国教科文组织借用了这一概念,便有了"非物质文化遗产"这个术语。具体内容表述,在2003年10月颁布的《非物质文化遗产保护公约》中,联合国教科文组织是这样界定的:"所谓非物质文化遗产,是指那些各地人民群众或某些个人视为其文化财富重要组成部分的各种社会活动、讲述艺术、表演艺术、生产生活经验、各种手工艺技能以及在讲述、表演、实施这些技艺与技能的过程中所使用的各种工具、实物、制成品以及相关场所。"我国政府在启动非物质文化遗产保护工程时,认为非物质文化遗产,"是指各民族人民世代相承袭的、与群众生活密切相关的各种传统文化表现形式(如民俗活动、表演艺术、传统知识和技能,以及与之相关的器具、实物、手工制品等)和文化空间(即定期举行传统文化活动或集中展现传统文化表现形式的场所、兼具时间性和空间性)"①。

可见,非物质文化遗产,是指人类在历史上创造,并以活态方式传承至今,具有重要历史价值、艺术价值、科学价值与社会价值的知识类、技术类与技能类传统文化事项。物质文化遗产与非物质文化遗产,是一个事物的两个方面,所谓的"物质文化遗产",是指艺人匠人制作出来的成品;而所谓的"非物质文化遗产",则是指那些深存于艺人或匠人头脑中的,用于表演或制作某种物品的技能与技艺。②

简言之,非物质文化是人类所创造的文明中未能以物质形态固化的部分。非物质文化遗产的特征与民族性紧密相关,民族性又与地域性密切相关。"不同民族因其生存环境与生活习俗不同,形成相异的文化特征,构成不同的文化板块,也就产生了不同的文化形态。"③宁夏地域上的非物质文化,即有其明显的地域特色。历史记载与口头传承的相互作用,保证了非物质文化遗产文脉的久远延续。

---

① 中国民族民间文化保护工程国家中心编:《中国民族民间文化保护工程普查手册》,文化艺术出版社2005年版,第1页。
② 苑利、顾军:《非物质文化遗产学》,高等教育出版社2009年版,第13页。
③ 廖奔:《中国非物质文化遗产的特征》,载《光明日报》2008年11月13日。

近年来,在党中央、国务院的高度重视下,我国的非物质文化遗产保护工作稳步推进,第一次全国性普查已经完成。党的十七大报告特别强调指出:要"加强对各民族文化的挖掘和保护,重视文物和非物质文化遗产保护";2008年的政府工作报告也提出要"加强民族文化遗产保护",这充分表明党和国家对非物质文化遗产保护工作的关心和支持。同时,宁夏回族自治区党委、政府,对非物质文化遗产的保护也非常重视,将非物质文化遗产保护工作纳入经济社会发展规划和文化发展总体思路中,要"小省区办大文化"。同时,在保护机制、法规制定、加大工作力度方面都取得了明显的成效,建立了省级非物质文化遗产代表名录,设置了自治区级非物质文化遗产研究中心,尤其是较早出台了《宁夏非物质文化遗产项目传承人认定与管理办法》,并对国家级和省级项目代表性传承人给予了生活补助或津贴。

2005年6月,我国第一次非物质文化遗产普查启动,2009年11月普查基本结束。国务院分别于2006年、2008年、2011年、2014年批准,由文化部确定并公布四批非物质文化遗产名录、国家级"非遗"项目代表性传承人,相继建立了闽南、徽州、热贡、羌族文化等18个国家级生态保护实验区,兴建了一批非物质文化遗产博物馆、传习所。按照《中华人民共和国非物质文化遗产法》的表述,将"国家级非物质文化遗产名录"名称调整为"国家级非物质文化遗产代表性项目名录"。[1] 这是2014年12月8日,国务院公布第四批国家级非物质文化遗产名录时,依据《中华人民共和国非物质文化遗产法》做出的新的表述。

截止到2014年国家级第四批文化遗产公布,宁夏国家级"非物质文化遗产"代表性项目18项入选国家名录,其中代表性项目名录12项:六盘山花儿、回族民间器乐、回族服饰、北武当庙寺庙音乐、杨氏家族泥塑、贺兰砚雕刻技艺、张氏回医正骨疗法、回族汤瓶八诊疗法、回族传统婚俗、隆德高抬"马社火"、回族民间故事、宁夏小曲;拓展项目6项:秦腔、回族剪纸、砖雕(固原砖雕)、滩羊皮鞣制工艺(二毛皮制作技艺)、回族医药(陈氏回族医技十法)、同心莲花山青苗水会。54项"非遗"项目入选自治区级名录;有9名国家级非物质文化遗产项目传

---

[1] 国发〔2014〕59号《国务院关于公布第四批国家级非物质文化遗产代表性项目名录的通知》,载《中国文化报》2014年12月8日。

承人，78名区级项目传承人。全区已建立50个传承基地，形成了北到沙湖，南到六盘山回族聚居区的传承保护点和基地网。传承的形式，采取民间传承与校园传承两大模式相结合，以民间"非遗"项目传承为核心，通过当地文化部门或政府部门来组织现场技艺学习。校园传承已成为重要渠道之一，得到了教育部门和学校的关注，包括相关研究成果的跟进。2007年以来，教育和文化部门已率先在校园推广花儿演唱教员培训班，为各地培训花儿音乐老师。目前，花儿非物质文化遗产已进入全区十多所中小学校。回族乐器，已引进到中小学音乐课教学中；剪纸、刺绣也引入到中小学美术课教学中；传统体育如泾源的《踏脚舞》也引入中小学的体育课；最近出版的《高校宁夏花儿校本教材》，也将花儿带入宁夏大学艺术学院的课堂。省级非物质文化遗产保护中心的设立，各项工作都在有序推进。

开展普查摸底工作，是加强非物质文化遗产保护的一项重要的基础性工作。近年来，宁夏文化管理部门和非遗保护机构结合本地实际积极开展普查工作，自治区和各市县(区)都申报并确立了本级"非遗"名录，普查工作已取得了阶段性成果，采集、记录、整理了一大批非物质文化遗产资料，建立了普查档案和数据库，征集了一批珍贵的实物，抢救和保护了一批濒危的项目，普查成果以不同形式得以归类保存。2009年底，文化部专家督导检查组已对宁夏"非遗"工作进行考察评估，在充分肯定宁夏"非遗"工作的同时，提出更新更高的要求：对"非遗"档案的归档、录音、录像等资料要进一步分类整理，细化非物质文化遗产资源项目清单，完成高质量的普查报告。

宁夏历史悠久，民族文化呈多元态势，与物质文化一样，非物质文化在宁夏积淀同样深厚，在全区各市县(区)均有程度不同的传承和表现。国家级和区级名录的不断公布，标志着宁夏非物质文化遗产保护已进入一个新的阶段。花儿、回族服饰、回族民间器乐等在宁夏具有突出的代表性，是要深入挖掘和研究的非物质文化遗产的重要对象。

# 一、国家级非物质文化遗产

## 六盘山花儿

### 花儿与花儿演唱和整理研究

花儿,是西北地区独有的民歌形式,与传统意义上的民歌关系密切。有人说,花儿,是从泥土里长出来的,是"活着的诗经"①。宁夏花儿是西北花儿的重要组成部分,有其流变的源流和表现形态,有其传承的表现类型,有其独特的艺术表现形式,它是历史的集体记忆。同时,田野调研展示了当代宁夏花儿的现状,论述了六盘山花儿与河州花儿、陕北信天游等地域民歌的关系及其影响,要从非物质文化保护的意义上研究和保护原生态花儿。

花儿,是流传于甘肃、宁夏、青海和新疆(部分)四省区的多民族民歌,因歌词中将青年女子比喻为花儿而得名。据统计,有汉、回、藏、东乡、保安、撒拉、土、裕固、蒙古等九个民族歌唱花儿,虽然有些民族有他们本民族的语言,但大家无一例外都用汉语来唱花儿。古往今来,一些脚夫(方言脚户)、筏子客、擀毡匠,唱着故乡特有山歌——花儿走四方;花儿弥漫在西北广袤的大地上。他们赶着驮运的骡队,一年四季,穿越在古丝绸之路上,更是踏遍了西部的山水。他们经历的艰辛,早已沉淀在或悲怆幽怨,或粗犷浑厚,或亲情至深的花儿世界里。因此,花儿是多民族的歌,具有多民族文化交流与情感交融的特殊价值。

花儿,属于民歌的范畴,是山歌的一种。民歌是在甘、青、宁地区民间社会传唱的一种歌曲,叫法有几种,名字都带有山歌情趣。花儿,亦称"少年",也叫"野花儿"、"大山歌"、"山歌"、"野曲",意即在田间或山野里唱的歌,是西北各族人民用心血浇灌和栽培的艺术之花。它既是一种民间文艺表现形式,也是一种特殊的地域文化样式,充满着永久的艺术魅力。宁夏花儿,受河湟花儿、洮岷花儿和陇中花儿的影响,继承陇南地区古代山歌(徒歌、相和歌、立唱歌)的某些

---

① 李静:《"花儿"是从泥土里长出来的》,载《中国文化报》2011年7月12日。

特征，具有多样借鉴和吸纳的特点。大六盘山的地域文化背景形成了六盘山花儿，又称"山花儿"或"干花儿"，是西北花儿的重要组成部分，以六盘山花儿为主要表现形式，代表的就是这样一种独特的民间地域文化艺术样式。

花儿的演唱者演唱时，不用任何乐器伴奏，把手往耳后一搭，张嘴就唱。有花儿道："花儿本是心中歌，一日不漫不得活。"山歌内容宽泛，花儿属山歌的一种。山歌，是民歌的一种。大多在山野劳动时歌唱，歌调爽朗质朴，节奏自由。内容主要反映劳动和爱情等生活。北方的信天游、花儿、爬山调等都属于山歌性质。

在漫长的历史进程中，宁夏回族在生产和生活实践中创造了丰富多彩、具有民族特点和乡土气息的文化，花儿是其中最重要的表现形式之一。

2006年，宁夏申报的"回族山花儿"与甘肃的"洮岷花儿"、青海的"河湟花儿"进入了文化部公布的首批国家级非物质文化遗产名录。2008年，经国务院批准，国家级非物质文化遗产"花儿"，被正式列入我国申报联合国教科文组织"人类非物质文化遗产代表作名录"备选项目。2009年联合国教科文组织公布的"人类非物质文化遗产代表作名录"共22项，花儿已作为中国22项中的一项进入其中。同时，对花儿流派做了新的界定：根据音乐特点、歌词格律和流传地区的不同，花儿分为"河湟花儿"、"洮岷花儿"和"六盘山花儿"三个大类[①]，具有多民族文化交流与情感交融的特殊价值。这样，六盘山花儿不但成为花儿的三大流派之一，而且进入世界"人类非物质文化遗产代表作名录"。在研究者的视阈中，"六盘山花儿"是一个重要流派。这种界定，为未来六盘山花儿的深入研究提供了更大的空间。

宁夏文艺界对宁夏"花儿"进行过整理，出版了专辑《宁夏民歌选》，还挖掘抒传承了一些艺术价值比较高的有代表性作品，如歌剧《马五哥与尕豆妹》、歌舞剧《曼苏儿》、《金鸡姑娘》、《林草情》、《花儿四季》，叙事诗《阿伊舍》等。《曼苏尔》曾在全国各地演出，并在1980年9月参加了全国少数民族文艺汇演。《花儿四季》在1991年参加宁夏国际黄河文化节演出并引起重视，1992年应文化部之邀进京演出，1993年又赴日本演出。1998年，宁夏举办了西部民歌（花儿）会，在西

---

[①]《中国文化报·非物质文化遗产周刊》，2009年10月11日。

部花儿演唱领域影响较大，现在已经举办了三届，为宁夏的民间文化艺术活动增添了不少光彩。2002年中央电视台《正大综艺》摄制组，还到西吉火石寨"丹霞地貌"景区拍摄回族花儿演唱会的情景。2002年宁夏海原县也举办了西部花儿会。

20世纪80年代，花儿类民间文化艺术经过搜集和整理，先后出版过《宁夏花儿三百首》、《六盘山花儿两千首》等花儿集，屈文焜的《花儿美论》研究专集，说明宁夏对民间花儿传承的重视程度，也再现了宁夏花儿底蕴之丰厚。90年代初，宁夏西吉县文工团创作排演的以花儿为基调的民间歌舞《花儿四季》，出访过日本，参加"'93环日本海交流博览会"。这次活动，不但轰动了宁夏，也震撼了日本。日本各大报纸和电视台都报道了宁夏民间艺术团的演出消息，报界评论说："花儿充满了异国情调，特别稀奇"，"花儿最有味道，最精彩"。① 六盘山花儿红了，唱到了国外，受到了日本人的格外关注。

2009年，宁夏歌舞团推出的大型民族舞蹈《花儿》，将花儿与舞蹈有机地结合在一起，是对花儿艺术的升华，在创新的基础上为花儿提供了更为广阔的艺术天地。在北京演出后撼动人心，其闪烁的灵性、深沉的情愫、浓烈的意蕴感染着观众。

第一批国家级非物质文化遗产名录里将纳入遗产保护的"花儿"冠名为"山花儿"，属民间音乐类，这在一定地域范围内是对宁夏花儿特征的一种界定。进入世界"人类非物质文化遗产代表作名录"后，又明确界定为"六盘山花儿"，这样更明确，更有代表性。无论山花儿，还是六盘山花儿，都流行于宁夏六盘山一带，与宁夏本地的民歌表现形式山花儿是一致的。山花儿基本以单套短歌的形式即兴填词演唱。山花儿音乐继承古代陇山徒歌四声、五声徵调特征，吸收信天游、爬山调、洮岷花儿等多重文化内涵，多用五声音节式迂回进行。演唱的形式有自唱和对唱式，是抒情式短歌，有时歌名依所唱内容而定，内容非常丰富。传承下来的花儿段子，大都以情歌为主。改革开放以后，老百姓勤劳致富，农家人生活都变好了，演唱的花儿内容有了创新，很多唱词都是歌颂家乡的变化和乡亲们翻天覆地的生活变化。

---

① 柴旭霞：《六盘山的"花儿"红到了区外，红到了国外》，载《民族艺林》1994年第1期。

## 花儿与民歌

花儿是民歌范畴，属于民谣，一般都笼统地称为歌谣。其实，歌和谣是有区别的。中国诗歌源头《诗经·国风·园有桃》中就有"我歌且谣"的记载。汉朝毛苌在《诗经》的小注里说："曲合乐曰歌，徒歌曰谣。"《初学记·采部上》引韩章句说："有章曲曰歌，无章曲曰谣。"可见，"歌"的过程有乐器伴奏，唱的时候有成型的章曲，是一种经过艺术加工的约定俗成的歌唱形式。而"谣"则没有音乐伴奏，也没有成型的章曲，还是一种未经过加工的原始的山野成分较浓而又简略的歌唱形式。虽然歌与谣之间有着这些表现形式上的差异，但它们之间的区分又是相对的。杜文澜在他的《古歌谣》凡例中说："歌与谣相对，有独歌、合乐之分，而歌谣系总名，凡单言之，则徒歌亦为歌。"从这个意义上说，歌与谣又是可以连在一起的，不能将它们截然分开。说花儿的表现形式大都属于民歌，尤其是不合乐的民歌，也是在情理之中的。

花儿属于民歌的范畴，民歌的源头可上溯到《诗经》，采诗是我国氏族社会的遗风，周王朝统治者继承了这一传统，设立专门的采诗官来负责民间采诗。《礼记·王制》里记载："天子五年一巡守(视察)……命太师陈诗以观民风。"遂有《诗经》传世。后世以来，作为民歌范畴的花儿，历史也是非常悠久的。花儿源起于何时，准确时间很难搞清楚了，但与任何艺术表现形式一样，花儿也不是无源之水，无本之木，只是这种产生并传承在民间的野调粗曲，没有进入历代典籍的殿堂，只有靠着民间传承自身的韧劲来衍生。但花儿与民歌，在表现实质上是有内在联系的。学者研究说：传统民歌有四大特征，"创作方式的即兴性，传播方式的口头性，创作主体的群体性和传播过程的变异性。"[1]这里所说的四大特征，实际上都与花儿的特点一致，可见民歌与花儿的关系。目前能见到的最早描述花儿的诗歌始于明代，作者名高弘。高弘于明代成化年间在河州(今甘肃临夏)出任过儒学教授，留下了《古鄯行吟》诗，内容涉及花儿演唱：

青柳垂丝夹野塘，农夫村女锄田忙。

---

[1] 周耘：《中国传统民歌艺术》，现代出版社2003年版，第3—4页。

**轻鞭一挥芳径去，漫闻花儿继续长。**

花儿研究者赵宗福先生在他的《花儿通论》①一书中认为，这是明代万历年间高洪所写；地方志书《河州志》记载，此诗为明代成化年间高弘所写。翻检《河州志》，明代成化年间高弘的确出任过河州儒学教授。实际上，无论是高弘还是高洪，共识都认为此诗写于明代。花儿能写进明代文人的诗歌中，说明花儿的流传已经很久且影响非常之广泛了。

明代前七子古文运动，在中国文学史上影响很大。古文运动的领袖李梦阳，在反"理学"的同时，把"真"、"情"二字引入他的诗文理论主张和诗歌创作实践中，充分肯定民歌的价值。李梦阳提出"真诗乃在民间"，倡导的就是有生命力的民歌。《锁南枝》在明代民歌中具有代表性，李梦阳对此十分推崇。

**傻酸角，我的哥，和块黄泥儿捏咱两个。捏一个儿你，捏一个儿我。捏得来一似活托，捏得来同床上歇卧。将泥人摔碎，着水儿重和过，再捏一个你，再捏一个我。哥哥身上也有妹妹，妹妹身上也有哥哥。**

由《锁南枝》可见花儿与民歌的关系。同时，也说明花儿早在明代之前已有的古文运动的文化背景。高弘描写花儿的诗句，不但是明代这种文化背景的折射，也说明花儿这种民歌体的创作者，就是民间的"农夫村女"。

数百年过去了，时间的推移并没有使花儿这种民间文化艺术表现形式淡去，而是在这个过程中向四周延伸，遍布于西北甘、宁、青、新等省区。1922年北京大学创刊的《歌谣周刊》，发表了著名学者袁复礼先生在西北地质考察时收集的数十首花儿，及其撰文抒写的感受："……'话儿'（花儿）的散布很普遍，在（甘肃）东部平原平凉、固原，西北部凉州、甘州，都听到过，由兰州入狄道（今临洮），沿途所闻尤多。此外，尚有西宁与河州的商人，秦州、秦安的脚夫都会唱。"②这里，作者把"花儿"称为"话儿"。十余年之后的1936年，著名记者范长江在他出

---

① 赵宗福：《花儿通论》，青海人民出版社1989年版。
② 北京大学研究所国学门歌谣研究会：《歌谣周刊》合订本第2卷，中国民间文学出版社。

版的《中国西北角》一书里，同样记载了他由兰州往宁夏途中在羊皮筏子上感知过的花儿的情景："他们（筏子客）于桨声哗啦哗啦之际，常驻引颈高唱他们本地山歌，歌声高朗，震彻山谷，内容则多述边人男女爱情之思。如'阿哥的肉呀！阿哥来时你没有，手里提的肥羊肉'。"①前人的笔下，都再现了宁夏花儿近百年的经历。现在，在宁夏境内北起贺兰山，南越六盘山，撒遍了花儿的种子，都是花儿的世界。黄河岸边，黄土高坡，六盘山的乡野，丝绸古道的深处，都有花儿漫出来，再现的是当代人的精神追求和艺术爱好。他们是花儿的创造者，也是一代代的传承者。

**宁夏花儿的源流与形态**

西北的花儿，是西北民间民俗文化的一朵娇艳的奇葩，它是西北多民族文化演绎而成的独具风情和魅力的民间艺术之花。文化是有地域性的，民间民俗文化更是具有这种特征。同样是西北花儿，由于地域不同，在表现形式上也有差异。通常认为，花儿有河州花儿与青海花儿之分，流行于甘、青、宁三省区。宁夏花儿属于河州花儿系，还是青海花儿系？源流的问题是任何文化生成与发展过程中都必须面对的。宁夏花儿属于河州花儿的支流，宁夏花儿出现大量河州花儿的曲谱，②从传承看，这种观点还是有道理的。但任何文化现象的发展与融合过程都是双向的，花儿也不例外。从地域文化背景上说，无论是河州花儿，还是青海花儿，它的生成和发展都离不开西北这个大文化背景。如果说这个大文化背景是一个板块，那么相对地域意义上的分枝就成为亚文化板块。河州花儿与青海花儿的差异，就在于地域亚文化的不同。正是从这个意义上，宁夏花儿也是西北大文化板块上的亚文化表现，它与河州花儿、青海花儿有生成与传承的土壤根脉，但在发展过程中也受地域文化的影响而发生变异，不可避免地要融入地方民间民俗文化的因子，成为一种相对独立的信息系统。这一过程也是符合文化发展走向的。另外，将六盘山花儿划归于"陇中花儿"③类，也是不妥的。尽管在曲令、词体格式上与河州花儿有密切关系，如干花儿令、下四川令、六盘山令等，但在内容与

---

① 范长江：《中国的西北角》，新华出版社1980年版，第170页。
② 张君仁：《花儿王朱仲禄》，敦煌文艺出版社2004年版，第134页。
③ 张君仁：《花儿王朱仲禄》，敦煌文艺出版社2004年版，第135页。

唱法上六盘山花儿还是有变异的。再者，从地域上这样划分也有不妥。

花儿，是一种跨民族、跨地域并集文学、音乐于一体的多元艺术表现形式。宁夏花儿，以六盘山花儿为代表。研究者做过调研考察，通过对宁夏花儿的分析，认为宁夏花儿的源流从调式看有三种表现形式：一是徵调式——河州令型花儿，大约是明清以来由甘肃河州迁往宁夏海原、同心一带的回族民间带过来的。二是商调式——下四川令型花儿，主要流行于固原市六盘山东西。三是角羽型花儿，这是宁夏地域文化的特产。与宁夏地域相关系的陕北信天游对宁夏花儿影响较大。[1] 花儿的调式，反映的还是一种地域文化。由以上宁夏花儿的源流，我们也看到了花儿民俗文化的生成与传承过程，它既有大文化背景的根脉，又体现在地域文化的融合上。从地域民间民俗文化的走向看，它应该是与河州花儿、青海花儿在风格上不同的一个系统——六盘山花儿。有一首《下四川》的山歌，"原是流行于甘肃东部及宁夏六盘山地区的一首山歌"，50年前西北花儿王朱仲禄先生在甘肃礼县采集到了这首山歌。[2] 可见六盘山花儿的影响。

花儿的形成途径，与丝绸之路有关，与历代西北移民屯田开发有关，也与西北少数民族的茶马互市贸易有关，与成吉思汗西征带回的中亚回回人有关……这诸多方面都是西北历史发展过程中的特殊经历，是西北民族历史文化生成的深层背景。他们是花儿生成、蔓延和传播的始作俑者。这些勤劳勇敢、善良智慧、能歌善舞、代代传承的人们，不断将这种独具浓郁西北地域气息和艺术感染力的花儿传承了下来。现在，研究花儿的学者，以最通俗的称谓，说花儿是出门人的歌，是古丝绸之路上长期从事贩运的回族脚户歌，黄河水运上的筏子客们的歌，也是赶麦场的麦客子们的歌。脚户与筏子客的历史早已结束了，南下赶麦场的麦客子们也成了历史，但这种艺术形式依然传承。作为一种民歌，尤其受到回族群众的喜爱。花儿是回回人的"心头肉"。现在，在山川田野里，无论庄稼汉，还是放牛娃，都能随口漫几句"花儿"。

追溯花儿的渊源，明代以后就十分流行了，宁夏花儿尤其是六盘山花儿之所以是一种独有的历史信息表现形式，与宁夏历史上长时期的军屯、商人的往来等

---

[1] 屈文焜：《花儿美论》，甘肃人民出版社1989年版，第144页。
[2] 张君仁：《花儿王朱仲禄》，敦煌文艺出版社2004年版，第61页。

不无关系，尤其是与回回民族远距离的商贸活动的繁荣分不开。走南闯北的商人们在高山峡谷间长途跋涉，在荒郊野外风餐露宿，他们既感受了人生的艰辛，也饱览过山河的壮丽，常常或在心绪寂寞时，或在情绪激奋时就吼起来——花儿便漫上了高山峡谷、平川大原。

相传，药王爷孙思邈带着八百零八味良药走遍天下，广施恩惠，为老百姓治病传医。当他来到六盘山下时已是人困马乏，便在一个泉水清悠的地方歇下脚。偶尔发现一条蜈蚣与一条毒蛇在水里打仗，孙思邈深知有毒的水是不能饮用的，就索性蹲在泉边守候以告知过往的行人。这一等，却在不经意间听到大山里传来的诱人的歌声：

七十二行营生多，自幼儿学会了个拉骆驼。
人人都说拉骆驼好，行行苦中有欢乐……

何处飘来如此动人的歌声？孙思邈惊喜得四处张望，他哪里知道这就是脚户人在外时唱的花儿。那花儿吼一声噎得打战，随风飘过了几架山。那曲，那调，孙思邈都听得心动。唱花儿的原本是一队拉骆驼走生意的回族经商者。

这传说原本是写六盘山药材之多，是因了药王孙思邈的，但从歌唱花儿与花儿传承看，却与孙思邈搭界了。从花儿的生成与延伸看，说明不但六盘山地区很早就流行花儿，而且花儿真正是出门人的歌。

**宁夏花儿的内容和表现类型**

花儿的内容包罗社会生活与人生的诸多方面，它包括农家日常生活、男女爱情、禳灾避祸，也包括自然风光、天文气候、神话传说、历史故事，也有对社会丑恶现象的鞭挞等。花儿中的情歌，多以花卉作比兴。"花儿本是心上的话，不唱了由不得自家；刀子拿来者头割下，不死时还是这个唱法。"这首花儿流传很广，甘肃唱，宁夏也唱，就说明它们较原始的那些内容还是相通的。而且由于地域的关系，宁夏固原、六盘山之类的词也在河州花儿的歌词里多次出现。这除了宁夏与河州有生意人往来传播外，就是地域文化方面的深层影响所致。你看："兰州的白塔固原的钟，西海(嘛)沿上的宝瓶"，"六盘山有个三盘旗，八宝山垭豁过了",都是这类。所不同者,一是地域上调式的差异,二是流传过程中歌词的变异。因此,宁夏花儿的内容和表现类型,可分为劳动歌、时政歌、情歌、历史传统歌、儿歌、叙事歌等九大类。主要的有如下几类:

一类是情歌。情歌,是我国古代民俗文化的重要组成部分,从《诗经》起就以炽热的情绪抒写着这一人类精神的独立层面,几千年兴盛不衰,影响着民间文学和民俗文化的发展。花儿也不例外,它源起初始的一个关键因素,可能就是出门人对家人的思念情绪和谈情说爱的寄托。"园子里长的绿韭菜,不要割,你叫它绿绿儿地长着;阿歌是阳沟妹是水,不要断,你叫它慢慢儿地淌着。"这是用花儿抒写男女之间情爱的典型,情真意切,含蓄优美。

同样是描写爱情的花儿,同样是大致相同内容的花儿,河州花儿与六盘山花儿在措词上又不完全一样。如叙写男女热恋的花儿:"园子里长的是绿韭菜,不要割,就叫它绿绿地长着;尕妹是阳沟阿哥是水,甭叫断,叫它淡淡地淌着。"花儿中的情歌从不同的侧面表现不同的内容,在情感的宣泄方面或热烈真挚,或沉痛悲伤,或含蓄委婉,或直露率真,通过通俗直白的语言,将内心的爱与恨揭示得淋漓尽致。爱情是人类社会生活中的一种特殊感情,爱情类花儿就是民间民俗文化里描写得复杂多样、丰富多变的古老形式。

一类是生活歌。从传统民歌的源头看,花儿初起主要是吟唱爱情,但随着时代的发展变化,除爱情之外的民间民俗生活也得到了长足的反映,尤其是近代以来的苦难人生与新中国建立后的新生活,都在不同层面上得到描述。追溯这一时期的花儿,就可以看到不同时代民间老百姓的心声和印痕。实际上包含了区域政治、经济、民俗、宗教、方言等诸多方面的内容。

一类是本子歌。顾名思义,本子歌就是演绎和歌唱以历史文化包括民间传说为题材的歌词底本。通常,花儿的唱词由"散花"和"本子花"构成。"散花"也叫"草花",是指单独成篇的花儿,以上即为此类。触景生情,即兴创作的称为"草花"。"本子花",亦称"整花"、"本事花",是内容较多、故事完整的叙事花儿,诸如《三国演义》、《封神演义》、《孟姜女哭长城》等,这些历史故事和历史人物,包括民间传说里的人物,都是经过历史长河大浪淘沙后传承下来的,生命意义浓烈,教化作用极强,不少历史事件和历史人物几乎家喻户晓。花儿本子歌类,实际上是借花儿这种淳朴的民俗表演艺术形式,"传历史现实的时代之魂,同时也在一定程度上宣传和普及了与生产生活息息相关的文化知识和道德观念"①。六盘山花儿的叙事歌《你这个姑娘好打扮》、《紫花儿》等,其形式即属于本子歌类,但内容有距离。通常,我们听到的花儿,多是"散花"类,有时甚至是即景而歌的内容。

在宁夏同心等地还流行一种婚礼歌,即宴席曲。宴席曲是宁夏回族民间音乐的一个重要组成部分,主要在家庭喜庆时歌唱。宴席曲的演唱风格委婉细腻、活泼有趣,有时哀婉凄切,演唱者一般不要乐器伴奏,全凭个人丰富的表情和婉转的声音来调节。宁夏回族宴席曲有数十种曲目,代表作有《十里亭》、《四娘》、《尕老汉》、《五更月》等。

**花儿是历史的集体记忆**

作为民歌类的花儿,它的流传故事及其过程都是一种民间历史的集体记忆。故事里承载的历史文化信息,同样反映了故事的历史和年代。

流传于陕北一带的民歌《蓝花花》,是民歌类的经典。"五谷地里的田苗子,唯有高粱高。一十三省的女儿呀,唯有(那个)蓝花花好。""一十三省"是什么概念?明朝建国后,在全国设置"十三布政使司",十三省就是对明代全国十三布政使司的另一种称谓。由此可见,《蓝花花》的传唱缘起始于明代。在洮岷南路花儿中有一首:"柏木做下两只桶,尕妹担水走得稳,人品压了十三省。"反映的历史背景与《蓝花花》一样。这类民歌,是传承了数百年的民间传唱却又经久不衰,但歌词的缘起与传唱过程,已很难搞清它的版本,便成为一种集体的记忆。

经典民歌《走西口》也是。六盘山花儿,也是如此,"民国来了好来了,毛辫子剃成了秃子。花儿嫁给伙计了,娘老子气成了疯子。"揭示的是那段特殊的历史。花儿是民谣。民谣是"那些牧童灶妪村妇野叟以天籁的方言方音,发表他们真挚浓厚的情意"②的口唱形式,最能道出民心民意,是对当时社会现象的高度概括和评价。

1926年英国民歌艺术节上,捷克音乐家雅纳切克表达了这样的信息:"民歌

---

① 山风:《花儿永久的魅力》,载《丝绸之路》1993年第5期。
② 钟敬文:《歌谣论文集》,上海文艺出版社1989年版,第43页。

用一切精神、一切幸福观、一种拯救思想，将一个民族、各个民族乃至整个人类结合到了一起。"①可见民歌的力量。

民歌也好，花儿也罢；无论西北花儿，还是宁夏花儿，从它的形成过程看，没有具体的作者，也没有清晰的创作时间。它是在流传过程中不断为花儿爱好者所补充或修订，一代一代流传，而且由这一地域向相邻地域渗透。已故著名民俗学家钟敬文先生认为民歌没有具体的作者，乃"为满足众人生活之需而集体创造之"②。如果说早期花儿缘起属于"出门人的歌"，那么，随着历史的延伸，花儿的适应层面早已超越了谋生在外的筏子客和脚户，包括麦客子，而是为民间层面所接受，成为民俗文化的重要部分。

花儿从它创作、演绎形成到长时期的流传，中间经历了漫长的岁月，它们的创作与流传之间有着根本的联系。为什么能够流传？是因为花儿的歌词里融注着人的生命意识：有人生的艰辛，有人生的苦闷，有人生的情畅，有人生向往美好前景的憧憬，也有对社会黑暗面的鞭挞⋯⋯正是基于这一切，花儿的情绪最容易激起歌者和欣赏者对人生的体验、对社会的认识。花儿所描述的生活现象或者所表达的情感具有普遍性和震撼力，使人产生思想上的共鸣。同时，使得听歌的人产生一种非要把已经赋予自己情感的花儿传播出去的冲动，花儿就不胫而走，不断地得以流传。再艰辛，再无望，还是要顽强地活下去，还要追求幸福的生活。正是从这个意义上，花儿在不同时代、不同地域的特定社会背景下的民间得以传承，经久不衰。"一首民歌的创作往往要经过许多不同的年代和许多地方、许多不同的场合的人们的艺术实践，逐步完成的⋯⋯要经过一个较长的渐变的积累过程。"③花儿的创作与形成过程正是如此。

**花儿的艺术表现形式**

花儿，是歌，也是诗；是茫茫高原，是滔滔大河，是民歌海洋里的一朵奇葩，更是宁夏山歌的精华。它的形成经历了一个长期演变过程，无数花儿歌手通过口

---

① 李皖、史文华：《民谣流域》，江苏人民出版社2008年版。见《文汇读书周报》2008年7月18日第12版。
② 钟敬文：《谣俗蠡测》，上海文艺出版社2001年版，第88页。
③ 江明惇：《汉族民歌概论》，上海文艺出版社1982年版，第5页。

头传唱，使这一民族艺术形式日益丰富。从本质上讲，花儿艺术是西北人按照自己方言的规律、结合自己的审美心理而创作的，有一种泥土一样的淳朴，是一种抒情的民间文学载体。节奏起伏变化，如潺潺溪流，似江河奔腾。作为一种民歌形式，花儿毫无疑问应包括多个层面的美学形态，在艺术表现形式上，主要表现在：

第一，花儿是歌唱的艺术，源头在《诗经》、《楚辞》、《汉乐府》等传统典籍里。因而花儿是民间的诗，诗歌的源头是民歌。正因为花儿是歌唱的艺术，就形成了它独特的格律。宁夏花儿的句型结构灵活多样，有与河湟花儿相近的结构形式，如四六句一首的单双交错，奇偶相间的格律，也有陕北民歌信天游式的结构形式，还有八句以上为一首且完全自由式的《紫花儿》(吆骡子)那样的长篇歌体，它们都有自己的歌唱形式。表现形式自由，始终处在诗体格律与自由表达之间，歌唱内容宽泛，适合于花儿这种自由民歌体演唱。

第二，在艺术表现手法上，赋比兴手法的运用，是花儿艺术的一大特点。在古人看来，"赋者，敷陈其事而直言之者也"。直言，是花儿歌词的特点，表露的是歌者或寄景抒情，或直抒胸中情感的表达方式。比兴手法，是中国传统诗歌艺术表现形式常用的手法。花儿属民歌类，同样借鉴了诗歌艺术比兴手法。所谓"兴者，先言他物以引起所咏之辞也"。比如："清朝的江山乱如麻，囊皇帝治不了天下。尕妹子趁早把主意拿，没主意趁早儿缓下。"就是这样的表达形式。花儿比兴手法的运用，取材上下纵横，历史典故、天文地理可援引，身边事、眼前景也是信手拈来。其他诸如夸张、排比、拟人、借代、白描等手法随时取来为我所用，细腻、大胆而神奇。

第三，花儿的语言是劳动人民的口头语言，在流传过程中经过了千百次的艺术加工和锤炼，真实朴素、生动美丽是花儿语言的最大特点。在表现手法上，多运用衬字，也多用方言词汇，歌词极为丰富。衬字多用"者"、"哈"、"嘛"、"哟"等。通常花儿的歌词一句不够七字者，在中间加上衬字，便于歌唱，是因演唱需要而生成的衬腔，几乎在每一首花儿里都有。通常说"无'花'不有衬，无衬不成'花'"，如"太阳上来一片红，月亮出来(者)水红"。表演过程也多用西北方言土语，使其不仅准确地表现出地域文化内涵，而且更富于生活气息，如：裹肚儿、孽障、干散、攒劲等。语言是中国地方历史文化的活化石，孔夫子说过：

"礼失而求诸野。"西北方言之于西北文化的意义，正在于它积淀在民俗文化中的"野"，即它的原初性。

宁夏花儿的句式有四句、六句之分。前两句比兴，后两句比题，单双句结构各自相同。四句式花儿一、三句尾为单音节，二、四句为双音节；六句式花儿是四句式花儿的变体，即在一二句和三四句之间各插入一个短句，俗称"折断腰"或"两担水"。但在演唱过程中，花儿受每首三、四句句型模式的限制，人物的刻画主要使用动态性的语言来描述，语言极其简略，但却非常贴切逼真和形象，要用诗一样的语言来涵盖它。"端起碗儿想起你，面条捞不到嘴里。"语言的表现功能在多个方面得到了体现。

方言能凸显人物形神，现代著名学者胡适说："方言的文学所以可贵，正因为方言最能表现人的神理。通俗的白话固然远胜于古文，但终不如方言能表现说话人的神情口气。古文里的人物是死人，通俗官话里的人物是做作不自然的活人，方言土语的人物是自然流露的人。"[①]这里胡适虽然说的是文学里的方言，但与民俗文化里方言的意义和价值是一样的。要抒写和评价社会，要让花儿艺术里的人物自然流畅，就要充分利用方言土语。

第三，花儿歌词里的方言，是长久以来传承的历史悠久但又活在人们生活中的历史记忆，积淀了异常丰厚而生动的民间民俗用语。它能传承地方文化，在际域之外的人看(听)来，这种话语最能显示出地方历史文化的神韵，传达出独特的民俗文化情趣。英国语言学家 L. R. 帕默尔在他的著作《语言学概论》中说："语言忠实反映了一个民族的全部历史、文化，忠实地反映了它的各种游戏和娱乐、各种信仰和偏见。"欣赏花儿歌词里的地域方言，我们会感触到它的确是地方历史文化的活化石和标本。

花儿歌词里积淀的方言，随着我国社会经济的发展，已经大为弱化；三十年前的方言，有一些都消失了。事物的新陈代谢，是历史发展的规律。飞速发展的现代化经济和工业文明的冲击，使我们越来越意识到非物质文化保护的重要性。西北地区大量存在的兼具古代军事、移民、宗教、祭祀、礼仪、娱乐等内容的秧歌、社火等，在乡村已经很少见到了。研究、记录和保存这些濒危的语言，从文

---

① 胡适：《海上花列传序》，见《胡适文存》第三集卷六，远东图书出版公司1953年版，第732页。

化遗产保护的视角尤其重要,方言的天籁一旦消失便永远不会再生。因此,花儿歌词里保存的大量方言,是一种双重身份,它不仅是记录花儿本身的经历,而且是一种古老的文化载体。

第四,对唱,是花儿表演的另一种形式。花儿会上的对唱,在竞争过程中激活了花儿"把式"(演唱者)的艺术灵感。柯杨先生曾采访过著名的"花儿把式",他们发现对唱花儿的过程中,唱几首之后就后劲不足,给人有点积淀单薄的感觉。后来搞清楚主要原因,是由于离开了对手。他说:"对手的提问和回答,是花儿把式们产生创作欲望的'酵母',是激发他们灵感与智慧的关键。"[1]电影《刘三姐》无休止对歌的情景,正是这种形式的表现。难怪宁夏海原县花儿歌手马生林也讲到他对唱花儿时的精神状态和兴奋的情绪。

第五,花儿的音乐较为单一,主要指演唱的方式,但它同样有自己的演唱曲令。花儿的调叫"令",一般以歌唱时所加称谓的不同而有所区别,一种令表示一种曲调。花儿流传范围广,曲调丰富,流派众多,曲令有近百种,仅宁夏花儿曲调就有30多种。曲令的不同与花儿流行地区相对封闭的地理状态和民族的居住分布有关,也与语言和民族心理差异有关,多民族文化交融过程中的民族音乐,也是花儿曲令形成的重要方面。考察西北的历史,花儿赖以生存的这块土壤,自古就是多民族迁徙融会的大舞台,是人文地理方面的一块沃土,各个民族包括西域民族的文化和音乐都深深地影响过这块土地。花儿虽属山歌,却是在这块充满着丰厚文化内涵的地域上生成的。因此,花儿曲令生成过程中,在承传历史的同时,也伴有时代的创新,这就是打破大地域的界限,充分吸纳小地域的文化及其风俗民情,它是在一种动态与开放的背景下走过来的。宁夏花儿的令型及其流变过程,前文已有论述,此不赘述。

## 王洛宾与六盘山花儿

六盘山花儿,是一道亮丽的地方民俗文化的风景线。但无论从音乐的角度,还是从地方民俗文化的视角,能引起外来客人的关注并看重,当推王洛宾。20世纪30年代,王洛宾沿西兰公路西行取道兰州,途径六盘山时,天公留下了这位风

---

[1] 柯杨:《诗歌的狂欢节》,甘肃人民出版社2002年版。

靡了半个世纪的音乐天才。瓢泼的大雨,将王洛宾留在了六盘山下和尚铺的一家车马店里。这一留,就生成了一段王洛宾与六盘山花儿结缘的故事,让后人们回味和向往。

  30年代的六盘山,路道艰险,雨后更是无法翻越。王洛宾一行被连日的大雨留在了车马店里,闷在店里的王洛宾便和他的同伴时不时哼着歌儿来打发时光。岂料,歌声传到车马店伙计们的耳朵里,伙计们觉得怪新奇,便告诉王洛宾说:"我们老板娘也有一副好嗓子,唱一手好花儿。她的歌声一出口,就连山雀也是屏声静气地听啊!"王洛宾一听喜出望外,没有想到在大西北六盘山下竟然有如此歌喉,顿时有一种找到了知音的感觉。

  车马店的老板娘虽已人到中年,却相貌俊美,风韵犹存,真个是花儿唱得远近闻名。因她额头上有处梅花状的印迹,认识她的人都亲切地称她为"五朵梅"。一日,王洛宾请五朵梅唱一曲民歌,她毫不推辞,慨然应允。一曲终了,花儿的韵味扣人心弦,果然名不虚传。此后的日子,他们常有歌声往还。

  雨后初晴的黄昏,老板娘心想王洛宾很快就要翻越六盘山西行了,便特意邀请王洛宾一道爬上屋后的黄土高坡上,面对着落日洒在远山上的余晖,情不自禁地为王洛宾唱了一首当年曾在这里送别情人时唱的花儿:

  走哩走哩越远了,
  眼泪的花儿飘远了。
  走哩走哩越远了,
  眼里的花儿把心(哈)淹了!
  褡裢里的锅盔(哈)轻了,
  哎嗨哟的哟,
  心里的惆怅重了!

  锅盔,是六盘山地区的一种面食大饼,过去出远门的人都要带上锅盔上路。惆怅,是六盘山地区的方言。

  老板娘的一曲花儿唱得情真意切,率真质朴,情思委婉悠长,实在是动人。王洛宾自然是头一回听到这种曲调委婉、声韵优美、包含着离愁别绪且富浓郁地方民俗文化特色的西北"花儿"民歌。他被歌声震撼了，在情不自禁地叫绝之余，急忙用五线谱记下这民歌的格律和调令，并拜倒在这位布衣短衫的女歌手面前，向她搜集花儿民歌，记录歌谱。王洛宾成了第一个用乐谱记录"花儿"的人。对于王洛宾来说，六盘山下的奇遇，可以说改变了他的人生经历。从此，他走进了一个多彩的民歌世界，完全放弃了去法国深造西洋音乐的想法，开始把注意力投入到中国西部民间民俗音乐的海洋里，实现了他人生的理想。对于六盘山花儿来说，王洛宾的这段传奇性经历，只是给六盘山留下了一段鲜为人知的与花儿有关的民间歌坛故事，但那曲令王洛宾陶醉的花儿，随着时间的推移并没有在六盘山广泛地传唱开来。在保护民间非物质文化的今天，应该对此整理研究和尽力传承。

六盘山花儿的底蕴丰厚，能影响一代歌王王洛宾，自然会影响为民俗文化而倾心的现实社会的人们。情韵悠长的花儿情调，回荡在六盘山上，就是一道人文风景线。达坂城的姑娘吸引无数游人到实地观感，六盘山的花儿同样会吼出黄土高原独有的文化体验，使游人感悟一曲曲高亢、豪放、优美动听的花儿所独有的艺术魅力。从传承与保护的意义上，这的确是一段佳话。

王洛宾在六盘山下的这段故事，已经成了他与六盘山、与六盘山花儿形神相融的艺术经典，在当代民歌艺术史上也应该是一段充满着传奇色彩的艺术佳话。透过这段故事，我们能追溯宁夏花儿的经典片断。同时，也可以让人们感受到宁夏花儿的艺术影响力。

**花儿的艺术美与歌手的神态美**

作为一种古老的民俗艺术表现形式，花儿在记录历史、反映社会现实、彰显和抒写心灵喜怒哀乐的同时，之所以能够不断传承，其审美情趣和独特的艺术美也是一个重要方面。"民谣是艺术形态的社会评价。""从一定意义上说，民谣的传播过程就是一种艺术欣赏的审美活动。"[1]

从记载和评价社会的层面上，花儿与民谣是一样的，花儿是艺术形态的社会评价，花儿的传播过程就是一种艺术欣赏的审美活动。如果从这个视角评价花儿的艺术审美及其过程，花儿的艺术欣赏才会在一个高层面来进行，才能从多个层

---

[1] 陈新汉：《评价论导论》，上海社会科学院出版社1995年版，第314页。

面审视它的存在价值。

民歌意义上的花儿，之所以能激起人们的美感，就在于其为审美形象集中体现了个性与共性、现象与本质的完美统一，就在于经过千锤百炼而形成的经典词令所凝聚的艺术典型，使人们形成的思想上的"共鸣"。托尔斯泰说："真正的艺术作品能做到这一点，在感受者的意识中消除了他和艺术家之间的区别。"①花儿艺术欣赏过程中的这种艺术共鸣，使欣赏者的审美与艺术欣赏思维活动融会在一起。一首传承久远的经典花儿，自身都具有让欣赏者共鸣的艺术典型性。

神态美，是指演唱花儿的人当下的外在形态。身穿黑色坎肩，头戴小白帽的歌手，面对着天地旷野，一手遮耳，粗犷悠长的花儿便回荡在山间。宁夏六盘山花儿歌手的表演不叫"唱花儿"，而是叫"漫花儿"。一个"漫"字，将歌手歌唱时的外在神态无拘束并轻松唱来表现得形神俱佳。"一把胡麻撒上天，心中的花儿（嘛）万千；六盘山漫到南海边，转回来还漫它三年。"多潇洒，多浪漫的画面和场景。

### 六盘山花儿与陕北信天游

陕北流行的山歌主要是信天游。如果依地方民歌的地域特点来划分，山西中部和北部、内蒙古西部、陕西北部以及宁夏甘肃的部分地区民歌的色彩一致性更为突出。② 这实际上是地域意义上的民歌语言的分界线，这一分界线的地理空间，正是历代少数民族南下活动的地方，尤其在明代这一地理空间正是北方九边重镇所辖范围。如果再追溯一下明代的军事管辖范围，陕北与宁夏都属于固原陕西三边总督所直辖，军事与文化意义上的关联更为密切。通常意义上，有记载的文字可以看出民歌尤其是花儿形成于明代，依历史背景看，这与当时的文化背景也是有直接关系的。依照这个地域空间来看，陕北的信天游与相邻的六盘山花儿有着你来我往的文化融会的历史背景。

陕北民歌信天游，以情歌居多，男女歌者可对歌互答以表达自己的情思爱意，或者单独歌唱以倾诉内心的爱怨情愁，在表现形式和歌唱内容方面大致是相

---

① 托尔斯泰：《艺术论》，商务印书馆1956年版，第148页。
② 托尔斯泰：《艺术论》，商务印书馆1956年版，第148页。张军、张永梅、徐彤：《语言学方法与陕北民歌研究》，载《榆林学院学报》2006年第5期。

近的。"倒灶鬼媒人好吃糕,把奴家掇在乡圪塝","羊肚子手巾水上漂,你不会唱酸曲奴给你教"。这里的方言基本一样,如"倒灶鬼"、"乡圪塝"、"羊肚手巾"等,只是"奴"字的使用,显得苍老而传统。"羊肚手巾"的称谓,在宁夏已经消失了。

明代宁夏,是一个军事性屯田区,军屯、民屯、商屯的历史经历,使全国各地人来到宁夏,他们的屯田过程从文化的深层背景上影响了宁夏地域文化的发展,对民歌类的花儿影响更大,包括一些地方小调。贵州安顺屯堡村落民俗文化调查显示,明代军屯留在安顺的村落文化已成为明代历史的"活化石"。这里的山歌,又称农歌,是军屯的产物,是屯堡人在劳动生活中沿袭下来的歌唱形式,也是屯堡人自由恋爱和男女交流的表现形式。屯堡人豁达大方,嬉笑怒骂皆可成歌,即兴而来,或者高昂奔放,或者缠绵幽怨,倾诉着他们的真情实感。① 从地域环境的比照看,宁夏与贵州安顺不同,贵州安顺的明代屯田人留下来了,他们的风俗文化也承传下来了。宁夏则不同,屯田人或迁徙或融合,像安顺这样的历史景观没有形成,类似于农歌类的民歌没有直接流传下来,但宁夏地域上民族、文化和人口的变化,必然对口耳相传的民歌艺术这种活态文化有深层的影响,对花儿这种艺术形式的形成和发展过程产生过潜在的作用。

陕北民歌信天游,是兴之所至,信口放歌,不事雕琢,率性自然,显现的是陕北人特有的一种生活方式和生命状态。此外,信天游的歌唱过程,形象生动,感情炽烈,缘起都以大量的比兴手法、白描艺术形式为艺术表现手段,展示歌唱者的情绪和思想。这些表现形式与花儿近乎是一样的。只是信天游的歌词里多"重叠"词,"前坡坡的糜子后坡坡的谷,哪达达想起我哪达达哭",但表现的相思相爱的深情与花儿的表述是一样的,"饭碗一端想起了你,面叶儿捞不到嘴里"(面叶,是当地的一种汤面,比面片小)。

山西中北部的民歌较多,有的称山歌,有的称山曲,有的称酸曲,有的称小调。有一本专门写晋北各地民歌的书叫《小曲儿一唱解心宽》②,仅书的名字就与宁夏花儿走得很近。与陕北民歌相比,山西中北部地域离宁夏更远了,但这里的

---

① 曹利君:《明代历史"活化石"——来自于安顺屯堡村落的民俗文化调查》,载《乌江研究》2006年创刊号。
② 贾真:《小曲儿一唱解心宽——晋北民歌精华》,作家出版社2004年版。

民歌内容仍与宁夏花儿有相近之处。"你还说妹妹不想你,泪珠珠就像荞麦花花飞。你还说妹妹不想你,端起碗捞饭泪泡泡起。你还说妹妹不想你,泪水水哭得和起一堆泥。"这些山歌小曲的文化深层,还是对宁夏花儿有深层影响的。

**花儿与其他民歌的相互影响**

民歌,是从地域意义上说的。由于地域、民俗、气候、文化等因素所致,同样是民歌,但表现的形式相异。一些民歌在流传过程中能明显看出它们相互间的影响。对于具体的地域民歌来说,自然是一种创新。

《六盘山花儿两千首》里有一首花儿:

一把胡麻撒上天,心中的花儿(嘛)万千。
六盘山漫到南海边,转过来还漫它三年。

南方有一首民歌写道:

一把芝麻撒上天,我有山歌万万千。
南京唱到北京转,回来还唱两三年。①

由以上歌词比较看,互相直接影响。影响至少表现在两个方面:一是歌词比兴非常精炼;二是互相借鉴天衣无缝。"胡麻"是六盘山地区的特产,"芝麻"多在南方,"六盘山与南海"、"南京与北京",都是地域文化的表现。民歌主"唱",花儿主"漫",创新的成分较浓。这一切都从另一个层面上显示了花儿作为民间文化的共同财富而被认同。花儿的发展需要地域文化的碰撞与交融,随着时代的发展而发展,随着生活的变化而变化,随着风俗的改变而改变,既是传统的,又是时代的。但无论如何,它都是以独特而鲜活的形式多姿多彩地存在于民间,存在于百姓生活之中。

---

① 王丹、王卉:《中国民间歌谣形式及繁荣原因寻绎》,载《广西师范学院学报》2005年第3期。

### 保护原生态花儿

原生态指什么？原生态包括自然的原生态和文化的原生态。我们这里说的是文化的原生态。原生态文化，是指古老文化原型在历史长河中积淀形成的具有自身鲜明特征的物质文化遗产与非物质文化遗产。原生态原本是自然科学研究领域的专业术语，后来被音乐领域借鉴过来用以描述"原汁原味"的民歌。如果从这个意义说，原生态的花儿的提法也是对的。从目前国家实施的非物质文化遗产保护工程看，保护花儿的原生态也是符合国家倡导的文化遗产保护工程的宗旨的。

遗产，根据古罗马法，是指值得传承的家庭财产的总和。文化意义上的"遗产"，就是指把人类各民族丰富多彩的文化特征传递给后人。1972年，联合国教育科学及文化组织大会通过了《保护世界文化和自然遗产公约》，这个公约把文化遗产规定为对历史、艺术、科学或人类学具有突出的普遍价值的文物、建筑群和遗址。2003年联合国教科文组织又通过了《保护世界非物质文化遗产公约》，这个公约把世界文化遗产划分为"文化遗产"、"自然遗产"和"非物质文化遗产"。其中作为文化遗产之一部分的各种实践、表演、表达形式、知识和技能，以及与之相关的工具、实物、工艺品等，都是非物质文化的一部分。花儿体民歌，自然属于非物质文化遗产的主要内容之一，已被列入全国第一批非物质文化遗产保护范围。实际上，对于原生态花儿，生活在工业文明社会或大都市中的人们已经没有机会感受这种原生态民歌的艺术魅力，即使乡野之地也很难有机会领略那种纯正的民间花儿的韵味。保护这类原生态花儿，就显得十分紧迫。

随着联合国教科文组织《保护非物质文化遗产公约》的颁布，中国的民间艺术保护在一定层面上掀起了热潮，原生态民歌受到了广泛之关注。花儿，作为原生态民歌的一种，从文化遗产保护的角度同样得到了空前的重视。

原生态，本意是指生物和环境之间相互影响的一种生存状态，是指一切在自然状态下生存下来的东西。原生态花儿是西北多民族发展历程中一种民间原始文化形态的记载，是民族"口头与非物质文化遗产"的重要组成部分，"具有丰厚饱满的文化内涵，它和历史文物一样具有很高的研究价值"。[1] 但现状并不乐观。作

---

① 张晓农：《原生态民歌与民族文化生态保护》，载《光明日报》2005年9月9日。

为非物质文化遗存，宁夏花儿尤其是六盘山花儿原生态失传现象严重，保护更显得困难，要下大力气保护。随着工业文明的推进，传统生产与生活方式已经发生了很大的变化，再加上各种新文化的冲击，原生态花儿赖以生存的地域文化生态也在发生变化，传统花儿失去了演唱的空间和环境。前些年，有的外地游客到宁夏，想欣赏纯正的宁夏花儿，但跑几个地方也找不到唱花儿的人，更不要说是否为原生态了。文化生态环境消失了，花儿的功能消失了，依附在花儿身上的文化承载也就随之萎缩。从承传的意义上，"随着老歌手的相继去世，不少优美动听的民歌也随之而去。一个民间艺人的消失，往往就是一个民歌博物馆的消失"①。这不是危言耸听，可见承传与保护的重要性。

在目前状态下的保护措施，一是保护花儿歌唱的领军人物，如固原市原州区的张明星(海原县的花儿歌手马生林已作古)等，他们都是远近闻名的著名花儿歌手。保护歌手，就是在实施民间传承。优秀的原生态花儿歌手，政府已有相应生活补贴，使他们集中研究和做好传承人。二是在地方高等院校和中等学校开设音乐教育课，要有花儿进课堂的内容，花儿歌手可进课堂，施教原生态的花儿，少年儿童不仅要熟悉六盘山花儿，而且要会唱这种原生态的歌曲。这对于花儿真正传承至关重要。必须有这种明确的教育思想的引导，地域上的民族民俗文化丢了，损失的是地域文化的精华。三是必须采取博物馆式保护，即尽可能维护花儿原生态式的生存环境和延伸空间，让花儿的生存和发展始终处在一种原生态发展状态下。四是要注意花儿的包装，使花儿这种地方非物质文化走出去。精彩的唱段可以包装成唱片。这就要深入到原生态花儿的深层，充分挖掘原生态花儿与民族音乐的审美关系，用市场的方式来推动和传播原生态民歌的发展。五要通过举办花儿大赛的形式来展示和影响花儿文化，为原生态花儿提供展示的平台，通过媒体大力宣传这种文化现象。六是依赖于逐渐形成的政府保护原生态花儿的扶持机制，通过建立文化生态保护(区)点与文化生态保护基金支持的双重途径，有效加强花儿生态保护。

什么是民歌的原生态？从音乐与民歌研究的理论层面上说法不尽相同。一种是指搬上舞台的原生态民歌，一种是没有脱离歌唱环境的原汁原味的原生态民

---

① 张晓农：《原生态民歌与民族文化生态保护》，载《光明日报》2005年9月9日。

歌。花儿文化遗产的保护，我们觉得应该是后者。舞台花儿表演的原生态与没有脱离乡土歌唱环境的原生态艺术，在传承过程中是不一样的。传承的目的是为了保护，这就更要关注没有脱离乡土歌唱环境的原生态花儿。对此要有深层的文化理解，不能停留在表层的热闹红火，更不能一味地将乡土原生态环境里的花儿全部搬到舞台上，舞台化的改造，商业化的开发，会使原生态花儿陷入"异化"，会加速其消亡。花儿保护的问题，必须重视和坚持两点：一是必须明确花儿保护不仅是传承人，还必须坚持花儿传承过程中乡土歌唱环境的原生态问题。二是原生态花儿靠的是"活态"传承，这里的"活态"就蕴含着传承人与传承环境，即在原生的环境中传承。

原生态花儿是宁夏民族文化之根，是历史上宁夏多民族文化变迁的缩影，更是历史留给我们的宝贵财富，我们要继承和保护它。从目前的现状看，原生态的花儿艺术起点较高，但资源已经很有限。我们必须从有限的原生态花儿民歌资源中去发掘、去传承、去创新，必须以优秀的花儿民歌作为传承的源泉。花儿是我们的乡音，花儿是我们的乡情，是我们宁夏地域文化独特的表现形式。在全球化多元文化的历史舞台上，只有这种原生态的性格鲜明的、不可复制的民族民间文化才有生命力，才能在中外民歌艺术之林独树一帜。同时，我们也不能抱住原有的艺术形式不放，要在传承的基础上不断创新，让新的时代赋予花儿以新的内容，要让花儿这种优秀民歌走向现代，要有海纳百川的胸怀。影响了几代人的《东方红》就是由陕北情歌改编而成的，这是民歌随时代继承与发展的典型。原生态的民歌在注重活态传承的同时，可以也应该通过艺术加工使之获得在当代社会存活的形态，从而让许多原本藏之深山的民歌得以传承和传播。①

有人做过研究，原生态民歌有一种牵挂，是一种乡愁的记忆，彰扬的仍是一种文化意识。每个都市人或多或少都会对逝去的田园景象有着某种牵挂。那些静谧的村庄、泥泞的小路、朴实的乡民、缭绕的炊烟、古怪的方言，一起成为了原生态民歌的内在元素。听一曲民歌，不啻做一场认真的怀念……风格迥异的山歌记录了姑娘与小伙的爱情密码。在钢筋丛林里行走的人们，经历了世态炎凉与虚伪包装之后，突然听到这样的歌声，带着大漠的孤烟、长河的浪花、玉门的飞

---

① 金兆钧：《承载原生态民歌再崛起的使命》，载《光明日报》2006年8月10日。

雪，最重要的还有泥土的芳香，谁能不感动？这些记忆的元素，好多都是大西北的景致。我想，六盘山花儿能提升它独有的文化内涵，以原生态的山歌形式展示给世人，这样的效果达到了，花儿传承还会有什么问题呢？

**马生林的花儿世界**

选择马生林作为宁夏花儿歌手的代表，是因为在他是宁夏花儿演唱和变迁的经历者。2008年夏天，马生林被文化部公布为第二批国家级非物质文化遗产项目代表性传承人，成为宁夏花儿进入国家层面保护的第一个传承人。

宁夏海原县海城镇西北不远的地方，有一处黄土裸露的洼地，是庙儿沟村的地界，花儿歌手马生林的家就在这坡地高处。2006年夏天，我去采访过马生林。车子在公路边停下了，原来马生林带着小孙女蹲在大路边观望着天边的景色，陪我们的县志办田主任在宣传部任过副部长，和马生林是老熟人，他看见"老马"后才停车。我们一起走进了马生林的家，也走进了马生林的花儿世界。

65岁的马生林，戴一顶遮凉的小圆帽，不经意间增加了他民间花儿歌手的神

马生林家中采访时唱花儿

态和感觉，有人称他为宁夏的"花儿王"，看上去真是像。马生林是一位很会讲笑话和故事的花儿歌手，我们的采访是由马生林的笑话和故事开始的。

海原县城南的牌楼山，是进入海城镇的必经之地。20 世纪 50 年代，这里是政府每年重点封山绿化的地方。有一年，县城的干部、工人和学生都集中到山上栽树，在山路弯道处，忽然传来花儿的漫唱声。在山上栽树的马生林听见了，嗓子痒痒的，实在是忍不住了，便搭腔回对。这一对答，互不见面的两个生人依着空旷的牌楼山对吼起了花儿。弥漫在山间的花儿，使栽树的人们惊呆了；那回肠荡气的歌声，使山上植树的人们才知道马生林有一副吼花儿的好嗓子。马生林说："这是他第一次在众人面前唱花儿"，也是第一次与陌生人对唱。当时，马生林是十几岁的青少年。原来对唱的是一位赶路的河州人，河州人的花儿惹来了马生林，马生林以清亮婉转的歌喉、优美的曲词唱得对方无歌以还。

1. 花儿有家传

马生林的父亲就是花儿歌手，他记得父亲一帮人下陕西赶麦场时就唱花儿。麦客子的生活虽然辛苦，但他们却能用花儿唱心里的歌，唱自己的精神，有时还互相对唱。马生林是潜移默化地受影响，父亲并没有为他有意传授歌唱花儿，但他十几岁就开始唱花儿，一唱就显示出天赋。马生林不识字，记性却出奇地好，语言非常丰富，听过的曲子就能记下来。天长日久的积淀，再加上他对人生的深切体悟，心里的话慢慢都变成了一曲曲的花儿留在记忆里。

2. 花儿是什么

马生林有他的观点。他认为花儿是回族民众之间流传的一种民歌，它是民间的艺术，民间的唱法。它没有过多的约束和框框，曲调虽是固定的，内容却是歌者心里的话，见什么景致编什么唱词。缘于此，我问他一生能编多少花儿。他说："不能用数字来说了。"即景唱来，兴之所至，有景观就有歌词。由此，我想到了甘肃岷县的花儿女歌手董明巧。董明巧曾对记者说："她从来都不唱重复歌词，每次比赛对唱，都是即兴口头编唱。这样才觉得有唱头。"[1]董明巧是不识字的农家妇女，马生林也是不识字的地道农民，但花儿歌手的聪慧程度却惊人地相似，叫人叹服。马生林不光是编花儿、唱花儿的好手，歌唱过程中歌词里的衬

---

① 陈宝立、罗斌：《董明巧的花儿生活》，载《光明日报》2007 年 8 月 20 日。

字,他也有自己的理论。

马生林花儿表演

宁夏花儿的特点,与河湟花儿的关系,马生林也有自己的说法。宁夏花儿主要是指六盘山花儿,属干花儿类。六盘山花儿是在河湟花儿基础上的创新,有自己的特点。六盘山花儿的曲调一般都显得平缓,而河湟花儿的调子高而且长,要噎着唱。为便于我们感觉和辨别,马生林分别唱了六盘山花儿与河湟花儿。一唱一听,感觉和理解就不一样了。确如马生林所言,理论上的说教一旦变成深入浅出的语言,区别和差异就很清晰。在马生林看来,唱花儿有两点至关重要:

一是心里要有"阿哥里"。这个"阿哥里",是回族花儿里的方言,就如同一个人某一方面的知识储备,可以把它理解为唱花儿者的随机应变,其实也就是唱花儿者自身的素质和能力的体现。他说:同样是唱花儿的,歌唱者心里的"阿哥里"不一样,唱的就不一样,尤其是花儿对唱,容易出现尴尬场面,唱几句就捉襟见肘了。

二是唱花儿的人要按自己的感觉唱。这首曲子这样唱好听,就这样唱;那个调子那样唱能吸引人,就那样唱。花儿是一种山野里唱的歌,伴乐器就受约束,应该自由奔放。四弦琴,是甘肃河州花儿演唱时配用的乐器。20世纪60年代唱花儿时,还有四弦琴配唱。有一次村子里唱戏,马生林与他的搭档便在一边拉起了四弦琴,随之而起的悠扬花儿,使看戏的观众不看戏了,反过来听他们唱花儿。四弦琴是专为花儿演唱配用的,从曾经的乐器看,说明六盘山花儿与河湟花儿有着深层联系。他以为,唱花儿有笛子伴奏最好。

马生林的花儿是诱人的。"文革"时期,海原县在袁河流域打水库,马生林在工地上为大家做饭。那时候生活条件不好,他心里更是苦闷,有时候情不自禁地唱一曲花儿,解心里的苦恼。这一唱就管不住,连续几曲下来,工地上的人们都被这歌声所吸引,在那个文化生活单调的年代,这花儿成了人们的精神食粮。

### 3. 花儿的分类

花儿的分类,马生林有自己的看法。他说花儿大致可分为三大类:一是欢乐花儿；一是苦花儿；一是爱情花儿。心情好时唱欢乐花儿，心里苦闷时唱苦花儿，传统唱的内容是爱情花儿。爱情花儿里最艳的内容才是最好的花儿。他说着就唱起来：

尕妹是白牡丹花园里长，阿哥是空中的凤凰。
旋来旋去没想望，吊死在（者）白牡丹的树上。

出去大门往树上看，尕喜鹊盘窝着呢。
撩起（个）门帘子往坑上看，（哎哟）白牡丹睡着者呢！

这是他随口唱的两个曲子，跟别人的不一样。这里用了大量地方方言："旋来旋去"、"盘窝"、"坑上"等，唱的过程你会发现他很会运气，以丹田收缩换气，嘴巴也不是张得很大，但高音长调都会很轻松地吐出来，声音圆润，底气十足。"没有好气息难唱花儿，歌手和气息，就好比骑手和骏马的关系。"[①]花儿王的经历和体会，我们似乎在这里也找到了感觉。同行的田主任说："他的唱法和声音很有特点，听完他的演唱，再听别人唱的就感觉缺少一种味道。"的确，他的演唱，人物的立体感特别强，体悟特别细腻，会活生生地呈现在听众面前。

创作，是花儿歌唱家生命表现力的重要方面。马生林花儿唱词，一部分是数十年来积淀下来的前辈的歌，但大部分是自己花儿生涯的创作。"黑猫儿爬在锅头上，尾巴搭到碗上。哥哥的胳膊妹枕上，把巧嘴儿乃（贴）在我的脸上。"这是马生林创作的带有自己个性特点的花儿歌词，也可能是他创作的较为得意的作品。

马生林唱了50多年的花儿，从海原县唱到宁夏，由宁夏唱到全国，足迹遍布陕西、北京、四川、延安等地方，参加了无数次地方性、全国性的花儿大赛，获得过"沙湖杯"特等奖，有花儿王之美誉。唱花儿是为解忧愁，但唱了一辈子花儿的马生林依旧忧愁不解：一是他的传承者断层；二是家境依旧清贫。盛夏时节，久旱无雨的院落和村庄周围仍看不到一点绿意，黄土覆盖着一切。由此，我想到了已经过世的陕西旬邑县剪纸老艺人库淑兰。

---

① 张君仁：《花儿王朱仲禄》，敦煌文艺出版社2004年版，第70页。

我觉得，在宁夏的男性花儿歌手中，马生林是最具代表性的。

两年前采访过马生林后，就写下这些文字。谁也未能料得，一年后，这位著名的花儿传承人就走了。他走了，把一生积淀的花儿带走了，把自成体系的六盘山花儿表演艺术也带走了，损失太大，他不比张明星。张明星把自己的花儿做了整理，已经有文本可供传承。马生林的花儿演唱，除了相关的媒体资料外，个人没有留下系统的文字资料。

### 张明星和他的花儿

2009年8月，我陪北京大学的周星教授、文化部艺术研究院的李宏复教授一起到了位于固原城西南方向数十公里的张易镇。这里，是张明星的乡下老家。张明星，是宁夏固原市原州区文化馆的退休干部。张易镇，是清末民国以来远近闻名的商品集散地，清代《宣统固原州志》里就有记载，这里建有供商人联络聚会的"山陕会馆"。张易镇不远处的阎关，就是张明星的家。这里离镇子不远，又避开镇子的繁闹，是个闹中取静的地方。宽敞的院落，院子里有梨树，树上是挂满枝头的梨，十足的农家宅院风光。

想去拜访张明星，已是两年前的事了，只是各种原因未能成行。这次去之前，就与固原市原州区文化馆的杨馆长联系好了，我们由隆德县径往张易镇，杨馆长一行由原州区动身，在张易镇的街道上我们相遇，再同往张明星先生家。

68岁的回族花儿歌手张明星，已被文化部公布为第三批国家级非物质文化遗产项目代表性传承人，也是六盘山花儿的第二位国家级非遗传承人。老人家捧出几个月前文化部颁发的传承人证书和印有金黄色国家非物质遗产图案、写有传承人字样的立柱状水晶长方体，抚摸着这些凝聚着张明星一生花儿演唱心血的见证，包括数十年参与各种民俗活动的照片和证书，大家都为他高兴。正面墙上，挂着一个装有一幅长卷的镜框，记载的是40年前一位青年人艺术的经历。上世纪60年代，张明星在北京参加了全国花儿大赛，现在看到的这幅长卷，就是当年国家领导人与艺术家们的合影。入座后，话题就从这里开始了。

#### 1. 唱花儿的经历

张明星没有进过学堂，但他却能写字，自己编的花儿都能写出来。不会写的字，就用别字、甚至是错字来替代。他清楚，我们也看得明白。现在，他也像学者一样，把自己多年来演唱的花儿、创作的花儿，整理在不同的稿纸上。我们看他整理的不同时期花儿记录的纸质底本，也看得清楚明白。他说，八岁那年就跟着学唱花儿，是缘。当时，有一位人称"山老伯"的老汉，是一位木工，当地人称"匠人"。白天做工，晚上就在门房睡。他唱得一手好花儿，也会讲前朝的逸闻趣事。晚上，娃娃们都跑到他那里去听，张明星也常去。不经意间，他与木匠老汉混熟了，近乎每天晚上都去门房，或者听故事，或者听老汉唱花儿。这一来二去，就爱上了花儿，改变了张明星的一生——他从此爱上了花儿，再也没有停下来，一唱就是数十年，数十年唱着花儿过来了。

张明星家中采访

花儿，是旷野山谷的歌，张明星这样认为。他说，那时候女孩子是不能学花儿的，男人学唱，都在山里。放羊、犁地的时候，赶着牲口在外的时候，三五个爱唱花儿的到一起的时候……"文革"的时候，花儿不能唱了，只有一两人在一起的时候偷偷地唱。在他看来，20世纪70年代后期，是花儿复兴的一个转折。此后，宁夏几届花儿调演会他都参加了。甘肃临夏康乐县的花儿赛事他不但参加了，还在歌会上演唱，引起了观众和花儿圈子里人的关注，对自己也是无形的鼓励。

从大范畴说，数花、对花，都是传统花儿的一种。张明星老先生为我们比较了数花、对花与传统六盘山花儿的异同。数花，实际上就是唱花儿，又说又唱。对花，顾名思义，是有唱家有对家，互相对唱。传统花儿，就是六盘山花儿，也叫折腰令。他在辨识这三种花儿的异同时，除了陈述之外，每一种都要唱一遍，用唱词和腔调来让我们比较。这样，什么是数花，什么是对花，从调值和唱法上就清楚了。六盘山花儿是他的拿手戏，他的好多创作都是按照六盘山花儿来做的。用他的话说，就叫折腰令，也叫"一担水"。他的陈述加演唱，使我们对花儿的几种不同的名字和唱法就有了较多的了解和理解。

2. 用花儿记载历史

用花儿的形式记载历史，这是张明星不同于别人的独特之处。如果说艺术创作要贴近生活，他创作的花儿是最好的例证。在他看来，花儿，就是历史的记录。近年，他把自己创作的花儿系统整理了一遍，在不同时期的稿纸上、教案本上，写下了近30年间的花儿歌词。除了传承民间常规性花儿外，他自己创作的花儿，每一首歌词都记录和承载着一段不同寻常的历史。这里仅选取有代表性的几首花儿做些解说。20世纪60年代进京参加花儿演唱会之后，他用花儿的形式记录了这段难忘的历史，写下了直白而感人的《忘不了周总理的叮咛》：

    金花银花一串花
    回民娃娃上北京唱了个数花
    周总理亲切接见咱
    叮咛的话
    永辈子牢牢儿记下

2005年以来，政府采取各种措施推进和保护非物质文化遗产保护，对民间传承文化与保护起到了积极作用。花儿，进入了国家级非物质文化遗产代表性名录，张明星被列为第三批国家级非物质文化遗产代表性项目传承人。对演唱和琢磨了一辈子花儿的老艺人来说，张明星的心里自然就飞出了花儿，激动之余，他写下了《非物质文化又开花》：

    非物质文化又开花
    一下子
    把老一辈传人给找下

领导和群众坐一达

一总子

把失传的花儿给留下

花儿本是心上话

没样子

有各式各样的唱法

2008年5月，四川汶川大地震，牵动着全国人民的心，也牵动着张明星这个民间艺人的心，他用感恩的真情写下了《地震扶贫》，以表达一个老艺人对国家遇到灾难时的无限牵念之心：

胡主席温总理到一线

心激动

关心着群众的危难

看望了受灾的人民

泪珠珠

一颗颗儿掉在了汶川

挨家挨户都走遍

一步步儿

把温暖送到了人间

睡梦里心跳着永不停

泪花花

糊住了惊醒的眼睛

您永和人民心连心

人为本

指明了重建的路程

张明星的花儿，融注着回族文化的根脉。在歌唱改革开放的花儿里，尽情地表现了回族文化的情节与人们生活的直接联系，歌唱改革开放给农村带来的新变化、新气象和新生活。《把改革的尕花儿漫上》，就属于这一类：

> 茉莉香茶黑白糖
> 在细瓷的盖碗子泡上
> 把治穷致富的根扎上
> 把四化的尕花儿漫上。

从地域历史与文化的意义上，六盘山影响中外，尤其是 1935 年毛泽东率中央红军翻越六盘山的历史。张明星写了不少与六盘山有关的花儿，有的写红军长征二万五千里过六盘，有的写毛主席与六盘山。他创作的花儿歌词，有不少都编写得很有文采，用词达意，非常贴切而富有诗意，以形象化的语言来描述和展示他感悟到的历史文化和生活的体验。共产主义，是几十年来中国人民革命和建设的目标和希望，他写下了《要实现共产主义的明天》。这里仅选取其中一部分：

> 云彩里迈步风送爽
> 登六盘
> 披一身朝霞的红光
> 踏散了露水银珠儿淌
> 湿衣裳
> 沾一身满洼的山香
> ……

立意高，用词妙，意境好，谁能说这是出自一位民间花儿歌手的笔下呢！记事性的花儿，是张明星创作与时代同步的经典歌词，也是他不同于有些花儿歌手的地方。当然，他在创新花儿的同时，不少传统花儿也得到了整理，也留在了他的笔下。翻着他一本又一本记载着歪歪扭扭的文字的花儿歌词，我在为他高兴的同时，由衷地钦佩。

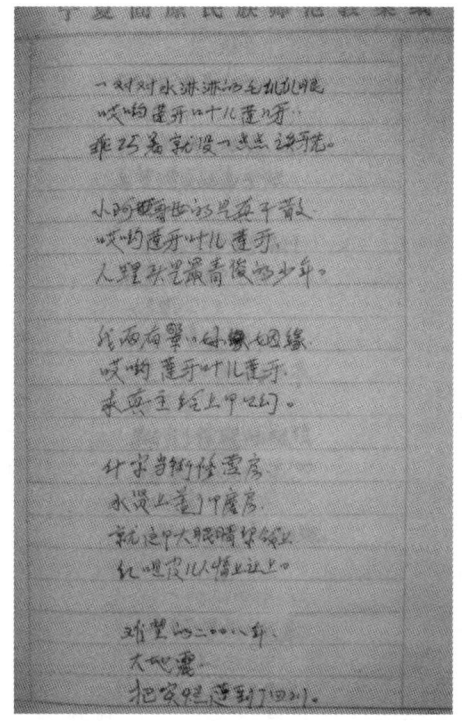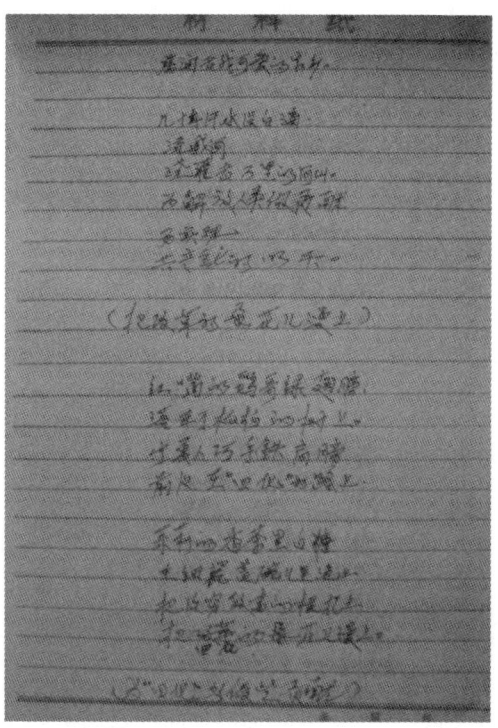

**张明星花儿手稿**

### 3. 对花儿艺术的看法

经营了一生花儿的张明星,他在继承传统花儿的同时,有自己的独创。同时,他对花儿也有自己的一些看法。

第一,他创作的不少花儿,取材于地方历史,把历史文化、历史人物的经历融会吸纳并编入到他的花儿歌词中。不少内容都与地方历史故事、历史人物、文化现象有关,也有一部分是近几十年重大历史事件。关心国家昌盛、关心民间疾苦,是他编写创新花儿歌词的亮点。"绣荷包",是个传唱地域广阔的民间唱词。这歌词里有"再绣十三省"的内容,这里的"十三省"就是数百年前明代地方政权建制的缩影。

第二,花儿,是地方历史和民俗文化的反映;花儿,就用地方方言来唱。六盘山花儿多以四句式或六句式歌唱。张明星以为,花儿的方言不一样,唱出的花儿味就不一样。这里的"味",就是方言与花儿演唱时细微表达的不同之处。同为

《白牡丹》，甘肃河州与宁夏固原唱的感觉就不一样，味道就不一样。

第三，调值的创新。他认为花儿调值的细微处，应该是吸收相关音乐的成分，对原有老调做适度创新，会唱起来更顺，听起来更好；要更多地表现高兴、欢乐的情绪和心境，同时也要有跳跃性，凸显欢快感觉，不能呆板。老人虽然年纪大了，但理念很新，不拘泥于已有的东西，不封闭，乐于创新，在创新中求得快乐与幸福。这样，创作的花儿才会有感染力和生命力。实际上，这涉及非物质文化遗产保护过程中，如何保护与创新的问题。有没有生命力，能不能为人们所接受，创新理念就显得非常重要。

零距离相处，我们会感觉到仅在文字层面上没法感知的非常细腻的东西。比如，张明星在给我们演示唱花儿的过程中，我们发现，花儿的内容不一样，唱腔用气就不一样；花儿的调令不一样，唱腔用气就不一样，或者细腻，或者粗犷；或者吟长，或者声短。他不拘泥于传统花儿的腔调，根据自己的理解和感觉改变着唱腔。虽然人老了，但唱起花儿来，声音仍是那么柔和，运气恰到好处。他说，花儿改调子，以更顺更好听、人愿意听为前提。高兴的、欢快的调子，唱起来跳跃就快。他为了表达对这种感觉的理解，唱了"白杨树咋这么嫩来，树栽栽水里泡来。我是娘老亲生来，模样真主造来"。唱起来就非常轻快舒展。

第四，唱花儿有助于劳动。他认为，劳动的过程中唱花儿会更带劲。累了、困了、乏了，吼两嗓子，就能提神。他的外甥女跟着他学了不少曲子。无意中，我们也知道他有了传承人。

第五，花儿是民间文化与文学语言的有机结合。张明星花儿歌词的创作过程，对生活的观察非常细腻，而且将民间文化与文学语言结合得天衣无缝。"披一身朝霞的红光，踏散露水银珠儿淌"，用动态化、形象化的语言来描写和形容清晨山野的自然景色，那水淋淋的露珠似乎就滚在了你的身上，精彩的通俗语言与文学色彩兼顾到了极致。

### 4. 留下一点牵念

在这种舒畅与融洽的氛围里，时光不觉得就过去了。在整个过程中，他的老伴一直陪着我们，还有他的家人。小孙子也听惯了爷爷的绝活，还给我们唱了几首花儿，一家人其乐融融，简直就是一个花儿之家。

我知道，对于一位一生都在经营花儿艺术的老人来说，仅仅靠几个钟头的交流是不可能了解得更深，也无法系统地来解读和研究他的花儿理论与实践的。这自然是遗憾，但这种遗憾会是一种动力，预示着今后与老人更多层面上的接触。

金秋时间，是瓜果飘香的季节。张老先生院子里的梨树、李子树，挂满了鲜嫩香甜的果子。我们不但吃了，还要给我们带一点路上吃。在他们大院的树下，我们合影告别。

**吕秀峰的花儿**

不知是巧合，还是我们有幸。离开张明星家，在返回张易镇街道上准备吃饭时，碰见了张易镇人吕秀峰。陪同我们的原州区文化馆杨馆长与他是老朋友了。缘此，在用餐的餐馆里，我们又听到了他浑厚的六盘山花儿。当我们说明来意时，已是72岁老人的吕秀峰也不客气，为我们演唱了六盘山花儿。吕秀峰是土生土长的六盘山下的人，小时候把羊群赶到山上，常常与一个放羊的瘸老汉在一起学唱花儿。这老汉年纪大了，腿不好使，羊又多，吕秀峰帮老汉赶羊，老汉教吕秀峰唱花儿。长大了，下地干活时唱，山野空旷处唱，一唱就是六十多年。他这一生唯一的爱好就是唱六盘山花儿，也是宁夏有名的花儿歌手。

吕秀峰唱的是原汁原味的六盘山花儿。他与马生林、张明星花儿演唱也有不同之处。他不像马生林可即景生情，花儿的唱词如行水云流水般就上来了。他不像张明星，能把花儿与时代的新事物、新变化天衣无缝地融在一起，他主要是唱六盘山传统花儿。六盘山花儿唱词相对简单，调子重复回旋，低沉而悠扬婉转，以四六句为多，尤其以四句者为最。如《六盘山里开的是牡丹》，"阴山(嘛)阳山到对山，六(呀)盘山开出的是牡丹哎——嗨哟——"《天爷下了河涨了》，"天爷(嘛)下了河涨了，河涨了(呀)……日子越长我就越想了，想你呀(嘛)想你呀……前半夜想你睡不着，后半夜想着睡梦多"[①]。传统花儿的一部分是无令花儿，用地方方言演唱，多表现悲伤凄凉的情境，不讲究即兴唱词。说吕秀峰花儿是六盘山原汁原味的花儿，可能就是这样来的。

实际上，说原汁原味是不可能的。如果把马生林、张明星、吕秀峰他们的花儿放在一起做比较的话，我们就会更清楚地看到六盘山花儿传统样式与传统基础

---

① 马伟：《倾听原汁原味的六盘山花儿》，载《新消息报》2009年8月2日。

上创新的样式，无论在内容还是用词上。因此，传统与继承创新的关系极为重要，二者的关系处理好了，花儿的生命力就得以长足的显现。在他们三人身上，我们已经找到了答案。

## 由陈家珍的山歌看马生林与张明星花儿

写陈家珍，主要是想从山歌的意义来比较花儿的特点和花儿艺术家的唱法。

陈家珍是湖北鄂西兴山县人，这里地处长江三峡西陵峡北侧群山中，虽然土地贫瘠但却是巴楚文化交汇碰撞的地方，积淀了丰厚的民族民间文化遗产，陈家珍就成了兴山民歌的国家级代表性传承人。说陈家珍，是想与马生林和张明星的花儿做一比较。虽然地域不同，地域文化背景不完全一样，但山歌与花儿有着内在的深层联系。

陈家珍说："女孩子是不准唱山歌的，不准唱是有原因的，因为很多歌都涉及男女之情，你一个女孩子家唱这些歌，父母都说是你不务正业。"花儿的世界也是一样，女孩子不能介入，即使男人唱，也得要到山野僻地。马生林、张明星就是这样走过来的。

陈家珍从小不识字，完全靠自己的记忆学歌。她说，也真怪，歌师傅只要唱上一两遍，她就全记下来了。马生林与张明星也是这样的经历，不识字，但花儿的歌词却是过耳不忘。陈家珍唱的是熟悉的山歌，与陈家珍不一样的是，马生林自己看水观山的过程中，即兴就来了"花儿"。他们都有共同的灵性。听陈家珍的山歌，就像聆听山涧清泉水响之音韵，令人激动和愉悦。听马生林、张明星的花儿，就像追忆丝绸之路上地老天荒的天籁，令人怅惘和怀念。千年传承的兴山民歌，是历史与地理环境的产物，楚地多悲情，再加上自然环境的恶劣。这种种悲情反映在兴山民歌中，就具有无法言说的苍凉。同理，马生林与张明星的花儿表现的内容，也是反映了西北民族民间民俗文化里独有的苍凉、粗犷与浑厚。

陈家珍说，如果边唱歌边做活，就不会觉得累了。忧愁时唱歌，高兴时也唱歌，吃饱了要唱，睡不着也要唱，只要一唱歌，就可以忘记许多烦恼。你看，与花儿的表现者一模一样，"花儿本是心上的话，不唱由不得自家"。陈家珍民歌的包容性和独特的表现形式，使得陕北安塞县的女歌王杨春风崇拜不已，专门来兴山县找陈家珍拜师学艺。①

湖南娄底新化,也是山歌之乡,山歌的内容和表现形式与花儿非常相似。这里举例一首:

> 郎在高山打鸟玩,姐在河边洗韭菜。哥哥呀,你要韭菜拿几把,你要攀花夜里来。莫穿白衣白裤莫拖鞋,扛把锄头做招牌……我两行路莫把笑话讲,坐在一起也莫挨拢来。有心做个无心样,神仙下凡实难猜。

我们看到的只是歌词,怎么唱不得而知。但听过这山歌的人说:静心细听,如盛夏在山梁上沐微风,在山峦下浴清泉,清凉过瘾,的确是"从泥土里长出来的"②。欣赏这首歌词,体会作者的感觉,我们就能想起宁夏的花儿,它的确也是"从泥土里长出来的"。

通过比较看,无论北方的花儿,还是南方的山歌,虽然各地表演的方言口语不同、句式结构不同、音律唱腔也不尽相同,但表达出来的主题却是相通的,那就是人类永恒的爱和情。正是从这个意义上,原生态音乐多出自边远地区的山寨村落,是天然的山水、淳朴的民风、古老的文化相融而酿造的艺术美酒。由湖南、湖北的民歌,我们看到了花儿传承人马生林、张明星独有的素质和深层的民族民间民俗文化积淀。

现在,花儿的创新与传承已经走向了新的时空。宁夏歌舞团演出的大型民族歌舞剧《花儿》,就是一个很好的例证。2009年岁末2010年初在北京的多次演出,已经赢得了喝彩。"听'花儿',我觉得用'真情实性'来形容还不够,那简直就是'激情血性'!是那种唱着唱着就吼起来的民歌!是那种悠着悠着就'飙'起来的民风!"③震撼力多大!

从长远保护和走出去的前景看,宁夏借鉴丝绸之路中国与中亚五国联手"打包"申报丝绸之路世界文化遗产的做法,与甘肃、青海、新疆联手,打造西北花

---

① 简冰:《访兴山民歌代表性传承人陈家》,载《中国文化报》2008年9月28日。
② 肖诗纬、肖文范:《永远的歌谣》,载《中国文化报·非物质文化遗产周刊》2009年10月11日。
③ 于平:《不死还是这个活法——大型民族舞剧〈花儿〉观后》,载《中国文化报》2010年3月25日。

儿文化品牌。同时，依照科学而有效的保护机制，宁夏开始花儿生态实验区建设①，这对于传承人的有效保护和传承基地的生态延伸都将起到重要而积极的作用。

"应该对山歌进行改善改编，将唱山歌舞蹈化、舞台化，加上很多的动作，不要只是干巴巴地唱……兴国山歌这一具有鲜明地方特色的非物质文化遗产，在我们手上应该被保护和挖掘。"②从民歌的意义上，花儿与山歌有相通之处。随着城镇化的推进，花儿同样存在一个生态变化的问题。江西兴国山歌的舞台化与舞蹈化，同样对花儿的创新与走向有启示意义，这是花儿未来创新的趋势。

## 回族民间器乐

宁夏地处西北内陆，历史上是中原农耕文明与西域中亚文明、草原游牧文明交融碰撞的地方，历史背景宏大，文化资源丰富，民族融合独具特色。非物质文化遗产，地域特色亦非常独特，如回族的口弦和泥哇呜。2008年6月，文化部公布了第二批国家级非物质文化遗产项目代表性传承人，宁夏灵武市的马兰花榜上有名，是回族民间器乐口弦。2009年4月，文化部公布了第三批国家级非物质文化遗产项目传承人，宁夏平罗县的杨达吾德也占了一席之地，是回族民间器乐泥哇呜。

回族民间器乐，已列入国家级非物质文化遗产。宁夏回族器乐制作与创作，传承了宁夏古代地域原生态乐器、西北边塞器乐遗风，经过近现代的演变，民间通常称其为"泥哇呜"、"咪咪"、"口弦"等。其实，由于宁夏在历史上所处的特殊的地理位置，中原文化与北方草原文化和西域文化的融合，军事与战争的文化背景影响较深，"哇呜"与"咪咪"两种自制的民间器乐，在当地汉族群众中也是传承的群体。20世纪70年代，我们这一代人还玩过这些东西。现在，由于生态变迁，河道干涸，淤泥的河床不存在了，"哇呜"这种器乐就逐渐失传了。史学家们考证，宁夏的"哇呜"、"咪咪"、"口弦"，分别是汉唐以来在宁夏流传的古乐器

---

① 陈秀梅：《西北"花儿"入选世界"非遗名录"》，载《新消息报》2010年1月21日。
② 赖福鑫：《唱了一辈子山歌的老人徐盛久》，载《光明日报》2013年4月13日。

埙、羌笛、芦管等的流变和遗存。经历了历史变迁，这些乐器在我国汉族和其他少数民族中已十分少见，但在回族中仍有流传，尤其是"口弦"、"泥哇呜"。回族谚语："哇呜吹，庄稼长；咪咪吹，牛羊壮"，就是回乡风情的写照。已进入国家非物质文化层的回族民间器乐，一是弹乐口弦，二是吹乐泥哇呜。

**大漠驼铃：马兰花和她的口弦**

马兰花，一位普通的农家妇女，一生挚爱口弦，用口弦这种特殊的民间艺术表现形式倾吐自己的苦乐。她不识字，却能自己填词弹出感谢共产党、感谢社会主义的各种曲子。2008年，文化部公布了第二批全国非物质文化遗产项目代表性传承人，宁夏灵武市郝家桥镇西渠村的马兰花，被列为回族民间器乐——口弦代表性传承人，还赴北京领奖。

1. 口弦为何物

口弦，又叫"口口"、"口衔子"、"口琴"，灵武市马氏口弦家传人还称它为"吹吹子"，是回族民间自制、自娱性的一种微型器乐，也是回族妇女中常见的一种娱乐形式，为农村妇女所喜爱。口弦，用箭竹为材料，大约15厘米—16厘米长，大头宽2厘米—3厘米，小头宽1厘米—2厘米，中间有簧舌，簧舌上有拉线。娱乐时，将口弦的一端衔在嘴里，左手扶口弦，右手拉动簧线，音量的大小由嘴唇的开合决定。凭借有节奏的动作，就会演奏出悦耳动听的民间小调。民谣对口弦有绘声绘色的描述："三寸竹片片，两头扯线线；一端口中衔，消愁解麻缠（解除心中的烦恼）。"还有一种口弦是铁制的，约有二寸长，以手拨勾簧，里外颤动，用口腔作共鸣箱并利用口腔的变化、气流的呼出与吸进来调节声音的变化。成年妇女喜欢弹竹口弦，姑娘们一般喜欢弹铁口弦。

回族妇女喜欢在口弦上拴上五颜六色的丝穗子或五彩珠子作为装饰，挂在胸前的纽扣上，成为一种独特点缀。

每当在冬季的长夜，夏日的傍晚，或者阴雨连绵的日子，农人们闲暇时，妇女们三五成群，或围坐在火炉旁，或纳凉在树梢下，便弹起口弦，通过坐、站、走、分、聚等形式来相互传达情意，抒发自己的心声。独弹者，是在表露自己的情感或心绪；对弹者如同对歌；齐弹者有如众鸟鸣欢。无论哪一种表现形式，它都是有约定俗成的曲牌的。通常，妇女们乐意用的曲调有骆驼铃、珍珠倒卷帘、雀舌头、廊檐滴水等。

以上这些文字,是我十年前在《西部风物志·固原卷》中写过的关于口弦的文字。① 那时候只是将其作为固原回族文化的一部分来看待。现在,口弦作为回族器乐已成为国家级非物质文化遗产。马兰花已成为国家级民间器乐代表性传承人。缘此,拜访马兰花老人,觉得很有缘。

2. 口弦的来历

口弦生成的时间很久了,它已被民间演绎成故事。一说来自梳头篦子,一说是为了纪念哈旦姑娘。传说很久以前,六盘山里遭大旱,一位名叫哈旦的姑娘费尽千辛万苦,找到了一眼泉水,但被毒蛇咬伤。她的情人达乌德赶来杀死了毒蛇,救活了姑娘,但哈旦姑娘从此再也不会说话了。为了表达对达乌德的深情,她用黄竹做成了口弦,用口弦的曲子向所爱的人传递她心灵深处的情思。

故事非常感人,而且源起于六盘山区。过去一些民间文化资料中称:回族民间弦鸣乐器口弦,流行于宁夏回族自治区南部。② 由这个民间故事看,口弦应该是源起宁夏南部,流行于宁夏全境。只是从深层看,泛泛地流传与有目的的传承,还是有大区别的。灵武市郝家桥镇马兰花的口弦弹奏艺术,就说明这个问题。

3. 口弦制作人

拜访回族民间器乐国家级非物质文化传承人马兰花,有想法已两年了,只因各种原因未能成行。2010 年 1 月,与灵武市文物管理部门的刘宏安先生取得联系,与马兰花老人的弟弟、口弦制作人马义珍取得联系并约定行程。28 日清晨,我们一行如约前往郝家桥镇西渠村马家。

郝家渠镇,在灵武市的西南方向,是古灵州大地上的沃土,黄河水浇灌着万亩良田,生活富庶的农民都修建有漂亮的房子,村镇整洁,农民悠闲舒心。在村口,马义珍早已在等候着我们。

马义珍家里,有一个房子专门用来布置与口弦有关的全部内容。马兰花国家级非物质文化遗产传承人的奖牌在这里,各种演出并获奖的奖牌在这里,各级领导来郝家桥镇马兰花家的活动照片也在这里。房子里的一切陈设,向我们展示了

---

① 薛正昌:《西部丛书·固原风物志》,云南人民出版社 2002 年版,第 126 页。
② 《中国风俗辞典·娱乐类》,上海辞书出版社 1990 年版,第 605 页。

马兰花口弦器乐艺术人生经历,包括各种奖牌背后的经历。

马义珍,做得一手好口弦。姐姐马兰花弹口弦,弟弟马义珍制作口弦。马义珍向我们大致讲述了家族口弦制作的历史:源起于祖父辈,传承于父辈,光大于他这辈。马义珍的父亲当过兵,骨折后落下病痛。20世纪70年代末80年代初,即使黄河灌区的农村,经济条件也不怎么好。他的父亲为养家糊口,制作口弦便成为他生命中的一部分。同时,父亲开始让十几岁的马义珍学着制作口弦。现在,他已成为口弦制作的传承人,他的妻子刘秀花也在往这个行当里走,包括弹奏。马义珍拿出他制作的各种口弦,还为我们弹了不少曲子。他也试图在装饰上不断改进,面层涂上一种透亮的漆,再洒上金粉;之后拴上各种颜色的细线打成结的穗子,看上去就很漂亮了。经过他的不断改进,口弦制作已经在向规模化发展。同时,还成立了"马氏口弦"表演队,由12个人组成,曾在银川市玉皇阁广场等地方公开表演过。

### 4. 民间器乐代表性传承人

在马义珍家里,我们大致了解了口弦制作及一般表演程式。之后,马义珍陪同我们去他的姐姐、民间器乐代表性传承人马兰花家里。

已70岁的马兰花,非常高兴地接待了我们。她数十年固守着自己的口弦艺术,2008年6月,文化部公布了第二批国家级非物质文化遗产项目代表性传承人,马兰花成为回族民间器乐代表性传承人,参加了在北京的授牌仪式,这让她激动不已。北京的经历使她大开眼界,明白了口弦的存在价值,她真正想到了传承。

老人精神很好,也很健谈。她边说边弹,没有任何拘束。她很小的时候就随着父亲学弹口弦,60多年来,一旦有闲暇,便会弹上几曲。那个时候,并没有想到口弦是什么民间传承的东西,只是赶着羊群解个心慌。经常弹的曲子就是"苦难歌"。她说那个时候拿起弦子(口弦)就落泪,旧中国的妇女不自由,一肚子的苦难对谁说,就只有诉诸弦子了。她说毕,就弹起了苦难歌的曲子,声音或高或低,或浑厚或苍凉,或粗犷或细腻。如果第一遍你不能感受其中所蕴藏的心意,再听一遍就会品味出曲子里的人生了。

历史与文化的烙印,就是一个时代的声音。《东方红》,唱了数十年,唱了几代人,而且深深地影响着后人。民俗意义上的《东方红》,是永远的。马兰花这个时代的过来人,同样挚爱着《东方红》。她拿手的曲目之一,就是《东方红》。弹奏一曲《东方红》,她很欣慰,我们听得入神,调子里、韵律里饱含着自己对《东方红》的理解。当曲终响起热烈的掌声时,她说"情况大着呢"。这是她的一句方言,意思是说冰冻三尺非一日之寒,是几十年的积淀啊!

驼铃,是口弦的传统曲调。马兰花弹奏驼铃的过程很有特点,手的抖动与腕旋转的频率有机结合,嘴唇开与合的程度,取决于声音的大小与声音的浑厚。嘴唇鼓起紧闭时,发出的声音就大而厚重,嘴唇张开时声音细小而清脆,弹奏到高潮时,会同时发出两种声音——走在旷野沙漠骆驼的铃铛声与寒退春来柳园的鸟鸣声。两种声音清晰而互相融合在一起,表现出一种大漠驼铃与明媚的春光的相融相契。这是马兰花弹技的绝佳处,陪同我们的她的弟弟也情不自禁地感叹道:没办法啊,这就是绝活。我觉得也是绝活,只要你身临其境,这种感觉就会自然而生。

马兰花口弦演奏

### 5. 创新的理念

任何文化的传承过程,都会有所创新,会折射出时代所赋予的文化内涵。马兰花的口弦也是一样,除了曲调外,内容也随着创新。2008年四川汶川大地震,同样牵动着这位老人的心,中央领导前往震区的一幕幕也感动着老人,她用口弦的形式表达她心境和情绪。她给我们弹了一曲自己命名的"感谢胡锦涛"的曲子。弹结束后,我问:"花儿歌手的花儿演唱,可即景生情,看到啥就能唱啥。口弦也是这样吗?"她说:"心里想啥了弹啥,与花儿一样。"多么通俗的语言,多有见地的看法。《回乡情》，是她创作的成熟的曲子，其弹奏表演的整个过程已被有关文化管理部门录像录音保存。

由此，我觉得口弦与传承艺术同样能够创新，不但可以创新曲子的内容，也还可以创新曲子的表现方法。尤其是能打破表现形式的界限，吸纳其他艺术门类的有用成分来创新口弦表演，口弦的艺术生命力也正在于此，传承的关键更是在这些环节上。

有了近年这些经历，有了政府对非物质文化遗产的保护政策，马兰花心里有数，信心百倍。对国家级项目代表性传承人这个名分，她决不会辜负。她说："要让马氏口弦不能在她身上失传，她非常看好女儿和孙子。"其实，有他们兄妹的通力合作与传承，有女儿和孙子辈的悉心学习，马氏口弦传承和创新就会有新的发展。

**边塞遗韵：杨吾达德和他的埙**

埙，就是宁夏民间俗称的"泥哇呜"。它是一种古老的吹奏乐器，用陶制成。早在《诗经·小雅·何人斯》里就有记载："伯氏吹埙。"现在我们看到的各种造型的泥哇呜，实际上就是埙，是历史上流传下来的边塞军乐器的一种。甘肃博物馆彩陶馆，展出有商周时期的埙（属于四坝文化时期），时间大约在三千多年前，造型样式与现在的埙差不多。可见埙的历史很悠久了。随着时光的流逝，边塞意义上的埙早已远去，但民间却传承了下来。20世纪六七十年代，乡村沿河的地方不时还能看到埙。我们小时候，盛夏时节，就在河边用黄泥捏制成直径10厘米左右的泥哇唔，伏天的太阳一个下午就晒干，拿起来就能吹。

宁夏是个历史悠久的地方，也是历史上民族迁徙往来融合的大舞台。同时，也是各少数民族音乐、器乐交流传承的地方。30年前农村小朋友们用春天的柳树枝、柳树叶子、兽骨、牛角等材料作为吹奏乐器的情景，仍历历在目，这些玩耍用的东西，应该是历史传承下来的各种乐器的变相表现。直接的器乐物件，就是口琴子（口弦）、咪咪子（筚篥）和泥哇呜（埙）。现在，河水干涸了，没有了制作泥哇呜的条件；柳树也很难看到了，哪里来的咪咪，乡村青少年通常意义上玩的东西基本没有了。民间真正传下来的，那要另当别论。杨达吾德的泥哇呜制作传承，就是典型的代表。民间民俗文化传承的生命力极强。

1. 回族民间器乐项目传承人

2009年4月,在文化部公布的第三批国家级非物质文化遗产项目传承人推荐名单中,宁夏有四项进入,其中一项就是杨达吾德回族民间器乐泥哇呜。6月11日,全国非物质文化遗产保护、古籍保护暨文博事业杰出人才表彰、颁证、授牌电视电话会议在宁夏分会场召开,43岁的平罗县杨达吾德,成为"回族民间器乐"这一非物质文化遗产项目的传承人。

杨吾达德泥塑

2. 源起与传承

现在我们看到的各种造型的泥哇呜,实际上是历史上流传下来的边塞军乐器的一种,即埙。随着时光的流逝,边塞意义上的埙早已远去,但民间却传承了下来。

杨达吾德的故乡,在宁夏平罗县渠口乡,黄河水不但养育了宁夏平原的农业生产,也滋润了杨达吾德这个家族,是他们把这个在乡村已经消失了的文化现象传承了下来,实为幸事。杨氏家族捏泥哇唔的传承,如果从杨达吾德算起,已有四代人近200多年的历史。杨达吾德的曾祖父,采用的是传统的民间做法,造型基本是扁豆子状的样式,音空少,音域窄,也没有经过烧制的环节。但为防止起泥、干裂、回潮,让表面保持光滑,多在上面涂抹豆油或者胡麻油,这样相对而言就能保持的时间长一些。到了杨达吾德的祖父杨进时期,泥哇呜的造型有了变化,除了传承扁豆子形造型外,还有了造型上的创新,出现了牛头形。还有一种叫"角角子"状的泥哇呜。角角子,在古代方言里读音同"个"。现在宁夏南部、甘肃陇东一带的乡村,还把"牛角"叫"牛个"。同时,捏制的泥哇呜在工艺上有了改进,开始烧制,只是烧制的炉子不是专用,而是利用做饭的锅头灶。烧出来的产品,多是黑灰色,用烟熏火燎来形容也不为过,但毕竟前进了一大步,跨入烧制的行列。

祖父去世早,祖母将对祖父的追念化为一种实际行动,捏起了一度中断的泥哇呜。同时,祖母也有创新,她还做了一种鱼吹吹(也叫吹吹子),有吹嘴和响口，比泥哇呜容易吹，也就容易被民间接受。其形状像鸟，又像鱼；上面还装饰有图案，既像鸟的羽毛，又像鱼的鳞片。到了杨达吾德父亲时期，除了传承已有的泥哇呜造型外，在工艺上更进了一步，主要是改进了烧制方式，由他的父辈用"锅头灶"改造成专用于烧制的"锅头窑"。每一窑能烧制大小20多个泥哇呜，外表呈黑灰色，颜色已显得雅致。取名"锅头窑"，就是大气魄了。他父亲过世时留下来的泥哇呜，毁于"文化大革命"时期。

可见，杨氏家族几代人在泥哇呜的传承过程中，伴随着创新。这个创新，不但体现在烧制方式上，而且表现在制作形式上，数量和造型不断增加，烧制工艺不断改进。这一切，都为第四代传人杨达吾德泥哇呜的烧制结下了不解之缘，创造了条件，奠定了坚实的基础。

### 3. 传承与创新

杨达吾德遇到了好时代。

20世纪80年代以来，政府对民族民间文化、民族民间工艺美术的文化传承，给予了越来越多的重视，整理研究和保护的政策不断出台。同时，杨达吾德家族的这种民间传承，与当下政府的文化倡导相碰撞，使杨达吾德有了空前的活动舞台。他也抓住了这个千载难逢的机遇，经过十五六年的拼搏，杨达吾德走出来了。

首先，在家族传承的基础上，杨达吾德做了大量资料整理工作，显示了他的开放视野。无论做哪个行当，必须首先了解和掌握本行当的大致历史和现状。在这一点上，杨达吾德不同于他的祖父辈仅是在家族意义上的延伸。杨达吾德要了解、掌握和研究泥哇呜这种器乐造型在民间的整体情况。如同做研究工作一样，这些资料到手了，他就会知道怎样去研究和推出自己的产品。这里说的资料，就是流落在民间的泥哇呜造型，包括外表的各类装饰等。果然，杨吾达德在大量搜集、整理和研究的基础上，进行超越前人的创新，由过去祖父辈流传下来的数种造型，设计延伸到近40个品种。在创新造型品种的同时，注重音域的增多，由传承下来的4个音域增加到了14个音域，表演的容量大为增强。外形包装也是高标准要求，用各种花草、树木和果实的图案装饰着造型精致的泥哇呜，就像工艺品一样。在游人眼里，这泥哇呜既是能吹的乐器，也是能摆上大雅之堂的工艺品。

其次，创新是杨达吾德的根本追求，这主要体现在他对泥哇呜的着力改造方面。实际上前一个问题里已经涉及了创新与改造。这里的创新，主要的是指对泥哇呜本身的创新和改造。传承下来的呢哇呜，音域狭窄，声音单调，声音的大小也不能有效地控制，既无法表现调值，也很难作为伴奏乐器出现。改造后的泥哇呜，变过去的单腔音为双腔音，一气能吹出两种声音。这样，就能够演奏传统的古典名曲，如《阳关三叠》、《苏武牧羊》等，也能演奏地方传承的民俗民间文化的曲调，如《宁夏花儿》的各种调子等。创新改造后泥哇呜，看起来更美观，吹起来更方便，游人更喜欢。

前面说过的吹吹子，杨达吾德也进行了创新改造。这种小乐器只有哨口，没有音孔，过去只能吹出一个音调。现在加了4个音孔后，能发出14种声音，也能演奏一般的曲子。

**杨吾达德泥塑**

第三，规模化生产，是杨达吾德商品化的思路，显示着泥哇呜民间工艺发展的后劲。在杨达吾德祖父辈的眼里，泥哇呜只是一种家传的娱乐性的小手工艺品。杨达吾德自然不会这样看了，他在创新改造的同时，考虑到要打破手工捏制的传统模式，解决规模化生产的问题。手工捏制，一个泥哇呜是一个调式；如果是用固定的模型来制作，一批泥哇呜就是一个调式，就可以批量生产。这样做，也是在保护基础上的开发和利用。于是，他研制出一套复模制作的工艺，把呢哇呜的造型、表面花纹图案等都设计在模具上，将手工制作与模具制用有机结合起来，不但提高了效率，也保存了手工传承的工艺内涵。

4. 产业化的路子

杨达吾德规模化生产的思路，其愿景就是要泥哇呜生产走产业化的路子。现在，杨达吾德有他自己设备完整的器乐坊。他生产的泥哇呜，不仅成为旅游景区（点）地方工艺品中特殊的工艺品，而且成为吸引东西南北游人眼球的地域文化产品。同时，正因为杨达吾德对泥哇呜的不断创新和改进，泥哇呜具有了多重表演功能。缘此，不仅是旅游景区（点）的工艺品，也走进了乐器专卖店。

现在，杨达吾德的泥哇呜每年有六七万件进入市场，北京、大连、湖南、湖北、上海等国内20多个省区都有他烧制的泥哇呜，就连日本、韩国也走过去了。无论作为工艺品、乐器，还是玩具，泥哇呜都有它要去的地方。对于主人杨达吾德来说，保护传承与产业化生产的目的都达到了。当然，作为工艺品，保护、传承和进一步开发的空间还很大。

2009年8月，我们陪日本学者去杨达吾德的故乡。我们提前没有预约，在平罗玉皇阁与杨达吾德先生联系时，他说正在大武口参加一个产品签约会。我们觉得遗憾；同时，又为杨达吾德高兴。签约，意味着他的泥哇呜走向了更远的地方。

2010年3月，我们在日本名古屋作学术交流时，在一家中国人开的饭店里，遇到了一个表演艺术团，是由旅居日本的中国艺术家与日本艺术家组成的。其中的一位中国人，是表演吹奏器乐的，他说在宁夏银川买到的埙，吹起来很好。他们在世界各地表演的过程中，都很受欢迎。无意间得到的这个信息，我心里也非常高兴。我想，他买到的埙，一定是杨吾达德制作的。如果没有错，那么，他的埙已经走向世界了。

# 回族服饰

服饰，就是衣着和装饰。服指衣服，饰指身体上各种装饰。服饰除了其最基本的功用——御寒作用之外，就是修饰，即表达人的信仰与思想观念，有着重要的文化符号意义，是一个民族经济发展、社会习俗、心理素质以及历史文化传统的综合反映，应该也是审美功能的一种体现。在伊斯兰文化和中国传统文化的影响下，回族形成了独特的服饰文化传统。回族服饰是回族宗教信仰、生存环境和文化活动的外在展现，也是回族文化的重要载体。

回族传统服饰习俗及其与之密切关联的回族妇女刺绣等手工艺，即"针线"（方言女红之意），是回族文化的三大表征之一。回族的服饰有其先民服饰的历史继承性，伊斯兰宗教文化在其服饰文化中起着主导作用，同时又受汉族、满族等多民族服饰文化的广泛影响，承袭了中国传统服饰的诸多特点。但在头饰、佩饰等服饰细节上保留本民族特点：男子的白帽、坎肩（俗称马甲）、妇女的盖头等，与服饰一起衍生的回族妇女"针线"在品目、花色上有独特风格，是研究回族生活习俗、审美观念和民俗学价值的重要依据。

回族服饰

目前，宁夏城镇回族民众日常衣着潮流化、现代化，日常生活场合已难以从外观上区分民族身份，回族传统服饰及其穿戴习俗正在因文化适应和现代着装观念的冲击而消失，服饰作为民族标志性文化符号的特征弱化。回族传统衣、饰品只在山区有零星遗存，妇女"针线"工艺传承濒危，民族文化内容的多样性受到影响。

**回族男子服饰**

回族服饰中，最具民族特色的就是回族男子戴的无檐小帽——号帽。回族号帽从颜色上分，有白、灰、蓝、绿、黑五种颜色，根据春夏秋冬不同季节来戴。一般春、夏、秋季多戴白色小帽，冬季戴灰色或黑色小帽。阿訇多戴白色帽或绿色帽，特别是"穿衣"的阿訇一般都戴绿色帽子。一般回族群众平时戴白色帽子。从质地上看，白色帽子一般用的确良、涤卡、棉布等材料制成，个别还用白棉线钩成，这种帽子多在夏季天气比较炎热时戴，儿童也多戴这种帽子。黑色的帽子是用平绒、花达呢等材料做成，也有用粗毛线钩成的，主要是在秋冬天气寒冷时戴。这是过去所用布料。随着社会的文明进步，服饰用料不断更新。从形制上来看，由于所处地区和教派的不同，回族的号帽有圆顶的、方顶的、六角的和八角的。信仰哲赫林耶的回族，喜欢戴白色或黑色的四边六角尖顶帽，形制有点像阿拉伯式的圆形屋顶。六角表示六大信仰，帽圆表示万教归一，帽顶表示真主独一无二。回族还用白色、黄色的毛巾或布料来缠头，称为"戴斯塔尔"。一般回族群众多不戴,只有阿訇、满拉和经常去清真寺礼拜的老人戴"戴斯达尔",参加宗教活动时,多穿长袍长衫。

回族男女都喜欢穿坎肩,特别是回族男子喜欢在白色的衬衣上套一件黑色的对襟坎肩,黑白搭配,对比十分鲜明,显得利落精神。根据季节的不同,穿不同质地的坎肩,有单的、夹的、棉的,质地有布料、绸缎、皮的几种。回族男子的坎肩,缝制工艺比较简单,在衣襟边和口袋处用针扎出明线,使衣服各边沿工整,突出服装造型的线条美,再用相同的布料做成软纽扣,也叫"布襻襻扣",显得典雅别致。皮坎肩选料比较讲究,要选用胎皮和短毛羊皮缝制,缝成后的坎肩轻、柔、平展。冬天穿上这种皮坎肩,再穿上一件外套,既轻便又保暖。

**回族女子服饰**

回族妇女服饰明显的标示就是头戴白圆摄口帽、戴盖头(也叫搭盖头)。盖头也叫"首帕"或"包巾"。回族妇女用盖头从头上套下,披在肩上,将头发、耳朵一起遮住,只露出面孔。盖头前部遮住前额顺两鬓而下到颌下连接起来,或用暗扣或者打结。回族妇女的盖头从颜色上分,一般有绿、青、白三种颜色。

回族妇女帽饰与盖头

从年龄上分,有少女、媳妇、老人几个类别。一般少女戴绿色的,已婚妇女戴黑色的,有孙子或上了年纪的妇女戴白色的。随着社会的发展,现在老年妇女多戴白色盖头,其他年龄段妇女的盖头颜色没有明显的规定了。从质料上来说,有丝的、绸的、的确良的。从外观形制上来讲,除了传统形制外,还有长方形的、正方形的、菱形的、三角形的。老年人的盖头比较长,要披到背心处;少女和年轻媳妇的盖头则比较短,前面遮住前颈就可以了。回族妇女的盖头有的还镶嵌金边,绣有风格典雅的花草图案。

回族妇女的传统衣服一般都是大襟,色彩和装饰内容比较丰富。女装都是在右边钉扣子,扣子是自己用料子做成的传统样式,现在也多用加工好的扣子。一

回族刺绣

一般老年人多穿黑、蓝、灰等几种颜色,中年和青年妇女喜欢穿颜色鲜亮一点的,如绿、蓝、红等。回族妇女的衣着不提倡穿过宽大、过紧身的衣服。随着社会潮流的发展,回族妇女的衣着也发生了很大的变化,许多城镇里的中青年回族妇女的穿着,都紧跟时尚,变得多样化了。

礼拜服,是回族男女在礼拜或参加宗教活动时穿的服饰,叫"准白"(阿拉伯语,即长袍)。在外形上有几种样式——或直领对襟,或翻领对襟,下摆过膝,显得庄重。面料多为黑、灰、蓝等颜色,20世纪80年代以来,随着经济条件的好转,礼拜服用料已趋于高档化,且已不仅仅在宗教活动或节庆时穿戴。

回族妇女喜欢穿绣花鞋。袜子主要讲究通跟和袜底,袜子跟大都绣花,袜底多做成各种几何图案。30年前的乡村,回族男女基本是自己纳鞋底,做鞋帮;年轻女人的鞋头还要绣上花。现在,这种传统手艺被工业文明取代了,已经很难看到真正意义上手工做的布鞋,绣花更是成了欣赏性的艺术。

## 北武当庙佛教音乐

北武当庙,位于宁夏平罗县境内。庙宇建筑群背靠贺兰山,缓坡多褶的贺兰山与参差错落的寺庙建筑相映,彰显了典型的北方景观。就是在这里,保存下了传统佛教音乐里的传统记谱方式——"渣渣子",留下了难以寻得的佛教音乐念唱演奏的乐曲,传承人就是徐建业老先生。

### 徐建业与北武当庙

国家非物质遗产文化普查与保护工作启动后,北武当山鲜为人知的佛教音乐"渣渣子"就得到了宁夏文化管理部门的重视。2007年5月,被列入自治区第一批非物质文化遗产保护名录。2008年3月,"北武当庙寺庙音乐",作为佛教音乐的一种入选第二批国家级非物质文化遗产名录。2009年6月,66岁的徐建业被列为第三批国家级非物质文化遗产"北武当庙寺庙音乐"项目代表性传承人。

### 佛教音乐"渣渣子"

"渣渣子"是什么?它是与我国古代佛教音乐常用的"工尺记谱法"相配的一种记谱方式。工尺记谱法记录佛教乐曲中的音阶,"渣渣子"记录佛教乐曲中节拍时值的长短。这两种记谱的方式结合起来,才能做出完整的佛教音乐的曲谱。现在人们常用的音乐简谱、五线谱等,就可以直观地进入音乐艺术的天地。"渣渣子"佛教音乐谱系,却是在传统意义上来体现的。它不是用阿拉伯数字,而是用不同的符号代表不同的法器,表示不同的音节及其长短。比如"×"代表钹,◎代表磬或钟,〇代表鼓。同时,又以各种符号的距离远近表示时值的长短。演奏的过程,通常是一人一件法器,与笛、笙等乐器合奏,配合众僧念唱。这种较大规模的法事活动,主要用于祝圣迎佛、重要节日和大型法会等。

### "乐供佛"的形式与内容

北武当寺院,又名寿佛寺,是宁夏北部重要的文化景观。《平罗县志》记载:武当庙修建于清代康熙年间,是在原庙宇的基础上扩建的。往前追溯,当建于明代。因供奉着真武大帝石像,为区别于湖北武当庙,又称为北武当庙,乾隆、嘉靖朝都有过扩建修葺,规模逐渐增大。现在的北武当庙是一处四进院落的建筑群,依山而建,错落有致,是一处独到的宗教建筑景观。"渣渣子"佛教音乐,就与这座寺院结下了情缘。

相传明末高僧理义法师宣弘佛法,道场大兴,清代更为兴盛。"乐供佛",在北武当山表现得尤其兴盛,每天有四堂功课。所谓"乐供佛",是以音乐作为一种表现形式来供奉佛寺,在佛教供佛仪式中较为特殊,同样表现了对佛的恭敬与虔诚。具体表现的内容与过程,以诗歌和词牌为歌咏内容,配以打击乐器钟、磬、铙、钹、铛、木鱼、鼓等法器,再伴以吹奏乐笙、箫、笛、筝、箜篌等乐器。总体上,以打击乐为主。随着佛事活动的兴盛,再加上"乐供佛"这种宗教音乐的渐趋成熟,佛教音乐在武当山得到了长足的发展。有了这个背景,记录佛教音乐"渣渣子"的曲谱也就应运而生。"渣渣子"与"工尺记谱法"的有机结合,将佛教音乐的音阶、音符传承了下来。

**"渣渣子"与北武当庙的历史渊源**

光绪年间,北武当庙僧人广煜修学北京潭柘寺,经潭柘寺方丈引见,敬请常来潭柘寺进香的慈禧太后为武当庙钦书:"护国寿佛禅寺"白绢条幅。自此,北武当庙又名寿佛寺。左宗棠等人也曾为之亲笔题字作画,使之声誉大振,远近闻名。每逢农历四月初八、七月十五、八月十五、九月初九为庙会期,各地前来朝山拜佛者络绎不绝,香火旺盛。

北武当庙佛教音乐"渣渣子"是我国古代的"工尺谱"之外的一种记谱方式,是用来记录乐曲的节奏、音符、所示法器的种类的一种特殊的记录方法,与简谱、五线谱不同的是它采用竖行记谱方式,用不同的符号代表不同的法器。以符号的距离远近表示时值的长短。"渣渣子"与工尺谱结合起来,即接近于现在的简谱或五线谱,既有了音阶,又有了音符,便可构成基本的乐谱。演奏时一般是一人一件法器,与笛、笙等乐器合起来,众僧共同演奏、唱念。主要用于祝圣法事、大型集会(如迎大法师、贵宾等)活动。

文化的传承,是由人来完成的。佛教文化的传承,自然是由宗教僧侣来完成的。传承的载体,就是寺院。佛教音乐"渣渣子"得以在武当山流传,与曾经在武当山寺院参禅修行的历代僧人有关。他们用口传心授的方式,一代代传承了下来,历代僧人传承至今,以口传心授的方式延续下来,流传于宁夏全境,内蒙古磴口、甘肃平凉、陕北西部等地区。

根据整理和研究,北武当庙最为流行的是藏传佛教音乐、蒙古族佛教音乐、汉族佛教音乐,以北方汉族佛教音乐为主,融合了其他宗教音乐。从佛教音乐的韵律来分，有南、北之别，北方流传下来的已经很少了。北武当山流传的是北方佛教乐韵，以流行于北京一带的佛教韵为主。据传，清代的皇宫里，经常请北京八大佛教寺院的僧人念经。清朝光绪年间八国联军攻入北京，慈禧太后西逃西安过程中，有一个寺院的僧人叫维那师（负责主持音律快慢）的也出逃了，他到宁夏后就留在了武当山，此后再没有返回北京的寺院。留下来的维那师，改名为昌瑞法师。这位僧人，对吹打写念样样精通。他不但

北武当庙佛教音乐研究者徐建业

在武当山担任过辅导，还在银川广济寺里也担任过辅导。凭借武当山寺院，昌瑞法师把在北京流行的佛教音乐留在了武当山寺院，也留在了宁夏。这是佛教音乐"渣渣子"得以落户武当庙的历史渊源之一。

渊源之二，是武当庙里的广煜和尚。广煜和尚与北京著名古刹潭柘寺有不解之缘，相传广煜和尚就受戒于潭柘寺。潭柘寺，地处北京西山，是明清时期的皇家寺院。此僧还为慈禧太后诵过《孔雀经》，是有过特殊经历的僧人。作为武当山的僧人，他把不少佛教音乐传承给武当山寺院，对于"渣渣子"佛教音乐在武当山的传承同样做出过重要贡献。

缘此可见，北武当山的佛教音乐"渣渣子"，是京城皇家佛教音乐与宁夏地方佛教文化相融会的产物，自然是十分珍贵的宗教文化遗存。

**传承与保护**

宁夏平罗县佛教协会会长徐建业，是北武当山佛教音乐"渣渣子"念唱演奏的传承人。他有过出家的经历（后还俗），有过对武当山寺院佛教文化的体悟，早年就接触过佛教音乐，至今仍在研究。50多年的潜心研究，为佛教音乐"渣渣子"的保护和传承做了大量的研究。

现在，徐建业对武当山佛教音乐"渣渣子"的来龙去脉、前前后后，留存下来的家底，他都理得很清。原有工尺谱800多首，"渣渣子"谱300多首，但在"文

化大革命"中遭到破坏。现在真正留存下来的，只是僧人师傅之间口传心授的曲谱几十首，且濒临失传，这就需要给予抢救性保护。

早在20世纪70年代初，徐建业对武当山寺院佛教音乐"渣渣子"就开始了整理和保护。他虽然离开了寺院，但对佛教音乐的挖掘整理并没有停下来。当时他先找到了武当山寺院里的续早法师，之后，又与续早法师找到了普济寺里曾经师从昌瑞和尚的寂念法师。找到了寂念法师，就寻到了根与源头上。寂念法师虽然年事已高，但他知道传承这些佛教曲谱的意义和价值。在与法师接触的近一个月时间里，徐建业还通过不同方式抢救性获得了20多首佛教音乐曲谱。他笔下的这些曲谱，成了北武当山佛教音乐的瑰宝。当政府的宗教文化政策得以落实后，徐建业的这些佛教音乐曲谱就逐渐得以复活，在北武当庙寺院尽快传播开来。有了这次保护性的抢救和记录，徐建业并没有停住，搜集和研究的信心更足。他还进一步搜集、整理遗存的文字，尤其是通过听取僧人的演唱、演奏的形式，同样获取了一些非常难得的曲谱。

徐建业对北武当山佛教音乐进行挖掘、整理和研究，留下了一笔丰厚的宗教文化遗产。他在近乎40年前采取的这些保护和传承措施，将几代人传承的佛教音乐整理并保存了来，功不可没。那个时代过去了，怎么样来保护和传承，仍是亟待解决的问题。在徐建业看来，保护和传承的途径有二：一是组织相关佛教音乐演奏表演，通过这种形式录音、录像保存资料；二是要有精通佛教音乐的人，或者精通音律的人，对表演的内容谱曲，留下传承记忆。

总之，必须是在传承基础上挖掘、整理和研究，使北武当山佛教音乐"渣渣子"得以很好地传承下去。在这个过程中，如果能追根溯源，能与北京著名寺院的佛教音乐做一些比较性研究，北武当山佛教音乐将会得到更大空间上的发展。

## 杨氏家族泥塑

杨氏雕塑，是有深厚的地域历史文化背景的。宁夏历史悠久，文化多融。文化的延续性，也在这里得到了传承性展现。宁夏隆德县杨氏家族雕塑艺术及其传承，是较为典型的民间手工艺传承的范例，也是区域非物质文化研究和保护的重要文化资源。这里说的雕塑，包括泥塑与雕刻两部分内容。杨氏家族主要传承泥塑艺术，但雕刻也独具特色。2006年春天，笔者数次采访杨老先生并前往他的家乡隆德县温堡乡做进一步调研。2008年春天，隆德县"杨氏家庭泥塑"成功进入第二批国家级非物质文化遗产名录推荐项目名单扩展项目。2009年6月，全国非物质文化遗产保护电视电话会上，80岁的杨栖鹤老人成为传统美术类泥塑（杨氏家庭泥塑）全国第三批非物质文化遗产项目代表性传承人。

雕塑是隆德县非物质文化承载的独特表现形式，也是隆德县非物质文化得以承传的唯一艺术门类。杨氏家族传承的雕塑表现艺术，到目前已经延续了一百六十余年，传承了六代。第四代传人杨栖鹤先生年近九旬，他是杨氏家族雕塑艺术承传的关键人物。20世纪80年代初，他就大胆地开始自己的事业，艺术品多次获奖。他在60年前雕刻的一组三件工艺品《木香炉》，曾入选全国首届民间工艺美术名人作品展并获大奖。即使在"文革"时期，他仍以雕塑革命样板戏人物为积极意义来延续杨氏家族的雕塑艺术，其创作基本没有中断过。他的作品也漂洋过海，走进美国、日本等国家。

### 泥塑的历史文化背景——砖雕

砖雕，在西北亦称"临夏砖雕"。因临夏古名河州，又称"河州砖雕"，是汉回等民族的装饰工艺，以泥或砖为原料雕刻的建筑装饰品，分捏活、刻活两种。捏活是将黏土用手或模制成龙、凤、狮及各种花鸟虫鱼等，再入窑烧制。刻活是在烧制成的青砖上刻制各种浮雕，常见于民宅、寺院、庭院及各种建筑物，多集中于拱门、院墙、影壁、花坛、碑座或寺院等建筑的顶部，其砖雕与建筑物往往浑然一体，和谐自然。图案造型常以树草花卉、山水景物及吉祥文字巧妙连缀，立意新颖，构图严谨，造型生动，雕工精湛，图线异常流畅，其风格因民族或地区而不相同。

砖雕是一种悠久的民间传统艺术。雕塑艺术在宁夏，已申报为国家非物质文化遗产，或申报为自治区级非物质文化遗产。雕塑艺术在宁夏的文化遗存较多，是重要的文化艺术门类。从历史文化的视角追溯宁夏的雕塑艺术，旨在理清早期文化艺术的传承根脉。为便于了解宁夏雕塑艺术的整体脉络，除了国家级非物质文化遗产外，自治区级的部分内容也进入其中。

**砖雕与砖雕艺术**

宁夏砖雕艺术有着悠久的历史，地下考古发掘表明，宋代以来的雕刻艺术就很兴盛，而且风格多样。目前，宁夏保存的砖雕艺术品，主要体现在各类古建筑和回族拱北建筑方面，诸如同心清真大寺、固原二十里铺拱北、永宁纳家户清真大寺、海原九彩坪拱北等。甘肃河州砖雕艺术与宁夏砖雕有着渊源关系，这种影响不仅表现在雕刻工艺方面，也表现在雕刻内容方面。砖雕图案的内容体现的是中华传统文化的精华，具有多重象征和深层寓意。

砖雕，是一种民间雕刻工艺品。它是用凿与木槌在青砖上钻打出各种人物、花卉、建筑图案等各类造型，作为建筑物上某一个部位的装饰品。种类有浮雕、多层雕、堆砖等，在表现风格上，南方较纤细，北方较浑厚。从目前尚保存的建筑物遗产看，宁夏各类建筑物及其砖雕艺术，主要分为两大类，一类是清末以来的建筑，如吴忠市境内的董府，它的雕刻艺术体现的是南方建筑纤细风格，包括平罗县田州古塔，吴忠市东郊马月坡寨子。一类是回族的拱北、道堂等，这一类砖雕工艺体现的是北方建筑的浑厚风格，它的源头基本在甘肃河州。改革开放以来，在学习和传承中国传统文化的过程中，一度停滞了的砖雕艺术再度被文化复兴的大潮所涌动。伴随着改革开放，经过30多年的传承发展，砖雕艺术得以发扬光大，艺人的断层现象已经不复存在，宁夏与河州砖雕传承涛声依旧。

**砖雕艺术的历史渊源**

从目前考古遗址出土的实物看，宁夏砖雕艺术可追溯到宋代。

1977年10月在宁夏泾源县泾河镇发掘的北宋墓，是一座左右两个墓室且有砖雕陈设的墓葬。雕砖分长条形和方形两种，长条形墓砖分别嵌砌在两个墓室下部的须弥座束腰部位，共32块，雕刻图案具有浮雕之感，艺术效果极佳。内容多为单个的家畜、家禽、瑞鸟、神兽类，如鸡、鸭、猪、牛、羊、狗、鹿、仙鹤、鹭鸶，也有劳动生活的场面。传统的推磨图和碾米图砖雕，记载的历史画面极为珍贵，反映的各类人物神情逼真，人物造型生动，生活气息极浓，是当时砖雕艺术兴盛的反映，也是北宋时期宁夏南部固原农村社会经济和农村老百姓生活状况的时代折射。

1985年6月在宁夏西吉县西滩乡发掘的北宋墓,也有大量砖雕实物出土,为边长30厘米的方砖,原物现存固原博物馆。砖雕的内容有侍人、花卉、蔓草、孝子故事、着甲的武士等。花卉与蔓草雕砖有牡丹、莲花、冠状花、宝相花叶、玉兰花、蔓草叶等,图案布局饱满,刀法娴熟;着甲武士雕砖嵌在墓门的小壁龛中,是镇墓武士的角色,甲胄服饰反映了宋代军人的穿戴装束。孝子故事在我国流传深广,影响久远,通常以二十四孝图来展示附着在他们身上的文化内涵,但西吉北宋墓却仅选取其中的六则孝子故事:孟宗泣竹生笋、王祥卧冰求鱼、曹娥投江寻父、王褒闻雷泣墓、姜诗涌泉跃鱼、蔡顺伏棺哭母。但雕砖的人物造型都表现了自身的特点,感天动地的故事在数十厘米的空间中得到了长足的表现。雕刻工艺为浮雕式,人物造型生动传神,山河江水等自然景物逼真。

1987年在固原市原州区发掘了一座元代墓葬,墓室为仿木结构,多处有砖雕图案装饰,雕饰的图案或者为云纹,或为花卉。开城安西王府,是元代在宁夏修建的规模大、建筑等级高的建筑群,为安西王忙哥剌夏日驻跸的行宫。王府建筑毁于1306年的大地震。近年安西王府勘探发掘出土有大量的文物,其中石雕建筑艺术构件再现了安西王府皇家建筑的样式,有石雕龙首、宫殿建筑石雕柱础上雕刻的各类图案花纹、宫殿回廊上的雕龙栏杆等,尤其是由青石雕刻的龙首,造型特点突出,龙头高昂,微闭着嘴巴,长舌上卷直到鼻部,眼睛部位的雕刻极为传神,目光略上视,颇具威严神态。安西王府建筑构件的图案雕刻,出于当世著名工匠之手,对后世宁夏的雕刻艺术影响很大。

**河州与清水砖雕艺术**

同样由考古出土文物,我们能看到陇山以西甘肃河州与清水县宋金时期砖雕艺术的背景。1983年12月,在甘肃清水县城西北5公里处发现一处宋代砖雕彩绘墓,墓室为仿木结构砖雕彩绘楼阁形制,分上中下三部分。上部自山花板后边叠涩成八面穹隆顶,中部四壁正中为仿木结构楼房,下部为须弥座式台基。砖雕的内容有佛道乐伎、妇女启门、训读、郭巨埋儿、双人舂米、双人推磨、花卉、缠枝花草、飞天、动物等造型,砖雕工艺精细,人物、飞禽、走兽及花卉造型生动逼真,为研究宋金时期西北地区生活、民俗、宗教和建筑等提供了珍贵实物资料。①

河州出土的宋金时期的砖墓中,如红园路金墓、铜匠庄金墓、邓家庄宋墓、马家庄宋墓等,都出土了精美的砖雕。依据出土砖雕看,有花卉动物,如牡丹、荷花、飞龙、麒麟、飞天等,人物砖雕有仕女启门图、仕女持物图、灵前吊孝图、二十四孝故事图等。所用的青砖一般大小为30厘米的方形,或30厘米长15厘米宽的条形。整个砖雕刀法流畅,造型生动,雕刻技艺已呈炉火纯青之势。② 河州金代墓砖雕也是如此。③

宋金时期,由于地域与隶属关系,陇山东西文化背景一致,墓葬的文化内涵也基本相同。由甘肃河州、清水县宋金时期砖雕墓、宁夏固原宋金时期砖雕墓出土砖雕内容看,它们在四个方面都有其共性:

第一,墓葬的形制一样,都是仿木结构砖雕,将人世间的建筑样式搬入地下,让故去的人继续享用在世时的屋舍。

第二,砖雕图案大致相同,主要是花卉和动物。

第三,人物选取有共同的题材。如启门仕女都有表现,只是构图程度不同而已。宁夏固原宋金墓的砖雕仕女,只是在半开的门缝露出头部向外张望;而清水县宋墓的砖雕仕女启门图已露出大半个身子;河州金墓砖雕仕女图也已露出大半个身子,仕女平目远视,两面的窗户雕刻十分逼真。启门仕女图造型,是宋金时期的墓葬砖雕图案中经常出现的,具有时代特征,其人物造型、服饰风格与山西汾阳金墓"启门妇女"极相似。④ 二十四孝图的内容是几处墓葬砖雕的共同图案,孝子烈女故事盛行于汉代,宋代以后逐渐形成二十四孝,元代郭居业的《二十四孝》已基本定型,文化的传承也已经形成。

第四,河州与固原墓葬砖雕所用的青砖,都是大小为30厘米的方形。河州砖雕图案往往是由十几块甚至几十块砖拼接在一起,大多装饰在门庭、照壁之间。在雕刻工艺上大多属多层次雕刻,即浅浮雕、高浮雕、阴线雕,这种多重雕刻工艺相叠加的艺术表现形式,雕刻的作品往往由三四层图案构成,厚重深沉,浑然

---

① 甘肃省清水县博物馆:《清水宋代砖雕彩绘墓》,载《陇右文博》1998年2期。
② 马珑:《河州砖雕》,载《丝绸之路》1994年5期。
③ 参见《河州》2006年第3期,插页图。
④ 山西省考古所、汾阳县博物馆:《山西汾阳金墓发掘简报》,载《文物》1991年第12期。

一体，宛若一刀刻成，给人以强烈的艺术感染力。无论花卉禽鸟，还是山水图景，都显得取材意境高远，构图严谨而神韵迭出。

通常意义上，依据考古发掘提供的历史信息，现在能看到的陇山东西的砖雕艺术的源起在宋金时期，成熟于明清。由以上六盘山（陇山）东西宋金墓葬砖雕的诸多方面看，这些历史文化信息和文化积淀为后人传承砖雕艺术，奠定了深厚的文化内涵。明清以后，由于各种历史原因和文化的变迁，从今天的意义上看，河州砖雕艺术还是被传承下来了。就宁夏而言，宋元时期的地面建筑早已无法看到了，但从以上宋元时代的地下考古仍可看到历史上宁夏固原砖雕艺术的经历和影响。元代开城安西王府的建筑运用了大量砖雕工艺，我们只能从一些出土的建筑构件上来看，包括宁夏北部平罗县田州古塔砖雕。这些历史遗存，对后来的建筑仍旧是一种潜移默化的影响。

**与河州砖雕艺术的渊源**

河州砖雕的构图简单，一枝梅或一枝牡丹，一串葡萄或几片荷叶构成的砖雕图案，就能使门楼熠熠生辉。从建筑结构的完整意义上说，汉族的木刻、回族的砖雕和彩绘基本是融为一体的。从建筑配合讲，较大的庄苑门前都有照壁，这是传统的建筑模式，汉族建筑是这样，清真寺建筑也是这样。河州建筑的一大特点，就是体现在照壁的砖雕上。照壁上的图案构成，也是取传统文化里的内容，如《泰山日出图》、《石榴双喜图》，具体造型，多出于山水和自然界的植物。比如峰峦与奇石、秀峰与泉水、朝阳与轩窗等，传统文化在这里体现得淋漓尽致，如大气磅礴的山水图，富贵典雅的牡丹图，雅致高洁的翠竹图，傲霜挺拔的菊花图，古朴清秀的紫藤图及石松图、喜鹊图、海水朝阳等巨幅砖雕图，这在同心清真大寺的照壁上都能找到对应的文化点。

固原二十里铺拱北的不少图案构成都与这种传统的构图方式有着文化意义上的必然联系。现在我们看到的二十里铺拱北须弥座束腰处的花纹图案，直接与河州砖雕丹凤朝阳近乎一模一样，九彩坪拱北也是一样。六角八卦亭的砖雕图案也极为相近，尤其是底部须弥座两层精细的图案纹饰。大照壁上的巨幅浮雕松鹤图、包括外围的双层图案雕刻，也能看到与河州砖雕传承的影子。在图案的选取上，龙、凤、松柏、仙鹤、鹿、蝙蝠、十二生肖、鸳鸯、莲花等，都是河州砖雕常用的取材对象。

### 城隍庙前的砖雕影壁

固原城隍庙前的砖雕影壁早已毁掉，但传世的照片留下了它传神的影子。《民国固原县志》记载，城隍庙前的砖雕照壁精巧绝伦，城外东岳山上的照壁砖雕同样细腻。县志记载了固原城早期的两处雕刻精美的砖雕照壁。依照片看，照壁上部以仿木结构为脊，砖雕斗拱；中部为砖雕主图案，为一回头平视的麒麟造型，神态逼真，应该是一

城隍庙照壁

幅麒麟图。画面的近景为松柏、葡萄，远景为海水托日图；下部为须弥座。固原城东郊东岳山上是九龙壁砖雕，20世纪80年代初已重新修建，而今已成为东岳山的一大景观。遗憾的是城隍庙前的砖雕照壁永远消失了。麒麟似鹿而大，牛尾马蹄，独角，全身鳞甲，古代称为神兽，多为吉祥的象征。由固原城城隍庙砖雕照壁看，清末民国年间宁夏固原的砖雕是非常兴盛的。

### 田州古塔砖雕

田州古塔，位于宁夏平罗县姚伏镇，至今保存完好。我们在田州古塔调研时，护寺的老人说："'文革'时此塔差点挖平。"塔前有20世纪老百姓铸的大铁香炉，上面铸有"皇祇寺"三字。问为何要铸"皇祇寺"三字，老者已不能说出它的来由了，只是说古代平罗姚伏一带盛产黄米，米与田有关，就有了"皇祇寺"的名字。《嘉靖宁夏新志》载，西夏时期这里称为定州，俗称田州。

田州古塔是一座八层六角的砖塔，高达38米，塔顶为六边覆斗状。有南北两门，南门有对联一副：一柱撑天东带黄河明献瑞，孤标拔地西屏兰岳争春辉。将黄河与贺兰山的壮阔与雄伟都写进来了。田州古塔修建得很别致，仿木结构的瓦垄、椽头、横额、斗拱和下垂的荷花头等，都是由精细的砖雕图案构成。每一塔

层包括出檐部分要四层砖雕布局，最下一层是花卉和蔓草，有垂柱相绕；中间一层是各种图案造型，有雕造十分传神的佛造像，有人物故事等，四周有凤凰等各种自然界的神鸟瑞兽，有镂空的图案，塔檐稍向前伸出，由砖雕斗拱相支撑；最上一层就是两层重檐，类似于大庑顶建筑，屋脊上还有类似于荷花之类的砖雕图案。

平罗田州古塔，是目前保存较好、砖雕工艺精美的文化遗存。图案造型玲珑精致，有南方砖雕精细之遗风，在宁夏尚存世的砖雕工艺品中是难得的臻品。现在看到的古塔可能是清代大地震之后重修的。由田州古塔砖雕，可见明清以来宁夏砖雕艺术的繁荣与影响，说明在砖雕艺术方面，宁夏再现的是南北艺术风格。

## 清真大寺与拱北砖雕

### 1. 同心清真大寺砖雕

同心清真大寺建筑，位于宁夏同心县城西南。现在，我们能看到的早期砖雕，应该是宁夏同心清真大寺门前的大照壁和大殿两侧的砖雕图案。同心清真大寺，是一组完整的古典建筑群，依附在建筑群及其周围的砖雕艺术，是同心清真大寺建筑艺术的重要组成部分。

清真大寺门前的照壁，既是清真大寺建筑的重要组成部分，也是砖雕艺术体现最为集中的仿木砖雕工艺品，它是由青砖打磨对缝而成的。照壁整体高6米，宽9米，由上中下三部分组成。上部分是壁顶，集中体现传统仿木结构建筑样式；中间是照壁的主体，是一幅"月藏松柏图"，图两边雕一副隶书体对联："万物偏生沾主泽，群迷普度显圣恩"；下面是传统的须弥座样式。照壁修建样式简洁明快，图案构思新颖，砖雕工艺极为精湛，颇具韵味。照壁脊顶两侧有龙造型装饰，整个脊顶以仿木结构形式多层出檐，砖雕斗拱。斗拱下装饰性垂梁8个，皆雕刻有传统图案；垂梁与垂梁之间有花纹图案相连接。照壁的主题"月藏松柏图"，以松柏、明月与自然山水相映衬，意境渺远，遐思无尽。整个画面看上去，青砖打磨刨洗拼对天衣无缝，如同出于一块完整的材料。图画的外围如同嵌上去的框，同样由精致的砖周图案来完成，有葫芦和宝剑造型，再由竹梅等图案相连接，实际上就是"月藏松柏图"的边框。照壁由造型到各种图案花纹的运用，总体上体现的是中国传统文化特色，照壁的修建样式与清真大寺建筑在风格上是一体的，足见近百年前砖雕工匠的艺术鉴赏水平。

照壁修建于清代光绪三十三年（1907），照壁的整个图案设计和对联文字的雕刻是由河州工匠马忠良主持完成的，照壁落款处有完整的记载。由此，我们可以看出宁夏砖雕艺术与河州砖雕的渊源关系。

进入大寺，门楣上的砖雕也非常精致，汉文与阿文并列。两幅砖雕分别是：一幅中间为"洗心"，两边为阿文；一幅中间为"忍耐"，两边为阿文，周围都是精细的雕花，下面有图案相连，两边有雕刻的垂梁点缀。

同心清真大寺的主体建筑礼拜大殿，是由前后两座殿宇式建筑和门前抱厦相连接而成的，抱厦两侧是八字形影壁墙。八字墙上精美的砖雕图案，是同心清真大寺砖雕里最精的部分，在圆形的空间里雕刻了内容非常丰富的图案造型，诸如花瓶、书籍、茶壶、香炉、小工艺品、水果等，而且雕造得非常逼真，工艺十分精到。内容是代表中国传统文化的文房四宝、荷花翠竹、梅花牡丹、葡萄石榴等，整个图案布局有序，构图体现了中国传统文化的丰富内涵。这些造型精致的砖雕艺术品，根据造型的大小又被分割摆放在合适的空间里，如同摆在一个精致的博古架（或称博石架）上。雕刻工艺非常精细，图案造型逼真，刀法细腻颇具功力，是我国传统砖雕艺术的精品。

据《同心县志》记载，同心清真大寺曾三次重修，第三次是清朝光绪三十三年（1907），与大寺门前照壁的修建正好在同一时期。由此可知，大殿八字墙影壁精装的砖雕与照壁同为河州工匠来完成，是河州砖雕艺术风格。从构图形式看，与河州砖雕艺术有着直接关系。从历史走向看，河州的砖雕艺术，对青海、宁夏和新疆影响较大，在全国也有名气。由同心清真大寺的砖雕，我们看到了西北砖雕艺术悠久的历史；由同心清大寺的建筑风格，我们看到了中国传统建筑文化与伊斯兰建筑文化的多元融合。

2. 二十里铺拱北砖雕

二十里铺拱北，位于宁夏固原城南平（凉）银（川）公路东侧的台地上，清水河穿脚下流过，整个建筑群依山势而建，集伊斯兰教建筑与传统古典建筑为一体，建筑格局独特，建筑气势雄伟，是宁夏重点文物保护单位。

二十里铺拱北的缘起时间久远。据《回族美术史稿》记载，固原二十里铺拱北建于清朝康熙十六年（1677），乾隆时期再度扩建，与清朝宣统《固原州志·艺文志》记载一致。①《固原州志》记载乾隆十九年(1754)扩建后,曾勒碑记事,名曰《回教先仙碑》。碑文大略是:"先仙不传其名,康熙中,乡人每见有在山诵经者,近而视之杳无踪迹。后有西域老叟至此,曰此山有先仙遗塚,吾教宜礼奉焉。启土视之,得墓志一方,泐于成化二年。"②成化为明代年号,成化二年即公元1466年。这里记载的故事虽附会着较浓的传奇色彩,却成为清朝康熙年间在此创建拱北的根由。

清代初年,西北回族门宦制度的产生,不但形成了宗教领袖及高门世家,教主拱北(教主葬地和道堂建筑)建筑亦随之兴盛。信徒不但信仰伊斯兰教的教义,还崇拜教主、教主家族和教主拱北,宗教意义上的拱北建筑都修建得气派华丽。固原二十里铺拱北就是这一宗教文化背景下的产物,在经历了康熙、乾隆两朝的修建和扩建后,已成为清代西北最著名的两处拱北之一。清代同治年间的战乱,给二十里铺拱北带来了大灾难,寺院的建筑遭到了不同程度的毁坏,元气大伤。此后,不同时期虽然都做过修缮,但仍未能恢复从前的建筑格局。20世纪80年代初,二十里铺拱北又迎来百年间最好的发展机遇,经过30余年的不断修建,拱北建筑群再度耸立在清水河畔。

现在,当人们途径银(川)平(凉)公路时,一处中国传统建筑与伊斯兰建筑风格相融的建筑群就进入视野,八卦亭、砖门楼、大殿堂、大照壁等建筑全用砖木结构建成,砖雕、木雕工艺交替出现,斗拱飞檐,新月高悬,气势壮观,古朴雄伟。尤其是砖雕艺术在建筑群上的艺术体现,成为二十里铺拱北建筑艺术的一大景观。

二十里铺拱北砖雕建筑艺术,是全部在水磨对缝砖的承载物上精细雕刻而成的。就其所选用的图案纹饰看,也是传统文化里内涵丰富的花卉图案。牌坊门楼,是第一道景观,为三门四柱牌楼式建筑。牌楼上砖雕图案位置不同,雕刻的内容也不一样,梅、兰、竹、菊是一类,春牡丹、夏莲、秋菊、冬梅是一类,鱼闹莲门、喜鹊登梅、蝙蝠、狮子是一类,十二生肖又是一类。即使台阶左右的护栏上,也雕有石榴、牡丹等图案。牌楼两边是砖雕的隶书对联:"教演西方敬服

---

① 凌明、世喻、杨林:《回族美术史稿》,载《新美术》1992年第2期。
② 王学伊:《宣统固原州志·艺文志》,陕西人民出版社1992年版,第454页。

念拜斋课朝，道通东土敦崇仁义理智信。"中门上的雕刻可算得上第二道风景，牌楼的建筑物上依旧雕刻着二龙戏珠、双凤朝阳等图案，左右坎墙上同样雕有春牡丹、夏莲、秋菊、冬梅之类，门洞上雕有鸳鸯戏水、海水朝阳等较大幅图案。

大殿为卷栅式建筑，八柱七间，有走廊通连东南西三面。大殿的廊柱上主要是传统木雕。殿壁龛后的主塔亭，是一座六角八卦形砖塔，由三部分组成。顶覆绿色琉璃瓦，中部塔身各面均镶嵌着不同的砖雕花卉和图案，主要是牡丹、莲花、梅花等，塔身中部东西的窗户，也是由各种连续性的图案雕刻镶嵌而成的。底部为须弥座双层雕花图案，工艺精湛。大照壁，是整个寺院建筑的最后部分。照壁高达10米，长18米，厚1.5米，全部用水磨砖加浮雕而成，中间镶有大幅砖雕图案鹿鹤同春、龙凤呈祥、五老观月、八宝寨子、丹凤朝阳、青牛吸水、鹿踩灵芝等图案。每幅图案都是由不同花卉砖雕为边框，既独立成画，又是一个完整的构图艺术布局。

《回族美术史稿》不但记载了清代二十里铺拱北整个建筑格局，也记载了砖雕艺术的大致状况。无论是墓祠，还是门墙，皆有精巧的雕刻，云纹、莲花纹、龙纹、古钱纹等浮雕或高浮雕，以夸张和变形的手法，装饰着坚实的建筑，舒适而紧凑，质朴而华丽，显示了回族工匠的高超技艺。随着时代的发展，文化背景的变化，今天的二十里铺拱北的砖雕艺术及其图案造型的变化和布局，与百年前相比已发生了细微的变化，但艺术是一种承传延续的产物，它的文化内涵依旧承载着逝去的历史。

现在，修缮一新的固原二十里铺拱北，是清代以来建筑文化格局的再现，既有攒尖顶式伊斯兰建筑，遵循伊斯兰文化的一些基本原则，保持着清真寺建筑的宗教特点，也延续着中国古典传统建筑艺术风格，耸立着飞檐、斗拱，雕刻着凝聚中国传统文化精髓的各类图案。月牙儿与飞檐、木刻与砖雕、廊柱与窗棂……到处体现的都是传统文化与伊斯兰文化融会的建筑格局，成为民族文化融合的载体、民族团结的象征。

**3. 纳家户清真寺砖雕**

永宁县纳家户清真寺，也是一处建筑时代较早且保存完好的古建筑遗址，建筑风格是典型的中国传统四合院样式，整个寺院由前后两部分构成。中心轴线前端有大照壁，然后是高大的三孔门洞，门洞上建有三层重檐歇山顶邦克楼，两侧为三层四角攒尖顶望月楼；礼拜大殿是由歇山脊和卷栅歇山脊相衔的造型，翘檐飞角，错落有致，气势雄伟，将典型的中国传统古建筑风格与伊斯兰装饰艺术有机地融合在一起，是宁夏建筑规模较大、历史悠久、建筑风格独特的清真寺之一。

纳家户清真寺砖雕艺术，主要体现在门与楼衔接之间。门楼为过洞式，过洞上部是一组仿木结构的挑檐，横向的是栏额、斗拱，纵向的是荷花柱和反映伊斯兰风格的精美砖雕。陪侍在邦克楼两侧的三层四角攒尖望月楼，雕造的斗拱和纹饰图案，与邦克楼上斗拱与纹饰图案基本是一致的。此外，雕刻精美的"双龙戏珠"、"丹凤朝阳"等图案也非常精美。这些砖雕艺术品，在显示纳家户清真寺历史悠久的同时，同样体现的是伊斯文化与中国传统文化深层的融合。

### 4. 九彩坪拱北砖雕

海原九彩坪拱北建筑坐落在一处四面环山的丘陵状山包上，当地俗称为圪垯山。宋代史书记载称九羊谷，后来又称九羊寨，九彩坪的名字，还是延续了历史，但后人又融入了传奇色彩：说是嘎德忍耶第七辈道祖杨保元云游到这里时，发现有九只不同色彩的羊到圪垯山这个地方时消失了，道祖觉得奇怪，便到这里九次考察踩点，决定在圪垯山下修建道堂，静修苦练。传说归传说，这九彩坪的地貌特殊却是事实。九彩坪拱北建筑，就耸立在圪垯山山巅上。

九彩坪拱北修建得较早，建筑毁于1920年海原大地震，修复后又毁于"文化大革命"。现在看到的拱北建筑群，是20世纪80年代又陆续修建的。

在九彩坪拱北的东面，远远望过去，拱北的南北大照壁、大小卷栅和高高的八卦亭等建筑就进入你的视野，山体被碧绿的松柏掩映着，曲径长廊将拱北与山下的"清真古堡"连在一起。走近山门大照壁，一色砖雕艺术品才让你叫绝。九彩坪拱北整体建筑，主要是由山门照壁、中门照壁、拱北的主体建筑、后照壁等组成，再配以相关的建筑，是一处完整的多元文化相融合的砖雕建筑艺术群。

从建筑艺术看，九彩坪拱北的砖雕艺术主要体现在影壁、照壁、门楼、卷门、墀头和饰脊方面，包括山花的装饰等。大照壁造型不是通常意义上的直线，而是由高低不等的阁楼式构成的。照壁中间建筑样式是传统的无檐顶，由四层砖雕斗拱支撑，斗拱下是悬空的垂拱联纹砖雕饰。两边的建筑样式也是无檐顶，没有斗拱砖雕，却是两层悬垂柱和回廊式透雕砖雕图案。檐下的砖雕垂柱，有的是竹，有的是葡萄。大照壁起着山门的作用，照壁的背面充分利用，由三块碑文和数副对联构成照壁的完整墙体。三块碑文由六幅对联点缀，横批由三块造型不一、砖雕构成的匾额状方框构成；青砖打磨的边框，由各种砖雕的图案围着，中间是诸如"正大光明"、"泽被众生"之类的话语。砖雕的图案有腊梅、菊花、竹子，还有宝瓶、莲花等。

中门的照壁建筑样式与山门的建筑样式在外形上大致相近，只是无顶檐下的斗拱没有了，是两层垂廊柱悬空透雕装饰，图案雕刻的是龙凤和吉祥瑞兽造型。八卦亭的顶部除按照伊斯兰建筑处理外，檐下全是非常精细的砖雕斗拱，斗拱下是两层垂柱加悬空的回廊透雕图案。八卦亭的窗户是圆形的，窗户的边缘全部由透雕莲花或缠枝草环绕；窗棂全部用非常精细的对称砖雕图案组成，整体看是窗户，分开看就是由一个个独立成型的花草图案构成。八卦亭的底座，是传统建筑里的须弥座样式，由数层大小不等的雕刻图案连环构成。

从建筑物体现的多元文化看，九彩坪拱北建筑是一个典型。首先，拱北建筑样式本身就是中国传统文化与伊斯兰文化相融合的体现，传统阁楼与大无顶檐建筑造型在多处体现。其次，砖雕的取材除体现伊斯兰艺术风格的花草、几何图案、吉祥物外，大部分皆取材于中国传统文化里的经典内容，松、竹、梅、菊随处可见，蝙蝠的造型与象形的寿字，也雕刻在建筑物的显要位置。第三，儒家文化通过对联的形式得到了最经典的反映，如山门照壁上的"心道救人伏羲始，度化善诱三圣功"、"道通中国不外乎仁义理智信，教演西域原来复念拜斋课朝"。龙文化在这里也非常看重，在不少地方雕刻的图案造型中，龙凤造型雕刻得非常传神逼真，有造型抽象的龙，有造型活灵活现的龙。第四，道家文化在这里同样被看重，仅一幅雕刻非常精细的龙纹"八卦图"（有的称阴阳鱼）造型，就让人们看到了九彩坪拱北建筑海纳百川的文化气度。

无论从建筑文化，还是从砖雕艺术方面看，九彩坪拱北都是一处特殊的去处。精湛的砖雕艺术在体现丰富多彩的宗教文化的同时，也让我们欣赏了中国传统的砖雕艺术的魅力。同时，我们也感受到了宗教文化多元表现形式在这里的凝聚力。

从九彩坪拱北的修建看，艺术生命力深深植根于民间。我们采访了海原县政协副主席、九彩坪拱北的管家李德贵老先生，想了解砖雕艺术与九彩坪拱北的关系。他说：20世纪80年代初开始九彩坪拱北的修建，最初请的是甘肃河州工匠，大小工匠300人左右在干,大约90年代后,基本是本县工匠了。经过近10年的学习传承,河州工匠的砖雕艺术也被海原人学到手了,田益仁就是跟河州砖雕艺人学出来的著名工匠。在李德贵老人的眼里,临夏的砖雕艺人把雕刻的对象"做活了",这里主要是指高超的雕刻技艺,也是指雕刻艺术的立体感;有些花草"如同活着"。老先生的话道破了砖雕艺术的魅力。现在海原的砖雕工匠里,能"抓刀子"(能独立雕刻)干活的约40人了,队伍已经成长起来,各地的雕刻活都可以承揽。在一处正在建设中的清真寺里,李德贵老先生指着一块块雕好的构件说:这是水泥雕,大块头的都能做好。我想,砖雕还是以砖来雕刻为好,水泥雕显得粗糙了,不能再现砖雕艺术的精细与质感。

宁夏砖雕艺术文化,从延续下来的建筑遗存看,大多依附在古建筑、清真寺建筑和拱北建筑上。无论国家重点文物保护单位同心清真大寺、董府,还是区级重点文物保护单位固原二十里铺拱北、永宁纳家户清真寺、海原九彩坪拱北等。现在我们能看到的这些砖雕建筑遗存,从文化遗产的传承角度看,其雕造工艺渊源有明确记年的来源于甘肃临夏,没有明确记年的是由本地匠人来完成,主要是指学成于甘肃临夏的本地匠人。田野调查为我们提供了近百年来的文化信息:新中国成立以前包括清代后期的砖雕艺术品主要是由河州艺人工匠来完成,建国以后尤其是20世纪70年代末80年代以来,文化的振兴与传统文化的回归,为砖雕艺术的复兴提供了时代契机。河州砖雕艺术的复兴带动了周边地区,尤其是清真寺和拱北的修建,大多为拜师河州学成归来的艺人承担。

**砖雕艺术图案的象征意义**

**1. 传统砖雕艺术图案**

我国砖雕基本体现的是传统的装饰图案,而且大都有特定的人文含义,尤其是这些传统图案自身所赋予的传统美德。从目前传世的砖雕艺术常用的图案看,基本是明清以来约定俗成的丰富的吉祥图案,即所谓"文必有意,意必吉祥"。有的寓意幸福,有的象征长寿,有的表示喜庆,有的比喻美好,深层还是传统文化色彩的体现。

松竹梅在传统文化里称为"岁寒三友",它们有着自身特殊的文化积淀。松树是常青树,四季绿意盎然。两千多年前司马迁在他的《史记》里就称其为"百木之长"，当它融入传统文化之后，就演绎成了长寿的象征。在砖雕纹样中常常是松与鹤出现在同一幅图案中，便有了"松鹤延年"的说法，苍老的树枝与引颈环顾的仙鹤成了高寿的象征。

竹，原本是一种禾本科植物，杆上的节和个字形的叶都体现了自己的个性特点。《竹谱》中说它是"有名曰节，不刚不柔，非草非木"，它的个性特点已说得明白。中国早期的诗歌总集《诗经》里就对竹子有特殊的比喻，"绿竹猗猗"、"绿竹青青"，不仅是描写竹子的外貌，还用竹子比喻有才华的君子。后来的竹子与中国文化、与中国文化人的品格密切相关。到了元代，竹子逐渐演变为竹纹，而且与松、梅放在一起，明清以后就成了砖雕艺术经常选取的约定俗成的图案。

梅，它是一种花果植物，因它在严冬季节不避霜雪开放，深得历代文人雅士的青睐，成了高洁清雅的象征，以它作为拟人的对象。梅花成了历代诗歌创作不息的咏怀对象，元代以后，也同样成了砖雕艺术取材的对象，与松、竹一起被写在各类工艺图案中。在特殊时期，它还体现着人的气节与傲骨，这是传统文化深层意义上的内涵了。

传承久远的"岁寒三友"，"是数千年中华文明道艺传统和人文风格的集中体现，而一'友'字也体现出了这种图案关注生命、关注人文的特有情怀"[①]。它承载的丰富内容反映了中国传统文明的精髓。这种精髓就是通过造型各异即砖雕艺术的表达给观赏的人们以无尽的心灵感悟，教化的目的通过它们就达到了。无论是福禄寿喜、招财进宝，还是龙凤呈祥、松鹤延年、麒麟送子……它们在揭示民族文化心理的过程中，也在彰显着人类深层的精神象征，传递着民族民俗文化亲切而独有的深层背景，寓意着喜庆团圆的吉祥气氛。从历史意义上看，它表达了人与自然和谐永恒的终极命题。

中国传统文化的久远积淀，形成了许多具有特殊社会价值和文化价值的文化理念，它在深层影响着人们的日常行为规范和价值取向。传统图形的文化意蕴表现有三种类型：

一是心理安全型：这种传统图形多是以具象的形式出现，通过采取借喻、谐

---

① 汪大伟、胡健君：《岁寒三友的理念》，见杭间、何洁主编：《中国传统图形与现代视觉设计》，山东画报出版社2005年版，第18页。

音和暗示的方法，获取心理愉悦。耳熟能详的福禄寿喜，通常以蝙蝠、鹿、仙鹤（灵芝、仙桃、松树）、喜鹊为象征；麒麟，原本是麒为雄，麟为雌，在经历了历史文化的演变之后，麒麟演化成了吉祥的象征、送子的瑞兽，便有了麒麟送子的图形。与此相关的诸如摇钱树、莲（连）年有鱼、五子登科等，这是中国农耕文明社会生活的要求，也是农耕社会背景下人们心理的象征，更是明清以后社会民俗信仰。

二是文化寓意型：文化寓意主要是指长期以来约定俗成的依附在具体形象身上的文化内涵，诸如龙凤、牡丹、如意、琴棋书画、耕读、喜相逢（对鱼、对花、对鸟）、四神（青龙、白虎、朱雀、玄武）等，也包括各种纹饰。对于民众来说，这些被社会认可的图案，体现了国人期望团圆吉祥的心理；对于国家来说，更是一种社会文化的需求，需要这些文化符号来凝聚人心，彰显民族精神。

三是精神向往型：这类图案纹饰自身显示了一种精神和境界，从传统文化的深层赢得了民众的心理追求。岁寒三友（竹梅松）、四君子（梅兰竹菊）、荷花（出淤泥而不染）、麒麟等，这些图案纹饰从不同的侧面展示了人类文化的审美趋向和审美价值。

## 2. 砖雕装饰纹样体现的传统文化精神

砖雕图案纹样的约定俗成，是经历了长时间的历史积淀之后形成的。它体现和承载着儒家文化的深层内涵，几千年来儒家思想在中国政治、思想、文化等诸多领域占据统治地位，影响巨大。在这个大文化背景下，传统砖雕图案纹饰作为文化艺术的重要组成部分，同样受到深刻的影响，即对动物、植物和山水自然景观赋予了特殊的精神和意义。

儒家文化在审美方面，重仁义道德修养，以善为美。具体到装饰纹样中，这种审美观就潜移默化渗透在各类图案中，对人们的思想观念和生活方式产生潜移默化的影响。古人把"德"置于教化的首位，以体现人格修养。装饰纹样所蕴藏的传统文化精神，体现的正是人格化的魅力和完善的品格。德与仁，儒家把它们看作是理论与实践的关系，以"德""仁"为本，是追求人格完善的途径。"仁"与"礼"，在中国传统文化和装饰纹样中都有着丰富的内容和具体的表述。比如麒麟，《毛诗正义注疏》里说它"有足者宜踢，有额者宜抵，有角者宜触，惟麟不然"，其核心内容表现为"己所不欲，勿施于人"，"穷则独善其身，达则兼济天下"等。缘于此，我们看到的麒麟的形象一般不搭配其他生灵植物，笑口常开，只辅以"火焰"和"云朵"来显示其神威与祥瑞。传统的图案纹样有"麒麟献瑞"、"麒麟朝日"、"麒麟送子"、"麒麟吐书"等。在宁夏，麒麟形象在多个艺术表现形式中都有展示，诸如砖雕、剪纸、雕塑等。

　　自然、社会与人的和谐发展，是一个古老而弥新的课题，是儒家"天人合一"思想观念的重要内容，在历代砖雕图案纹饰中得到了长足的体现。中国传统的装饰是从图形符号造型美与文化内涵和谐美的多重角度介入的，以造型的样式表达它们之间的象征意义与和谐关系，旨在寻求天人的和谐统一，维持现存的社会秩序。因而，传统的纹样"麒麟献瑞"、"三羊开泰"、"太平有象"等表达的都是天下太平、政通人和的盛世吉象，深层体现的自然是传统文化意义上"天人合一"的客观要求。从民俗文化的意义上说，天与人、人与人的关系，尤其是官与民、人与神的关系，实际上折射的仍是人与人的关系。

　　在"天人合一"的大文化背景下，官与民，表现的是政治与伦理层面的关系。为官清廉，勤政爱民，老百姓自然就拥护，即使朝代更替了，后代人还纪念他。"一琴一鹤"、"天官赐福"、"一品清廉"等传统图案纹饰，就是官与民的和谐写照，是经历了历史大浪淘沙之后的经典。"一琴一鹤"图案纹样，从画面上解读不过是一只鹤一把琴而已，但它背后的历史文化积淀却是一段惊人的故事。说是宋代人赵抃，调成都任职时，仅一琴一鹤相随；官至御史，仍刚正不阿，清正廉洁。"一琴一鹤"传统纹样生成的背后，不仅是对赵抃官居高位而一尘不染的赞颂，也寄托着人们对为官者的祈愿。

　　人与神的故事，折射的仍是人与人的关系，因为传统文化里，神是人创造的，神仙的身世在不同历史时期的人间都能找到。民间皆知的天官赐福图中的"三官"（天官、地官、水官），在后代人的思维中就是与宗教有关的"神"的故事，但追溯历史可知他们是周幽王时期三位谏臣唐宏、葛雍和周武。他们直言善谏，反对战争和苛政，要为人民造福。历史的身后，便有了天官赐福图，后人们供奉这样的人为神，希望他们能为民谋取福祉。这样的雕刻图案纹饰再现的就是人推崇的神圣与理想化的精神支撑，寄托着人们对政治清明、社会和谐、生活幸福的向往。

　　在国家实施文化遗产保护的今天，作为非物质文化遗产之一的砖雕艺术，是宁夏传统艺术的重要组成部分，保护和承传的任务都十分紧迫。承传人是砖雕艺术继承和发展的根本，各级文化管理部门必须高度重视，要从弘扬中华传统文化的大背景上来看待宁夏砖雕艺术的历史和现状，做好人的培养工作，做好遗产保护工作，为宁夏经济社会文化的繁荣和发展做贡献。

以上追溯了宁夏砖雕历史与砖雕艺术图案的象征意义，目的在于为杨氏家族泥塑艺术提供地域文化影响的历史根脉。

## 泥塑艺术及其传承

### 考古发掘揭示的固原文化积淀

20世纪70年代以来，宁夏固原出土了大量的历史文物，其中一部分内容就是早期雕塑文化遗物。这些文物的出土，不仅展示了历史上东西方文化在固原驻足和融合的历史，而且再现了当时文化状态的高层次，为后来文化的传承和延续积淀了丰富的地方历史文化底蕴。

1. 早期的俑

从雕塑艺术的角度看，俑是古代墓葬雕塑艺术的一个类型，它真实地模拟当时各个阶层人物造型，包括衣着和神态，反映的是当时社会生活习俗和典章制度。同时，也反映了当时雕塑艺术的工艺水平。固原地下出土的北魏、唐朝以来的雕俑，可以看作是传统雕塑艺术在固原的展示。西晋灭亡之后，北方少数民族匈奴、鲜卑、羯、氐、羌等民族先后进入中原，五胡交替的时期，政权更迭不断，出现了十六国纷争的复杂格局。宁夏成为这一历史阶段的重要活动区域，文化方面的融合呈空前激烈之势。鲜卑拓跋氏统一北方，建立北魏政权后，在丧葬制度上，既有对前代文化的承袭，也有鲜卑民族习俗的保留，体现在文化遗存上，陶俑造型雕塑最能体现当时的文化特点，更多的是接受了汉族文化和习俗的影响。固原北魏墓葬出土的陶俑，集中体现了这种文化背景。

北魏时期随葬的陶俑主要分三类：镇墓兽、仪仗类和侍仆类。[1] 镇墓俑，包括人面和兽面蹲坐式两类；仪仗俑，以牛车和鞍马为中心，包括骑马鼓吹俑、甲骑具装俑、文吏俑等；侍仆俑，有男女侍仆俑、胡俑、乐舞俑等。此外，还有庖

---

[1] 冯普仁：《俑》，贵州人民出版社1998年版，第14页。

厨明器、动物模型等。这些陶俑造型，在宁夏南部墓葬中均有出土：

一是固原市彭阳县新集乡石洼村北魏墓。这里出土有陶鼓、陶磨、陶井、陶仓、陶鸡、陶狗、陶牛、陶车和陶驭者；俑类有武士俑、甲骑具装俑、文吏俑、吹角俑、持鼓俑、风帽俑、女侍俑等。二是固原市原州区开城镇王涝坝村出土的北周宇文猛墓，出土有镇墓武士俑、甲骑具装俑、执盾武士俑、文吏俑、笼冠俑、吹奏骑俑、怪兽状镇墓兽等造型的陶俑。三是固原市原州区清河镇深沟村李贤夫妇合葬墓出土的陶灶、陶碓、陶驴、陶鸡舍、陶骆驼、甲骑具装俑、镇墓武士俑、武官俑、文吏俑、笼冠俑、风帽俑、侍女俑、骑马俑、胡俑、吹奏骑俑、镇墓兽等。四是固原市原州区开城镇小马庄村史道洛夫妇合葬墓出土的非常精美的镇墓武士俑、人面镇墓兽等。

以上出土于固原各个朝代各种造型的陶俑及生活用品，在反映那个时代文化背景的同时，也真真切切地反映了雕塑艺术在宁夏南部历史早期的文化积淀。虽然历史远去了，文化传承载记的遗风却无法割断，仍深深地影响着后人。

2. 摩岩雕刻

无论从宗教文化意义上，还是文化遗存类型的生成即雕刻工艺背景看，摩岩雕刻都是古代宗教雕刻艺术的一个类型。以山崖为材料而完成的雕刻艺术，手法多以浮雕及半圆雕为主体完成造型。全国十大石窟之一的固原须弥山石窟，就是摩岩石刻艺术的代表之一，尤其是通高 20.6 米、依天然岩壁雕凿而成的大佛造像，面像丰满，姿态端正，两肩宽厚，通肩袈裟质感轻薄，体现了唐代造像艺术及其典型风格。

须弥山石窟造像，是传统摩岩石刻造像影响较大的石窟群之一，作为有形的全国重点文物保护遗产，已存在了一千五百余年。这种宗教文化意义上的石窟造像，既是历史为固原留下的文化盛景，反映了历史以来丝绸之路文化在固原的遗存和体现，也为传统工艺雕凿艺术的承传和延伸产生了直接作用。一个个洞窟，一座座造像，都成为雕凿工艺承传的象征。千余年来雕凿艺术大师们在佛教造像的身上，除了虔诚的宗教崇拜外，在工艺层面上同样为后人留下了潜在的无以估量的艺术营养。

3. 寺庙雕塑

寺庙雕塑，是古代雕塑艺术的另一种类型。寺庙宗教建筑源起很早，《后汉书·刘虞公孙赞陶谦列传》里已有记载：东汉献帝(189—220)时丹阳人笮融大起浮屠寺，"作黄金涂像，衣以锦彩"，这是我国寺庙雕塑艺术之早期记载。此后的历史，寺庙宗教建筑的雕塑艺术历代承传，除了战乱和特殊历史时期外，寺庙宗教雕塑艺术无论在都市还是乡村、南方还是北方都延续了下来。宁夏隆德县杨氏家族雕塑，就是一个典型。

以上三个方面，从历史与文化的角度追溯了宁夏固原独有的历史文化遗存及其氛围。同时，亦可清晰地看出，固原雕塑文化艺术生成过程中，地域文化遗存对其深层次、背景式的久远影响。如果做些横向比较，我们就会发现，能有像固原这样历史文化积淀深厚的地方不是很多。尤其是近30多年来固原考古出土的由丝绸之路生成的中西文化背景下的雕塑艺术造型遗物，须弥山石窟造像雕刻艺术造型等，都是看得见、摸得着、集历代雕塑艺术之精华的文化遗存，是雕塑艺术的无价宝库。对于宁夏雕塑艺人来讲，是取之不尽的艺术源泉。

**杨栖鹤和他的继承者**

泥塑，亦称彩塑，属雕塑艺术的种类之一，也是我国五大雕塑传统(陶、木、石、铜、泥)的重要组成部分。作为独立的雕塑种类，它采用黏土、纤维(麦秸、稻草、纸筋、棉花等)、河沙作为塑造的主要材料。其工序是在塑造完成、阴干、干磨以后，再上粉底，然后在粉底上施以彩绘。泥塑彩绘，主要是用于庙宇及石窟之中的造像。

文化有承传性，艺术更是如此。杨氏家族的雕塑艺术受地域文化遗存的影响是深层的，无论是否意识或关注这方面的文化表象，地域文化的深层影响都渗透在骨子里。无论从传统雕塑艺术的传承背景，还是从地域文化潜移默化的影响方面看，对于已经传承了六代人的杨氏家族来说，已经形成的他们的雕塑风格，是在传统雕塑基础上脱胎出来的。传统泥塑，是目前杨氏家族最具代表性的雕塑艺术表现形式。

杨氏家族雕塑，庙宇彩绘是其雕塑艺术的重要方面。

**1. 家族雕塑艺术的经历与传承**

杨氏家族是闻名陕、甘、宁地区的雕塑世家，第四代传人是年已九旬的杨栖鹤老先生。第一次拜访他，是在一个华灯初上的晚上。老人肤色红润，胡须飘白,但精神矍铄,生性健谈。穿戴也独具风格,一顶民国年间的小圆帽,帽顶上缀着核桃大小的一颗红玛瑙珠,显示的是古人的装束,一脸的和善慈祥。

第二次拜访杨老先生,是在暮春落雪之后的固原城南九龙山上。九龙山殿宇雕塑,就是由他来完成的。之后,我去了杨老先生的桑梓之地隆德县温堡乡。这里是一条南北走向宽阔而平坦的川道,两面山峰相对低矮,如馒头状起伏。山川相济,搭配得原始而古朴。杨栖鹤老先生的家居就在西山脚下,小地名称杨家坡。庄院依山而建,坐北向南,看上去很有生气。杨老先生的长子杨迎春陪我们走访了杨老先生的老宅子,领略了宅子里的陈设,欣赏了早年的雕凿工艺品,包括近年由各个渠道送给他的各种匾额和题字,还有获奖的证书等。另一个修建得时新的宅子,是杨栖鹤先生四子——第五代传人杨佳年的宅院,这里陈列着不少过去的各类质地的雕塑工艺品。

有了这几次经历,我对杨氏家族雕塑艺术的传统背景有了一定程度的了解。

杨氏家族雕塑源起,时在清朝道光年间,始于杨栖鹤老艺人的曾祖父——第一代传人杨魁山,至今已160余年。他的曾祖父擅长泥塑,曾离家往陕西学艺,技艺日渐成熟,尤其是庙宇神像雕塑。杨栖鹤老人没有追述杨氏家族雕塑艺术缘起的背景,但却谈到了地域文化环境对杨氏家族雕塑工艺传承的潜在影响。

杨栖鹤老人的祖父,是杨氏家族雕塑艺术的奠基者,也是将杨氏家族雕塑艺术向前推进的一代,是杨氏家族雕塑传人中的第二代。他在传承父辈雕塑艺术的基础上,多有创新。陕西凤翔府,是古长安以西历史悠久文化名城,雕塑、年画和各种手工艺品制作在全国都有影响。凤翔府的扶风县,是周文化的发祥地。这里有享誉中外的法门寺,有岐山下的周公庙。杨氏第二代传人杨廷府在继承父业的同时,追求雕塑技艺的途径亦如其父,除家传外,有过在陕西扶风拜师学艺的经历。甘肃平凉府城隍庙神像的成功雕塑,集中展示了他的雕塑艺术水平,也让他名声鹊起,府台大人以"德艺双全"的题匾相赠,以示褒奖。此后,周边县治城隍庙宇神像的雕塑和彩绘,杨廷府多有参与,为杨氏家族雕塑艺术发展奠定了坚实的基础。

民国年间,杨廷府将雕塑艺术再传于第三代传人——他的侄子杨维福,这就是杨栖鹤老人的父亲。杨佳年,是第五代传人,为杨栖鹤老人的四子,擅长泥塑、绘画、烫花和根雕艺术。杨贤龙为第六代传人,年轻有为,擅长泥塑、绘画、电脑设计、模具制作等。家传根脉延续下来了,技艺得到了弘扬,160余年的风风雨雨,滋润、浇灌和繁荣了远近闻名的杨氏家族雕塑艺术的花朵,沿袭和发展了根深叶茂的地方历史文化。

2. 崆峒山献艺

杨维福在杨氏家族雕塑艺术传承中是一个过渡。由于家境变故,杨栖鹤老人的父亲杨维福民国初年离开故土,在新疆生活过十余年,但依旧在继承的基础上创新杨氏雕塑艺术,为他的后人——第四代传人杨栖鹤的艺术生涯提供和创造了独有的艺术环境和创新氛围。

正在创作的杨栖鹤

杨栖鹤老艺人出生于1928年,家传渊源使得他自幼就沐浴在那种民间艺术的氛围里。杨氏家族雕塑艺术发展到杨栖鹤这一代,某种意义上说是一种集大成式的总结。他继承了前三代传人的雕塑技艺,同时吸收和借鉴其他各类民族民间艺术之长,融自己的艺术创作于一体,形成了雕塑、绘画、木刻、剪纸、烫花等多种门类的"杨氏家族艺术"。

20世纪70年代末80年代初,中国大地上掀起了旷古未有的改革开放浪潮。这种社会的大变革,也带来了中国传统艺术复兴的春天。已过知天命之年的杨栖鹤,借着时代大潮的风帆起程,开始了他人生的新追求。

甘肃平凉崆峒山，为中国道教第一山。20世纪80年代第一个春天，杨栖鹤被请上崆峒山，要重塑和修缮多处大殿的佛像。荒凉了数十年的殿宇佛阁，雕像残损，山场冷落，万劫之后一片萧瑟景象，风吹飘荡到殿堂里厚厚的黄叶，踩上去是一种年代久远了的感觉。最初，杨栖鹤先生席地而卧，松软的树叶成为他歇息的床铺。清贫的日子，艰辛的岁月；春去冬来，寒暑更替，他在这漫山碧绿的崆峒山上，一住就是五年。殿宇修缮一新，佛造像塑起来了，壁画重新展示在世人面前，他的辛劳，他传承民族民间文化的精神，他精湛的雕塑艺术，得到了文化艺术界的高度赞扬，他捧回的是由著名书法家题写的"巧会天成"的沉甸甸的匾牌，记载着他这段特殊经历。杨老先生说："在山上时，遇到萧克将军游山。他说崆峒山是座名山，应该修缮得更好。"其实，这也是他的心愿。

崆峒山五年的磨砺，是一次难得的机遇，成为杨栖鹤老人雕塑艺术之路的转折——吸泾水之灵气，纳崆峒之神韵，使他的思想境界得到了进一步的升华，雕塑艺术得到了长足的提升。

### 3. 特殊经历

文化，有着极强的穿透力；民间家传艺术，同样有着天然的承传关系。新中国成立之初，杨栖鹤正是20出头的小伙子，但传统雕塑艺术的细胞早已融入他的血液中。数年后完成的雕刻工艺品《木香炉》一组三件，无论从图案设计，还是工艺水平，都展示了他不凡的艺术才能。20世纪80年代，木雕艺术品《木香炉》入选全国首届民间工艺美术及名艺人作品展，同时获得大奖。第五代传人杨佳年的彩塑《李白下江南》亦入选展出。近乎50年后，这些精湛的雕刻工艺品，成为国家民间物质文化艺术品的杰作，数次往世界各国巡展，并受到国家文化部的奖励。

**杨栖鹤人物泥塑**

杨栖鹤的雕塑艺术追求，是家风传承的信念在支撑着，即使在"文革"期间他也没有放弃过，反而充分利用当时人们狂热的激情和浮躁的社会环境的空隙，来实现他的艺术追求，传承他的家族遗风。

"文革"期间,倡导和推行的样板戏风靡全国,是当时城乡都推崇的唯一的文化活动。杨栖鹤充分利用这种文化环境,将样板戏诸如《红灯记》里的李玉和、李铁梅,《智取威虎山》里的杨子荣等英雄人物的造型,通过他的雕刻艺术手法进行再创造,一尊尊英雄人物的造型赢得了县文化馆、人民公社文化站领导及相关方面的赞誉。通过这样的雕塑艺术活动,一方面继续着自己潜心追求的事业,一方面又不致引起别人怀疑他是在钻研雕塑艺术。"文革"时期的陕西户县,是全国闻名的农民绘画之乡,为了发展农民绘画,杨栖鹤被县文化馆抽调去户县专门学习农民画。虽然农民画与雕塑是两种路径,但对于杨栖鹤却是千载难逢的机会,绘画艺术同样地支撑着他的雕塑艺术。艺术是相通的,在以后的艺术生涯中,同样发挥着重要作用。

20世纪70年代末,中国的文化背景在悄悄地发生着变化,传统文化逐渐回归,久违了的传统古装戏在农村开始盛行起来。西北人喜欢看秦腔,农民更是热望。这个时代的文化潮,又为杨栖鹤带来了展示技艺的舞台。土地承包之后的农民情绪高涨,经济在复苏之中,对精神文化生活尤其向往,销声匿迹了多年的秦腔是山里人所盼望的。村子里开始搭班子唱古装戏,但成套的古典戏剧服装是很难有财力来购买的,杨栖鹤雕塑与绘画的手艺用得上了。他曾在甘肃庄浪县拜师学过戏剧服装的剪裁制作,真是无心栽柳柳成荫。杨栖鹤自己设计,自己剪裁,自己缝制,包括戏袍、帽子一应俱全。服装上的图案也由他来设计绘画,人物的造型全由他来系统安排。他说:"雕塑以泥为面,服装裁剪制作以布料为面,某种程度上只是一种转换而已。"贯通了,一通百通。

杨栖鹤的名声渐趋远播,河南人竟然慕名来到这封闭的小山村,敦请他到河南一家服装厂做工艺设计和艺术指导。

4. 传承者

伴随着改革开放的春风,杨栖鹤老先生这30余年的雕塑艺术经历,主要体现在两个方面:一是雕塑艺术工艺的不断提升;二是子孙三代的传承文化奠定了杨氏家族在当代民间雕塑艺坛上地位。

第一,树立了一个新的里程碑。现在,杨栖鹤老艺人虽已步入耄耋之年,但一生的追求使他的雕塑艺术日渐成熟。进入老境,艺术炉火纯青,杨老先生在全国民间雕塑艺术的圈子里影响很大,成为西北地区的领军老将。近30多年来的重

杨栖鹤泥塑

大艺术活动,为他赢得了太多的声誉。在组织和传承形式上,杨氏雕塑已逐渐以家族艺术群体活跃在雕塑艺术舞台上。

1995年8月,为配合纪念抗日战争胜利50周年,杨栖鹤老艺人挖掘地方历史文化中有代表性的人物和历史事件,率家族艺术成员创作了一批优秀而又有厚重历史感的彩塑艺术作品。70年前,毛泽东率领中央红军翻越六盘山,这是影响中国并有世界意义的历史事件。杨栖鹤以这一历史事件为背景,创作了《毛泽东翻越六盘山》系列作品,揭示了红军长征翻越六盘山的历史意义,展示了民间传统雕塑工艺反映重大历史题材的功能和艺术价值。"马社火",是春节期间宁夏隆德县地方传统文化特色的表演形式,"马社火"的雕塑也获得成功。纪念活动结束后,这些精美的雕塑工艺品被宁夏群众艺术馆收藏。

西夏,是与宋、辽、金鼎足而立近二百年的地方封建政权。西夏的历史远去了,但西夏的历史文化通过不同途径得以展示,成为宁夏地方历史文化研究的品牌。由于战争、自然灾害,或人为因素,近30年间在西夏王陵及相关的文化遗址中出土的西夏文物多有不同程度的破坏。1996年,应宁夏文物交流中心之邀,杨氏家族修复了数十件极具历史文化价值的西夏文物,为宁夏文化遗产的保护做出了贡献。

宁夏固原,是丝绸之路东段北道必经的重镇,历史悠久,文化积淀深厚。20世纪末,中日联合在固原的考古发掘,出土了大量精美的中西文化遗物。2000

年，杨栖鹤应固原博物馆之邀，成功修复了多件出土文物，尤其是 4 件造型精美的国家一级文物镇墓兽(镇墓兽、武士俑各两件)。同年 7 月，宁夏区、地、县分别举办了"杨栖鹤家族艺术作品展"，300 余件(套)雕塑艺术品得以展出，展示的是杨氏家族几代人手口相传的艺术风格及其艺术创新实践，再现了他们孜孜不倦的艺术追求。对于杨栖鹤老人来说，这是他自 20 世纪 80 年代初崆峒山艺术实践之后又一个辉煌的里程碑；对于杨氏家族来说，已经是一个成熟的家族艺术群体。

第二，影响不断扩大，艺术不断提升。宁夏中宁县石空大佛寺，开凿时间最晚应在唐代以前，是丝绸之路文化的遗物，也是丝绸之路东段星罗棋布的丝路明珠之一。现在的大佛寺，是宁夏重点文物保护单位。大佛寺开凿以来，佛寺活动越来越兴盛，后代曾进行过雕塑和维修，保存较多的是明代的遗物，主要是彩塑。唐代安史之乱以后，丝绸之路封闭，文化往来停滞，再加上自然环境的不断变化，尤其是受腾格里沙漠的影响，黄沙逐渐将洞窟吞噬并封闭，直到 20 世纪 80 年代初，石空寺洞窟才得以清理，洞窟内的彩绘、雕塑重见天日。被黄沙掩埋了数百年的石空寺雕塑彩绘，由于各种原因多有损坏。为了整理和修复、重塑洞窟佛造像，文物管理部门特邀杨老先生或修复或重塑，杨老先生的高超技艺深得文物管理部门赞誉。此外，宁夏吴忠市、甘肃兰州市等地宗教文化遗址建筑，也邀请杨氏家族前往彩绘雕塑。杨老先生不顾年迈奔波于各个遗址与文化景点之间，倾心倾力完成修复和重塑工作。

第三，家族群体雕塑艺术地位得以奠定。第四代传人杨栖鹤先生，是将杨氏家族雕塑艺术推向更高艺术层面的民间艺术大师。他的一生，在传承雕塑艺术并发扬光大的数十年间，经历三个里程碑式的时段：20 世纪 50 年代、20 世纪 80 年代、21 世纪初。现在，这个家族在传承六代人的历史时空中，已形成了一个家族雕塑群体。他们的影响已波及西北地区；他们的雕塑工艺水平，已与江苏无锡泥人雕塑进入同一个层面，为国家雕塑专业管理部门所认可。

杨氏家族的雕塑艺术成果，自 1998 年以来，中央电视台、宁夏电视台，《中国商报》、《宁夏日报》、《固原日报》、《浙江日报》、《新消息报》等多种媒体都先后做过深度报道，其雕塑工艺品也漂洋过海，在美国、日本等国家展出。

杨氏家族雕塑，以内容大致分为五类：

第一类，是雕塑彩绘。固原城南九龙山宗教建筑群，有杨氏家族近年雕塑彩绘完工的雕塑群艺术造型，以子孙宫为例，即可看到他们炉火纯青的雕塑艺术的展示。2006年春寒料峭的一个早晨，我约定与杨栖鹤老艺人来到九龙山。子孙宫的大殿里呈现的是造型布局合理、造像精美、色彩华丽鲜艳的雕塑造像群。依照民间民俗文化传统的要求，大殿上的主尊造像与两边的各类人物造像都是有故事渊源的，杨栖鹤老人对此深有研究。这里主尊造像三尊：中间为云宵圣母，左边为琼宵圣母，右边为碧宵圣母。主尊造像两边分别是麒麟送子、梅鹿送子；再两侧分别是十二弟子，造像各具神态，栩栩如生。这些身着古装、色彩艳丽的泥塑彩绘，每一尊造像都是一段历史故事，承载的是民间民俗文化的过去，体现的仍是传统文化在民俗文化中的折射。

造像彩绘逼真，遮掩了自身的泥塑内胎，进入观众的视角，如同活生生的古人端坐在民俗历史文化的时空里。雕塑的衣褶质感极强，尤其是绘上彩色后，上面点缀着图案花纹，如同布料丝缎一样的柔软真实。古装有其结构上的讲究，尤其是武人的装束。粗看上去似乎没有太多的区别，仔细琢磨就不一样了。杨老先生用手指着不同的地方说：这是连环甲，这是锁子甲，那是虎头甲胄等，故事和学问都在里边。

雕塑群的背景，也做了特殊处理。杨老先生说：那是整个雕塑群的背光，这是附在屏风上的四龙二凤等。大殿两侧的山墙上，是大型壁画，壁画的内容都是传说中的故事。这样，大殿里雕塑造像与四周布局形成一个艺术整体，神话里的故事和故事演绎的氛围极浓，充满着灵气。大殿外围正面全是仿古彩绘：梁、横木、椽等都分别由不同图案和颜色来装饰。大红颜色的门上绘的图案，是商周时期青铜器物上的兽纹饰；窗户造型也是由不同的连续图案构成，看上去典雅而别致。杨先生说：这是车串梅，那是草弯子……看上去都非常古朴原始，体现了中国传统文化建筑艺术在民间宗教民俗文化建筑中的继承和创新。

由九龙山子孙宫雕塑彩绘群以及整个大殿装饰彩绘，我们看到了一处完整的彩绘雕塑工艺造像群。这里集雕塑、彩绘、雕刻、壁画等为一体，体现的是多层面民间文化的内涵。杨老先生说：在这里约花了两年的时间才完成整体工程。从老先生的表情可以看出，这是他近年完成的雕塑工程中较为满意的一处。缘此，我觉得九龙山子孙宫雕塑彩绘群与同类工艺品比照，还是有代表性的。

第二类，是十二生肖内容。十二生肖通常称为"童子戏生肖"，将十二生肖鼠、牛、虎、兔、龙、蛇、马、羊、猴、鸡、狗、猪分别以各种造型活灵活现地塑造并展示给人们，是非常传统但又容易为人亲近的造型。所谓"戏"，自然是指各种形象的造型，童子是古典发型，古代装束。如一头翘着尾巴，低头前倾以显示拉力的牛，有童子用缰绳牵着它，用着浑身的力在拉；雄威的老虎，有童子在拿着类似于武器的棍棒；羊是性格最温顺的家畜，童子在后面双手推着它的尾巴；猴子的造型人们太熟悉，童子也以孙悟空的造型与猴子逗乐。整个十二生肖的造型神态逼真，与嬉戏的童子相趣相谐。

十二童子玩生肖，是十二生肖雕塑造型的另一种布局。童子戏生肖是将十二生肖单独分开，每一个造型古朴的小桌子上雕塑一种生肖加童子造像；而十二童子玩生肖，则将分开的造型集中在一处类似于镂空的崖石造型上，十二生肖与童子都以不同的位置处在一个整体

杨栖鹤泥塑

上，彩塑着色，造型匠心独具，各显神态。彩塑《十二生肖图》入选《中国美术全集·宁夏卷》，泥塑《十二生肖嬉童子》，参加了1995年"万博杯"全国"艺术之乡"艺术精品展示大赛。

第三类，是传统题材。传统题材，通常是指鹿鹤同寿、福禄寿喜、大女散化、金陵十二钗等，包括孙悟空大战红孩儿一类。这类传统题材体现的是传统民俗与历史文化方面的内容，既有地方性，也超越了地域界限。尤其是鹿鹤同春，福禄寿喜之类，除了民俗宗教的意义外，更多的是人们对于平静安逸生活的向往，祈盼吉祥如意。

第四类，是仿古建筑木刻、彩绘与壁画。这类与仿古建筑相关的美术工艺形式，体现的是综合性特点：雕刻、彩绘与壁画。古建筑梁柱、檐头雕刻什么，如何彩绘？不同地方选用不同图案及其布局等，杨栖鹤老先生都能构思出新出奇。

壁画往往是与古建筑相谐的陪衬，构图、意境、色彩等都在精心打造，一幅"鱼跃龙门图"，那腾起的鲤鱼、激起的浪花非常逼真，活灵活现。

第五类，是雕刻及其杂类。雕刻，对于杨老先生来说，主要集中在20世纪五六十年代，内容多体现传统文化，刀法娴熟，造型新颖。根雕，也是杨氏家族工艺品制作之一种。烫画和刺绣两种工艺造型，也是很值得称道的。这些艺术类型的取材大都源于传统文化，汲取传统雕塑艺术的精华；同时，也将现当代内容融入其中，多有创新。仅彩塑来说，选料、工序等都极为讲究，季节、地域不同，水分与配料都要调整。先后有十余道工序：扎骨架、上泥、收光、压划、插饰、糊纸、出白、起稿、沥粉、上彩、装金、抛光等，工艺过程用"三矾九染法"，即在选料、酿泥、造像程序及色彩处理等多个环节形成了独特的工艺流程。

杨栖鹤泥塑

宁夏非物质文化遗产，是国家文化遗产的重要组成部分。2006年以来，宁夏的物质文化、非物质文化遗产的保护与开发也得到了政府的高度重视，文化管理部门已陆续出台相关政策；地方政府也认识到了文化遗产保护工程的重要意义，开始重视和保护地方文化遗产及手工艺传承者。杨栖鹤老先生所在的隆德县，非物质文化遗产保护已走在全区的前面，对优秀民间传统手工技艺进行抢救性保护，建立了民间艺术人才培养和保护基地，确立了重点人才保护对象。杨栖鹤老先生已列为首批民间文化传人，每年可领到5000元艺术津贴。有了这些关爱和支持，杨氏家族在民族民间技艺传承方面必将得到全面发展和提升；同时对地方文化建设必将做出更大贡献。

目前，杨氏家族的雕塑，尤其是泥塑艺术品已得到政府文化艺术部门的认可，与江苏惠山泥人艺术可相提并论。尤其重要的是，第六代传人已走进雕塑艺术的殿堂，不但传承的问题解决了，而且有创新，接触了现代工艺美术的技艺和方法并运用于杨氏雕塑艺术之中。杨栖鹤老先生一生的雕塑艺术就是在传承中求变，在创新中发展的。他的后人、传承者，由于条件和千载难逢的时代，创新的机遇更多。现在，已经形成了泥塑、绘画、木刻、剪纸、烫花等多种门类艺术的"杨氏家族艺术"。

各类非物质文化遗存，隆德县是一个典型，是在宁夏乃至西北历史文化背景下产生和形成的，是这个大环境下当地文化传统、风土人情、人文环境培育的结晶。2007年新春元宵节期间，杨栖鹤率儿子杨佳年，孙子杨贤龙、杨贤雄参加广东省吴川市举行的"吴川杯"全国30家民间著名泥塑家现场创作邀请大赛。杨栖鹤老人与孙子杨贤雄创作的大型泥塑《百年西夏王》喜获银奖，杨成年、杨贤龙创作的大型泥塑《悠悠回乡韵》获铜奖，他们联合创作的《六盘之星》被大赛组委会收藏。2007年9月，在浙江杭州召开的第九届全国民间艺人节上杨佳年创作的《十二生肖系列》彩塑作品获奖，杨佳年被评为"中国第九届民间艺人十佳名人"。

现在，在杨老先生的旗帜下，成立了"杨氏彩塑"文物艺术有限公司，定位为传统宗教彩塑设计和施工、仿古壁画绘制、旅游纪念品研发、工艺礼品制作、民间艺术人才培训等。2011年底，"杨氏彩塑"传承基地成立，人才培训与传承有了培训的平台，产品研发有了畅销的市场，杨氏家族雕塑已经融入全国雕塑大文化圈。

2012年，杨氏泥塑艺术第四代传人杨栖鹤荣获"中华非物质文化遗产传承薪传奖"；2014年，第二批国家级非物质文化遗产生产性保护示范基地评选揭晓，作为传统美术项目的杨氏家庭泥塑进入国家级非物质文化遗产保护基地名单。

## 贺兰砚雕刻艺术

贺兰山，承载着悠久的历史文化。贺兰石，孕育了著名的贺兰砚。贺兰砚，因源于贺兰山石料而得名。只是贺兰石被发现和利用的年代可能较晚，明代《嘉靖宁夏新志》、万历《宁夏志》"物产"与"土贡"里，还看不到与贺兰砚相关的话题。清代《乾隆宁夏府志》里有了贺兰砚的明确记载："笔架山，在贺兰山小滚钟口，三峰矗立，宛若笔架，下出紫石，可为砚，俗呼贺兰端。"贺兰砚属于后来居上者。任何事物的孕育和发展，总有一个过程。贺兰砚进入清代《乾隆宁夏府志》，但绝对不是乾隆年间才发现和利用贺兰石的。贺兰砚的名世，是伴随着明清时期的文化时尚的，就算从清乾隆年开始，贺兰砚至今已有近三百年的历史了。

在中国传统文化文房四宝中，贺兰砚是享誉全国的。制作贺兰砚的石料，产于贺兰山小滚钟口，这里俗称"小口子"。大自然的育化，生成了这种特殊的石质，质地细腻，色泽雅润，褐紫、豆绿两色相互掩映，对比十分强烈，天然成趣。尤其是石料上自然生成的玉带、云纹、眉子、银线、石眼、绿豆点等，这些不可多得的天然质色形成与陪衬，更是凸显了这种石料的金贵，尤其是贺兰砚的经济价值、文物价值和观赏价值。随着国家对传统文化遗产的保护，尤其是近年非物质文化遗产的保护与传承，贺兰砚连同它的雕刻传承人一并得到了政府和社会的关注。2006年进入宁夏首批非物质文化遗产名录，2011年进入第三批国家级非物质文化遗产名录。2012年岁末公布的第四批国家级非物质文化遗产项目代表性传承人名单中[①]，贺兰砚第四代传人闫森林位列其中。

**贺兰砚的源起与传承**

砚，俗称砚台，原本是我国传统文房四宝中的一宝，属于书写工具之一，历史悠久。到了汉代，砚的称谓已约定俗成，唐代已开始采掘以专用石材制砚，明清时期，砚的雕刻工艺更为精美，已经由原来实用性向欣赏性转变。有欣赏价值，就有保存收藏价值。缘此，砚的实用价值在得到充分展示的同时，砚的艺术价值、收藏价值不断提到提升，成为文人和收藏者爱慕的特殊文化艺术工艺品。

贺兰砚始于清代康熙年间，正逢康乾盛世，也是我国砚雕艺术最繁荣的时期。虞崇文先生著有《贺兰砚》一书，通过大量的照片从多个层面展示了贺兰砚及其雕刻工艺，是对贺兰砚史料性的总结，有助于贺兰砚传承艺术的深入研究。

贺兰石，出于贺兰山小滚钟口笔架山一带。贺兰砚虽载于清代乾隆时期的地方志书，但记载晚于民间贺兰砚的制作时间。康熙间年，宁夏广武（今青铜峡）人俞益谟，曾任湖广提督，已经发现和利用贺兰石制砚台，而且非常精美。据资料记载，俞益谟所制石砚流传至今，仍典雅珍贵。清道光以后，宁夏地方文化人已

---

① 《中国文化报》公布名单，2012年12月26日。

看重贺兰砚的价值,据说还从江南延请制砚的技师来宁夏传艺,将江南制砚技艺与北方的文化传承融为一体,使得贺兰砚的刻制更为细腻,更具有神韵。到了清代光绪年间,贺兰砚的影响力就更大了。宁夏地方官员谢威凤因擅长书法,喜爱贺兰砚,曾在贺兰山小滚钟口做过实地调研,对贺兰石材质的优劣做过认定和选择,以便于贺兰砚的制作。清末宁夏知府赵惟熙,也非常看重贺兰砚并有诗相赞:"贺兰富砚材,堆砌成小山。夙有临池性,簿书倪余间。"民国初年,西北著名学者张维(1890—1950)先生专门为贺兰砚写过《贺兰山石砚铭》:"知其白,守其黑,磨而不磷,涩而不缁。砚乎!砚乎!吾以尔为师。"①

清末,宁夏府城已有制砚人。清光绪年间,闫氏家族制砚的缘起者闫万庆、闫万年兄弟开始随继父学习制砚,而且已经小有名气。只是闫万年英年早逝,闫氏贺兰砚制作技艺的传承,就落在闫万庆的身上。民国年间,闫氏制砚工艺亦不断改进,制砚造型与雕刻图案更趋精湛。传至儿子辈,闫子江、闫子祥,制砚技艺更趋成熟。

白贡甫先生是宁夏省城的绅士,也是著名的文化人。他非常喜欢砚台,就在当时银川南门二道巷辟了制砚作坊。闫万庆就是这个作坊的领班。闫氏制作的上好砚台,都与这位绅士有关。1934年3月至1935年5月,上海申报记者陈庚雅对西北各省做考察后,将他采访的通讯录结集为《西北视察记》。书里写到了贺兰石砚:"'紫端'最佳;猪肝色得,价无定;次为羊肝色、豆绿色者。石工有名严油子者,能相石,并善刻。然每得一石,必就商于白贡甫氏。"他还记载说:国民政府要员宋子文来宁夏视察时,马鸿逵为讨好宋子文,曾向白先生索取贺兰砚三方以呈送宋子文。这些砚中上品,自然得到宋子文的喜爱和赞赏。民国时期的贺兰砚,已是西北名贵产品。20世纪40年代,宁夏省政府为了统筹管理,白贡甫的砚台作坊也就另换了主人,但在贺兰砚制作者仍旧是闫万庆。这样一转制,等于宁夏已有了专门的制砚工厂,当时虽然产量不大,价格虽高,但却是有影响的非常好的馈赠之物。"闫砚台"的声誉,即为当时影响力的诠释。

闫万庆生有三子,名闫子江、闫子祥、闫子海。有了这样一个传承的家境,再加上当时要谋于生活,子从父学是家传,父教子制砚是责任。虽为父子,但技

---

① 张维:《还读我书楼文存》,生活·读书·新知三联书店2010年版,第92页。

艺上的行当自然父子又加了一层师徒关系。在传承方面，第二代传人闫万庆、闫万年，是"闫家砚"的奠基者，第三代传人闫子江，将"闫家砚"的制作技艺往前推进了一大步。① 1956年，闫子江、闫子祥进入银川刻字社，继续从事制砚工作。1957年，闫子江以甘肃省代表身份出席了全国工艺美术界艺人代表大会。

1960年至1963年间，闫子江、闫子祥兄弟受宁夏回族自治区政府委派，参加了北京人民大会堂宁夏厅的建设工作，在此期间雕刻创作了大型浮雕挂屏毛泽东手书诗词《清平乐·六盘山》、人物浮雕《红军长征过六盘》、山水插屏《塞上江南》等许多各

贺兰砚雕刻艺术传承人闫森林

具特色的工艺品。1963年，国家副主席董必武来宁夏视察工作，观赏贺兰砚后曾赋诗一首："色如端石微深紫，纹似金星细如肌。配在文房成四宝，磨而不磷性相宜。"此诗把贺兰砚与端砚做了比较，把贺兰砚砚面质地的细腻与纹路柔润做了描述，给予极高的评价。

20世纪70年代，有关方面的学者和专家对贺兰砚开始界定，就贺兰砚的产地、色泽、质地等都做了分类研究，总体上分为前山石砚、后山石砚、朝天玉带砚、紫袍玉带砚、七星眼砚、绿标砚、光素紫石砚七种类型。② 这是贺兰砚经过近300年雕刻制作的经历和研究与总结，大大推进了贺兰砚的工艺水平的提升。

从1972年至1986年间，贺兰石刻厂发生了多次合并，但多年的传承没有中断。一方面，陈梅荣、施克俭、闫森林等已形成了以闫氏家传为主的传承群体，达到炉火纯青的艺术境界。1997年香港回归时，施克俭创作的《牧归》，成为宁夏赠给香港的特殊礼品。陈梅荣创作的《九龙套砚》、王文华创作的《牡丹亭》都成为

---

① 马伟：《"闫家砚"第三代传人——闫子江的雕刻人生》，载《新消息报》2008年3月25日。
② 胡迅雷：《漫话贺兰石砚》，载《盛世文苑》第1期。

全国的名砚雕刻精品。另一方面，由于各种原因，贺兰石雕刻技艺以家族和师徒相传承的时代基本结束，传承人出现断层现象。

**贺兰砚的特点**

贺兰石质地柔润，纹理细腻，坚而不硬，紫中嵌绿，绿中附紫，是较名贵的石质，易于刀刻。雕制成砚，有呵气见水之感，有发墨而不损毫之特点。砚中余墨加盖而不易干且墨味依旧清香，贺兰砚名贵即在于此。名砚讲究造型和纹饰。传统的贺兰砚讲究实用，所以大多比较匀称，厚重端庄，简朴大方，因而砚的造型有正方形、长方形、圆形、椭圆形等，纹饰多为云龙、猴子、蝙蝠、松、竹、荷花、瓜果等。按照传统文化对图案的释解，是图必有意，意必吉祥。在体现制砚人砚雕技艺的同时，还要体现其审美情趣，是砚雕技艺与审美意向的有机结合。贺兰砚造型与纹饰的体现就是这样。近年，随着旅游文化的不断开发，贺兰砚迎合游客的喜好，以贺兰砚为主体，贺兰石印章、笔架、笔筒、印泥盒等文房用具以用及挂屏、插屏、浮雕、透雕和圆雕等各种工艺品，同样赢得游人的认可。此外，以贺兰石制成的大型工艺品，也在某些国家的重要场所出现。总体上看，贺兰石有着鲜明的色彩，极具个性，制成的艺术品能充分利用石色来体现艺人的思路，构思巧，思路新，雕刻简洁，充分凸显了贺兰砚的实用价值和欣赏价值，体现了它的和谐美。

非物质文化遗产保护，为贺兰砚提供了全新的历史契机。2010年5月，《中国文化报》公布的第三批国家级非物质文化遗产名录推荐名单（扩展项目）里，已将银川市申报的"贺兰砚制作技艺"列入"砚台制作技艺"国家推荐名单。① 未来贺兰砚的制作及其传承人的艺术传承，都将得到政策性保护，为贺兰砚制作与技艺传承奠定了良好的基础。

2011年，贺兰砚制作技艺已进入国家级非物质文化遗产保护层面。2012年2月，"闫家砚"第四代传承人闫森林作为国家级非物质文化传承人，受邀在北京现场展示了贺兰砚雕刻的精湛技艺。同时，他还精心准备了"雄风砚"、"鱼跃龙门"、"荷塘秋韵"等作品参展。砚是中国传统文化的重要组成部分，是"陈之高

---

① 《中国文化报》2010年5月18日。

雅，藏之升值"的艺术瑰宝。因此，在表现形式上，闫森林在坚持传统砚雕工艺的同时，注意吸纳和融合现代雕塑、绘画与书法艺术的艺术成分，为我所用。

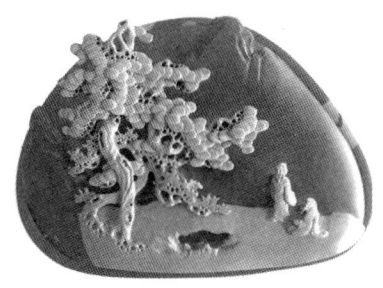

贺兰山砚

现在，"闫家砚"不但有了传人，闫森林还受聘为宁夏职业技术学院的客座教授，定期向学生传授"闫家砚"的雕刻技艺，雕砚传承技艺走进了高校。未来贺兰砚的制作及其技艺传承，都将得到政策性保护。我们希望新一代贺兰砚的传人，能将自己的才智融于贺兰山石砚制作的历史传承中去，同时借鉴全国各地名砚的制作工艺，让贺兰砚誉满全国，走向世界。

2012年12月26日，《中国文化报》公布了"第四批国家级非物质文化遗产项目代表性传承人名单"，时年60岁的贺兰砚制作技艺人闫森林已进入第四批国家级非物质文化遗产项目代表传承人"传统技艺"类名单，成为国家级非物质文化遗产传承人。

## 张氏回医正骨疗法

中医与中医药，在中国有着悠久的历史，是中华民族在生产与生活实践中、在长期治疗疾病的过程中总结和形成的医学科学，是中华民族智慧的结晶。从更大背景上看，也是中国传统文化的重要组成部分。数千年的发展经历，中医和中医药不但成了我们民族的国粹，而且影响到世界不少国家。"目前全世界有162个国家有中医药及其相关产品，使用中医药或天然药物的人群超过40多亿，占世界人口的70%左右，国外中医医疗机构有10万多家。"①可见，中医与中医药在中西文化背景下为国际所接受的程度。党的十八大报告明确指出：要坚持"中西医并重"。从民族复兴的战略意义上审视中医药发展的未来，"中医药学是中华民族所特有的、以汉医药为主体，并包括中华各兄弟民族的传统医药学在内的集大成的一门科学"②。它不仅是涉及保障广大老百姓健康的大事，是关乎中华民族优秀文化传统的继承和弘扬的大事，也是中华文明影响世界、推进人类文明进步的大事。

中国的回医药，也是源远流长。明代，回族形成，回族制药业与传统回医药相结合，在中国的医药界已享有盛名，许多回族人以制药、售药、行医为生，明代的《回回药方》36卷，③ 为后来回族医药的发展奠定了坚实的基础。宁夏回医药，是我国中医药里民族中医药的一部分。回族张宝玉创立了回医正骨疗法，他已被列为第四批国家级非物质文化遗产项目的传承人。④

**何谓正骨疗法**

正骨，顾名思义就是对各类骨伤的特殊治疗，如骨头错位、骨折、腰痛等。张氏正骨疗法，是传统回医药与传统中医学相结合的治疗手法，同时融入了张氏正骨疗法的秘诀。在治疗形式上，不开刀、不打石膏，也不用金属物穿刺牵引。而是通过手法复位来正骨，之后用小夹板固定，再外敷张氏家传回药膏。对于骨折等各种患者来说，没有手术治疗之痛苦，损伤小，恢复快，经济负担也轻。

回族医学是中国传统医学的重要组成部分，张氏正骨疗法就是回族医学中传承较为久远且具有自身特点的治疗手法，医治经验、理论知识等都凝聚着张氏几代人的心血，民族性、民间性和地域性是其鲜明的特点。2007年，张氏回医正骨被列为宁夏回族自治区非物质文化遗产，2008年列入国家级非物质文化遗产——回族医药·张氏回医正骨疗法，同年获准成为国家级非物质文化遗产代表名录项目传承保护基地。

---

① 单三娅、甄澄：《著名中医学者曹洪欣谈：为什么要力挺中医》，载《光明日报》2012年8月24日。
② 李慎明：《振兴中医药：民族复兴的重要战略》，载《光明日报》2013年1月21日。
③ 杨绍猷、莫俊卿：《明代民族史》，社会科学文献出版社2007年版，第150页。
④ 《中国文化报》2012年12月26日。

**正骨疗法之传承**

张氏回医正骨疗法传承，有记载的历史已有150余年。创始人名张华坤，清代同治年间陕西回民起义时，他就是白彦虎的随营医生。后来，就落籍在宁夏吴忠（今利通区）马莲渠乡，开始在民间行医。在这个过程中，广泛收集民间回族药方，研究并实践回族正骨术，为张氏正骨疗法奠定了基础。

第二代传人张成仁（1888—1980），受父亲行医影响，少年时起就随父学习正骨术，并在民间行医，以诊治跌打损伤及各类外科创伤杂症为主，正骨手法与药物兼施，尤其是治疗各种顽疾，已积累了较为丰富的经验。张氏正骨实践与理论框架，就是在他行医的年代奠定的。在行医的同时，张成仁还乐善好施，扶危济困，在回坊受到人们的推崇和尊敬，是德高望重的长者。

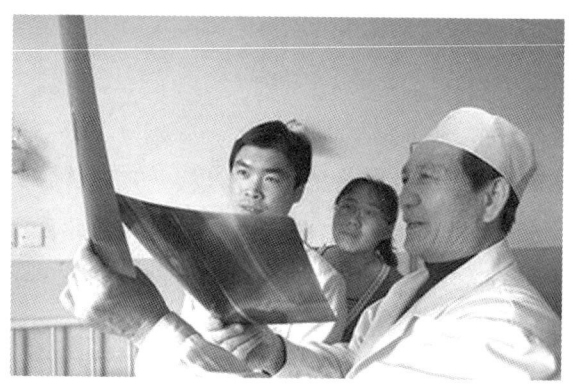

张宝玉分析 X 光片

第三代传人张宝玉（1946—），自幼受父亲影响，青少年起就随父学习回族医学正骨术。成年后，他在吴忠市人民医院进修过，进一步掌握了西医与中医的基本理论，这段经历对他将中西医与家传正骨术很好地结合起来至关重要，知识的积累、实践经验的梳理与家传医术的融会，为其正骨疗法的提升起了重要作用。16岁开始，就在家乡马莲渠独立行医。遇到疑难病症他也不怕，因为有父亲给他赐教。20多岁时就被民间称为"张接骨匠"，这是民间最朴实的称呼。20世纪80年代，张宝玉放弃乡卫生院的"铁饭碗"，建立了"张宝玉正骨医院"。此后，他的事业顺利发展。新千年开始，"仁宝张氏回医正骨术"走出吴忠马莲渠乡，先后在吴忠利通区和银川市分别建立了"张宝玉传统回医骨伤专科医院"。

张氏回医正骨疗法,以回族医学的人体"四元素"、"四体液"等理论,融入传统中医的"四诊八纲",与"因症施治,治病求本"的原则相融相济。在实施过程中,以手法整复为主,突出张氏回医骨伤特色。即以独特的张氏回医正骨手法,用祖传秘方(活血化瘀和接骨续筋回药膏等药物),结合现代科技手段,以固定和功能锻炼为基础。同时,辅以回族刮痧、养生和食疗等特殊的医疗方法。张宝玉"妙手回春"的影响力不仅在宁夏和西北地区,我国香港、国外一些患者也慕名前来医治。他办院的医疗宗旨与医疗理念是:"传承创新,弘扬正骨艺术;关爱生命,创造健康人生。"

在长达50余年骨伤医治实践中,张宝玉的足迹遍及宁夏及西北等地,以精湛的医术、良好的医德,赢得了社会各界的认可。"接骨神医"、"妙手医师"是民众对他的称赞;同时,媒体对他的事迹也给予了极大的关注。内地地方报纸,香港地区的报纸,国家层面上的报纸都有消息报出,包括一些电台和电视台也都做了报道。

张宝玉在倾心于医疗事业的同时,还关注社会。2010年4月,青海玉树发生大地震后,他带着儿子及医护人员奔赴灾区,并带去价值10万元的药品。在玉树灾区,夜以继日救治了近两百名患者。① 他高尚的医德,救死扶伤的精神再次得到了体现。由于他秉承祖训,传承百年接骨遗风,创立神奇的回医药,业绩和医德彰显于社会,中国民间中医药研究开发协会授予他"中国民间疗法特技人才"和"中国民间疗法特殊贡献将"称号。2012年12月26日《中国文化报》公布了第四批国家级非物质文化遗产项目的传承人,张宝玉进入其中。②

**永续的事业**

传统医学有着永续的生命,张氏正骨疗法也是永续的事业。当事业与声誉皆如期而至的时候,张氏正骨疗法的传承者并没有躺在过去的功劳簿上轻松着,而是将政府已经给予的荣誉化作一种动力,谋划着新的未来。

---

① 陈秀梅、武晓瑜:《张宝玉和"回医正骨术"》,载《新消息报》2012年12月31日。
② 《中国文化报》2012年12月26日。

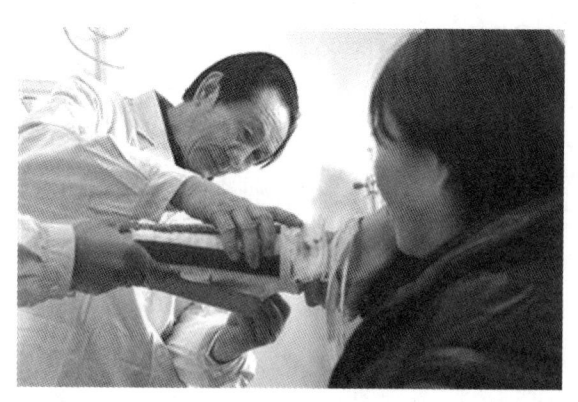

张氏回医正骨疗法

一是设立张氏正骨研究所。2008年8月，宁夏卫生厅、民政厅批准成立了宁夏张氏回医正骨研究所，旨在吸纳医学专家和有志于中医药研究的人才，在张氏正骨疗法的基础上提升中医理论和临床应用的水平，包括回族医药的应用开发研究。搜集和整理回族医学资料，将临床与科研有机地结合起来发展，这也是研究所的课题之一。同时，注重学术交流，积极派人参加各种形式的学术研讨会，走出去请进来，开阔学术视野，在更高学术层面来开展研究所的工作。

二是注重传承人的培养。张宝玉的"张氏传统回医骨伤专科医院"，是张氏正骨疗法传承的基地和平台，医院的管理和主治医师主要是张宝玉的后人。目前，他的儿子、儿媳、女儿都在从事张氏家族正骨疗法的医治工作。从传承的意义，已经属于第四代传人。后继有人，是任何事业发达的根本。张氏回医正骨，已是人才济济，彰显了一种事业的兴旺之势。

三是研制回药。在注重理论提升与人才培养与传承的同时，研制和开发新药自然是张氏回医正骨疗法向新的领域发展的命题。目前，张宝玉在传承的基础上结合自己50余年临床经验，已经研制出"活血化瘀回药膏"、"接骨续筋回药膏"，现已被自治区药监局批准注册，同时批准了回药制剂室。先后研制了治疗疮疡的回药，如消炎生肌回药膏、拔毒生肌散、生肌愈皮散、骨炎拔毒回药膏等，对各种骨髓炎、烧烫伤、疖、痈、创伤感染都有良好的疗效。张氏烧烫伤回药膏，采用多种名贵药材调配而成，疗效良好。传承与创新的跟进，这是未来张氏回医正骨事业再上新的台阶的根本所在。

四是培养基层医院人才。中医回医药人才培养，是宁夏中医药发展的项目，国家中医药管理局也非常重视宁夏中医回医药的发展。依托于"张宝玉传统回医骨伤专科医院"，开办了全区回医药张氏正骨技术推广应用培训班，张氏传承的正骨疗法也开始为广大医务工作者所接受。与培训班相结合，张氏正骨疗法、张氏正骨研究开发的新制剂也随培训班走向基层医院，功能和效益得到了最大限度的实现。

此外，张宝玉在传承正骨疗法的同时，非常关注与家族医疗相伴随而留下来的遗物，专门辟了张氏正骨发展史的展室。展室里有他的祖上留下来的中医学（药）书籍、回医药方，包括手写的古兰经，有与中医药相关联的青华瓷碾槽、捣药部分器具、刮痧器具，第二代传人张成仁作为金积县（20世纪50年代）卫生工作者协会会员的纪念章，小而精致的量器等相关遗物，包括20世纪80年代在家乡吴忠马莲渠建立简易家庭正骨医院时的用地批复等。考察这个不是很正规的展室，这些遗物会让你看到一个几代人从医的家族史，会让你看到张氏回医正骨疗法的前天、昨天和今天。

## 汤瓶八诊疗法

### 何谓汤瓶八诊

汤瓶，是回族传统文化的具象符号，但它的文化内涵远远超过了汤瓶本身。据传，汤瓶的得名就与唐朝皇帝李世明有关。唐朝丝绸之路发展到鼎盛时期，唐朝与中亚、西亚的经济文化交流也非常繁荣，唐太宗对于往来于中国的信仰伊斯兰文化的中亚、西亚的商人更是推崇。为了表达谢意，唐朝按照伊斯兰文化的习俗打造了纯金的洗壶送给他们，时人称为"唐壶"。随着时间的推移，"唐壶"的名字就演绎为"汤瓶"。故事虽为传说，蕴含的文化却是真切的。八诊，是回族民间传承的八种诊疗方法：头诊、面诊、耳诊、手诊、脚诊、骨诊、气诊、脉诊，是一种很有特色的中医养生保健疗法。八诊，实际上是古代中亚、西亚伊斯兰保健医学与中华传统中医文化融会的产物。与八诊疗法相配合，它有一套完整的保健操作工具，如羊角棒、牛耳棒、耳诊棒、震骨棒、推经棒、胡杨木罐、经窍仪等。不同的保健工具，针对不同部位；不同的保健工具，有不同的操作方式，但总体上都与传统中医学的经络与穴位紧密关联，包括一些特殊的捏拿按摩、刮痧、拔火罐、放血疗法等。因此，回族汤瓶八诊，既有回族医学的特色，又融合了中华医学的精华，形成了具有中国回族特色的养生保健疗法，成为回族保健医学文化的组成部分。其外在形态上有两个特点，一是传承的民间性；二是八诊法以汤瓶为载体，更具有回族文化特点。以汤瓶为八诊文化的载体，除了它的象征意义外，也有其实际功用：便于冲洗，便于控制水量，清洁而环保。

与汤瓶八诊法相关联，还衍生出回族香料香药内病外治疗法、回族食疗与茶疗法等。

丝绸之路文化的核心是其多元性。汉唐丝绸之路上，阿拉伯商人传播了多种文化，包括与中医药相关联的文化；成吉思汗和他的继承者数次西征，大量的信仰伊斯兰文化的中亚、西亚人进

汤瓶八诊疗法

入中国，为各种文化的传播与融合开创了空前的领域。千余年的传播经历，为回族汤瓶八诊法的形成与传承奠定了坚实的基础。现在，已进入国家非物质文化遗产行列的回族汤瓶八诊疗法，有一套完整的操作过程和传承理论。

**汤瓶八诊的传承**

技艺的传承有其家族性，更有其时空流逝过程。回族汤瓶八诊法这种神奇的家族民间传承，有记载者可上溯至七代以前。以《汤瓶八诊》①一书记载看，传承人杨华祥之前，已有六代传承人。第一代传人杨明公，第二代传人杨振山，第三代传人杨万运，第四代传人杨瑞堂，第五代传人杨岭云，第六代传人杨耀钧。作为第七代传人的杨华祥，在总结家族传承的基础上，将杨氏汤瓶八诊疗法进一步整理并公诸于世，他自己也被列为第四批国家级非物质文化遗产项目的传承人。

杨华祥，1952年出生于上海一个医学武术世家，自幼学医习武。1971年，赴宁夏支边，从此落籍宁夏。他来宁夏了，汤瓶八诊的传承就随之到了宁夏。20世纪80年代的改革，让杨华祥看到国家的未来，也使他有了展示汤瓶八诊的舞台。1987年，他在宁夏设立了伊斯兰医疗康复中心（回民医院）。1992年，应邀赴马来西亚传播汤瓶八诊。父母晚年牵挂着杨华祥的心，他往来于马来西亚与宁夏之

---

① 杨华祥：《汤瓶八诊》，广西科学技术出版社2011年版。

间,开办了"汤瓶八诊养生坊",打破传统技艺传子不传女、传内不传外的家规,依托"汤瓶八诊养生坊",梳理和总结杨氏汤瓶八诊养生传承的内容与做法,传授汤瓶八诊。

凭借着曾经在马来西亚打拼的经历,1991年,杨华祥将在宁夏运行与推广的汤瓶八诊再带到马来西亚展示和推广。这期间,杨华祥通过汤瓶八诊的功效,或者治愈了一些疑难病例,或者延续了一些绝症病人的生命,这些人群中不乏富人和政界要人。他的影响和声誉赢得当地各界的认可,他在马来西亚创办"华祥生命保健有限公司",事业如日中之天。

**非物质文化遗产"汤瓶八诊"**

杨华祥大半生奔波与坚守,大半生的传承和创新,终于得到了社会的认可。当政府对于非物质文化遗产进行整理研究,非物质文化传承人进入国家层面的保护之后,汤瓶八诊首批进入宁夏首批非物质文化名录。2008年,"回族汤瓶八诊疗法"被列为国家级非物质文化遗产;2012年12月26日,《中国文化报》公布了第四批国家级非物质文化项目传承人,[①] 杨华祥为"回医回药·回族汤瓶八诊疗法"传承人。

目前,经自治区相关部门批准,宁夏医科大学与汤瓶八诊国际健康事业连锁机构联合办学,开办了宁夏医科大学回族汤瓶八诊亚健康职业培训学院,按照国家级非物质文化遗产"回医回药·回族汤瓶八诊疗法"技能培训,他出任培训院院长。同时,在马来西亚、澳大利亚、阿联酋等国建立了汤瓶八诊疗法传承点。

作为第七代汤瓶八诊疗法的传人,杨华祥不但在国内外创办了回族汤瓶八诊疗法的培训与传承基地,而且不断挖掘、整理和完善八诊疗法,尤其是将杨氏家族传承与他个人的创新理论进行理性总结,以丛书的形式出版,《汤瓶八诊养生方案》、《汤瓶八诊回族香料香药内病外治疗法》、《汤瓶八诊非药物自然疗法》[②]等著作,由国家出版基金资助出版。采访杨华祥先生时他说:汤瓶八诊实际不止七代,是家谱记载了七代。杨华祥将所有的传承进行挖掘整理并出版,家传且不

---

① 《中国文化报》2012年12月26日。
② 杨华祥:《汤瓶八诊》,广西科学技术出版社2011年版。

示人的秘密都展现给社会；他将家传的"揉捏"汤瓶气功融会贯通于汤瓶八诊，进一步提高了汤瓶八诊的疗效；他将汤瓶八诊与传统医学和中医经络学有机地结合起来。这是他的智慧之处，这是他的大功德。他的意愿之一，就是用民族文化传播的形式让世界了解宁夏。

**桥梁与纽带**

杨华祥不但是回族汤瓶八诊的传承人，也是有世界眼光的文化人，马来西亚的经历让他看到了更为广阔而精彩的世界。他不但要通过汤瓶八诊来让世界了解宁夏，而且为宁夏经济发展和文化走出去做了不少事。《南洋商报》等媒体称他为"民间外交大使"[①]。文化走出去，需要渠道，需要桥梁和纽带的牵引，杨华祥在马来西亚的作为起到了这个作用，宁夏民族歌舞团的出访，国外商人来宁夏考察，宁夏企业界清真牛羊肉、乳制品、枸杞系列产品走出国门，他都做了积极的工作，他希望并通过不懈努力使宁夏文化走出去。正是从这些意义上，宁夏区政府赐予他匾牌，上面写着"情系宁夏，爱洒回乡"八个大字，就是对他所做所为的一种很好的诠释。

国家级非物质文化遗产与国家级非物质文化项目传承人，为杨氏家族汤瓶八诊疗法的未来发展提供了更大的空间。杨华祥先生正在致力于一项大的工程建设——筹建中阿友好医学文化交流中心，汤瓶八诊疗法的更大舞台需要国际化、文化加产业化。世界范围内非物质文化的生产性保护，是未来的发展方向，也是汤瓶八诊疗法向世界非物质文化遗产推进的必由之路。同时，中阿博览会在宁夏的永久性落地，也必将为汤瓶八诊疗法走向世界提供更多更便捷的通道。

汤瓶八诊，依托文化的形式、经贸的渠道走向世界，生命力更强，影响力更大。

## 回族传统婚俗

中国古代社会婚姻习俗，传统意义上遵循周公六礼，即"纳采、问名、纳吉、

---

① 《"汤瓶八诊"花开宁夏》，载《宁夏日报》2007年10月30日。

纳币、请期、亲迎"六道婚姻程序，直到明清大体仍沿用这一婚俗模式，但也发生着变化。主要体现在对传统"六礼"的简化与合并，传承了纳采、纳币、亲迎这三大仪式，纳采为议婚的形式，纳币为订婚的仪式，亲迎为完婚的仪式也进行简化合并。① 回族形成于元末明初，中国传统婚俗对回族婚俗文化有一定程度的影响，在大的环节上基本是一致的。宁夏回族传统婚俗，通常是提亲、看家道、定茶、定亲、娶亲、念尼卡哈、表针线、回门等程序。

### 提亲与看家道

回族传统婚俗里，要缔结婚姻关系，第一步是议婚。这就是民间最通俗的话语，"一家儿女百家奔"。儿女长成后，家长有了男婚女嫁的想法，尤其是男方看中了女方家姑娘时，男方家要请亲朋好友或媒人向女方家提亲，表达求婚的意向。媒人提亲很讲究礼节，要带上茶、糖之类的礼物去女方家。媒人传递给女方家的信息，主要有二：一是男方家的大致情况，包括地域环境和家庭经济条件；二是小伙子自身情况，包括文化程度、工作和手艺等。如果女方家觉得"门当户对"，各方面情况都合适，便与媒人商定一个日子，女方家要到男方家去做实地考察，这就叫"看家道"。

看家道也要选良辰吉日，如主麻日(星期五)。看家道的人由媒人带领，都是女方家选出的代表性人物。考察的内容不外男方家的家境和人脉，包括家舍陈设、经济状况、家庭成员和亲戚朋友等，以获取直接印象。在热情款待客人的过程中，男方家要介绍家庭各方面情况，使客人有更多的了解。如果满意，就商定一个合适的日子，让男女相互见面。这个环节名为"定亲"。

### 相亲与道喜

男女双方门第相当，尤其是经过女方家"看家道"之后，随之而来的就是实质性程序——"定亲"。通常，定亲的程序在女方家进行。媒人率男方相关亲友去女方家，男方家带上"四色礼"，小伙子或带上见面钱，或带上类似信物的东西。无论钱或信物，男女双方见面后都有交换。交换物如果双方互赠并接受了，说明男

---

① 萧放等：《中国民俗史·明清卷》，人民出版社2008年版，第261页。

女双方愿意，否则就到此为止了。随着社会的发展，现在的青年男女早已认识且互有爱慕之意，相亲实际上是一个过程，但媒人是必须要请的。接下来就是"道喜"。

定茶，也叫道喜。道喜，就是订婚，过去叫"提盒子"，也叫纳聘礼，有的地方叫"插花"。道喜必须选"好日子"（主麻日），男方带着礼品到女方家行礼，礼品根据家境情况而定，包括一些生活用品等。聘金是男方礼品中最重要的东西，叫"麦哈尔"，聘金多少通常由女方家与媒人商定。如果双方亲戚和睦，女方家也不大计较聘金的多少，可由男方家根据家里经济能力而定。这个环节相当于古代婚礼行"大定礼"，聘礼又称"纳币"或"纳征"，是男方家在迎娶之前送给女方的一笔聘礼。

道喜这天，男方家请来阿訇，由媒人和父母或嫂子、婶子陪同前往。女方家一般也要请阿訇到家里来，以示对客人的热情迎候，叫"接盒子"或"接封子"。双方互道"色俩目"，实际上是一种对等的礼节。随后，双方阿訇要诵读《古兰经》经文，还要讲双方结亲对未来的重要意义，众亲戚或在地下或在炕上跪坐聆听。诵经完毕，众人接"杜阿"（祈求或祈祷），以接受真主的恩育。双方再互道"色俩目"贺喜，女方家请来宾入席。道喜，即订婚程序结束。当男方返回时，女方家要给男方家送衣物或羊之类，以示礼节。

**添厢与娶亲**

道喜订婚在古代是所谓的"行大礼"，一般都包含了古代"请期"的内容，即商定了结婚的大致日期。娶亲的日子通常都定在主麻日，从道喜到结婚的日子由男女两家最终商定。选定吉日之后，就进入婚姻的最后一道仪式——迎娶。

出嫁的前一天，女方家要备宴席招待亲戚和邻里。来客或者给新娘送上衣料等物，或者送上"添厢钱"，这些过程叫"添厢"，"添厢"是亲戚朋友和邻里送的礼物。陪嫁是娘家陪送的礼品，由洗衣机、电视机、冰箱、摩托车到近年的汽车。随着社会的快速发展，尤其是老百姓日子的逐渐富裕，陪嫁的物件也在发生着快速变化。

结婚的头一两天，男方家还要带上羊、米、大馒头和油香等去女方家，这叫着"催装礼"。女方家接到"催装礼"，知道男方家已准备就绪。

新娘子离开娘家前，一是要"洗大净"，这叫"离娘水"。二是要请人用交叉活动的线来绞掉脸上的汗毛，叫"开脸"。这是一种古老的去掉汗毛的方式，实际上是新娘梳妆打扮过程中的一道程序。三是要穿上红颜色的棉袄，即使炎热的夏天也要穿上，意味着"厚道"，"寓意新娘希望男方日后'厚待'自己"①。四是新娘头上插红花、披盖头，再搭一方红纱巾。

女方送亲的人，也有讲究。一是尽可能选择家庭人员结构完整（有老有小、夫妇和睦、儿女双全）的人去，叫"吃宴席"。二是新娘"压轿人"，通常为新娘的弟弟或侄儿。新娘父母不送亲，在家待客。若路遇别家娶亲人马，新娘子要互换腰带或者红花，以防"冲喜"。男方接亲的人，也有讲究。接亲车到男方家大门口时，新郎由姐夫相陪迎上前去，围着娶亲车绕一圈并有意撞一下车，叫"撞亲"。新娘脚不能落地，要由新娘的哥哥或舅舅抱进新房。恭候的男方亲戚与送亲人互致"色俩目"问好，宾客入席。

**念尼卡哈**

尼卡哈，是类似于"婚约"的经堂语。当新娘入洞房，恭贺的亲戚朋友入席后就举行"念尼卡哈"的仪式。阿訇跪坐在上方，左右为男性证婚人和新郎直系长辈亲戚、女方送亲人中男性长者，新郎新娘在阿訇对面跪坐，聆听阿訇的教诲。阿訇依《古兰经》，对新郎新娘进行说教，诸如要严守教规、孝敬父母、待人谦虚、主持家务、奉公守法等，还要分别询问新郎、新娘对这门婚事的态度，现在还宣读民政部门颁发的结婚证书。阿訇念完尼卡哈后宣布新郎新娘正式结为夫妻，要互敬互爱，白头到老。

仪式结束后，阿訇和家人将早已准备好的喜糖、红枣、核桃、花生等向新郎、新娘身上撒去，叫"撒喜"，寓意日子甜蜜，早生贵子。

**表针线与回门**

表针线，也叫"摆针线"，大都在娶嫁的当天下午展示。实际上就是把所有新娘亲手做的针线活全部亮出来给大家看，包括鞋袜、衣帽、枕套、荷包等。亲戚朋友们看到代表新娘子手艺的针线活，就等于看到了一个心灵手巧、精明能干的

---

① 杨继国、何克俭主编：《宁夏民俗大观》，宁夏人民出版社2008年版，第199页。

新媳妇。这些传统表针线的内容，随着工业文明的推进都近乎成为了历史，鞋袜、衣帽、枕套、荷包等这些传统的手艺已基本被现代生活用品所取代，真正的"针线"手艺大都成了非物质文化遗产保护的内容。表针线这个环节还存在，只是另一种形式罢了。

表针线的过程，女方家和男方家分别要请一位能言善语的人，即兴说唱，以烘托喜庆场面的气氛，代表东家表示感谢。如表针线的歌："铜锤子，铁剪子，亲家跑烂了脚片子。黄米金，白米银，亲亲热热一家人……"感谢厨子歌："厨子师傅忙又忙，勺子碰得炒瓢响；炒得肉菜喷喷香，七碟子八碗都端上……"感谢媒人的歌："天上无云不下雨，地上无媒不成双。双手托着两家人，双脚踏着两家门……"借着表针线，把几方面的人都感谢了。其实，这些过程与汉族新婚仪式是一样的。

回门，指新媳妇婚后第一次回娘家。通常，婚后第三天或第七天，新郎要准备礼品陪新娘探望岳父岳母，叫回门，也叫回娘家。这种礼节在明朝称为"回鸾"，在清朝称为"回门"。① 回门的当天，新郎要赶回家中，新娘在娘家住几天后，再由家人送回婆家，或新郎接回家。回门之后，婚俗仪式结束。

以上所述宁夏回族传统婚俗是一个完整的过程，只是细微处各地不尽相同。随着经济社会的发展，传统意义的婚俗有些细节已悄然淡去，有些婚俗内容被新的事物所取代，尤其在城市。在农村地区，保存得相对完好。

## 隆德高抬"马社火"

隆德县高抬"马社火"，2008年进入第二批国家级非物质文化遗产名录。

宁夏隆德县，地处六盘山以西，为西(安)兰(州)公路六盘山西侧的重要城镇，古丝绸之路穿境而过，有"关陇锁钥"之誉。隆德与甘肃庄浪、静宁等县相邻，历史以来文化习俗有相近之处，文化底蕴深厚，尤其是民间习俗文化。"马社火"，就是其中最具代表性的民间民俗文化遗产。据《隆德县志》记载，1953年全县有大小社火队130余家，20世纪50年代末至"文化大革命"期间，社火被禁，

---

① 萧放等：《中国民俗史·明清卷》，人民出版社2008年版，第266页。

直到 70 年代末 80 年代初社火才得以复兴。

## 何谓社火

社火，是广义的庙会的一种表现形式。它是以歌舞杂耍娱神娱人的民间活动。南宋范成大的诗文注释里写道："民间鼓乐，谓之社火。不可悉记，大抵以滑稽取笑。"①社火，是中国古代的一种基层聚落，也是聚落土地之神，之后延伸发展成为乡村基层社区组织。火，通"伙"，是群体层面的概说，后来演化取其红火、热闹之意，社火就成为一种在城乡各地年节时演出的娱乐形式了。

按照地方传统民俗文化的视野界定社火，"社火是民间群众自发组织的场院表演性集体娱乐形式，多以自然村为单位组织"②。在西北农村，对何谓社火的表述是准确的。但近些年情况已有变化，新农村建设的不断推进，尤其是人口流动逐渐打破了传统的以自然村为单位的相对封闭的地域结构形式，乡村文化活动超出了自然村的空间。以社火设办来看，已是几个村的爱好者自发组织，活动空间大为增强。源起于南方的秧歌在北方民间已颇为流行，秧歌队表演伴随的是踩高跷、跑旱船、老汉推车等，扭秧歌时还要唱一些庆祝丰收的颂词。③ 实际上，对于相对封闭的隆德来说，依旧是十分流行的秦腔装束。

## 何谓高抬"马社火"

"马社火"，是社火的另一种表现形式，也是宁夏隆德非物质文化遗产的重要遗存。社火，在全国不少地方都有，但以"马社火"的形式来展现传统社火的内容，却独具特色。所谓"马社火"，它的源起和传承过程与地域有关。究其原因，一是宁夏隆德县地处六盘山腹地，雨水充沛，植被良好，是适宜于畜牧的地方，也是历代政府实施马政的主要地区之一。二是六盘山地区汉、唐、宋、明等时期属于边地，军事与战争背景下的社会现状，为地方民间民俗文化的生成起过重要影响。20 世纪 80 年代初隆德县农民画家王玉秀画过一幅农民画，名为"马社火"。这幅画实际上是"马社火"传承的原始样式：男女戎装的武人，穿甲戴盔骑在马背

---

① 范成大《石湖诗集》卷 23，《上元纪吴中节物俳谐体三十二韵》，《四库全书》本。
② 《隆德县志·群众文化》，宁夏人民出版社 1998 年版，第 533 页。
③ 万建中、李少兵：《中国民俗史·民国卷》，人民出版社 2008 年版，第 460 页。

社火

上，手握兵器，在外观形态上，是造型静态的文化艺术表现形式。但由于社会的变革与发展，尤其是生态环境的变化，草场逐渐消失了，马匹的大量存在失去了天然的条件。马匹没有了，"马社火"就没有了依托的平台。

高抬"马社火"，实际上是两种社火表现形式融在一起的称谓。《隆德县志》收录了王玉秀的一幅农民画叫"马社火"①，1983年在全国农民画展中展出，1984年在挪威、瑞典、瑞士等国展出。这幅画真正画的"马社火"，男女主角穿上戏服，戴上头盔装饰，以传统戏剧人物的身段骑在马上。这就是所谓的"马社火"。高抬，是社火中的一种表演形式。《隆德县志》里清楚地记载：1990年9月，温堡乡张杨村的"马社火"和山河乡王庄村的"高抬"，代表宁夏在银川参加"国际黄河文化节"，并获组委会颁发的"先进集体"奖，② 说明20世纪90年代，"马社火"与"高抬"还是两种社火表演艺术形式。现在所说的"高抬马社火"，就是这两种社火相融的产物了。

**高抬马社火的表演**

传统高抬表演，是在磨盘中心固定一铁杆，铁杆上下可扮饰1至2人，表演的过程由8个壮年男子扛抬。20世纪80年代就改用拖拉机替代磨盘，用钢筋焊接高杆，杆上最多时可容载6人，人物造型是一折戏的表演形式。由于底盘上安装了滚珠，底盘还可以旋转，这就大大提升了传统高抬社火的表演技术。

隆德传承的这种社火表现形式，实际上是一种创新。近30年中国社会经济的快速发展，农村已发生了翻天覆地的变化，这种变化对农村传统文化同样带来了深刻的影响。马匹，原本是六盘山区农村常用的畜力，但生产力的发展迅速，马社火表演所需要的马匹早已淡出农民的视野。同时，社会的快速发展也为农民提

---

① 《隆德县志》，宁夏人民出版1998年版，卷首彩色插页。
② 《隆德县志·群众文化》，宁夏人民出版1998年版，第533页。

供了先进的机械设备,如初始的手扶拖拉机、现在的汽车。因此,马匹远去了,各种先进的机械进了农村千家万户,机械对社火的表演进行了一定程度的改造。

高抬马社火表演过程中,戏中的人物装饰与舞台上的基本一样。衣着、头盔、佩饰等像模像样。扮演者骑着枣红色大马,马头上挂红,有的马头上还扎着圆圆的镜子。过去农村生活条件差,表演所用衣帽服饰多自己备料自裁自制,现在经济条件好多了,再加上每年春节政府对农村文化的大力支持,高抬马社火表演所用的饰物都选购舞台演员所用的原装。表演内容,基本是我国传统戏剧的精华。演员的脸谱化妆,有其传承性,与地方戏剧秦腔的脸谱是不完全一样的。如《铡美案》中的主角包拯额头左为"日",右为"月",暗含寓意。《苟家滩》中的主角王彦章,面部画上一只蛤蟆;《黄河阵》中三教爷额头分五色(代表五行)花轮,左右脸颊还画乾坤二卦的符号。[①] 高抬马社火装扮者再现的是历史故事里的人物,对于观众来说,凭借人物的脸谱、装扮者手中的道具,包括行进过程中的扮演者的动作与手势变换,也能够理解和欣赏扮演者所展示的内容。传统高抬马社火的表演,有着传统的善良的祈盼:愿五谷丰登、六畜兴旺,人无病痛、天无灾情、生活美满幸福。传统民俗文化的意义,都体现在演出者的脸上。

在表演形式上,各种名目的社火表演凭借的乐器都是一样的。表演时,锣镲鼓点相配合,伴以爆竹声和仪程官的精彩表演,整个氛围就瞬间凝聚起来,整个场面由高抬马社火、锣鼓器乐、爆竹声、仪程官的唱词所支撑,将社火表演的主旨与高潮充分展示给观众。

20世纪80年代,马社火还在民间非常流行,现在已经淡去了,不用马匹了,以机械和其他工具代替马匹,原本骑在马背上的人被捆绑固定在拖拉机或汽车上。装彩车的越来越多,装马社火的越来越少。人虽然依旧站立着,手握兵器,但已经发生了质的变化。随着工业文明的推进,城乡生活条件的改善,城镇化使马社火这种传统的民间艺术表演形式越来越远,传统意义上的表现形式为更先进的载体所代替。六盘山地区历来都是农牧皆宜的地方,马文化应该延续,民间民俗文化必须传承。正是从这些意义上,高抬马社火必须抢救和传承,否则,这种形式独特的民间民俗文化传统就会永远失去。现在,地方政府也在积极采取应对

---

① 《隆德县志·群众文化》,宁夏人民出版社1998年版,第533页。

措施设法创造条件,尽力传承马社火的艺术表演性与艺术观赏性。

## 宁夏小曲

宁夏坐唱,或称宁夏小曲,属说唱艺术一类。我国的说唱艺术历史悠久,内容丰富,在千百年的历程中,不断演变发展,传承不息,弥足珍贵。它以综合表演的艺术形式真实地反映着生活,表现了人民大众的情感,具有旺盛的生命力和巨大的社会影响。宁夏小曲,是流行于宁夏北部的小曲表演艺术形式,主要在银川、永宁、贺兰、中宁、中卫、盐池、平罗等地,源于民间"宝卷"、"宁夏小曲"、"银川说书"等长期流传于宁夏的一些民间曲艺表演艺术形式。实际上,它的发展过程不是孤立的存在,是多元文化融合的产物。

### 流传形式与变迁

清朝中后期宁夏境内已有民间小曲艺人活动,曲调借鉴了北京西河大鼓的韵味,与宁夏回族民间小调融合发展,形成自己独有的艺术形式。清朝光绪年间,宁夏小曲的演唱广为流行,卖唱艺人也渐多起来,银川、永宁、吴忠、石嘴山等地已有卖唱班社,这些班社对宁夏小曲的传承起到了重要作用。20世纪30年代,小曲艺人王有在陕甘宁边区的宁夏盐池等地行艺。宁夏小曲传承方式有家传、师传、自学几种。初期的宁夏小曲在表现形式上多为站唱,后来逐渐演变为坐唱。可一人唱,也可二人唱。一人唱时,演唱者操三弦自弹自唱,说唱一段故事。二人表演时,一人弹三弦主唱,一人打渔鼓或敲撞钟帮腔。其实这种坐唱形式,不仅限于宁夏北部,宁夏南部固原也有这种坐唱形式。说唱艺术在发展演变的历史进程中,综合借鉴了诸多传统艺术因素,包括语言、文字、音乐、表演等创新内容。30年前的那一代人在民间还有传承,后来就逐渐淡去了。

张玉贵(1886—1980),是宁夏小曲演唱的艺人之一,自幼喜欢民间小曲。虽不识字,却有张口即来的天赋,能即兴创作。他跟过皮影班子,各种乐器皆会。代表性的曲子是《风搅雪》,影响较大。[①] 宁夏小曲,是宁夏坐唱艺术的前身。张

---

① 马伟:《张玉贵:弹唱宁夏小曲的民间艺人》,载《新消息报》2008年5月27日。

玉贵一生倾心于宁夏小曲的弹唱，奠定了宁夏坐唱的基础并成为一代艺人。

新中国成立后，银川地区对坐唱这种民间表演艺术形式进行挖掘、整理和研究，整理出《三子分家》、《马仲英打宁夏》、《马家抓兵》、《拨兵小曲》、《珍珠倒卷帘》、《红军打宁夏》、《烟花女》、《童养媳》、《小女婿》等说唱脚本，也是研究宁夏民俗的素材。

宁夏回族自治区成立后，宁夏文工团随之成立，宁夏坐唱表演艺术得到了专业研究人员的关注。《老汉我爱读毛主席的书》，就是用二人坐唱的形式表演的。坐唱这种艺术表现形式的真正发展，还是在20世纪末，由于形势的变化，文艺春天的回归，民间艺人与专业曲艺研究人员一起重新开始坐唱艺术表演的挖掘与整理，同时，充分吸收宁夏小曲的一些曲调进行大胆创新，创作改编一批有舞台影响的剧目，如《苦恼的爹》、《年轻的老汉》等，参加了自治区和全国的曲艺调演并获奖。1979年后，银川民间艺人闫禄与银川市曲艺队专业演员徐明智、张茂起、赵杰等人重新开始对宁夏曲艺进行挖掘整理，兼收并蓄，推陈出新，吸收宁夏小曲的许多曲调，借鉴"宝卷"、说书等二人坐唱形式，改编和创作了一批作品。20世纪80年代初，这种曲艺表现形式就被正式命名为"宁夏坐唱"，实际上以"宁夏小曲"命名，更符合其内容和表演艺术形式。30多年过去了，宁夏坐唱这种曲艺表现形式，从内容、语言、表演等方面都趋向成熟，故事内容和人物塑造通过新颖的构思和独特的宁夏银川地方方言来完成，人物性格鲜明；在语言表达方面，凸显了地域文化色彩。塑造人物、叙述故事、烘托环境等过程，广泛采用夸张、比喻等手法，相声艺术里的"系包袱"、"抖包袱"的艺术手法也融入其中，可听可观，视觉效果极好，充分再现了宁夏坐唱的传承与创新。近年来，宁夏坐唱从形式、音乐与表演等诸多方面进行了大胆创新，徐明智最为典型。1997年，他创作的《百字经》获文华奖，成为中国曲艺类文华奖开评后的第一个得主。2004年，第二届全国少数民族曲艺展演，他的《塞上古城看新貌》获一等奖。2006年，宁夏坐唱《渔奶奶回家来》再获第四届中国曲艺最高奖——牡丹奖。

**传承与保护**

宁夏坐唱，属曲艺性非物质文化遗产类型，是口头创作和口头传承的艺术形式，突出的是口头"说唱"的表演特质。这种综合性较强的传统表演艺术，其构成

宁夏小曲演唱

的内在成分较多,除作为本体手段的"说唱"性表演外,诸如语言、文学、音乐、戏曲、杂技等艺术手段也同样融会其中。曲艺与语言包括方言的关系非常密切,作为以口头语言进行"说唱"或表演的叙述表演艺术,语言尤其是方言的充分运用十分关键,突出的是语言的节奏特征和风格韵味。"离开了语言,就没有曲艺作为一种表演艺术形式的独特存在。换言之,所有的地方性和民族性曲艺形式及其表演,都是基于当地地方和民族的语言与方言来进行体现的。"① 宁夏坐唱的保护与发展,就是要在银川语言与方言的基础上充分体现。

同时,要充分挖掘和利用曲艺与文学尤其是民间文学的关系。这里主要是指约定俗成的文学脚本或"曲本",它体现的是具有独立性的、能代表和反映宁夏历史文化的民间文学样式,民间故事和花儿的叙事长调是宁夏坐唱取材的"曲本"。宁夏坐唱,在曲本的挖掘方面要有继承和创新。在表演技巧方面,要多吸收和借鉴其他曲艺的综合性特长,着意体现坐唱与民俗的关系,才能反映坐唱的特点。

2007年3月,《曲苑杂坛》栏目的艺术家们与银川市说唱艺术团联手,制作反映宁夏传统的曲艺节目,向全国宣传宁夏,展示宁夏的文化习俗、风土人情、历史渊源和改革开放取得的成果,让更多的人认识宁夏、了解宁夏,宁夏说唱就是其中重要的艺术门类和表演形式。

---

① 吴文科:《曲艺保护中应重视学科交叉》,载《中国文化报》2007年11月28日。

宁夏坐唱目前已面临濒危状态。宁夏坐唱专业演员徐明智师承张有贵、夏花花，仍然活跃在专业舞台上，抢救与传承至关重要。据调查统计，20世纪80年代中国的说唱类艺术形式还有345个曲种，现在仍然能够演出的曲种已不到80个。[①] 说唱艺术的传承发展有其自身模式和途经，这就是师徒之间的口传心授，它没有固定的方式，没有曲目底稿，完全是一种言传身教、耳濡目染、艺术知识与技巧的长期积累。因此，宁夏小曲最重要且最有效的保护方式就是活态传承。

现在，作为宁夏地方曲艺的重要曲种，宁夏说唱深受老百姓的喜爱。但从保护与传承的意义上，宁夏坐唱还需要下大气力挖掘、整理和研究，尤其是在传承基础上的创新。

2014年12月8日，《中国文化报》公布了第四批国家级非物质文化遗产代表性项目名录，"宁夏小曲"作为曲艺类项目进入。同时，宁夏进入本次公布项目名录的还有泾源县回族民间故事。进入扩展版的有传统戏剧类的秦腔，传统美术类固原市砖雕、传统技艺类的滩羊皮鞣制工艺(二毛皮制作技艺)，传统医药类吴忠回族医药(陈氏回族医技十法)，民俗类同心县莲花山青苗水会。

## 二、自治区级非物质文化遗产

宁夏非物质文化遗产遗存丰富，除了已进入国家级层面上的花儿、回族器乐、宗教音乐、民间泥塑等外，剪纸、皮影、贺兰砚雕刻工艺、踏脚舞、农民画、彭阳纸织画等都是宁夏有代表性的非物质文化遗产区级项目。

### 剪纸艺术

**剪　纸**

剪纸，是用剪刀或刻刀在纸上剪刻花纹的一种传统手工艺，也是节日时装饰环境、配合各种民俗活动的民间艺术。剪纸，源于民间，是悠久的农耕文化里走

---

① 张秀艳：《说唱艺术的保护亟待活态传承》，载《光明日报》2012年12月8日。

出来的非物质文化遗产。剪纸因其取材广泛、寓意深刻,以及古朴的秦汉风格、广泛的群众基础和独特的地域文化个性等吸引着人们的目光,剪纸的制作技艺和造型样式世代相传,并以口传心授的形式流传至今。表面看,剪纸是民间工艺中泛化的一种样式,深层却是最集中、最全面地概括了中国民间艺术造型观念、审美思维与哲学理念,用自己特定的语言,传达出传统文化的内涵和本质。① 无论研究中国的剪纸,还是宁夏的剪纸,吃透剪纸文化样式和文化内涵,才能理解其承载的文化精神和美学思想。

剪纸,又叫刻纸,是一种平面纸质镂空雕刻艺术形式,属造型艺术。有学者认为是一种"意象造型艺术",这种意象"以意构象,以象寓意,即不是用取法自然的真实形象去表达作者的思想感情,而是以丰富的主观想象和幻想,有目的有选择地将客观物象和事象纳入自己的意念秩序之中,并利用简括、夸张、套嵌、拼连、拟人装饰、象征表现手法,创造出各种超越客观固态、透视、时间、空间等限制的意念中的形象借以表达作者的观念和意念"②。从其工艺讲,它注重剪法或讲究刀法,成型的剪纸艺术品的思想内涵是通过玲珑剔透的纸感语言和独有的影廓造型来体现的。从使用工具看,以剪刀或刻刀为工具,以不同质地的纸为加工对象,造型独特的剪纸艺术就是由它们来完成的。剪纸,是中国传统民间艺术中最为常见的一种,工具使用和材料选取相对都较为简单。从相关文字看,在全国各地都有流传,许多民族都非常喜欢剪纸,它不仅是中国的一种艺术形式,在国外也很有影响,比如东亚的日本、瑞士、欧洲的丹麦等国。2006 年,在纪念著名作家安徒生 200 岁生日的时候,香港邮政发行一套安徒生童话"特别邮票",就是以剪纸图案出现的,原来写童话的安徒生居然还是剪纸的高手。据说,他像随身带笔一样带一把剪刀,经常以剪纸取悦于大人和孩子。可见,剪纸艺术是人类社会发展过程中重要的文化遗产和文化现象,但剪纸艺术的故乡在中国,文化之根在中国。

剪纸在宁夏是非物质文化遗产的主要表现形式之一,在隆德更具有代表性。隆德县剪纸队伍的现状是:有男有女,有汉族也有回族,出色而优秀者年龄基本

---

① 宫苏艺:《剪纸:民间坚守与文人参与》,载《光明日报》2010 年 12 月 27 日。
② 高昌:《剪出一个百花争艳的春天》,载《中国文化报》2012 年 2 月 23 日。

都在60岁以上。这些得到社会认可的有一定影响的剪纸艺人，都生活在农村。典型的如虎凤英，是一位从旧社会走过来的山村回族妇女，山里的世界是封闭的，但却封不住她的灵性。剪纸一生，心灵手巧，看到的自然界的花卉、飞禽和动物，瞬间就在她的剪刀下变成活灵活现的艺术品。就是这样一位艺术家，她不但没有传人，而且晚年的生活也不安定。张炜，是一位具有代表性的男性剪纸艺术家，他的剪纸艺术是家传，剪纸艺术伴随一生。在内容方面，他不但取法于传统，而且有所创新。宁夏海源县兴仁镇的伏氏姐妹的剪纸，更是独树一帜。

**剪纸艺术的源起**

剪纸艺术在中国，历史已经很悠久了，是伴随着人类社会走过来的。人类社会早期影像形象及其艺术手法的运用，对剪纸艺术就有直接影响，诸如山崖上的岩画、彩陶、商周时期青铜器上的各类造型纹饰和汉画像刻石等。从文化意义，剪纸艺术是中国社会发展过程中民间民俗文化艺术的承载和根脉，民俗文化在剪纸图案的构成过程中都有传承，而且是一种特殊的表现形式。

作为一种独立而古老的民间艺术表现形式，中国剪纸起源于汉朝，到了南北朝时已相当精熟。剪纸艺术到了唐宋时期得以普及，成为在原始民俗的基础上对原始宗教和巫术信仰、神话传说等多重民俗文化的承载；它寄托着不同时代人们的精神和心灵，在原始宗教、巫术信仰和神话传说与社会之间，剪纸艺术成了一种纽带和桥梁。同时，它还承载着不同时期人们的社会意识和审美观念。正是从这些意义上，剪纸艺术的学术价值和艺术价值才得以显现，民俗文化意义上的"活化石"的作用才得以长足体现。作为一种生命力极强的艺术表现样式，它总是在经历长时间的多元文化的碰撞积淀之后，带着大量历史文化信息走出来的。"剪桐封弟"的故事，就具有代表性。《史记·晋世家》记载："成王与叔虞戏，削桐叶为圭以与叔虞，曰'以此封若'。"说的是周成王有一天和弟弟叔虞玩耍，没想到当时的戏言竟然成了后来的历史，叔虞做了晋国第一任诸侯王。"剪桐封弟"的故事就传承下来了。"汉妃抱娃窗前耍，巧剪桐叶照窗纱"的唐诗，是对"剪桐封弟"历史故事的印证。这些都说明剪纸源起很早，早期的桐叶就已经被用来剪窗花了，而且有历史故事在支撑着剪纸文化的传承。如果说"剪桐封弟"的故事是早期正史记载我国剪纸的滥觞，那么宋代人高承在他的《事物纪原》一书中所述汉武帝爱妃李夫人的故事，就是关于剪纸在宋代发展状况的记载。晋代人干宝的《搜神记》中有一则李少翁的故事，写的是方士李少翁夜来帐幔中灯烛下为汉武帝招致爱妃李夫人灵魂的事。宋代人高承在这则故事的基础上进一步演绎："夜坐方帐，张灯烛于其中，以纸刻夫人像，影射于帐……"关于这则史料，研究者们大都将其看成是剪纸和皮影戏起源的史料，实际上是宋代剪纸艺术在当时的折射和反映。

剪纸，古代称为"剪彩"，民间称为剪纸、铰花、窗花、花儿等，是源起于古代的民间传统手工艺品。从用途看，剪纸可分为窗花、墙花、门笺、顶棚花、灯笼花、喜庆花、衣饰绣花、纯供欣赏的戏文人物和花鸟鱼虫等种类。从剪刻形式上，可分为折叠剪纸、单色剪纸、分色剪纸、衬色剪纸、拼色剪纸等。唐代文化艺术空前发展，剪纸艺术已进了寻常百姓家，剪纸的内容直接体现着人们文化生活的诸多方面，剪纸所用的材料更为丰富，"剪纸"这一民间手工艺的称谓约定俗成。剪纸作为一种有民间生命力的文化现象，也开始在文人笔下出现。杜甫的《彭衙行》诗："延客已曛黑，张灯户重门。暖汤濯我足，剪纸招我魂。"李商隐《人日诗》里"镂金作胜传荆俗，剪彩为人记晋风"的句子，就是剪彩及其所反映的文化习俗的写照。宋代，已经出现了专门从事剪纸艺术创作的手工艺者，剪纸艺术已显得精湛，而且是彩色花样，这在《东京梦华录》里已有记载。明代，是剪纸艺术再度繁荣的时期，剪纸艺人群起，剪纸作品荟萃，广东佛山一带的剪纸开始大量远销南洋各地。清代剪纸在明代的基础上更为精细，而且逐渐由民间走向官府，紫禁城里皇帝结婚的新宫里也出现了龙凤剪纸的图案。可见，剪纸艺术到了清代，已得到社会各个层面的关注。实际上，作为一种艺术表现形式，剪纸已经得到不同社会层面的认可。宁夏所在的陕西和甘肃，都是清代剪纸艺术有影响的地方。

剪纸艺术延续了数千年，但作为一种独立的与民俗学相关的艺术形式，为知识阶层所关注，即新剪纸的诞生却到了五四新文化运动之后。五四时期的蔡元培、鲁迅、刘半农、钱玄同、顾颉刚等人，他们在学习西方先进科学文化知识的同时，倡导白话文，重视俗文学，对歌谣、民间传说故事、民间美术品的研究，有力地推动了剪纸艺术的发展。尤其是20世纪40年代的延安，剪纸活动的开展在陕甘传统民俗的基础上推动了群众性创作活动，艾青、江丰编选《西北剪纸集》①就是见证,是对西北地区剪纸文化的梳理、研究和宣传。

追溯中国的剪纸历史,已有三千多年。时至今日,依旧是根脉不断的一种文化传承。如果以更为广阔的视阈来审视,剪纸也是一种世界性的文化现象。丹麦童话大师安徒生就是这方面的代表,反映安徒生剪纸作品的图书《安徒生剪影》一书的出版,人们才知道安徒生还是剪纸的高手。《安徒生剪影》的编著者林桦先生认为:"我们决不能把安徒生的剪纸和他的文字作品分割开来,他说过剪纸是诗文创作的开始,这说明对他来说诗文创作和艺术创作是浑然一体的。"

## 剪纸艺术

剪纸艺术在民间,宁夏山川曾经是剪纸的重要地区。剪纸分剪纸与刻纸两大技艺类型,前者用剪刀徒手剪制,多为一式数份;后者用刻刀镂刻,一式多幅。历史以来,剪纸艺术是一种乡土艺术,根在民间。一把剪刀或几种刻刀,一叠不用太多挑剔的纸张,就可以剪出精神与生活过程中的需求和理念,就可以抒发和寄托劳动人民的美好情怀、追求幸福的心境。同时,也美化了自己的生活环境。从传承过程看,或者母子相传,或者师徒相授,绵延不断,彰显的是一种厚重的乡土气息和根脉。从剪纸的内容看,与人生经历相关的喜庆节日、礼仪祭祀、生产生活过程密切相连,剪刀下的图案造型与剪者的心境、情绪有着千丝万缕的联系。用剪纸艺术品装点生活环境,或装饰于门窗壁舍,或点缀于喜庆之物上,或贴在彩楼纸扎之中,锦上添花。此外,刺绣枕头、鞋帽、衣服等的底样图案,都要有剪纸的底样来做。

可见,剪纸艺术品美化着生活的诸多方面,是乡村民间生活空间艺术化的重要表现形式,大多出自农家妇女之手,表现日常生活中富有情趣的人物活动,反映着独有的地方色彩和精神世界。从民俗意义看,剪纸广泛应用于日常生活和祭祀信仰、神话、历史故事、人生礼仪等民俗活动。从剪纸风格看,每一种都有约定俗成的寓意,造型夸张变形,生动传神,极富想象力,与南方的精细秀丽相比,宁夏剪纸多了粗犷与豪放。

我们现在要追溯的也是仍在民间沿袭的基本是窗花。窗花,因用于窗户装饰

---

① 陈子善:《艾青:西北剪纸集》,载《文汇读书周报》2008年3月14日,第8版。

而得名。在 30 年前的宁夏，无论是房屋，还是窑洞，窗户一般都是木头做成的木格窗，逢年过节或重大喜事，都要将窗户裱糊一新，并贴上新剪好的窗花，以示除旧迎新或形成一种喜庆气氛。工艺以阴刻为主。一般剪纸大都用单色，通常以吉祥物为其题材，构图饱满，造型生动。所剪花卉，取变形变色手法；所剪脸谱，靠线条和色彩突出人物性格。现在，剪纸思维已超越了传统意义上的剪纸空间，内容和工艺更为宽泛。

鞋花，也是过去回汉族民间剪纸的一种，是做鞋帮、鞋面绣样的剪纸品。

现在，工业文明的冲击严重影响了乡村民间剪纸艺术的发展，大部分地方的民间剪纸传承都成了历史，但剪纸的文化根脉仍在。近年，随着非物质文化遗产的宣传和保护，乡村的剪纸艺术有一定程度的复苏。从全国看，剪纸不但进入全国非物质文化遗产名录，而且进入联合国教科文组织世界"非遗"的名录。宁夏剪纸虽然没有进入，但已有在全国有影响的剪纸艺术家。

**有影响的剪纸艺术家**

1. 荆守恭

2006 年 3 月去隆德县调研剪纸艺术，第一站就是沙塘镇荆守恭先生家。这里是典型的乡村老式院子，看上去院落和房子陈旧，但却承载着传统民俗文化的过去和现在。

窗户，是老式的，保留着窗扇。窗棂是传统的小木格子，每个方格里都贴有窗花，新年之后的余韵犹存。窗花的内容是传统的狗猫和寿桃之类。2006 年是狗年，自然是要剪贴狗的造型的。中间的窗棂是水彩画染成的，内容是葡萄、菊、小鸡、鸟、石榴等。窗户外围四角，是用红、蓝、绿三种颜色的纸剪成的三角形。整体上呈现出三个层次，剪纸、水彩画与彩纸有序搭配，雅而不俗。

主人的屋子里书画皆备，尤其是用一幅幅剪纸裱出来的条幅，更是独具特点：一幅剪纸，就如同一个个书写的汉字一样，多幅剪纸的裱贴看上去就成为一幅字画，视角更为直观，内容更为宽泛，文化内涵丰富，每一幅剪纸都有说法。一幅圆形的马的构图，主人说这叫对马，是仿自地下出土的剪纸，是中国最早的剪纸。如果确定是这样，就说明剪纸艺术也反映了历代马政与马文化的兴盛。五福捧寿，构图也是圆形，以五个蝙蝠的造型构成，"福"取"蝠"之谐音，福寿相连。蛇盘兔剪纸也有说法——若要富，蛇盘兔。此外还有传统的龙凤嬉珠、鱼跃龙门等，都是吉祥如意、祈福纳祥的传统文化内容。

鱼跃龙门的取材，在全国有普遍性。鱼跃龙门，早期意义是指官秩的升迁，清代以后将中举的学子也称为"跃龙门"，现在高考入选者

剪纸

也借称，是延续下来的一种文化表现形式。传统文化意义上的龙门，指禹门。相传为大禹所凿，地处山西河津市西北和陕西韩城市西北，这里濒临黄河，两岸峭壁对峙，形如阙门。春季三月，鲤鱼逆水而上，有登阙门而化为龙的传说。山西稷山县青龙寺内收藏的"龙门全景图"石雕影壁形象地雕绘了龙门昔日自然风貌。影壁北面，画面为鲤鱼跃龙门——鱼龙变化图：一鲤鱼将头跃出滔滔黄河水面，口中之水喷向天空，腾空盘旋，给人以呼之欲出的感觉。

自古以来的艺术家、尤其是民间艺术家，将这一传统文化题材演绎成各种形式的美术作品，表达一种美好的愿望。隆德县民间艺人荆守恭的剪纸、苏维童的绘画、杨氏家族的雕塑等，都以不同的形式表现着同一题材的内容，显示了这一传统文化的生命力和现代人对美好生活的祝愿和企盼。

2. 张玮

张玮与荆守恭一样，都是60多岁的老人，都居住在隆德县沙塘镇和平村，村前河水潺潺，农民的村舍皆沿河岸蜿蜒。张玮的院落就在河边不远处，院中的房子已显得很陈旧，但窗棂上却贴满了各色各样的窗花，蕴含着一种传统民间文化的气息。房子里挂的是他剪出来的中堂和对联，一幅"八仙庆寿"图，展现了场面宏阔的背景，人物造型活灵活现，呼之欲出。有一幅是猴子骑在马背上，寓意是"马上封侯"。一幅圆形的构图，取古钱币样式，剪"天下太平"四字，上下左右摆开，中间的方空里是一只蝙蝠，寓意是"天下太平眼前福"。祈盼与祝福都在里面，并由不同的艺术造型体现出来。

张玮认为剪纸这种艺术，好多取意不明说，图案以成语和短句的形式出现，或者借物寓意。"马上封猴（侯）"、"天下太平眼前蝠（福）"即属这种寓意式表达形式。总体上，剪纸艺术报喜不报忧，体现祥和，给人以鼓励和向上的精神情趣。

张玮先生不仅剪纸，而且对剪纸的源起与艺术风格有一定的研究。他认为，剪纸深层蕴藏的含义与岩画有关。岩画造型是以男性为主，剪纸取材却以女性为主，是图腾崇拜之后的一种娱乐与祝福行为。他的这种观点，在学术的意义上有其创新性，但也有商榷之处。

剪纸艺术风格，张玮是这样认为的：第一，男女的剪纸风格不一样，分别表现的是阴柔与阳刚之气。男人剪纸创作富于阳刚之气，女人创作多温柔秀气。第二，剪纸出于女人的说法是不完全对的，男人剪纸对整个剪纸艺术的发展起着重要推动作用。第三，过去剪纸不登大雅之堂，进不了学府。其实，达到一定水平是完全有其艺术价值的，与其他诸如书画艺术之类的艺术价值是相同的。如果把毛泽东诗词手迹用篆刻、尤其是以剪纸的形式表现出来，效果会很好，且独具特点。他已做了艺术尝试，把毛泽东率领中国工农红军翻越六盘山这一历史壮举用剪纸的形式成系列剪凿。

八仙庆寿图

在张玮的剪刀下，传统文化题材与创新题材交替出现，尤其是创新题材。这从他的剪纸过程中已经反映得很清晰。他对自己的剪纸艺术生涯做过反思，并依着思路的发展变化分为三个阶段：

第一阶段，即启蒙时期，大约在七八岁时就跟着母亲开始学剪纸。母亲擅长花鸟剪纸，也剪人物，有家传经历。十岁时就可以剪出像样的作品了，此后几十年没有中断。张玮早期除剪花鸟外，主要是剪人物，受母亲的影响，也有自己的创新。第二阶段，剪纸的内容大多与劳动致富有关，仍是在传统剪纸基础上磨炼，这一段时间持续很长，但对后来发展却显得重要。第三阶段，开始考虑文化与剪纸的关系，时间大约在 2000 年以后，这是思想认识转变与提升的时期：文化是精神支柱，一切创作都是为了提供精神食粮，为了教育人、鼓舞人。剪纸作为一种饱含着思想文化内涵的传统工艺品，同样需要考虑它的思想性与教育作用。

张玮没有将剪纸艺术仅仅看作是反映传统文化和传统习俗的附庸，而是推陈出新，在传统文化宝库中挖掘有时代意义的先进文化内涵。如大幅剪纸《孔子与麒麟》，选材和构图是传统的，但表现的意境与传统说法不完全一样。造型飘逸的孔子手捧竹简，剪凿工艺精湛、神态俱佳的麒麟回头张望，孔子与麒麟视线相遇。麒麟本为中国传统文化里的神兽，孔子见麒麟而死，正显示了他的吉祥。卫星上天，原本显示的是中国科学技术的腾飞，但张玮能将卫星上天与传统神话里的人物衔接起来，创作了大幅剪纸《飞天圆梦》。在剪纸构图中，作者充分调动和运用其独特的创作思维，游仞八极，思接万里，将神话传说里的牛郎织女、一个跟头十万八千里的孙行者与卫星上天的造型放在同一个画面里，运用阴阳剪凿的手法，再现了古人笔下鹍鹏展翅九万里的壮举。卫星上天，天上的牛郎织女驾祥云于天空，笑脸相迎。作者把科学与神话融为一体，展示了中华民族的伟大及其精神追求。

大幅剪纸《毛泽东在六盘山上》，更是新意迭出。作者将著名的六盘山与毛泽东翻越六盘山、《清平乐·六盘山》词的历史连缀在一起，构图的上部是《清平乐·六盘山》词，毛泽东神态逼真，伫立在六盘山上，举目远眺；"天高云淡"的"云"洒然回荡在天空；毛泽东的脚下，一面是苍松翠柏，一面是山上的毛竹。作者匠心独运，将"不到长城非好汉"七字，用毛竹的叶子组成，猛然看上去像竹叶，仔细品味，却是由竹叶组成的字。其独到处，就是用竹叶作为字的点画结构，这是一个独特的创意。历史上用竹叶做文字以替代记载历史文化的先例也有，如宁夏海原县西安州古城遗存、由明代人刻凿的诗碑——竹叶诗碑。可见张玮剪刀下的作品，已深深受到了地域文化的浸润，将六盘山的竹、20 世纪的伟大事件、《清平乐·六盘山》词有机地融会在一起，文化价值、艺术价值，得到了充分的彰显。

在传统文化里挖掘新题材，体现新思路，创新剪纸工艺，是张玮先生着力探

张炜剪纸

索的问题,尤其是其"文化自觉"以后。红、绿、黑三套色的剪纸构图及其工艺,就是他创新思维的结晶。一幅名为《河清海宴》的剪纸,画面是这样的:一只欲飞的黑色大雁与莲为伍,大雁的爪子蹬着莲藕,红色莲花盛开着。莲花象征着海宴,"雁"为宴的谐音,以此来歌颂国泰民安,象征着国家的强盛。一幅《鹭鹭清莲》的剪纸,画面是这样的:一对黑色的鹭站在莲花上,莲花叶绿花红,警示着现代社会的人们,要洁身自好,要清正廉明,以"莲"喻"廉",极具教育意义。旧瓶装新酒,传统文化与现代社会生活通过剪纸创作,有机地连接在一起。

将地域历史文化融入艺术创作之中,是张炜先生艺术实践和艺术思考的重要方面。对于剪纸艺术来说,剪纸技艺的提升至关重要,但在张炜先生看来,剪什么内容更为重要。红军长征翻越六盘山,这是中国革命史上的重大历史事件,也是地域文化的重要内容之一。将地域文化以剪纸的形式展示给世人,体现的是张炜先生文化理念在剪纸艺术方面的一种境界,再凭借高超的剪纸技艺,其剪纸艺术品自然就达到了炉火纯青的程度。2006 年是红军长征胜利 70 周年,也是红军长征翻越六盘山 70 周年，张玮先生创意剪凿了一套红军过六盘山的系列剪纸艺术作品。

毛泽东站在六盘山上

1936 年，中央红军到达宁夏西吉县兴隆镇，毛泽东等中央领导在兴隆镇陕南清真大寺夜宿，当地回族群众热烈欢迎红军的到来。作者将这一伟大历史过程通过他手下的剪刀浓缩在五幅剪凿艺术品之中：一是《我要当红军》。毛泽东手握着一名回族牧羊青年的手，周围是满山的羊群；毛泽东身边还站立着一位小号手。二是《回民向导》。毛泽东骑着大马，回民老大爷骑着毛驴，手指着前方。毛泽东形象逼真，回族老大爷戴着小圆帽，穿着小坎肩，造型十分传神。三是《送军医》。一乡村老者头戴草帽，背着行李；红军女战士背着药箱，骑着毛驴。四是

《毛泽东站在六盘山上》，秋风掀起衣襟，毛泽东泰然注视着远方，给人的感觉好像《清平乐·六盘山》词正在酝酿之中。五是《彭大将军》。1936年红军西征，宁夏固原是一个重要地区。彭德怀骑着大马，手举望远镜注视着前方。

以红军长征翻越六盘山、红军西征为主题浓缩而成的五幅剪纸，充分显示了作者的艺术构思，如此宏大的背景，涵盖了那一段特殊的历史，真有"壶中天下"的感觉。五幅剪纸，反映了红军长征翻越六盘山、红军西征过程中不同层面的历史事件。同时，张玮剪纸的艺术表现力也发挥到极致。人物造型逼真，内心刻画细腻，表现得惟妙惟肖；人物服饰体现了时代特点。通过五幅剪纸内容涉及的历史，人们可从剪纸艺术中感知到70年前红军在六盘山地区的那段历史。这种以剪纸艺术来承载和反映地方历史文化的思路和做法，其深层的传承价值和内容已远远超越了传统意义上的剪纸，当下的文化价值和经济价值皆在其中。

剪纸，并非只是通常意义上的理解，剪刀加纸即等于剪纸。张玮先生说：真正好的剪纸是凿出来的，而不是剪出来的。第一次听这样的理论，还有些云里雾里的感觉。张玮先生认定是这样的，他的剪纸精品就是凿出来的，人物形象的塑造，心理的刻画，神态的表现等，都是依赖凿的技艺表现出来的。现场说法，我们还是折服了。

张玮对待他几十年来孜孜以求的剪纸，态度十分认真和谨慎，不随意乱剪，不成型的作品不出手。宁夏的剪纸，大多是剪，而张玮是刻出来的。他的作品非常细腻，有南方剪纸的艺术情调。同时，他对素材的选取也与别人不一样，要有历史的内容、地域文化的内容。剪纸，大多是由女人来完成的，而张玮是男人，男人剪纸有男人的感悟。他觉得由于男女生活经历不同、视野不同、性格不同，剪纸的取材内容就不同，艺术风格也是有差异的，这就体现在阳刚与阴柔之美的变化之中。

2006年初，中国非物质文化遗产保护成果展在北京展出，参展品是各个方面的非物质文化的精品。展出的河北蔚县剪纸作品中，有曾荣获第二届上海民俗民间博览会金奖的《清明上河图》，就是一刀一刀刻出来的。蔚县的剪纸已有二百多年历史，其剪纸以构图饱满、造型生动、色彩绚丽、工艺奇特的艺术风格独树一帜，被誉为华夏剪纸之最。在刀功上既有北方剪纸的粗犷质朴的特性，又有南方剪纸阳刻细腻而秀丽的风格。总体上的感觉是色泽浓艳，对比强烈，装饰感强，民间味浓，富有节律韵味。①

以上对蔚县剪纸的评价，使我们对剪纸的"凿"的艺术手法有了深层了解。同时，将蔚县剪纸艺术与张玮先生的剪纸做些比较，可以看出张玮先生的剪纸，其工艺在很多方面都可与蔚县剪纸媲美。

张玮剪纸，夸张变形而又顺乎自然，纯真动人而又寓意深邃，体现着与他人不同的原创性与抒情性，彰显着一种现代意识、民族精神。遗憾的是，没有等到我采访的文字出版，张玮先生就英年早逝了。

**3. 虎凤英**

在宁夏隆德县，虎凤英的剪纸是个另类。杨河乡虎凤英的庄院，我们未能拜访到她，不凑巧她去了新疆。返回的路上，县文化局的人说：虎凤英是个奇人。这是 2006 年的事。

2009 年秋天，我们再度去了隆德县杨河乡虎凤英家。这次家里人都在，只是她的丈夫卧床忙于侍候。她还是热情地接待了我们，大致介绍了她剪纸的经历，把剪好的一部分样品拿出来让我们欣赏拍照，包括一部分刺绣。

虎凤英是回族，又是女人，尤其是从旧社会走过来的山里的女人，那里的地域是封闭的，但封闭不了她的灵性。眼睛看到的，心里一沉思，手上就能剪出来，近乎看与剪是同时进行的。看到自然界的花卉、飞禽和动物，即刻就能剪成。用文化局人的话说，是信手拈来，即刻成品，似乎不用多加思索，灵巧的手就能把当下感知到的对象剪下来。

年轻时家境贫寒，没有多余的纸张，她就地取材，把当地一种叶子宽大平实的植物——"驴耳朵"摘下来拿回家，在土坑上压平晾干，就成了很好的剪纸材料。当要用时，在水里浸泡湿软后即剪。"文化大革命"的年代，各类宣传品的纸张到处飞扬，她就收拾和利用这些难得的各色纸张，拼命剪裁。对于虎凤英来说，这无异于如虎添翼。这是她剪纸艺术突进的转折。数十年间，她沿着剪纸这条道走过来了，是宁夏民间剪纸队伍里身份特殊的佼佼者。

20 世纪 80 年代初，她还参加县里举办的剪纸与农民画学习班，现在还非常感念那些日子。同时，也感谢政府对民间艺人的关心。现在住的新房子，就是近

---

① 《中国文物报》2006 年 2 月 22 日。

两年县政府保护非物质文化和民间艺人的专项经费盖的,她很知足,表示还要挤时间多剪纸,以回报政府的关心。住房条件改善了,解除了她的后顾之忧,期待着她新的更多的剪纸作品问世。

### 4. 伏氏姐妹剪纸

宁夏海原县兴仁镇,有一远近闻名的家族剪纸三姐妹:伏兆娥、伏兆凤、伏兆苗。

兴仁镇,位于宁夏海原县与中卫市之间的小盆地,地势开阔,国道穿境而过,是个繁华的镇子。伏氏家族就在这镇子上居住。我们采访的是伏家二小姐伏兆凤。伏兆凤在大门口迎我们进去,家里是典型的农家庭院,院子不大但收拾得整洁干净。落座后,有兴仁镇的大西瓜伺候。谈话是从她与姐姐伏兆娥合剪的《百虎图》开始的。

1998年是农历虎年,伏氏姐妹剪成了大型《百虎图》在《宁夏画报》上推出。一百只老虎,要通过不同造型表现出来,谈何容易。伏兆凤说:"意到形不到,主要是传神。"她把各种新奇的思路都融注到虎的造型之中,好多虎看上去都拟人化了。在伏兆凤看来,她剪的老虎是在"拟人化基础上的抽象变形",同时她也讲大自然与人类的亲近,讲大自然与人类的和谐相处。所以,在她的《百虎图》中,拟人化处理正是想表现人与大自然的亲近与和谐。从深层看,反映的仍是传统文化里"天人合一"的思想。为便于表述,这里就依着姐妹三人的顺序进行。

（1）伏兆娥剪纸

伏兆娥,是伏家三姐妹中的老大。海原县兴仁镇那个视野宽阔的生存环境滋润着她,家庭文化传承养育了她。母亲是剪纸的能手,给她提供了家庭剪纸的条件,创造了练习剪纸的氛围,在母亲的指导下,她自幼酷爱剪纸艺术,一把剪刀在手,视野所及都可以成为她剪刀下的对象,猪、鸡、狗、马、牛、羊等家禽和牲畜,天上的月亮、星星,地下的森林树木,凡是能观察到的社会生活现象和大自然的景观,她都能通过自己的丰富想象,凭借手中剪刀剪出五彩缤纷的图案来。三十年前的春节,虽然农民家境不是太好,但春节时年的味道还是很浓的,家家窗户上都要贴窗花。伏兆娥总是跑前跑后,给亲戚、给邻居、给朋友、给同学,剪完一波又一波,她都不觉得困,高兴且愿意这样做。平时,镇上谁家要娶媳妇、出嫁女儿,她都会自愿去剪"龙凤呈祥"之类的寓意吉祥幸福的剪纸。

随着时光的推移，尤其是她剪纸技艺的不断长进，开始对剪纸的功用和价值有了新的认识，剪纸不仅是一种装饰性的图案，它实际上是一种文化现象，有娱乐、教化和审美的功能。当认识发生变化的时候，对剪纸价值的看法就有了提升，反过来再指导她的剪纸实践。再经过一段时间的实践，伏兆娥能从传统文化的层面进一步认识剪纸，它是农耕文化的缩影，是人类的精神财富，应该传承下来。这时的伏兆娥已经不满足于剪，她还要通过进一步学习剪纸理论来再提高自己。20世纪80年代中期，她参加了中国剪纸函授中心并取得文凭。之后，又被中国剪纸协会选送到宁波市工艺美术学院进修一年。这些学习经历，不但提升了伏兆娥的剪纸艺术，更重要的是开拓了她的视野，对艺术对人生都有了新的认识。为了更好地发展，1997年，伏兆娥离开了曾经养育她的故土，举家迁往银川镇北堡西部影视城、西夏王陵，在这些著名旅游景点展示她的绝活，追求她的事业。

1993年，作为宁夏艺术代表团的成员，伏兆娥有机会到日本学习交流，她看到了剪纸艺术在日本的价值，一股无形的力量更是深深地鼓励着她。她在琢磨着如何找准自己的位置，把剪纸事业往前推进。她开始经营自己的工作室——把剪纸艺术与市场结合起来，同时，加大对外学习交流的机会，从多个方面来提升自己。汗水付出了，收获紧跟而来。数百幅剪纸作品不断在《人民日报》、《民族画报》、《中国青年报》、《中国妇女报》等数十家报刊发表，《伏兆娥剪纸集》、《怎样学剪纸》也出版发行。《十二生肖》等多幅作品被全国各地博物馆收藏；《四大名著系列人物》被1999年中国民间剪纸博览会选中两部印为火花集；《永久和平》被中国剪纸研究会制作成贺年片发往世界各地。她的剪纸赢得了剪纸艺术圈子里的认可。

伏兆娥剪纸的内容，从民间故事到戏剧人物、花鸟虫鱼，包括历史文化、民间民俗文化、社会和自然等，可以说是包罗万象。她所追求的是巧夺天工的艺术形式，天人合一的艺术境界。一组"飞天"造型，就能表达多种艺术形式和多重艺术意境。

作为非物质文化遗产的剪纸艺术，已进入联合国教科文组织公布的"世界人类非物质文化遗产"代表作品名录。如何保护和传承剪纸艺术，伏兆娥有她超前的保护理念。经过数十年的剪纸历练，伏兆娥明白剪纸艺术的传承，生命力的体现，就是要在传承中创新，即把传统剪纸艺术融入到现代生活中。她的成功在于挖掘剪纸艺术潜在的商机，走出了产业化的路子，真正在现实生活中找到了民间剪纸艺术的生存与发展空间。文化价值、经济价值、审美价值等都得到了长足的体现。比如她剪出的《民间传统二十四孝图》，从传统文化的意义上，非常有益于和谐社会的构建，适宜于亲近家庭、社会和人与人的关系。剪纸艺术与社会和人生联系在一起，社会效益与经济效益得以兼顾，这是艺术创作生存的最佳之道。

走剪纸艺术产业化的路子，是非物质文化遗产保护与传承的良方，已得到了政府、文化管理部门及商家的认同。伏兆娥在数年前就这样做了，作为剪纸艺术家的她，同样展示了她超前的视野。

（2）伏兆凤剪纸

人生从事某一种艺术职业，也是一种偶然的机遇。1982年高考落榜的伏兆凤，为了不影响弟弟读书，她放弃了重读的机会。在失去求学机会的同时，却拿起了剪刀，自学剪纸。说自学，那是另一个层面上的说法。其实，伏氏姐妹剪纸，是得益于家传渊源的。母亲是剪纸的能手，剪纸精巧，父亲又喜欢绘画。生活和成长在这样一个家庭，潜移默化的熏陶对伏氏姐妹的影响是巨大的。小小年纪，拿起剪刀就能剪，小猫小狗、五彩窗花等传统图案都能剪得出来。有了这个家庭环境，有了曾经的特殊经历，长大后的伏兆凤再拿起剪刀时，剪刀在她手中娴熟自如，在不经意间就进入了角色。

20世纪80年代中期，伏氏姐妹在《固原日报》上发表的《骆驼十二生肖图》，就已经显示了她们姐妹在剪纸方面的聪慧才智。在构图上，她们吸收了民间传说的"骆驼十二象"来置阵布局，根据骆驼的造型，巧妙地将十二生肖的造型填置在合适的位置，粗看上去是一峰昂头盘卧的

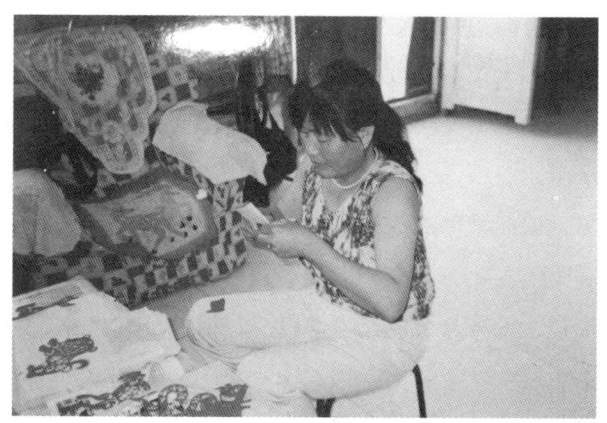

伏兆凤剪纸

骆驼，细看十二生肖全都在里面，构思极为精巧。在剪裁手法上，用传统的窗花表现手法镂空而成，审美艺术和效果极强。在伏兆凤20多年的剪纸艺术生涯中，她很看重美术理论的学习与体悟。早期她学过美术素描，有很好的素描基础。她剪纸是得益于理论与实践的浸润的。在伏兆凤看来，剪纸艺术是在绘画基础上的一种挖掘，剪纸的对称性是其他艺术所无法替代的。当然，她也深深感悟到，剪纸是从民间传承下来的，如同民歌，与学院派绘画不一样。剪纸也讲究传神，这一点与绘画又是相通的。她觉得创作一幅画要有生命力，要让它传神，尤其剪动物之类。

伏兆凤的剪纸已经走出来了，她有自己的剪纸风格，她有自己的审美思路。她一方面认为剪纸艺术来自于民间，与学院派绘画不一样，但她又乐于借鉴学院派的一些有益的思路，借鉴并融注到她的剪纸艺术之中。这不是仅仅停留在传统的花鸟动物之类，她的视角已经延伸到历史与文化的深层来掘取资源，发表在《中国连环画》上的《王老五攒钱记》、《中卫日报》上的古典连环画剪纸《曹操择婿》、《变本加厉》等，就是这方面的代表。不但选取的题材好，故事感人，有教育意义，有审美功能，而且剪出的画面除了功夫到家外，还要反映古代生活；要反映古代生活，就要了解和掌握历史与文化知识。她说："平时就注意看古装戏或电视剧的陈设，包括衣服、桌椅等，不能给清代人穿上宋代人的服饰。"除以上外，古书里描写人物及家庭陈设的优秀文字里所反映的历史和文化，她也不断借鉴。

我们聊天的同时，她拿起剪刀就能成型：牛、马、老虎信手即可剪出一个完整的形体，然后稳、准镂空，剪出装饰，就是一幅完美的剪纸艺术作品，家畜动物、民情风俗在她的剪刀下就生成了栩栩如生、活灵活现的图景。古典人物剪纸，非常注重并体现人物的神态和内心世界，注意情感的变化。她的剪纸，已融合了多元表现艺术。

伏兆凤的剪纸内容及其艺术表现注重创新，注重自己风格的体现，反对模仿。她认为，剪纸与作文一样，有好的构思就能表现好的意境。不少创作属即景生情之作。从未来发展的走向看，她说自己要在故典堆里找故事，在故事里找人生、人生、社会与做人，是她要在剪纸艺术作品中来体现的主要内容，这既是和谐社会的文化要求，也是她剪纸艺术视野的一种境界。伏兆凤说："那时候没条件,但都喜欢剪。下大雪后就以雪地为画布,我们拿一根树枝在雪上画,想画啥就画啥。有的时候画得很像。"雪地上的历史成就了伏兆娥姐妹。在表现风格方面,伏兆娥与伏兆凤不完全一样。伏兆娥倾向于民间传统,伏兆凤在传统的基础上借鉴学院派的东西多一些。伏兆娥剪纸表现的对象多为单个的构图,伏兆凤在传统里挖掘较深,喜欢用传统文化里的故事以剪纸的形式表现群体,在展示精美图案的同时,也表现了故事的教化功能。

(3)伏兆苗剪纸

伏兆苗,是伏氏姐妹中最小的一位,她的剪纸艺术也是后来居上,毫不示弱。发表在《中卫日报》上的古典连环画剪纸《包氏和刘氏》,在构思和剪纸风格上咄咄逼人,刀法流畅,人物造型清秀,神态逼真,艺术功底大进。2008年"中国宁夏国际剪纸艺术节",有1000多位艺术家踊跃投稿,征集作品1200件(组),伏兆苗的《白发老娘》获金奖。

伏兆苗的剪纸

伏氏姐妹的剪纸艺术,除受家庭环境影响外,姐姐对妹妹的影响亦大。到一定程度上,她们又取长补短,相互影响,但她们剪纸作品的风格却截然不同,各有千秋。从艺术发展的视角看,这种发展趋势正适宜于创新和提升,已形成了一个不可忽视的群体。从传承的意义看，伏氏姐妹的剪纸，同样在潜移默化地影响着她们的儿女。

伏氏姐妹的剪纸，古朴浑厚，秀美典雅，文化内涵丰厚。在表现手法上，大胆运用夸张、变形、寓意和象征等手法，创作的作品既富有装饰情趣，又具有浓厚的乡土气息，更具有丰厚的文化意蕴。

兴仁镇上的剪纸是远近闻名的，除伏氏三姐妹之外。还有一个剪纸群体，刘兰就是这个群体中较为优秀的一位。她发表在《中卫日报》上的连环画《金牛山的故事》，同样表现了两大特点：一是剪纸工艺十分精湛，不论人物，还是牛的各种造型，包括山水树木的剪裁都十分得体传神，表现得非常细腻。二是充分挖掘地方历史文化资源，金牛山的故事是源于海原县天都山金牛寺的传说故事。将剪纸艺术所反映的对象与地方历史文化资源相衔接，这是有生命力的表现形式，是剪纸艺术取材的方向。

宁夏海原县兴仁镇的剪纸艺术，是宁夏非物质文化剪纸艺术类较为集中的地区，很有代表性，她们剪纸艺术的潜力很大，未来的发展需要大力扶持。

5. 陆梦蝶

永宁县陆梦蝶，是宁夏非物质文化遗产剪纸项目代表性传承人。她的剪纸作品与张玮等人的有相近之处，即注重地方历史文化与剪纸艺术的有机结合，如《六盘山》、《回族女孩》等，《六盘山》构图很有意境：山的造型、毛泽东画像、《清平乐·六盘山》词在一个画面上布局，空间上很有特色，集中反映了那个特殊时期的重大历史场景。《回族女孩》外围深蓝的颜色衬托着清真寺，周围有花卉环绕。女孩子与清真寺在一个伊斯兰文化造型的框内布局，充分体现了伊斯兰文化内涵。此外，传统剪纸内容也很精细，如《笛声如花》、《锦绣前程》、《八俊图》等。

陆梦蝶的名字如同她的剪纸一样，飘逸神往。她的作品曾获第四届国际(中国·宁夏)剪纸艺术节金奖。出版过《梦随蝶舞》、《偶是农民》、《水晶绿》三部文学作品，其中的剪纸插图均为自己创作。参加过上海世博会"生命阳光馆"剪纸展览，2014年荣获"银川市文艺耕耘奖"，她的剪纸作品得到了各方面的认可。

### 马彦莲、张淑芳与田彦兰剪纸

马彦莲与张淑芳是宁夏西吉县人。马彦莲是生活在大山深处火石寨的回族妇女。她有家传，母亲会刺绣、作画，对她影响较大。在她42年的人生经历中，几乎没有与外界接触，大山养育了她；自然界给了她灵性，传统的生活气息和原始文化生态造就了她剪纸的古朴与动人的美。将台堡乡的张淑芳，一手娴熟的剪纸技艺让她远近闻名。她的剪纸刀法细腻，融合了回族与汉族剪纸的精华，无论是金陵十二钗，还是乡村喝茶的老大爷，都能剪得栩栩如生，十分传神。现在，张淑芳的剪纸已不是简单的人物和动物，而是表达着丰富的生活内容和历史故事。

田彦兰是宁夏非物质文化遗产代表性传承人，作品多次获不同层次的奖项，参加过国外的巡展。她的作品，还被中国国家博物馆等多家博物馆收藏。

宁夏剪纸，有它的独到之处。民间剪纸，是民间美术的一种表现形式，具有民间美术所特有的质朴无华的特点。鲁迅先生说过："有地方色彩的东西容易成为世界的。"以上选取的这些剪纸艺人、艺术家，只是宁夏剪纸艺人的一部分，他们基本都是农民，他们的剪纸作品反映了他们熟悉的生活，饱含着对生活的热爱，追求纯真和完美的理想。他们剪纸里的各类造型，都赋予了物象以生命的活力。"正是因为这些剪纸出于老百姓之手，所以它比其他的美术作品，都显得淳朴可爱，很生动地剪出了人民的感情、趣味和希望。"[①]这是60年前著名诗人艾青对陕北农村老百姓窗花的感悟和描述。的确，宁夏的剪纸艺人以物托情，造景抒情，用独特的表现手法，经营剪纸画面，布局形象造型。小小一把剪刀，却剪出了一个大千世界。

剪纸如同农民画一样，在剪纸师傅看来，"剪纸造型不像画画那么'标准'，但是像又不像的感觉和虚实搭配都很美"。这是一种独有的审美感觉，与齐白石先生的"妙在似与不似之间"相通。现在，在民间剪纸赖以生存的地区，人们纷纷从昔日的窑洞或木格纸窗的生活环境里走出来，剪纸慢慢失去了往日的特殊功能，其原有的生存空间在萎缩，新的空间又尚未形成。

---

① 陈子善：《艾青：西北剪纸集》，载《文汇读书周报》2008年3月14日，第8版。

**剪纸艺术的地域文化展示**

文化的传承，总是要受地域文化的影响。宁夏历史悠久，文化蕴藏深厚，早期的贺兰山岩画、须弥山石窟，马牛羊等家畜家禽的饲养，对剪纸艺术的发展都有着直接的影响，直到现代。有创新的剪纸艺术家，实际上是将现代审美内涵与传统剪纸艺术精髓有机结合起来，创作出既有传统剪纸语言，又有强烈时代气息和地域特色的剪纸作品。比如马的剪纸造型，把马的回旋扭动、腾空飞舞的神态表现到了极致。追溯历史，我们从宁夏出土的秦汉时期匈奴民族铸就的各类马牌饰，就能发现它们的造型对后人的影响。从文化积淀的意义上，这对剪纸艺术也是一种借鉴和影响。剪纸，也追求一种犀利净爽，清新明快，刚柔相济的风格，达到超逸飘然、意趣深邃的艺术境界。

**剪纸艺术特点**

**剪纸的装饰性与审美性**

剪纸作为一种传统的民俗文化艺术，它在体现传统民俗文化特点的同时，更注重其实用性和审美性，已成为民间美术的一种最普遍的民俗文化样式。30年前的农村，这种文化习俗还相当浓厚，诸如窗花、墙花、顶棚花、炕围花等还都盛行。这些不同样式的民间剪纸，不是单纯意义上的艺术品，它还体现着一种精神生活的需求和寄托，是一种文化意义上的体现。春节或遇有喜庆的日子，在张贴对联的同时都要剪出各色各样的剪纸图案，点缀和烘托节庆的气氛。这种文化背景的深层，实际上是实用与审美的统一。

窗户，是房子的眼睛，它会给房子和住房子里的主人带来生机，带来室外自然界白天黑夜的景色。钱锺书说："窗子打通了大自然和人的隔膜，把风和太阳逗引进来，使屋里也关着一部分春天，让我们安坐了享受，无须再外面去找。"钱锺书在说窗户对于房子的重要性，虽然和我们说剪纸与窗户的话语不一样，但其审美内涵是完全一样的，区别在于文人阶层与民间的审美视角不完全一样。文人对窗户的审美在于其无穷的艺术变化，面对的是自己的别墅，彰显的是窗户与周围的山水园林景致；而民间剪纸虽然表现的是窗户上的艺术变化，但窗花的审美较为具象，只是起到装饰氛围的效果。此外，文人也为窗户的纱或纸绘上山水花鸟，如清代的李渔就富于艺术构想，别出心裁，在窗户纱上或纸上绘以山水花鸟，夜里悬一灯在窗前，窗外的人看了，就宛若宫灯。这种艺术效果，与民间在窗户上贴窗花是一样的心境，一样的效果。从这个意义上，文人与民间的窗户艺术审美也是完全一样的。

**集体性与个体性**

剪纸，是一种传承悠久的民间民俗文化。剪纸艺术传承宏观意义上体现的都是历史的集体经历和记忆，上一个社会传给下一个社会，你的样式传给我，我的样式传给他，正是"二八闺秀绣罗衫，巧剪花样百家传"。这是由于封闭而传统的自给自足的小农经济社会的影响所致。民间民俗文化延续和发展，虽然经历了漫长的岁月，但在积淀文化的过程中，集体创作与个体创作的艺术表现形式未变。作为版权法光顾到剪纸艺术的门下，已经是现代的事了。

田彦兰剪纸

**延续性与变异性**

延续性与变异性，是任何艺术形式传承的根本路径，它同样体现着民俗艺术发展过程中的辩证性。剪纸艺术内容和表现形式的延续性，是与相对稳定的历史时段的发展和时代文化密切关联的。在这个过程中，作为民间民俗艺术表现形式的剪纸，其表现内容与艺术表现形式自然就有相对稳定的延续性。说它有变异性，也是从时代发展的视角来说的。新的历史发展与不断融入的新文化现象，都会使剪纸艺术的内容与表现形式随着时代而发生变异，不过这种变异对于剪纸艺术来说，只是时间上的问题，它反映的是特定时段里剪纸艺术对民俗文化的一种记忆。

考察宁夏南北剪纸，相对稳定的集体传承的剪纸内容和表现形式，仍占主要地位。这就说明传统的民俗剪纸仍为现代人所接受。宁夏剪纸在继承传统民间民俗文化的同时，随着新时代和新事物的不断出现，也接受新的内容和表现形式，表现一些与时代同步的内容。

**剪纸的文化特点**

宁夏剪纸的文化特点，过去主要体现的是传统民间剪纸艺术题材的内容，诸如吉祥内容、历史故事、琴棋书画、花卉等，具体图案基本为福禄寿喜、十二生肖图、连中三元、三娘教子、五子登科、刘海戏金钱、莲笙桂子、麒麟送子、八宝、八仙，等等。通常剪花卉者较多，诸如兰花、竹、桃、石榴、牡丹等。不同的地方所用的剪纸图案是不一样的，衣饰类剪纸，主要用于乡村剪样，如肚兜、帽子、衣服、鞋花和袜子花、枕顶花；用于室内装饰的剪纸如门帘等。工业文明的冲击，使得肚兜、鞋花和袜子花、枕顶花等好多剪纸内容现在都很难再看见了，现在还在传承的主要是用于装饰性的剪纸。

现在民间剪纸的形式依旧多样，内容丰富多彩。新年时的迎春图、吉祥物、生肖图、福字；婚庆时的鸳鸯鸟、红双喜；用于新舍住宅装饰美化的窗花、景观图、戏剧人物；用于民间珍藏的名人图、动物图，等等。这些看似简洁的剪纸形式，却蕴藏着非常丰富的历史文化内涵，传承着一种亘古朴拙的生命意识和对春天的精神向往。诗人李瑛写过一首题目叫《窗花》的诗，写出了这种特殊的感觉：

……

一扇扇明亮的窗口

你可闻一闻它们的芬芳

可感到一种殷实的温暖

家家户户，那些憨厚的婆姨们妻女们

以她们的聪慧与秀巧

把窗子当作繁盛的花圃①

……

剪纸的文化特点具体表现在：

（1）以寓意表达

从文字上讲，寓意就是借物来寄托一种思想。中国传统文化博大精深，凡与人生、社会和伦理道德有关的文化及其背景都有其深层的寓意。剪纸艺术是以造型图案来表现的，这必然孕育着一种思想，渗透着着一种精致，"图必有意，意必吉祥"，即说明剪纸艺术的寓意，而且点明必为吉祥平安之意。松鹤延年就寓意长寿。

（2）以象征表达

象征，本指用具体事物表现某种特殊意义。如莲花象征纯洁，牡丹象征富贵，鸳鸯象征友爱，它是用不同事物的外在形态、色彩和习性来揭示其相似或相近的一面。

（3）以谐音表达

中国传统文化里，由谐音而引申的文化现象很多，它是借用字的相同读音或相近读音表示相关联的含义。如"喜（喜鹊）上眉（梅）梢"，剪一只或两只喜鹊站在梅枝上。"连（莲）年有余（鱼）"，剪塘中莲花与鲤鱼戏嬉。"马上封侯（猴）"，剪一猴子骑在马上。诸如此类，皆以谐音取胜。

（4）以约定俗成的文化背景表达

通常，民间剪纸所选取的图案在不同地方取材大致都一样，这是因为相同文化背景下的约定俗成所致，再现的是一种约定俗成的符号谱系，表现的都是吉祥题材。常选取的动物有龙、麒麟、狮、虎、鹿、鹤、猴、猪、马、羊、凤凰、孔

---

① 《中国文化报》2010年1月31日。

雀、喜鹊、蝙蝠、鸳鸯等；植物有松、柏、竹、梅、兰花、莲花、葫芦等；器物有古钱、琴、雨伞等。这些历代传承下来的吉祥的文化内容，有着旺盛的生命力，成为民间剪纸者默契于心、随手拈来的选取图案。概括起来看，体现的仍是传统民间文化的愿望和祝福：

一是长寿。安康长寿，是历代中国人的心愿。一幅"五福（蝠）捧寿"的剪纸，由五只蝙蝠从不同的方向将寿字围起来，图案造型极为华丽，将人们的心理揭示得淋漓尽致。千年的龟鹤，万年的松柏，表达的都人们对长寿的企盼。

二是富贵。富与贵是相辅相成的，富即贵，贵即富。富贵自古以来就是人们所向往和追求的，牡丹就是代表富贵的象征。

三是多子。传统民间剪纸里有"三多"的内容，"三多"即多福、多子、多寿，体现的是长期以来形成的生育与孝文化理念。麒麟送子、多子的石榴等，就是这种文化理念在剪纸艺术方面的代表性的吉祥图案。

四是喜庆。喜庆是民间延续至今的一种文化形式，它体现的是中国人对待人生的一种乐观态度和积极的精神状态。诸如盖新房子、结婚、生子、搬新房子等，都要以不同的载体用剪纸的形式表达内心的喜悦之情。

总体上看，宁夏剪纸作品涉及的内容丰富，既有人类初始的影子，也有地方历史延伸过程中的各种历史现象和文化根脉，从人物到动物，从植物到花卉，从具象到抽象，风俗事物、民居建筑、地方神话传说，无所不包。人物里有汉唐以来雍容华贵的仕女和飘逸的飞天造型，也有现当代革命史上影响世界格局的著名人物。整个剪纸的过程，其语言、构图、形式和韵律无不透露着古老与现代的有机融合。

**传统基础上的创新**

创新，是不同门类艺术的生命力所在。冈布里奇认为："艺术并不是一部技术不断进步的历史，而是一部观念不断变化的历史。"[1]剪纸艺术的创新，关键的就是艺术家观念的创新。剪纸艺术的创新，是要在传统民间剪纸艺术的基础上走出来。传统剪纸的图案样式的选取如同前面所罗列，创新主要表现在构图与技艺

---

[1] 〔英〕冈布里奇：《艺术的历程》，党晟等译，陕西人民美术出版社1987年版。

方面。随着人们生活习俗和生活方式的快速转变，原有的与民俗相关联的事象正在快速消失，必须面对现实，转变观念，反映新的时代和生活。

宁夏剪纸艺术的创新，应该是在20世纪末逐渐开始，进入到这个层面上的艺人不多，大多数剪纸艺人的剪纸还停留在传统的构图里。张玮、伏兆娥、兆伏凤的剪纸，是剪纸艺人中体现创新艺术的代表。他们的一个共同特点，就是将地方历史文化融入剪纸艺术之中，将传统文化里经典人物和故事作为剪纸艺术摄取的创作题材。

依过去传统的剪纸风格看，宁夏剪纸的特点是单纯简练、粗犷有力，与地域文化关系密切。在图案选取上，常常以个体的形象构图出现，完全不要任何背景。在物体形象上，力求概括，突出对象的造型特点，不拘泥于细节的刻画。近年的剪纸创新，无论从选材、构图到剪艺都在发生变化，选取的题材融入了历史与文化的内容，构图表现内容已不是单纯的一个对象，而是一幅剪纸里出现多个对象，包括自然景观的介入；同时，是由一个完整故事形成了多幅作品的系列，与多重对象同时出现在画面里。但无论怎样变，剪纸艺术不能脱离地方民俗文化。已故著名的剪纸艺术大师库淑兰的剪纸经历和她的剪纸作品，就足以说明这个道理。

**南北剪纸风格的融会**

2007年6月，第二个"文化遗产日"期间，中国非物质文化专题展在北京中华世纪坛开幕，一些怀揣传统绝技的人，一些执着坚守的人，一些饱含着希望的人……这些艺术大师们在这里展示他们的传统技艺，展示他们传承下来的文化遗产。浙江乐青剪纸艺术大师林邦栋，是细纹刻纸艺术传承人。乐青细纹刻纸具有纤细优美的风格，与粗犷豪放的北方剪纸艺术形成强烈对照。它的刀法精妙入微，图案细如发丝，工而不腻，纤而不繁，每张纸样都整齐地订在一沓宣纸上。[①]上海剪纸代表性传承人林曦明先生的剪纸，就分为剪刀剪纸和刀刻剪纸两种。由此，想到了我曾经采访过的宁夏隆德县沙塘镇张玮先生。比较，是研究其艺术风格的关键。张玮的剪纸，实际上已经融入了南方剪纸艺术风格。由南北剪纸艺人

---

① 《中国文化报》2007年6月13日。

的比较，我们看到了南北方剪纸艺术的区别与融合。文化的影响力在南北的剪纸艺术中得到了印证。实际上，非物质文化遗产的不少内容都是相通的。

宁夏剪纸艺术创新与发展的走向，与目前我国剪纸艺术的走向大致吻合。2006年杭州国际剪纸艺术节开幕式上，来自安徽的剪纸艺术家陈棋良带来了能"穿"的剪纸作品，衣服上都有不同样式的剪纸图案。陈先生的设计灵感来源于一幅幅造型奇特的凤凰设计图案，经过构思，运用剪纸语言，将凤凰"变"到了一件大红丝绸旗袍上。中华剪纸艺术委员会顾问王伯敏教授和他创作的《千年剪纸民族魂》，用24米的长卷，以栩栩如生的人物造型构成的故事，再现了我国古代剪纸发展的历史。剪纸艺术家吕胜中的剪纸作品《墙》，同样是用一种全新的构思，扎根于民间传统文化，将抽象的哲学思想和宗教观念，赋予剪纸作品之中，使得剪纸这种传统艺术形式有了新的生命和意义。[①] 2007年8月在山西大同市和广灵县举办第三届国际剪纸艺术节，目的是在保护和发展中国民间剪纸艺术、促进各国民间剪纸艺术交流的同时，通过剪纸服饰演示以及大学生剪纸比赛等活动，让剪纸从纸上走入生活，让下一代了解并传承这种民间艺术，抢救性保护非物质文化遗产。[②] 通过这种活动将传统剪纸与当下社会发展衔接起来，将剪纸艺术作为另一种形式传承发扬，是新思路，也是剪纸艺术多元发展的趋势。宁夏剪纸圈子里的创作者，在这些方面还是较为开放的，思路较新，不拘泥于传统，但又不放弃传统，在传统基础上出新，能跟上时代对剪纸艺术表现形式和内容及其创新的路径。

**走产业化路子**

让作品走出去，是大趋势，要有固定的市场和销路。甘肃定西剪纸一幅作品价格在五角至一元五角之间，年收入人均在800—4000元之间。要保护传承人，他们就像火种一样重要。剪纸要做大做强，一方面要开发市场，一方面仍要坚持传统，但也不能完全迎合市场，要抓住自己的特点，多宣传，多提高，一味地迎合市场，剪纸最本真、最精华的东西可能会被扭曲。

---

① 《让剪纸走入生活》，载《光明日报》2007年8月25日。
② 唐昀：《剪纸艺术家吕胜中香港办展览》，载《中国民族报》2005年4月8日。

中华民族文化促进会剪纸艺术委员会主任张树贤在谈到剪纸的前途与发展时，更注重市场走向、技法的提高和创新。他认为，原生态的民间剪纸应逐渐得到提升并分化成两个流向，即民间剪纸与现代剪纸，这是由不同的市场流向所决定的。而现代剪纸可能更易推动剪纸艺术走向市场化。早在20世纪70年代后期，张树贤在日本就已经感觉到了剪纸的价值。他意外地发现日本人对中国的剪纸特别感兴趣。日本人告诉他，中国的山水画和书法内涵深刻，但在形式上却比较单一，这对于不了解中国文化的普通日本人来说，是非常难以感知个中韵味的。在他们眼中，剪纸和农民画才是中国最具特点的艺术品。[1] 因此，张树贤认为要关注剪纸界一些大师级的人物，要提高和改善他们的生活和待遇。"要提高剪纸的价位，唯一的出路是另辟蹊径，让其中的一部分剪纸形成精包装、高价位、限量的精品剪纸艺术。"这是未来剪纸艺术走出去的有效途径。

帮传统技艺找到市场是关键。要确定非遗和后备非遗的抢救对象，对需要保护的民间艺人加以区分，对当前濒临灭绝但尚有传人的技艺品种要先行抢救。通过提供必要的资金、组织编写有关资料、专门著作和拍摄录像、为老艺人选配徒弟、在技校开设有关科目、扶持传承人开办工作室等方法，将其激活。保护抢救民间绝活，帮助它们闯出市场十分重要。有了市场，何愁没有民间绝活！

梳理了传统剪纸的文化背景和经历，面对新的时代，剪纸民间艺术要往前推进，要进行生产性发展，必须要有新的元素融入其中，文人剪纸的融入就是重要因素之一。同时，要转变观念。诞生于农耕时代的剪纸，到了信息时代正在发生着从实用到以欣赏为主的转变，剪纸艺人群体也在发生着从以农人为主体到以文人为主体的转变。随着时代的发展，旧的民俗逐渐消失，新的民俗剪纸迅速兴起，古老的传统民间剪纸，也不会以原来的面貌陪伴现代和未来的民俗风情。[2] 这就要考虑剪纸的创新问题，传统与时代有机结合，最根本的是，"作品要表现自己的生活，要创造自己的东西，要有地域特点"，要"剪出自己心里想的那个玩意儿"，"要提倡做学者型的剪纸艺术家，不做老板型的作者（用电脑、摄影等先进技术进行复制）"。[3]

---

[1] 李家麟：《刀笔传神的剪纸大师》，载《中国文化报》2010年2月2日。
[2] 高素娜：《张树贤的剪纸人生》，载《中国文化报》2008年10月9日。
[3] 宫苏艺：《剪纸：民间坚守与文人参与》，载《光明日报》2010年12月27日。

在宁夏，除国家级名录涉及的非物质文化遗产外，剪纸、雕塑、篆刻、农民画等，都是重要而有影响的文化遗产。宁夏非物质文化遗存现状怎样，我们以宁夏隆德县为试点做了详细的田野调研。隆德县是全国文化先进县，隆德非物质文化遗产在全区具有代表性。隆德县位于宁夏南部六盘山下，正当古丝绸之路必经的要道。在地理方位上，与甘肃省的静宁和庄浪相邻，是一处传统文化积淀非常丰厚的地方，农民画、篆刻艺术、书画艺术等是重要的非物质文化遗产，在宁夏独一无二。同时，我们还对宁夏海原县的剪纸群体也做了田野调查。在论述的过程中，我们是将剪纸文化与发展现状放在整个文化大背景上来透视的。2009年，中国剪纸进入联合国教科文组织公布的"人类非物质文化遗产代表作名录"，肯定了剪纸的历史文化价值。宁夏剪纸虽然暂且没有进入国家级非物质文化遗产名录，但在宁夏非物质文化遗产里是重要的组成部分。

"回族剪纸"，已进入国务院公布的第四批国家级非物质文化遗产代表性项目名录扩展项目名录[①]中。

## 刺绣艺术

刺绣，是汉族和少数民族民间传统手工艺，流行于全国各地，为我国历代妇女女红之一。其法以针引彩线，刺绣图画于织物之上，故称刺绣。

### 刺绣历史悠久

相传，刺绣始自上古唐虞之世。根据古墓出土的帛画和刺绣等实物，可推知刺绣工艺在中国已有数千年的历史。从周代至魏晋，绣物已普及于朝野上下。始载于《书·益稷》："黼黻，絺绣。"通常释意，画者为绘，刺者为绣。周氏天子所穿的冕服上，有日、月、星辰、山、龙、华虫、宗彝、藻火、粉米、黼黻、絺绣等十二章花纹，是用画或绣的方法制成。《史记·货殖列传》："刺绣文不如倚市门。"汉代以后，刺绣工艺达到很高水平。唐宋时，刺技日进，凡花卉翎毛、山水、人物均可成绣。杜甫《小至》："刺绣五纹添弱线，吹葭六琯动浮灰。"元代稍

---

① 参见《中国文化报》2014年12月8日，第7版。

衰，明清再复兴，始用于家庭绣品，如烟袋、香包、枕套、台布、靠垫、鞋帽、衣裙等生活用品边饰，以及屏风、壁挂等陈设品。后用于庙宇中的神佛绣像、菩萨龙帐、宝盖、长幡、莲座以及桌围和戏装等刺花纹。历代宫殿陈设、各种官服，均需刺绣。其法过去用稀针、手针、侧针、拉绣等传统针法，现在又发展创造出滚针、游针、网绣、锁丝、刮绒等新针法，丰富多彩，风格各异。绣品色彩鲜艳明快，纹里层次分明，针脚细腻匀称。我国的名刺绣有苏州的苏绣，湖南的湘绣，广东的广绣，四川的蜀绣。各少数民族都有自己的刺绣特点和地方特色。

**回族刺绣**

西北地区的回族刺绣兴起并发展于清代。这里说的刺绣，是现在仍在传承的回族刺绣，它是中国民间传统艺术的一个重要组成部分，主要是通过针法技巧的

回族刺绣

运用和色彩的变化进行绣作的一种手工造型艺术。回族刺绣，虽未列入第一批国家级非物质文化遗产之列，但作为服饰的一种传统技艺，细腻质朴，富有民族气息。六盘山区回族妇女传统刺绣艺术表现形式，是表现嫁娶或喜庆时穿戴的头饰、衣服、鞋，包括衣服上的挂饰、手里提的和门帘上的挂饰物。挂饰和提饰图案，都是传统文化里代表吉祥的图案，诸如石榴、牡丹、花瓶等，做工精细，颜色鲜艳，尤其是花瓶，更能体现民族特色。

回族刺绣，大致可以分为生活类，服饰类，装饰类，婚礼乡服等。生活用品，如荷包、针扎、枕顶、钱包等；服饰用品，如号帽、盖头、耳套、肚兜、鞋垫等；装饰类用品，如画屏、门帘、苫布等；婚礼装束类，包括婚礼绣服、胸花、挂饰、提饰、绣花鞋等，基本涵盖了方方面面的用途。

**回族刺绣挂饰**

衣服制作与刺绣更具特点。上衣为红色绸缎，是传统的大襟剪裁式，衣领及衣襟沿边是黑色绸料上刺绣的红蓝相间的花卉，也有神态俊俏的鸟类。裤子是草绿色的绸料，裤腿边也是黑色绸缎，刺绣的同样是色彩艳丽的花卉。鞋是粉色的,绣有颜色协调的小花。回族刺绣在创造了理想的造型之后,用色上力求颜色的浓郁和厚重,突出艳丽感,善于用多种强烈的对比色。构图也善于表现疏密变化,以突出整体感,看上去粗犷质朴,富有民族特色和乡土气息。在工艺上主要采用平绣的方式,这是民间刺绣中最常用的一种;同时,也在一些特殊的地方用锁绣工艺,如绣件的边缘和醒目地方的花边装饰等。锁绣用平针绣法,在视角上形成锁绣的特殊效果,往往会使绣品锦上添花。

刺绣艺术效果,主要是通过线来表现的,线条方向的处理,称之为丝理。丝理对于物体质感有重要的作用,也是刺绣技巧中的重要环节。绣品上的装饰图案,多是大自然中的美好形象,如花、鸟、鱼等。回族刺绣所采用的纹样图案,从刺绣工艺的角度反映了传统图案的精神品质。多数吉祥图案普遍运用象征的表达方式,将祈福纳祥、驱恶避邪的传统文化思想观念,通过谐音、会意、比喻等艺术手法转化为图案的形式表现出来,从构图、题材、色彩、绣法等方面刻意追求,在朴实中见华丽。

回族刺绣针扎

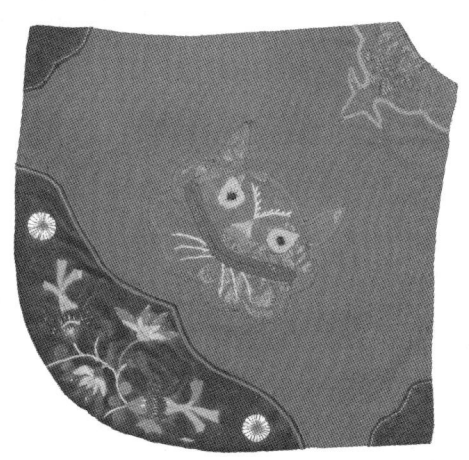
回族刺绣肚兜

针扎子,小巧玲珑,一般做成桃形或花瓣形外套,瓤用棉花或羊毛填充,可以插针、绕线,外套则绣有美丽的图案。实用而好看,实际上体现着多重美感,现在已经很难看得到了。

由于长期与汉民族相融而居,多元文化的相互影响,尤其是一些代表传统文化吉祥符号的元素，在回族刺绣的图案装饰中也得以体现和传承。

**汉族刺绣**

刺绣，原本是传统民间民俗文化的重要组成部分。依六盘山区的文化背景看，刺绣是回汉妇女必备的传统手工艺。赵桂秀是汉族刺绣的传统典型代表之一。

2008年，赵桂秀被列为自治区级非物质文化遗产项目传承人。其刺绣家传已数代，到赵桂秀这一代，她在传统刺绣针法的基础上注重工艺创新，一是将苏绣的一些工艺手法吸纳融入她的刺绣工艺之中。二是题材创新，打破传统地域意义上较为单调的以花鸟为构图主体的观念，将历史故事与人物造型借鉴过来，以传统的刺绣工艺逼真地表现出来，如《牛郎织女》、《金陵十二钗》、《西游记》等。从深层看，她的创作受剪纸影响较大。剪纸与刺绣，从构图看二者有其相通的地方，都能反映重大历史题材。在取材上，赵桂秀还注意体现地域文化特点，如《枸杞红了》。无论哪一种文化传承，如果忽视了地域文化，就缺少了鲜活的生命力，就失去走出去的特点。在这方面，赵桂秀抓得很准。

汉族刺绣枕头顶

现在，赵桂秀的刺绣已赢得了外地客商的青睐。刺绣这种生产性传承工艺，为其提供了更为广阔的平台。她创办公司，就可规模性发展；她创立传承基地，就会有更多的人整体性、活态性、可持续性推进传统刺绣工艺的新发展。

**刺绣艺术的创新**

2013年阳春三月，国家主席习近平出访俄罗斯时，送给俄总统普京的礼物就是刺绣。这是一幅由江苏南通沈寿艺术馆特别制作的《普京总统肖像》，普京赞叹不已，认为绣得很精致，栩栩如生，非常精美。以国家级非物质文化遗产作为国礼，意义非同凡响，它向世界展示的是中华优秀传统文化精粹和中华刺绣艺术的魅力。

南通沈绣，又称仿真绣，是在继承我国四大名绣之一——苏绣精华基础上发展起来的一种刺绣艺术奇葩。其艺术的形成背景，是清末刺绣艺术大师沈寿在"中学为本，西学为用"理念的推动下，吸收西洋油画的光与影、明与暗的绘画技巧，革新中国传统刺绣针法和色线用法而创新的一种极具艺术表现力的仿真刺绣艺术，开创了中国刺绣艺术的一代新风，被誉为中国刺绣中的"绣中之绣"。[①] 由沈绣吸取中外艺术以创新的经历看，任何的艺术形式的创新至关重要。我们可以从中汲取营养，开启智慧，在地域刺绣传统艺术的基础上借鉴其他刺绣技艺与艺术表现手法，进行传统基础上的创新。

# 皮影戏

皮影戏，是一种借助灯光照射人物剪影来表演故事的民间戏剧，叫"影子戏"，也叫灯影戏，俗称"线子"，宁夏人叫牛皮灯影子。皮影戏是集雕刻、剪纸、绘画、造型、口头文学、音乐唱腔、表演于一体的综合艺术，以"借灯、传影、配声以演故事"的形式，融民间音乐、美术艺术与口传文学于一体。表演时，艺人在白色幕布后面，一边操纵用牛皮制作的各类戏曲人物，一边用西北人喜好的秦腔唱故事，同时配以打击乐器和弦乐，是民间工艺美术与传统戏曲巧妙结合并

---

① 吴忠泉、文佳：《沈绣非遗技艺巧夺天工绣国礼》，载《光明日报》2013年4月13日。

融入戏剧音乐等内容的表演艺术。中国是皮影戏的故乡。"一口叙说千古事,双手对舞百万兵。三尺生绡做戏台,全凭十指逗诙谐。"非常生动形象地概括了皮影艺术的历史表现形式和古朴的风貌,尤其是皮影人的精湛表演艺术。2009年10月9日至2010年1月10日,由中国美术馆和捷克国家美术馆联合主办的"开放的视域——影中戏:中国美术馆皮影艺术珍品展",就是这类文化传承的遗脉。

皮影戏,是中国傀儡戏的一个重要类目(木偶戏、影戏),皮影戏最初的应用是在僧侣讲经过程中,其后的发展经历了从画影到剪纸最终到皮剪影的过程。[①]辽南皮影戏的发展过程,保留了这种传承变化的特征:早期演唱类似于和尚诵经,后来才发展成为一种定型的板腔体,有了严格的节奏和固定的演唱模式。[②]这应该是皮影戏发展变迁的阶段性过程。2011年11月,在印度尼西亚巴厘岛举行的非物质文化遗产政府间委员会第六届会议上,把中国的皮影戏列入《人类非物质文化遗产代表作名录》。

西北皮影戏较早,辽宁"复州皮影戏是明万历年间(1573—1620),由陕西到东北戍边的士兵传来的"[③]。明清两代,是皮影戏的鼎盛时期,同时也是迅速向全国发展的时期。不但剧目日趋丰富,而且演艺成熟且精巧,在全国范围内形成了几个重要的地区:一是以陕西华阴、华县为代表的西北皮影;二是以河北滦州为代表的北方皮影;三是以临安"绘革社"为代表的南方皮影。

明代宁夏属陕西所辖,且是重要的戍边地区,依传承看应该有皮影戏传播。这种拙朴的民间艺术表现形式很古老,在乡村很受人们的欢迎。30年前宁夏乡村皮影戏还不少,通常都叫它"牛皮灯影子"或"牛皮娃娃"。在皮影收藏者的眼里,宁夏皮影是其收藏的重要皮影品种之一。

**皮影戏的历史**

皮影戏缘起于两千年前的西汉,发端于陕西,成熟于唐宋时代的陕西、山西东南、河南等地,极盛于清代的河北,从文化传承的意义上,有两种说法:一是相传西汉宫女为哄太子不哭,用梧桐叶剪成人形,在窗户外晃动显影而成为皮影

---

① 刘羽中:《非物质文化遗:被保护还是自我成长》,载《中国文物报》2013年5月29日。
② 孔庆印:《辽南皮影戏:七尺白布后的演变》,载《中国文化报》2013年3月5日。
③ 刘羽中:《非物质文化遗:被保护还是自我成长》,载《中国文物报》2013年5月29日。

发端；一是《搜神记》里记载说，汉武帝的妃子李夫人死后，汉武帝非常思念她。有个叫李少翁的巫师投其所好，用一张兽皮剪出李夫人生前的形象，用灯光照射到帷幕上。汉武帝看到帷幕上的影人，在光影变幻间仿佛感觉到李夫人"复生"，并来和他相聚。皮影戏是世界上最早由人配音的活动影画艺术，是现代"电影始祖"。它的传播对近代电影艺术的产生有一定的影响。法国人曾称它为"电影的前驱"。蒙元时代，由于战争和东西文化的交流，皮影戏已传到波斯、阿拉伯、土耳其。稍后，又传至东南亚。清代乾隆年间，皮影戏传入法国巴黎、马赛和英国伦敦等地，包括与中国相邻的东南亚地区，成为中国最早走出国门的戏曲艺术，亦是世界上最早的供人们欣赏的幕影艺术。

清末民初，中国皮影戏艺术发展到了鼎盛时期。很多皮影艺人子承父业，数代相传。无论是从皮影造型制作、影戏演技唱腔和流行地域上看，都达到了历史的巅峰。当时很多官邸王府、豪门旺族和乡绅大户，都以请名师刻制皮影、蓄置影箱、私养影班为荣。在民间乡村和城镇，大大小小皮影戏班都非常流行。无论逢年过节、喜庆丰收、祈福拜神、嫁娶宴客、添丁祝寿，都少不了搭台唱影。连本戏(连续剧)要通宵达旦或连演十天半月不止，一处庙会可出现几个影班。1949年以后，全国各地残存的皮影戏班、艺人又开始重新活跃，从1955年起，不但有全国和省、市级的皮影戏汇演，还经常派团出国访问演出，进行文化艺术交流。"文化大革命"以来皮影戏停演，改革开放后逐渐复苏。

**皮影制作与表演**

皮影的原料是驴皮或牛皮。皮影制作过程工序繁多，雕刻手法也不尽相同。人物面部造型有意夸张，吸纳了汉画像石、剪纸、民间雕刻等多种艺术成分，尤其是雕花极为考究。人物的服饰上涂抹有红、黄、青、绿、黑五种纯色的透明颜料，显得光滑鲜艳，晶莹剔透，具有特殊的美感。雕刻手法有阳刻，也有阴刻，雕工极为精细，刀法多变，繁简有度。绘画染色男女有别，女性发饰及衣饰多以花、草、云、凤等纹样为图案，男性则多用龙、虎、水、云等纹样为图案。人物造型与传统戏剧人物一样，生、旦、净、末、丑角色齐全。皮影戏人的四肢和头部是分别雕成的，再用线连缀而成；道具、配景等饰件，都刻有不同的图案；人物、道具、配景等讲究整体效果，是一个相对完美的艺术整体。皮影戏对表演技艺有很高的要求，表演者除了要能一人控制三、四个影人的动作，还要密切配合场上的配乐，兼顾旁白和唱腔。演皮影戏的设备非常轻便，非常便于流动演出。不论在剧场、大厅或广场，还是在农家小院的普通房间，架起影窗幕布和灯箱就能开戏。六、七个人的戏班，一箱皮影就能演几十出戏。所以皮影戏自古就是随军的一种娱乐形式，也是广泛流传普及于民间的原因之一。

皮影戏影人本身没有面部表情的变化，操影者除了操纵影人动作外，也没有其他的形体动作。因此，演唱在皮影戏中的表现手段及其作用就显得尤为重要。[①]皮影戏的精湛表演取决于皮影艺人。所以，皮影艺人的绝技表演，常常让观众眼花缭乱。不仅手上功夫绝妙高超，嘴上还要说、念、打、唱，脚下还要制动锣鼓，是全身心配合的表演艺术形式。皮影紧贴屏幕，镂空的人影与五彩缤纷的颜色相配，艺术效果大增。艺人的唱腔，基本是传统的秦腔，也有自己的独创，效果是"唱得都能让人感动"[②]。皮影戏虽然看似拙朴，但拙中寓巧，蕴含着劳动人民丰富的想象力和奇巧的艺术创造力。它的演出特点，一是道具小而演出方便；二是不受场地限制而随方就圆；三是艺人多为家传，耳濡目染，自然传承，不需要正规训练。

**张氏家族皮影**

宁夏的皮影戏，真正传承下来、而且能搭班子演出的主要是贺兰县张氏皮影。

贺兰县皮影戏，原本有两家传承。一家是刘姓，源起人名刘存贵（艺名刘有子），从兴起到失传前后60年左右。另一家是张姓，传承下来了，就是我们去采访调研过的皮影戏传承人张进绪。

2009年9月，我们前往贺兰县金贵镇雄英村张进绪老先生家中调研皮影戏。金秋时节的银川平原，到处都是收获的景象。车子穿过乡村柏油路，拐进村子，在一处坐西朝东的院落前停了下来。陪同的县文化馆的贾先生说：这就是张进绪老先生的家。

1942年，张进绪出生于贺兰县潘昶乡，是张氏家族皮影戏第二代传人。他的

---

① 参见孔庆印：《辽南皮影戏：七尺白布后的演变》，载《中国文化报》2013年3月5日。
② 陈梦阳：《鼓声灯影里的人生》，载《中国文化报》2012年3月19日。

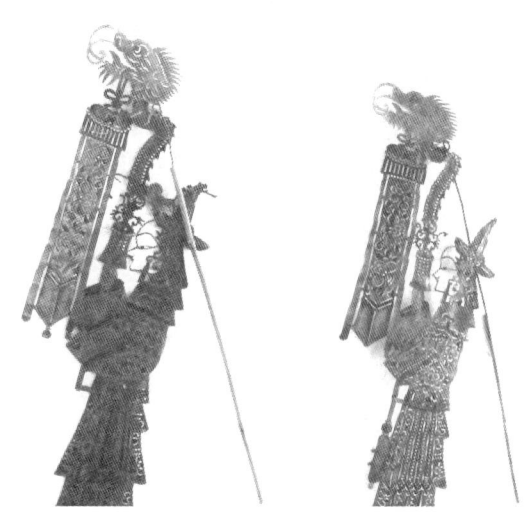

**张进绪制作的皮影**

父亲张维秀(1905—1975)，是潘昶乡的老户人家。他从小就喜欢和迷恋皮影戏，有一个"张小存"的艺名。《贺兰县志》里记载说："张小存的皮影队演技较高……在宁夏很有名气。"早年自己选用牛皮制作皮影的同时，也购买一些皮影。皮影制作与演技师从银川满族人赵小卓学习。皮影唱腔师从秦腔艺人李占海。无论制作还是秦腔唱法，都打破了地域界线，展示了他艺术生涯的开放性。经过长时间的打拼之后，从1935年开始，张小存自己组织了皮影自乐班，不但在银川、贺兰、平罗、姚伏一带演出，还到吴忠、盐池、隆德等地演出。与宁夏紧邻的阿拉善左旗、一河之隔的鄂托克旗，也是常去演出的地方，活动范围方圆数百公里。演出的剧目，包括《王翦平六国》、《三战吕布》、《包公审案》、《万仙阵》、《五雷阵》、《香连串》、《康熙访北套》、《串龙珠》、《绣红灯》、《刘泉进瓜》、《秦怀玉征西》、《劈山救母》、《铡美案》等。1964年以后，由于各种原因，张维秀的皮影班子就停演了。这一停，就再没有捡起来。十年之后的1975年，这位苦苦经营了数十年的皮影艺人离开人世。

张维秀走了，他的皮影戏却传了下来，承传人就是他的儿子张进绪。有了父辈的经历和影响，张进绪对皮影戏同样爱得入迷。1962年，20岁的张进绪就随父亲开始了皮影戏的学习。实际上，家传的潜移默化对于张进绪来说，介入皮影戏的时间远远早于这个年代。20世纪70年代后期，伴随着中国改革开放的时代步伐，张进绪的皮影戏也浮出水面。在沉寂了20年后，第二代皮影传人张进绪的皮影自乐班再度出现在乡间，踏着父亲的足迹，皮影戏活跃在贺兰、平罗、姚伏等地。这期间，由于各种原因一度又沉寂下来。新世纪之初，再度开始复兴，尤其是庙会文化与皮影戏有机衔接，开拓了市场，演出日渐兴盛。随着国家对非物质文化遗产的开发与保护政策的出台，张进绪和他的皮影戏班子更是如鱼得水，发展较快。

张进绪皮影戏的剧目，在父辈原有剧目的基础上有新的发展，主要有《武松打虎》、《三战吕布》、《孙悟空大闹天宫》、《三打白骨精》、《赤胆忠心》、《包公案》、《白蛇传》、《霸王别姬》等。这与其他地方的皮影戏所表演的剧目大体是一致的。西北地区不用说，即使像河北昌黎的皮影戏，辽宁的皮影戏，也多是这类剧目。

**张氏皮影戏艺术特点**

从地域意义上看，宁夏属于西北大文化板块，活动在这个大区域的戏曲文化剧种主要是秦腔，至今依旧。追溯历史，清代、民国以来宁夏的地方戏曲仍是秦腔，皮影戏彰显传统秦腔艺术是对地方戏曲文化的传承。以现在的传承看，贺兰县皮影戏应该是清末由满族人赵小卓带入宁夏的。经过百余年数代人的传承，在吸收外来文化艺术的同时，目前贺兰县张氏皮影戏的艺术特点大致体现在以下几个方面：

第一，反映的是传统地域文化。虽然传承的路径是清末赵小卓带进宁夏，实际上皮影这种民间文化在宁夏已经很早出现。说明皮影戏的发展过程，始终处在原有文化与外来文化的不断融会过程之中，总体上体现的是地域传统文化。

第二，地域文化的发展有变异性，主要体现在唱腔及皮影人物造型与服饰的艺术处理方面。张氏皮影戏传承过程，同样说明这些问题。张进绪这一代，从唱腔看，在体现传统秦腔唱腔的基础上，吸收了陇东"俗曲道情"的演唱艺术，同时也借鉴了宁夏山花儿和时令小调的演唱艺术，这就是张氏皮影戏对唱腔艺术的创新，也证实民间艺术发展过程中地域文化的融入及其变异性。

第三，传统皮影戏是民俗活动的晴雨表。在农民的眼里，皮影戏里的人物都是"上神"，主人家花钱请来几十个神仙进门，是添喜气除秽气，能保佑孩子健康成长、老年人健康长寿的事。在这个大传统背景下，逢年过节，喜庆丰收，祈福拜神，嫁娶婚宴，添丁祝寿，都离不开皮影戏，包括店庆开业等都要请皮影戏助兴。正是从这些意义上，皮影戏对民间民俗活动有着极强的依赖性。

**张氏皮影表演艺术**

张进绪的皮影艺术，表现在多个方面。

首先，是皮影制作艺术。皮影制作细腻而有创新，脸谱的雕刻与服饰的处理，虽然都以镂空的形式出现，但在繁简与虚实方面有独到的表现手法，繁简相宜，虚实相生，把人物的内心世界都刻在脸上。头发、胡须采用山羊毛为原料，柔而挺，质感强。服饰的雕刻，大胆借鉴剪纸的艺术形式，线条细腻流畅。无论是脸谱还是服饰，都雕凿得天衣无缝，不露痕迹。在着色上，也注意体现多元效果。脸谱以暗红为色调，显得古朴；衣服着色以典雅为基调来彰显华丽。在视角上，为观众提供了活灵活现的艺术人物造型。

张进绪皮影表演

其次，是皮影表演艺术。皮影戏场子虽小，天地却大，一个人撑着杆子，调动着千军万马，表演着多个人的角色。用皮影戏的行话说，撑杆叫"掌签"。一台戏里的人物，要由他一人来完成，如果有六七个人出场，就要有六七种声音，这里如同说书一样。大胡子说话是虎音，带着狠劲；军师说话带着沉沉的鼻音，是深思熟虑的感觉；小生说话又不一样……这些，张进绪都能处理得自如得体，浑厚的唱腔，激情的锣鼓，清脆的唢呐声，一场大戏就开始了。屏幕上，各种人物造型在张老艺人的双手中挥舞升腾。演绎的精彩程度会让你喝彩，会使你震惊。一个人唱一台戏，还要将屏幕上的多个人物处理得有条不紊，主人的艺术表演力得到了充分的展现。在白色的幔幕上，皮影通过张老先生之手操作，不仅能表现出人间悲欢离合，还能表现出疆场上金戈铁马的交锋而形成的千变万化的场景。宋代人眼里"一口叙述千古事，双手对舞百万兵"的宏大场景，在张进绪的皮影戏里也能感觉得出来。武打场面，紧锣密鼓，影人枪来剑往，上下翻腾，热闹非凡。文场上的弦乐与唱腔，高吭浑厚，婉转动听。当你听着字正方圆的唱腔，抑扬顿挫的道白，铿锵有力的锣鼓点子，再伴随着皮影在老艺人的操纵下翻腾跳动，就会被这古老的文化艺术所感染。

第三，作为传统地域文化的独特表现形式，贺兰皮影戏在当下意义上也是宁夏非物质文化遗存的重要代表性存在。对贺兰皮影戏的发掘、保护和整理意义重大，它是中国皮影戏的重要组成部分，也是研究宁夏非物质文化遗存、民俗文化遗存乃至宁夏的民歌花儿的重要参照。同时，地域文化是地域历史的保护神，除了精神层面的价值和意义之外，也有自身的经济社会和文化价值。张进绪老生说："以前皮影戏班经常在贺兰、平罗一带演出。那时，皮影戏很受大家的欢迎，一年最多能演出200多场，非常热闹。现在，皮演戏也只能就近赶个庙会，观众也多是上年纪的老人，年轻人多是看个新奇。"实际上观众的多少是一回事，保护这种文化传承是另一回事，必须是在保护基础上的发展和传承。对此，国家重视，地方文化管理部门也非常重视，已经采取保护传承措施。

**专家对张氏皮影戏的看重**

张进绪老艺人，是宁夏区级第一批非遗保护项目传承人。2009年8月，民间艺术抢救工作者冯骥才先生到宁夏，在贺兰县拜访了67岁的张进绪，观看了他的皮影戏。一折《王翦平六国》大起波澜，特殊的表演，独到的唱腔，让冯骥才赞叹不已。几个月后，冯骥才在《中国文化报》上发表了一篇文章，是专门谈贺兰皮影的。这里摘出其中一段：

……

当我回到布幕前边，坐下来细细品赏，便看出他演唱的高超。他不单唱得味儿如醇酒，大西北的苍劲中，兼有黄河滋育的柔和；那些灯影子的举手投足，则无不鲜活灵动，神采飞扬，而且居然能随着说唱和音乐的节奏，摇肩晃脑，挺胸收腹，甚至连同手指头也随之顿挫有致。一时觉得，这唱不是张进绪唱，分明是灯影子在唱。于是，灯影、乐声和剧情浑然一体。如今的贺兰还有多少人有这种功夫？

……

这么好的贺兰人的唱灯影子，可千万别只叫我们这一代人看到。①

冯骥才先生看得仔细，评价非常准确到位。同时，他对陪同观看的贺兰县县长谈了他对皮影戏表演的感觉，将贺兰县张氏皮影的考察，是放在全国层面上来比较的。

第一，冯骥才考察过全国的不少非物质文化遗产，皮影戏他也有考察和一定的研究，包括山西、福建、陕西等地的皮影，他认为贺兰皮影有独到的气质，融合了陕西秦腔、宁夏花儿，与浓烈的陕西华县皮影相比，表演更到"火候"，它灵魂有神，给人出神入化的感觉。道具仿佛就是舞台上的演员，有呼吸，节奏感很强，是宁夏难得的非物质文化遗产。

第二，认为应在经济上补贴传承人的后代，保证其薪火传承。

第三，认为贺兰皮影有众多特点：一是保存完整，家族传承没有改变，更没有断代，表演者是他们的家人；二是传承人的表演水平高；三是道具、乐器等"老家伙"仍保存着，保留着原生态的痕迹。要设法将原有的老皮影保存起来，演出用的皮影可到陕西华阴县照现在的老样子订制一批。

---

① 冯骥才：《贺兰人的唱灯影子》，载《中国文化报》2010年3月28日。

第四，冯骥才建议贺兰皮影申报国家级非物质文化遗产保护项目。同时，建议做好贺兰皮影的保护工作。他建议建一个小博物馆，"可以将皮影表演的老道具保护起来，制作新道具来表演不仅是皮影，老窗花、老剪纸都可以放进博物馆，保护起来"。在保护好皮影的同时，要保护好张进绪家族传承。传承传什么？不仅是将皮影艺术传下来，而且要将民间艺术的神、艺术的感觉传下来。[①]

第五，皮影要进课堂，培养孩子们的乡土情感。从这个意义，贺兰皮影戏的价值和社会文化意义都得到了展示。申报国家级非物质文化遗产，将会进一步推动皮影戏的保护与传承。

宁夏皮影戏，除贺兰县张进绪外，列为自治区非物质文化遗产传承人的还有西吉县安维汉、谢克选。海原县西安镇园河村魏善义，也是一生钟爱皮影戏的人。在经历"文革"与"破四旧"的年代里，他在墙上挖洞藏"皮影"，老物件才得以保存下来。20世纪80年代，皮影重见天日，魏善义重操旧业。现在，年近八旬的他将皮影绝技传给外甥张兴贵。宁夏的皮影戏后续有人，是宁夏地方民俗文化之幸事。

**皮影戏的影响力与创新**

皮影戏在我国流传的地域较广，虽然各地唱腔不同，但这种艺术表现形式却近乎遍及全国各个省区。大约13世纪起，中国的皮影艺术传入波斯、阿拉伯、土耳其、缅甸、日本等国，18世纪起始传入欧洲。此时的欧洲，法国凡尔赛宫中已经摆满了中国的漆器和瓷器，雕刻精细、玲珑剔透的皮影，也被法国传教士带回欧洲，在巴黎、马赛等地区演出，当时被称为"中国灯影"。《歌德自传》里已有圣诞节前夜演皮影戏的记载，歌德不但热爱皮影戏，而且在一些场合介绍皮影戏，这无疑推动了中国皮影戏在欧洲的流传。歌德之后，德国还有人演中国的皮影戏。[②]

2011年底，联合国教科文组织宣布，正在印度尼西亚旅游胜地巴厘岛举行的保护非物质文化遗产政府间委员会第六届会议上，中国皮影戏列入《人类非物质

---

① 参见《新消息报》，2009年8月19日、21日综合新闻和专题新闻。
② 常胜利：《歌德情迷中国皮影戏》，载《中国文化报》2010年12月30日。

文化遗产代表作名录》，中国皮影戏保护和传承又提高了一个新的台阶，有利于世界各民族对中国皮影戏有更多的了解。同时，无疑为中国皮影戏保护和传承注入了新的信心与活力。①

由于各种原因目前皮影戏的濒危处境仍令人担忧。宁夏皮影戏的传承人张进绪先生已作古，此前虽有儿子拜师学艺，但保护传承仍是一个亟待关注和落实的问题。传承过程中必须创新，一方面要保护，一方面要创新。同样是皮影戏，广东陆丰皮影戏人物造型很有典型意义。传承意义上的皮影戏，人物造型基本为侧面影身，但陆丰皮影戏却创新了人物正面影身，影身四肢比例与真相仿，活动自如，不但眼睛能转动，而且嘴巴能开合。② 有了创新，就有了市场，有了传承的生命力。

## 农民画与篆刻书画

### 农民画

当代中国农民画，孕育于传统年画、剪纸和刺绣等传统民间艺术，如炕围画、锅台画、箱柜画等并由此演变而来，再现的是对农民日常生产生活的体验，同样是其灵感的艺术展示。据《隆德县志》记载：旧时县内民间绘画多出自于"画匠"之手，多绘于庙宇、寺观中的壁画、民间箱柜衣饰等处。农民画发端于20世纪50年代，先后出现过三次高潮。一是20世纪50年代，内容以"大跃进"农村壁画为主，二是1972年陕西户县农民画，三是20世纪70年代末上海金山农民画的崛起，直到90年代末，以全国近百个农民画群体的出现为标志，全国有51个县因农民画创作成就显著而被文化部命名为"中国民间艺术之乡"，隆德县即为其中之一。

农民画是农民画自己的日月光景，没有固定的模式，是见什么画什么，咋漂亮咋画。农民画，再现的是淳朴可爱的造型，鲜明的民族特色，浓郁的乡土情趣和鲜活的生命力。农民画的题材大多表现的是"歌颂共产党，描绘新农村"的内

---

① 谌强：《千年中国皮影，今日世界注目》，载《光明日报》2011年11月30日。
② 张棚、海明威：《皮影民间艺术摆脱传统困局》，载《中国文化报》2012年8月21日。

容，也画民间民俗文化里的四时八节，体悟民间艺术大海里的浩瀚深邃；画农家儿女的生活，画改革开放以来的农村新变化，画农民的富裕生活。当然，也画着画家如梦的童年。

农民画种类繁多，结合各地的风土人情，形成了鲜明的地域特色。全国较有名的农民画，有陕西户县农民画、广东惠州市龙门农民画、上海金山农民画、广西桂临县五通镇农民画、河南安阳市内黄县农民画等。农民画根植于生活，发乎于内心，凝聚着一种原生态的气息。其特点在于无拘无束的构思，大胆夸张的造型，鲜明热烈的色彩，紧贴时代记忆的生活。

农民画非常精彩，完全没有书本教条的影响，色彩是那样的天马行空、无拘无束，很有现代感。农民画是一个很奇特的身份，这些面朝黄土背朝天的人笔下的画为何会受到不同层面的人的追捧，其特殊意味和魅力在哪里呢？在民俗学者的眼里，中国现代农民画的形成与新中国建立后大量绘制宣传画有关，后来在逐步发展的过程中加入现当代生活元素和民间传统题材内容，从一个特殊的角度和层面来反映着整个社会的变迁，在民俗学上有着独特的价值。宁夏的农民画，有影响的是隆德县农民画和平罗县农民画。这两县的农民画同时进入第一批自治区级非物质文化遗产代表名录。

## 隆德农民画

### 1. 农民画的兴起与成就

农民画是特定时代和社会环境的产物。宁夏隆德县农民画，就是顺应这个时代潮流而产生的，是三次农民画高潮影响力叠加的结晶。农民农忙时扛锄种地，农闲时拿笔记载和描绘农村生活。农民画，原本是隆德县非物质文化的一张名片，荆守恭老先生是这支队伍的领头人，曾被文化部授予"民间美术开拓者"荣誉称号。20世纪80年代，隆德县农民画红红火火，步陕西户县农民画之后尘，县文化馆多次举办全县农民画学习班，不少优秀的农民画作品问世于这一时期，1986年曾在银川举办过为期十天的"隆德县农民画展"，作品不时参加国内外的展出。先后创作出1000多件作品，有26件作品获奖，两件获全国二等奖，8件作品被中国美术馆收藏。参展的作品，有的收藏于国外的著名展馆，有的收藏于国家美术馆，不少作品系列收藏于宁夏群艺馆，成就斐然，影响较大。1983年至

隆德农民画

1990年，隆德县培养了300多人的农民画创作队伍，年龄大的50余岁，小的仅16岁，[①] 是隆德农民画队伍发展的顶峰时期。

2. 农民画与农民生活

隆德县农民画构图饱满，形象夸张，线条精细流畅，反映的内容极具浓郁的地方色彩和乡土气息。内容丰富，通过身边的人和事，多反映时代的变迁和农民的生活环境，真正地再现了新时期农村发生的巨大变化，以鸡、羊、牛、猪等为描写对象，表现了农民纯真的想象、朴实的感情，既有像《送粪》、《除草》、《打垛》、《割麦》、《碾场》等这样的农事画，也有《醋坊》、《压面》、《元宵观灯》、《戏剧人物》这样的生活与民俗文化方面的画；既有反映编糖、锄地之类传统农耕方式的画，也有反映电视机、摩托车、洗衣机之类现代生活的画，把农村生活表现得淋漓尽致。无论是哪种内容的农民画，反映的都是农民的现实生活和对生活的切身感受。他们把这些火热的生活和熟悉的生活环境，用大红大绿的色彩表现出来。构图大胆，颜色华丽，在鸡的身上画上各种花草，在猪的身上也画上花草，画面不讲透视，平铺摆满。山水画，用颜色堆出层层远山，女青年凑在一处

---

① 《隆德县志》，宁夏人民出版社1998年版，第535页。

的刺绣，在田间地头就能看到。真真切切地反映了农村生活的发展变化。不仅表现中国农民的个体形象，也表现了农民性格与内心世界，洋溢着的是一种真诚的喜悦。从长远意义看，农民画记载了民俗民风的潜在变化，因为农民画更多记载的是集体活动，体现农民生活和农民阶层的整体面貌，对于研究这一时段农村的民俗民风、丰富和完善中国民间美术研究及其发展也是第一手资料，颇具地域文化意义。

在隆德县文化馆的展室里，我们看到了不少昔日绘画十分精美的装在玻璃框子里的农民画，色彩依旧亮丽，构图体现着农民画特有的大胆与创新。朴实的绘画语言，大红大紫的色彩，夸张的艺术手法，简洁明快的艺术风格，寓意深刻的生活感受会牵动着你走进农家生活，感悟民风民俗和浓郁的生活气息。这些农民画的作者，表面上看上去只不过是些名不见经传的普通劳动者，在描绘自己的生活和奇思妙想而形成的朴素图画，但实际上它都是产生在相应的文化背景下，受地域文化传统、风土人情、人文环境影响和培育的结果。

20世纪90年代以后，隆德县农民画冷清了，而其他地方的农民画依旧彰显

隆德农民画

着一种良好的发展势头,除了当地政府扶持外,农民画本身没有停下来。吉林东丰县农民画里有一幅《家乡新貌》,夸张的组图还配着文字:"点灯不用油了,种地不用牛了,住上小二楼了,乡路变柏油了,村村都建厂了,产品连上网了。"①这种新农村新变化,已经很少有以农民画的形式展示了。

3. 农民画与地域文化

隆德的农民画,与中国的民间绘画一样,它源自于农民的原始经验和民俗文化积淀而来的艺术思维。非功利的随心所欲的创作心态大都表现出奇特的构思,洋溢着浪漫的民族民间情调,显现出鲜明的地方风格,给人以强烈的视觉效果和极佳的审美享受。② 解读和欣赏隆德农民画,你会产生这样一种强烈的艺术感觉。重装饰,重神态,在大红大绿的涂抹过程中使画家自己的个性和审美意象得到充分的展示,旺盛的情感和生命力都倾注在这一独特的意境中。

隆德农民画

从地域文化意义上说,作为乡土艺术之精华的农民画,它是隆德县的窗口,

---

① 常雅维:《东丰农民画创出新天地》,载《中国文化报》2011年12月27日。
② 李晓林:《十月的秀洲色彩斑斓》,载《中国文化报》2007年10月31日。

也是宁夏农村文化发展的窗口。但这都是已经逝去的历史了,岁月的延伸,并没有将这份独有民间艺术完全传承下来,这扇艺术之窗过早地关闭了。

拜访农民画的领班人荆守恭先生时他说:现在由于种种原因都放弃了,很可惜。荆老先生已年近七旬,他是多才多艺之人,剪纸、农民画、传统工笔画,尤其擅长人物、花卉等工笔画,他获得过全国"民间绘画艺术开拓者"称号。就是这样一位多才多艺的老人,他退休后隐居乡下农舍,与热闹尘世远离,没有传人弟子(家传与外传),他的女儿偶尔也有剪纸之类作品,但仅为生计而已,在县城里开一片字画裱糊店。他的儿子从事教育工作,精力和心思也不在这方面。

隆德县农民画的调研结束了,但我的心里并不平静,尤其是在县文化馆看了农民画精品展,那些极具乡土情结和民族特色的一幅幅作品。当代意义上的农民画,反映的是和谐农村的诗意生活:整齐的村庄、清澈的河水、清幽的小巷、规模化的养殖场、丰富的文娱活动……新农村、新面貌在一幅幅色彩斑斓的农民画中精彩展现。拿惯了锄头的手握起画笔灵巧自如,美丽动人的画面在画纸上跳跃出来,洋溢着农民对新的生活的满足与喜悦。① 新农村建设过程中的文化建设,就需要这样的农民画来展示新时代的新农村,来展示新农村的新生活。正是从这个意义上,宁夏隆德县的农民画不能无声无息地消失,要传承,要保护,要振兴。一个文化品牌的经营需要有一批艺术人才支撑,隆德县农民画从缘起到发展,也是几茬人数十年的奋斗才形成的。浙江嘉兴秀洲借举办第三届中国农民画之机,一个占地50亩、集中国农民收藏、研究、创作交流的中国农民画艺术中心新址已奠基。这意味着什么?

国家关注非物质文化——农民画,于2001年、2004年先后举办过两届中国农民画艺术节。2007年丹桂飘香的季节,文化部又在浙江嘉兴举办了第三届中国农民画艺术节,来自全国26个省、市、自治区103个画乡的数百幅绘画精品在这里展出。同时,还有来自于欧洲、亚洲、非洲、大洋洲等10个国家14位外国艺术家的80多幅作品参展陈列,异国情调与本土风格相映成趣。近年来农民画创作面临巨大挑战,在理论层面上,2001年大家讨论农民画是不是一个画种以及该不该叫农民画的问题;2004年,研究的主题变成了现代民间绘画风格拓展问题。最

---

① 苏唯谦:《秀洲农民画从民间走上大雅之堂》,载《中国文化报》2007年11月8日。

近这一次，讨论的话题更多的是现代民间绘画的民族性和地域问题。①

农民画具有民族性与地域特点，它的确能从地域文化的背景反映画家所生存的地域环境、文化背景、民风民俗等。"画自己感兴趣的东西，画自己最熟悉的东西"，这是不同地域农民画家的共同感受，也是农民画的一大特点。

**平罗县农民画**

平罗县农民画始于20世纪80年代，但其渊源可追溯至清代。一是清代平罗县境内寺庙较多，宗教活动影响较大，寺庙、祠堂等绘画成为民间画匠（家）的主要平台，民国年间较有影响的画匠有鲁福元、周登科等人。寺庙的装饰及其大量

平罗农民画

---

① 李晓林：《十月的秀洲色彩斑斓》，载《中国文化报》2007年10月31日。

绘画需要民间艺人来完成，而且这类艺术人才是比较专业的民间画家，与寺庙佛造像泥塑家一样。这就有了传承的源头。二是民间剪纸与绘画的传承。王洪喜民间绘画，是在平罗影响较大的传承者，杨晓梅是已经走出来的农民绘画的典型。[①]农民画创作队伍50余人。在表现风格上如前所述，构思巧妙，写实大胆；色彩艳丽，造型夸张；在反映农村生活气息的同时，融入了作者个人的审美情趣和热情奔放的艺术表现力，既能从画中找到生产劳动与生活的影子，又表达了作者对美好生活的向往和追求。王洪喜的《农家乐》、杨晓梅的《邦布达归来》、《白菜丰收》等都是较为典型的农民画作品。平罗县农民画家队伍与作品，成为宁夏北部农民画乡的典范。

**农民画要传承**

新农村文化建设推进的同时，国家实施的文化遗产保护工程也在紧锣密鼓地进行，农民画已成为农村文化遗产保护的重要组成部分。走出来的农民画，已为当地社会经济发展带来了宝贵财富和经验，也为画乡建设注入了新的活力。隆德县农民画不能丢掉，要采取多方面措施使它复苏、振兴和繁荣。政府和文化管理部门要对发展农民画这个文化标志给予极大关注和重视，使农民画经久不衰持续发展。在大力建设和发展新农村文化的今天，农民画自身承载着经济、政治、文化、社会发展的多元内涵。因此，不但隆德县的农民画要振兴和大发展，平罗县农民画也要推进，而且应该在全区推广。要建立农民画艺术中心，使农民画从民间走进一个新的殿堂，成为新农村建设过程中的一个品牌。在农民画家的视野里，他们要画的内容和题材很多，佳作频出。画家黄永玉说："画画的幸福所在，就是探索到表达自己思想情感的一套独特的方式。"隆德县、平罗县农民画家们是最幸福的，他们在实践中找到了适合表达自己情感的绘画语言。这就是具有鲜明的宁夏地域特征的民间艺术特色的绘画形式。丰富的文化底蕴成为农民画创作的沃土，剪纸、刺绣、皮影戏等传统文化为农民画带来了充足的养料，画家们在学习吸取这些文化元素的同时，理解了这些文化的内涵和精神，捕捉到了其中神韵，然后再运用到创作中。在这个基础上，画家们把生活中的自然美，升华为心

---

① 马伟、韩晓莉：《散发泥土芳香的农民画》，载《新消息报》2008年6月1日。

中的理想美，充分地表达出画家对美好生活的再现与超越。实际上，农民画里美的形式，其源头就在悠久的民族民间艺术传统之中。隆德县、平罗县的农民画，赖以依托的深层就是丰厚的地域文化。

据了解，全国农民画做得好的地方，农民绘画产业越做越大，仅2007年全年绘画作品超过3万件，总收达到1200万元。这些作品不仅在国内市场销售，而且远销美国、日本、韩国、新加坡等国家。这几年农民画价格翻了几番，当进入非遗保护之后，一些有影响的农民画，地方政府也给予大力支持。如吉林东丰县，对农民画的发展进行统一协调，把农民画产业纳入全县国民经济发展规划之中，对职称、荣誉和待遇等都制定了一套管理办法，尤其是县财政投入大量资金用于农民画教育培训、参展和艺术交流，农民因此而致富。①

要使农民绘画成为一个文化品牌，必须把它作为一项重要的产业来抓，充分利用市场运作的方式，走"农民为主体，政府当后盾，市场为导向"的发展道路，通过宣传、引导和整合，把零星发展的绘画专业户组织起来，组建龙头带动作用的文化公司，通过"公司+农户"的模式做大做强农民绘画产业。这是广西五通农民画产业发展的路子，宁夏隆德县、平罗县农民画可以借鉴。

在城市化浪潮的背景下，农民身份逐渐解体，农民画的生态也发生变化，原生态农村环境、农村生活场景在漫漫淡化，农耕、建房、喜庆、婚嫁等传统农民画主题逐渐失去活力，这些都是农民画面临的挑战。从保护的意义上，应该在传承的基础上伴以创新。宁夏的农民画不能丢。

**篆刻与书画**

2009年，联合国教科文组织公布中国的篆刻艺术进入世界"人类非物质文化遗产代表作名录"。宁夏隆德县张颌的篆刻，虽然只进入宁夏非物质文化遗产代表名录，但他的篆刻很有代表性。中国的篆刻进入世界文化遗产名录，说明篆刻独有的历史文化价值与艺术价值。

篆刻艺术是隆德县另一非物质文化的表现形式，且独具特色。这里说的篆刻，不是通常意义上的篆刻，它是把经典的名句或诗词，通过篆刻多枚印章来承

---

① 常雅维：《东丰农民画创出新天地》，载《中国文化报》2011年12月27日。

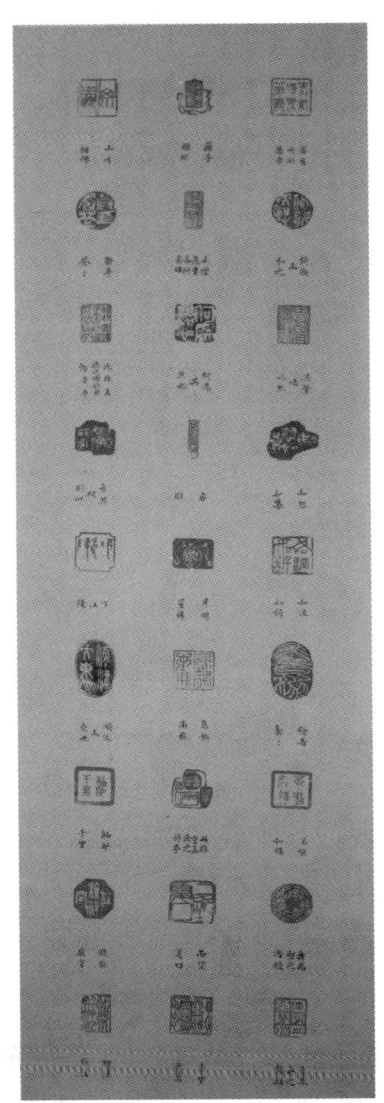 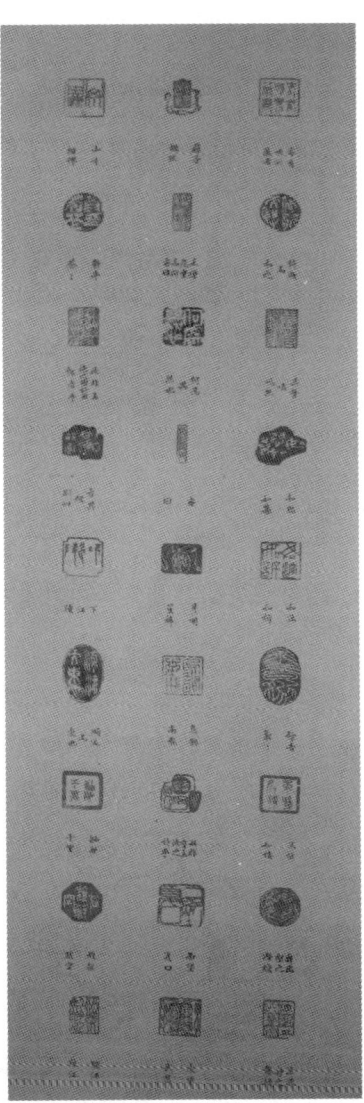

**张喆生篆刻条幅**

载,然后再形成完整的条屏,包含文字篆刻过程与条屏形成两层含义。居住在隆德县沙塘镇的张颉先生,就是篆刻艺术的代表。张先生的祖父,是清代同治年进士,曾在四川做官,与西北的著名文化人如安维峻等都有过密切来往,留下了不少书法艺术精品。他在这样一个家境里生存,出身为他带来的阶级鸿沟使他经历了一个特殊的年代,读书对于他自然无望,但他却传承了祖上篆刻艺术。他将

《颜氏家训》等传统启蒙教育的读物，以篆刻的形式把内容完整地表现出来，由一方一方造型各异的石头承载。一块石头，就是一句经典；一块石头，就是一枚印章。石头的造型各具特点，然后再由不同造型的印章加盖成条屏，呈现了独特的艺术形式，条幅的文字是由多块印章的文字组合而成的。在表现形式上与书法艺术条幅同理，但它是通过凿刻印章的途径来完成的。毛泽东《清平乐·六盘山》词的内容，也被用同样方式雕凿篆刻成印章，再组成为完整的条屏。这种用石刻印章的形式写成的条屏，艺术手法独特，提供了另一种形式的书法艺术作品。

张先生工作室的墙面上、桌子上，到处都是刻好加盖而成的条幅和堆砌的材料。我们得知他目前仍没有传承之人，子女都在外地学习和工作。

## 书　画

书画艺术是隆德县的又一种非物质文化表现形式。将书画两种艺术有机结合起来，书画并举这类艺术人才，即使在专业人才队伍里，也不是很多。苏维童先生就是书画并举的代表，内容多取材于历史。宋夏"好水川之战"，是宋夏时期发生在六盘山下好水河畔的重大战役，在中国战争史上也是可圈可点的。他将这一历史题材搬上画面，宏大的战争场面，独具匠心的艺术布局，历史与艺术的完美结合，构成近千年前那场特殊背景下的战争时空。高度浓缩后的艺术画面，体现得非常精彩，苏先生在书画界很有影响。数次举办个人书画展，书法艺术颇具功力。近年，他的书画艺术形式也在创新。他将绘画艺术与地方历史文化衔接起来，为地方文化建设做贡献。六盘山承载的历史文化厚重，他多次深入六盘山腹地写生，感觉真实的历史，创作出六盘山系列名胜景点绘画。如反映红军长征过六盘山的《运筹六盘，决战青石嘴》，反映清代林则徐过六盘山的《风雨六盘山》等。就是这样一位书画双赢的艺术家，同样没有传人，一个人在苦苦支撑着他的事业。同时，他对民间传统社火脸谱艺术同样有较深的研究，有不少绘制艺术精湛的彩色脸谱传世。

## 踏脚舞

武术，是中国的国粹。它在我国有着悠久的历史，源于古代的狩猎和战争，是捕击技术和经验的总结。武术在不同的历史时期所涵盖的内容不尽相同。古代史书记载中，商代称为"拳勇"，春秋称"技击"，汉代称"武艺"，汉以后广泛采用"武艺"的称谓。回族踏脚舞，就是传统武术演绎传承的产物。连续"飞脚"、"扫堂"等，是舞蹈动作中的精华。

回族踏脚舞蹈，流传于宁夏泾源县园子村一带。回族踏脚舞，是宁夏回族独有的一种武术表现形式，有攻与防的双重功能。这种舞蹈是由回族民间武术演变而成的，融武术与舞蹈为一体。"手是两扇门，全凭脚打人"，说的就是舞蹈之外的一种防御功能。它是一种既可竞技比赛，又可自娱自乐的文化活动。

据相关资料记载，"踏脚"名为"弹腿"，原本是一套完整的回族民间武术，清代即广泛流传于陕西西安、渭南等回族聚居地。1862年爆发的西北回民起义失败后，清政府采取"剿抚兼施、以回治回"的策略，将大批回族强行迁徙安置。宁夏泾源县园子村的回族，就是起义失败后被迫迁徙到这里的陕西渭南回族，"弹腿"便随之传入泾源，至今一百余年。

踏脚舞，已成为泾源人日常生活中的一部分，而且逐渐演绎出双方必须遵循的竞技规则：只准踏，不准踢；只准动脚，不准动手；踏脚时鞋底光滑，不准有意伤害对方；如果无意中有伤对方，对方包括家人不能责怪；如果一方被对方踏倒，必须等待倒地者站立有准备之后再踏。常见动作有"平踏"、"后转踏"、"扫腿裹脚"、"连环踏"、"关后门踏实"、"跛脚踏"、"雁式跳踏"、"顶脚"等。农闲季节，人们总要聚集在平坦开阔的土地上热闹起来，一对一，一对二，技高胆大者也有一对三的，甚至还有一家对一家的。参与者都是年轻人，老人在一边观看，有不规范动作出现时，他们就给予指导。孩子们在观看的过程中，自然受到了潜移默化的影响。踏脚舞，就这样一代代传了下来。

踏脚舞，是在泾源县回族中流传的一种民族民间非物质文化艺术的表现形式，是传统武术与地方文化艺术相结合的产物。踏脚舞出腿迅速有力，动作敏捷，腾挪躲闪有序，它不但具有强身健体的作用，也有表演观赏的功能，极具艺术文化价值。

近年来，非物质文化遗产保护的推进，使得踏脚舞得到了进一步的传承。农闲或特殊时期，大家不约而同聚到一起，或在麦场或在院落，青年人随时都可演练起来。腿来脚往，你闪我躲，互相攻守，表现出一种向上的精神和顽强的竞技状态。旁观者呐喊助威，喝彩鼓劲，山村里常常传来阵阵的欢笑声。每年的宰牲节，还要以坊为单位开展踏脚比赛，通过对踏、群踏、独踏几种竞赛形式，最后大获全胜的踏脚王或者优胜一方，都能获得重奖。应该说，这也是踏脚舞在新时代的创新。

踏脚舞作为一种自在自为的民间回族舞蹈形式，在传承了百年后的1986年，由国家有关部门组织的民族民间舞蹈集成调查时，这种武术性质的踏脚舞蹈被发现，从此，得到了政府有关部门的关注。1988年，泾源县文化馆邀请舞蹈和音乐专业的相关人员，对踏脚舞的原生态动作形成进行分析研究，从音乐与舞蹈的意义上编排出回族男子群舞《踏脚舞》，1989年，《踏脚舞》参加了第一届全国少数民族传统体育运动会，获得表演金奖。中央电视台等多家媒体都做过报道。现在，已成为宁夏回族民间舞蹈的代表作。

踏脚舞，是以人的肢体语言为物质载体的民间舞蹈艺术，是非物质文化遗产的重要内容，体现的是回族民间舞蹈的活态传承。根据民间舞蹈艺术的特征，它的范围包括舞蹈的表现形式、语言特点、表演风格、节奏变化等，服饰和道具是随着时代变化而发生细微变异的。舞蹈艺术的深层包含着一定的文化意义，即舞蹈的内涵、历史渊源与民俗、语言的表征性等。① 仔细解读《踏脚舞》的表演过程，我们会从中体会到蕴藏在其中的历史、民俗、语言相关的丰富历史文化内涵。

随着时间的推移和现代经济发展过程中的冲击，踏脚舞与其他非物质文化遗产一样，传承人大多年事已高，有的已经故去。年轻一代或者外出打工，或者忙于经商，传承依旧成为重要问题。2004年，文化部将踏脚舞列为中国民族地区民间文化保护工程第二批试点项目，经过数年的搜集、整理和研究，踏脚舞产生的历史背景、艺术渊源、文化传承人以及相关文化元素，都通过录音、录像、图片、文字资料等方式得以保存。同时，对60岁以上的老人还发给生活补助费、医疗补助费等，保证了踏脚舞的文化传承。

现在，泾源县文化管理部门已将踏脚舞的传承地园子村，确定为生态民俗文化村，建立了保护中心，从文化原生态环境意义上全方位研究和保护；编辑出版

---

① 马盛德：《民间舞蹈普查重在发掘民间艺术的本真》，载《中国文化报》2007年9月5日。

了保护教材，以便于在中小学、机关等推广和普及。

从长远保护看，民俗是民间舞蹈依存的土壤。民俗，即民间风俗习惯，它是由民众在漫长的历史长河中创造、延续并共享和传承的一种文化形态，是人们思想感情、宗教信仰、传统文化、道德伦理、审美意识、社会生活等多方面的人文精神的展现。总起来说，民俗是民族性、地域性、历史性、传承性和变异性的载体，这些特点都在民俗里能看到它的影子。踏脚舞，就是泾源县园子村地域上的民间舞蹈。它的保护和传承，不能离开民族性、地域性、历史性和传承性，在这个民俗文化的空间里传承。所谓变异性，就是创新。即使创新，也要在这个独有的民俗土壤里创新，充分依赖这块土壤对踏脚舞提供的民俗民间文化的土壤。

## 宴席曲

宴席曲，原本是流传于西北地区的回族民间在举行婚礼或其他喜庆聚会时演唱的一种民间传统仪式性的歌舞，大约20世纪初传入宁夏，是回族群众婚事喜庆聚会时广为流传的一种自娱自乐的歌舞表达形式。《中国大百科全书·戏曲曲艺卷》中说："'宴席'是当地方言对婚礼的别称，宴席曲是回族人民在举行婚礼时邀请民间歌手前来演唱的说唱曲调，因此而得名。"宴席曲歌词内容丰富，曲调形式多样，能歌能舞，保留着元明清以来西北少数民族歌舞小曲的古老遗风，蕴藏着丰富的回族民间风俗和语言文学、文化艺术的深刻内涵。现在，这种与宴席曲相关的传统习俗已经淡化了，好多地方已经看不到这种古老的民间习俗。从非物质文化遗产保护的角度，传承和保护的使命很艰巨，发展的空间和意义很大。

西北回族民间把有喜事俗称"有宴席"，把在这种有宴席的场合能演唱的歌曲通常称为"宴席曲"。宴席曲产生于何时，已经不能界定确切年代，就如同回族"花儿"一样，留下来的是集体智慧的结晶。但我们还是可以透过历史背景理出一些脉络走向的。元曲的繁荣和民间化，对于宴席曲有一定的影响，此为其一；其二，回族的形成，是宴席曲产生的直接因素。如果从这两层意义上去追溯，宴席曲的形成应该在明代以后。

宴席曲只有唱词、舞蹈动作，却没有人物故事，也没有道白，不分场次，更没有器乐伴奏，是一种灵活性较大、纯属清唱的表现形式。它既不同于一般只唱不舞的民间歌曲，又不同于戏曲杂剧，是一种在特定条件下载歌载舞的民间艺术形式。在演唱的过程中还有类似于花儿一样的衬字和虚词出现。①

宴席曲，一般只许在"宴席场里三天没大小"的时候，或是在喜庆的日子里，才允许有这种表演，平时不能随便唱。歌词结构有四句、五句式或六句式。一般在举行婚礼的前几天就已经请调把式，约定喜庆的那天来演唱助兴。这里所说的"调把式"，就是当地的民间歌手，民间称为"唱家子"。每队调把式是由一个村庄的若干名能唱能舞蹈的人组成，最具歌喉魅力的一位就是队长。条件好的家庭可请五、六队调把式，相对差点的也请二至三个队。喜事的当天，主人（东家）把邀请来的调把式按上宾接待。各庄的调把式都约定同一时间和地点到达，在主人家门口相聚，由主人委托的管事人（总管）邀集相关的人在大门口迎接。各路"唱家子"来到门口时，宴席曲的"进门曲"就已经开始。

唱罢进门曲后，整个过程环环相扣。第一支曲唱的是《一对白马》，而且是边唱边舞，这叫"打调"。此后，内容丰富的宴席曲表演就正式开始。一个队唱毕，另一个队接唱。整个时间安排，一般是在天快黑时开始，大约到凌晨以后才结束。如果主人和歌手们都有兴致，也有热闹到天明的。② 歌曲的内容有《四姑娘》、《薛平贵出门》、《送丈夫》等，以唱《四姑娘》为主。③ 可见歌唱内容也是多元文化背景的融合。演唱的过程伴以舞蹈，诸如"扬手换位"、"施礼"、"绕手换位"等，也有类似于"啐摇头"之类喜悦轻快爽心的动作。演唱时不特意着装。

宴席曲的种类，一是叙事曲，二是五更曲，三是打调（打搅儿），四是酒曲。就其表演风格看，有独唱、对唱、合唱等形式。表演时均为男性，女性不能参加，不能演唱重复的曲目。在表演技艺方面，宴席曲吸收了其他民族民间文化。表演内容上，也吸纳了传统文化里的民间民俗文化。作为历史悠久的民间回族文化宴席曲，它的传承形式有自然传承、师徒传承。师徒传承是宴席曲传承的主要途径，其特征体现的还是民间传统文化的"口传心授"，是靠听觉、视觉和独特的音乐感来传承。

---

① 汪平：《西北回族宴席曲概论》，中国文联出版社 2005 年版，第 81 页。
② 汪平：《西北回族宴席曲概论》，中国文联出版社 2005 年版，第 88 页。
③ 《中华舞蹈志·宁夏卷》，学林出版社 2002 年版，第 59 页。

## 黄河筏子

古代水上交通，黄河羊皮筏子是重要的水上运输工具，与船类工具有着同等重要意义，黄河中上游地区的皮筏就是其中的一种。黄河，不仅孕育了银川平原塞北江南般的富庶，也为宁夏的水上运输提供了得天独厚的条件。黄河上的羊皮筏子，它是由充气膨胀了的羊皮囊、牛皮囊串联而成的，是黄河中上游古代少数民族的传统运输工具。

黄河上皮筏子的制作，充分利用了黄河自身的特点。黄河中上游河段，河流湍急，多峡谷险滩，传统的木结构船只较难抵御强大水流的冲击及峡谷险滩的考验。皮筏子这种黄河上的独特的运输工具，轻巧方便，又不怕暗礁，没有成本，载重量也大。船只顺流而下，速度极快；而上行逆水时，数十人拉一条船举步维艰。人们就地取材，利用当地丰富的牛羊皮，创制了皮筏这一适应当地自然条件的、独特的交通工具。①

羊皮筏子

羊皮筏子作为一种特殊的水上交通摆渡工具，已经很久了。唐代李筌在他的《太白阴经·战具篇·济水具》中记载："浮囊以浑脱羊皮，吹气令满。紧缚其孔，缚于胁下，可以渡也。"皮筏主要分为羊皮筏与牛皮筏两种，大小不一样，载重也

---

① 高曾伟主编：《中国民俗地理》，苏州大学出版社1999年版，第103页。

不一样。制作牛皮筏，先用圆木扎成木排，下拴数十只牛皮囊而成。羊皮为囊的做法与牛皮筏一样，皮囊朝下接触水面，木构架在上面。在外形上，木构架类似于南方的竹筏。牛皮囊以货运为主，载重较大；羊皮筏一筏能载1吨左右，可乘坐6至8人。通常，牛皮筏运货到目的地卸货后，圆木售于当地，筏客们雇用驼队将牛皮袋驮回，以备下次再用，省时省力。羊皮筏形制较小，先将数十根银元粗细、木质柔韧的木棍用麻绳或皮绳扎成约2米宽、3.3米长、由许多小格子组成的长方形框架，再把充气的羊皮袋数十只按框架大小排列整齐，一并拴牢于架上即成。羊皮筏质轻，载重小，以载人为主，一般做短途运输。①

  筏子的浮力极强，排子匠只用小小的木桨挥划就能在水里随意转动。长途漂流都用大筏子，它一般由两个或四个小筏子组装而成，并在上面铺有木板，人可在筏子上走动。筏子有其自身特点：轻而吃水浅，操作方便，不择码头，可随时靠岸，过去是黄河水运的重要工具。20世纪五六十年代，随着交通运输业的不断发展，水路运输被陆路运输逐渐替代。追溯历史，筏子同样承载着数千年的黄河文明。

  据资料记载，筏子始于汉代，距今已两千多年。自宋夏以来，皮筏一直是宁夏黄河水上运输的重要工具。明代著名文学家李开先在他的《塞上曲》中写道："不用轻帆并短棹，浑脱飞渡只须臾。"可见他或许感受过黄河上羊皮筏子漂流的情景。直到近代，黄河皮筏运输仍相当繁忙。范长江在他的《中国的西北角》一书中，还记载和描述了20世纪30年代他坐羊皮筏子途径中卫沙坡头的经历：闯荡激流峡谷时，要专请水性好、熟悉暗礁、识水性的"峡把式"指点过关时的情景。

  皮筏是黄河沿岸人民在长期与自然的斗争中，认识并利用自然、适应自然环境的一种创造。古人在黄河岸边的生存经历，创造了这种伟大的奇迹。筏子客在黄河上的营生，打发着古老的岁月，演绎着古老的童话。黄河、黄土与黄沙见证着曾经的沧桑岁月。而今，旅游开发又将已经淡去的羊皮筏子再度拉了回来。尽管快艇劈浪，尽管有豪华游轮，可羊皮筏子对于游人，仍旧是一道古老的风景。当然，已不是运输，而是黄河漂流。古人用过的黄河上的用具，成了当代人体悟

---

① 高曾伟主编：《中国民俗地理》，苏州大学出版社1999年版，第104页。

黄河上的羊皮筏子

的时尚。黄河从黑山峡进入宁夏,到沙坡头60余公里。这段水上行程,正是黄河漂流的最佳水域。这里既有山峦峭立的峡谷河道,又有惊人心弦的急流险滩,自然地理地貌为羊皮筏子的运输提供了环境和条件,也成了黄河上的一道风景。

## 纸织画

纸织画是一种什么样的画?走进挂着彭阳纸织画大牌子的店铺,环视挂在墙上的纸织画条屏就会给你第一印象——什么是纸画,传承人是雷红霞。

### 家　传

去彭阳县城雷红霞的店铺,主人正好从固原城的作坊回来,是彭阳县文化广电局请回来的。她接待了我。雷红霞的故乡在彭阳县红河乡,祖父是她的传授人,这种潜移默化的影响,就连雷红霞自己当初也没有意想到。祖父没有读过书,但对纸织画却很喜欢,每年农闲时,主要是春节过年时,祖父总要将年画里的鱼、鹿、莲、胖娃娃等与年节有关的传统年画的内容买回来,再将它制作成纸织画,贴在窑里墙上的正面(彭阳多窑洞)。年过完了,到正月二十三"燎干"时拿下来放在燎干的柴火里一并烧掉。雷红霞经历的就是这个简单的过程,读完高中后跟着祖父做过三四年。八十多岁的祖父几年前过世,也没有留下什么样品。那时候，她不觉得这种纸织画会有什么前途。再往前追，祖父辈之前的传承是啥样，也说不清了。我觉得肯定有遗传，但对于雷红霞，有这个经历就够了，已经是家传。

**非物质文化遗产普查发现了纸织画**

2005年，宁夏非物质文化遗产普查开始后，发现了"藏在深闺人未知"的纸织画。有了非物质文化保护政策，有了对纸织画文化价值、艺术价值、经济价值的全面认识，雷红霞才逐渐认识到了她无意中传承下来的纸织画，原来早在千余年前是就进入上层社会的艺术品。普查之后经过数年的打造，现在已经能完整地编织艺术品位较高的花卉、花鸟、人物条屏，给人们提供了一种全新的书画艺术品。

自2005年以来，雷红霞和她的丈夫赵谦，为纸织画的抢救、挖掘、整理和研究做了不少创新的工作。祖父的纸织画，全部是传统的手工制作，从切裁纸条到编织成型，雷红霞夫妇作了大胆的创新。首先，是借鉴织布机的原理制作竖式织画机，解决经纬线的布局问题。其次，是制作裁画机，将进入编织的图案底样切裁成1.2毫米的纸丝作经线，再用同样宽度的白色纸丝作纬线，与编织带的工序一样，条幅的图案就出来了。这样，由于不断探索技术革新，在传统纸织画工艺的基础上，使半机械化代替了传统手工裁制，传承和创新了工艺独特的彭阳纸织画。从某种意义上，非物质文化遗产普查救活了彭阳纸织画；进入区级非物质文化遗产保护项目，更是促成和提升了纸织画的快速发展。

**纸织画的艺术视角**

传统纸织画，已有千余年的历史，它与传统刺绣、竹编和草编等民间工手艺品的技艺有着密切的联系。从现有资料看，源起于唐代，宋代已大为发展，明清时文人笔下有关于纸织画的描写和记载。尤其是清朝，这种传统手工艺影响更大，进入历史高峰期，工艺品进入了上层和皇室。清末民国初年，民间一度冷寂甚至不少地方失传。现在，福建永春、甘肃平凉等地，纸织画的传承依旧兴盛。

纸织画，是将书画艺术与编织工艺融为一体的多元艺术表现形式，包括传统书画裱糊艺术。因为绘画底样经线、白色纬线，都要先行裱糊，才能裁成纸丝线进行编织。其视觉艺术效果，粗看上去清晰，有立体感；仔细审视，有点"十字布绣"的感觉，变得朦胧隐约。这些感觉主要来自于编织工艺本身，是图案的经线与白色纬线相叠加而形成的审美艺术效果，是纯绘画艺术所不具有的一种艺术感觉，但又不失中国传统书画所独有那种深远意境。

成型的纸织画，与通常宣纸的规格一样，有六尺、四尺、对开、四条屏、斗方等，因为纸织画的底图纹样，是按照常规宣纸规格来提供的。因此，我们看到的纸织画，就是传统意义上的条幅样式，区别就在于工艺。

现在，雷红霞已经像做了很久的传承人一样，稳当老练。出自于她手中的纸织画如同较为规范的商品一样，成型的产品有各种规格的盒子盛装，在不断地向外传播。她的思路和经营理念很好，要生存，要发展，要走出去，而且要走得很远。偶尔有国外的游人到她店铺里，欣赏纸织画的同时都要买她的画。

## 建　议

彭阳纸织画的底纹图案(样)，取自于画家之手，是付给费用之后的产物。更为重要的，纸织画的画面上落款是书画家的名字，画主人的堂号还在画的背面，从长远看自然不合适。于是，我给主人雷红霞建议：第一，培养人才，不久将来纸织画的底纹图案样由自己提供。这样，从提供画稿到编织工艺的全过程，都由作坊完成。第二，画面的合适地方，要打上画主人的名号，这是文化遗产的知识产权保护。她觉得有道理。

红色文化遗产

半个多世纪前，红军长征翻越六盘山的壮举震惊世界，肩负着伟大使命的红军西征，足迹踏遍宁夏山川大地，留下了丰富的红色旅游文化资源。为做好课题调研，我们重走长征路，实地考察了被列入全国红色旅游线路的宁夏景区和景点，尤其是尽可能详细地梳理和研究了这些文化资源的遗存和现状，并从历史与文化的角度就宁夏红色旅游资源的保护与开发提出了一些有针对性的研究思路，为宁夏旅游开发与社会经济发展提供多方面的理论参照。

2005 年，国家实施红色文化遗产的保护与开发政策，全国的红色文化游再起高潮。宁夏是红色文化遗存的重要地区之一，政府相关部门非常重视。尤其是与红色文化相关的重要遗址，政府已拨巨款维修或重建，这是宁夏文化遗产的重要组成部分。

# 一、宁夏红色文化遗产

## 红色文化遗产生成的历史文化背景

### 1. 红军早期在宁夏的活动与红军落脚陕北

红军在宁夏的活动较早。1932 年成立的中国工农红军陕甘游击队，于当年的 5 月已进入宁夏海原、固原等地。固原县的蒿店兵变影响较大，所获取的大量枪支弹药，进一步装备和壮大了这支军队。1935 年，自鄂豫陕苏区挺进北上的红二十五军进入宁夏南部，在兴隆镇、单家集一带受到当地人民群众的热烈欢迎。红军早期进入宁夏南部及其活动，为毛泽东等中央红军的到来做了舆论与实践上的准备。以毛泽东为代表的中央红军翻越六盘山抵达陕北，与先期到达并活动在宁夏南部的陕北红军有着密切的联系。无论从路线的确定，还是与沿途人民群众的了解和接触的程度，都为中央红军顺利到达陕北根据地奠定了坚实的基础。

红军北上，到底在哪儿落脚？曾有过几种说法。其实，红军前往陕北，是毛泽东早已看好的去处。1935年8月，在沙窝举行的中共中央政治局会议上，毛泽东就做过精辟的分析，已经谈了他的主张：西北地区的特点，是统治阶级最薄弱的一环，帝国主义势力最弱的地方，因靠近苏联在政治上物质上能得到帮助。西北地区的困难是人口稀少、物质条件缺乏、交通不便、气候条件差等，他实际上已经从政治、经济、地理、交通多个方面考虑过陕北这个地方。再加上鄂豫陕苏区北上进入陕北的红军及其已经形成的陕北根据地，中央红军翻越六盘山进入陕北，是历史的必然。这是红色旅游在宁夏形成的历史背景，意义重大。

### 2. 毛泽东率中国工农红军翻越六盘山

1935年8月，中央红军北上的决定、毛泽东北上的主张，并没有得到张国焘的拥戴，张国焘反对中央红军北上。当毛泽东率领的中国工农红军陕甘支队（中央红军），面对国民党军队的前堵后追，翻越红军长征最后的一座大山——六盘山的艰难日子里，张国焘却在四川理番县卓木碉（今马尔康县的白莎寨）另立中央，分裂红军。9月，是中央红军抵达陕北前最困难的时期。当张国焘分裂中央后，蒋介石又于9月26日在西安成立国民党西北"剿总"，准备将红军剿灭在宁夏南部、甘肃东部一带。毛泽东率领的中国工农红军陕甘支队，就是在这个背景下翻越六盘山的。

翻越六盘山，东侧要横穿古丝绸之路。青石咀，是固原以南丝绸之路叉道上的一处地势险要的屏障。毛泽东在这里直接指挥陕甘支队第一纵队的一、四、五大队，采取两侧迂回兜击的战法，歼灭国民党何柱国骑兵的两个连，缴获战马百余匹，包括弹药和服装等，红军得以顺利翻越六盘山。

陕甘支队到达甘肃通渭县榜罗镇，毛泽东在连以上干部会议上做形势和任务报告时，曾号召全支队官兵突破长征的最后关口固原、平凉封锁线，与陕北的红军会合。翻越六盘山前后，虽然形势非常严峻，但毛泽东运筹帷幄，决胜在即。一首《清平乐·六盘山》，抒写了毛泽东当时豪壮的胸怀和面对困难的精神气度，预示着红军长征的伟大胜利，中共中央和陕甘支队落脚陕北根据地将完成历史大转折的使命。俄界会议后，红一方面军主力以及中央直属部队改编为陕甘支队，虽然是称谓上的变化，实际上体现着毛泽东高瞻远瞩的军事思想，即要中央红军融入陕北红军之中。红军面对艰难险峻的战争局面，终于在毛泽东军事思想的指引下化险为夷，顺利到达陕北。有了红军长征翻越六盘山的壮举，有毛泽东《清平乐·六盘山》词的传世，就生成红色旅游在宁夏的亮丽风景，历史和伟人造就了这一段前无古人的文化时空。

### 3. 红军西征的伟大创举

红军西征，是特殊历史背景下的伟大创举。从某种意义上看，这是万里长征的继续，是红军抵达陕北后生存与发展的必然要求；也是扩大苏区、建立苏维埃地方政权的有效途径；更是与国民党东北军达成默契、形成抗日民族统一战线的历史必然。这种特殊背景下的伟大创举，蕴藏着中华民族伟大的凝聚力。"西安事变"的发生，全民抗战大旗的揭起，都闪烁着红军西征的光芒。

（1）红军西征的背景和目的

1936年2月，红军渡过黄河东征。5月5日，红军西渡黄河，返回陕北，东征结束，前后历时70余天。东征的目的就是对日作战，收复失地，但蒋介石调集大军前追后堵。在与国民党军队交战的过程中，东征红军取得了对日作战的经验，提高了战斗力，红军兵员得以扩大，宣传了党的抗日主张，扩大了中国共产党和红军的影响。西征，就是在这个背景下进行的。

在红军东征返回的5月18日，西北军事委员会主席毛泽东，副主席周恩来、彭德怀在陕北延川县的大相寺发布西征战役命令，继东征之后的西征开始。西征的中枢在宁夏。在此前毛泽东就认为，当前的任务是扩大陕甘宁革命根据地。西面的甘肃、宁夏地区是无堡垒地区，红军应到这一地区进行外线作战。西征的目的很明确：为着极力扩大西北抗日根据地并使之巩固，为着扩大抗日红军，为着更接近蒙古和苏联，为着一切抗日力量的团聚。

（2）红军西征在宁夏

在地域空间上，宁夏与陕甘宁边区大本营——陕北是连为一体的。以现在的辖区看，红军西征在宁夏主要是在中南部地区，同心是指挥中枢所在，彭德怀的西方野战军总司令部就设在豫旺堡，徐海东部驻豫旺县城——下马关；韦州，是红军与马鸿逵军队对峙的前锋。西征时期宁夏同心地理位置非常重要：东与陕北根据地相连，南与西兰交通枢纽固原相接，西可越黄河抵河西，发展的空间很大。明代以来，豫旺堡、下马关、韦州等都是驻固原陕西三边总督南北用兵的要道，也是军事设防的重镇。从陕甘宁根据地的开辟与扩大看，无论是以宁夏中南部为中心向南、西、北发展，还是进退防御陕甘宁边区，都发挥着极为重要的作

《红色中华》报对红军西征的报道

用。同心外围是交锋的战场,南部是国民党东北军,西部是蒋介石嫡系胡宗南部,北面是独守宁夏的马鸿逵部。就是在这样一个围剿堵截的空间中,与红军东征一样,红军西征同样开辟了广大的苏区,建立了豫海回族自治政府等苏维埃政权,唤起了民众,尤其是广大回族群众,凝聚了抗日力量。

(3) 毛泽东眼中的宁夏与"宁夏战役"

红军西征推进很快，宁夏盐池、豫旺、下马关、同心等地皆成为新苏区的地域，向南已达固原的七营、黑城、杨郎一线。毛泽东考虑如何打通苏联的通道，在西北地区有两条：一是宁夏及绥远西，是捷径；一是河西走廊，但路途遥远。他还是倾向于在宁夏做文章，如果蒙古能出兵策应并解送军械，又有渡河作战条件，则出宁夏最为有利。但这个前提是必须要坚决打击马鸿逵部，进占灵武、金积、海原、固原，包括甘肃靖远地区。尤其是占据宁夏后，可解决当时红军财政费用与粮食供给问题，"天下黄河富宁夏"，宁夏是粮仓。特殊时期的"宁夏战役"的计划，就是毛泽东占领宁夏、打通国际通道战略思想的体现。为此，还专门成立了宁夏工作委员会。

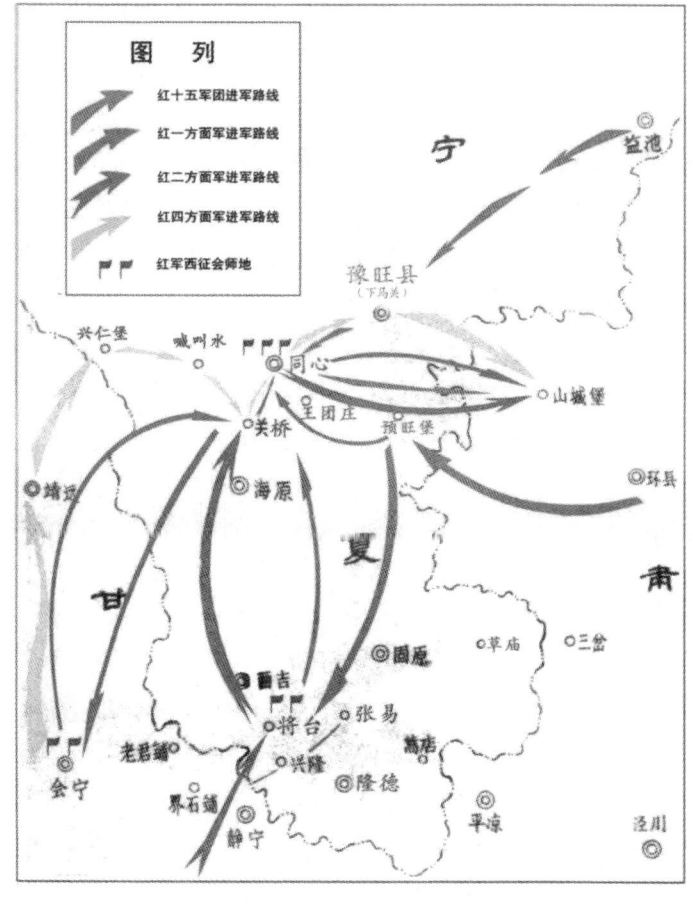

红军西征宁夏示意图

1936年10月13日,毛泽东给彭德怀电文,"请按《十月份作战纲领》准备做出宁夏战役计划纲要,与朱、张面商后提供给中央军委。"朱德、张国焘、彭德怀、徐海东等领导在甘肃省靖远县打拉池,共同商讨由彭德怀拟定的宁夏战役计划,之后电呈毛泽东。毛泽东当夜复电同意这个战役计划。

在毛泽东眼里,红军西征向甘肃西部发展,重点在宁夏。宁夏是陕、甘、宁、青、绥等,是整个西北之枢纽。从自然地理环境看,宁夏气候比绥远、青海、陕甘北部都好,且是产大米区域,在西北最为富庶。"夺取宁夏,打通苏联,不论在红军发展史上,在全国统一战线上,在西北新局面上,在作战上,都是决定的一环。"宁夏战役的部署分两步进行:第一步以红一方面军主力占领黄河沿岸,以红四方面军的一部分进攻中卫,控制黄河左岸,吸引和牵制马鸿逵部。第二步,渡过黄河控制宁夏门户,适时攻占宁夏省会。同时,用一部分兵力袭占定远营。定远营,当时是阿拉善旗旗政府所在地,是贺兰山外围可资耕种的地方,与宁夏省垣成掎角之势,战略地位非常重要。

由于各种军事对垒上的突变关系,尤其是张国焘借口执行宁夏战役计划,除积极布置红四方面军渡河外,多次贻误战机,宁夏战役的部署被迫停止。但从历史的角度审视,红军西征开辟了广大根据地,在宁夏大地上创建了多处苏维埃政权;西征打通了一、二、四方面军会师的通道,凝聚了抗日力量;西征延伸了红军与东北军的关系,团结了抗日力量。这些重大历史意义,在表象上集中体现在此后不久的山城堡战役上,更深层的意义——形成抗日民族统一战线。

(4)红军大会师促成了抗日民族统一战线的形成

红军三大主力胜利会师,是中国现代历史上悲壮的历史事件,也是中国共产党领导的革命队伍在经历千难万险之后的历史性转折。宁夏西吉、同心,是红军长征三大主力会师的重要地区,也是宁夏地方历史文化的重要组成部分。

红军西征的目的之一,就是为北上的二、四方面军会师扫除障碍,开辟会师的地域空间。西征之初,毛泽东就电告二、四方面军,借有利时机或出甘肃,或出青海,由一方面军适时向天水、兰州方向接应。而蒋介石此时调大军围剿,要将红军隔开,将红军与张学良东北军隔开,将红军与苏联隔开。同时,再加上张国焘另立中央的举动,给红军会师带来更大困难。

1936年7月下旬,蒋介石调集各路大军,不但进攻陕甘宁边区,而且围剿西征的西方野战军，同时部署王均、毛炳文等部专力阻拦二、四方面军北上会师。在这个过程中，西方野战军全力以赴，充分利用西征开辟的苏区和路线向西南推进。8月底，当二、四方面军离开甘南北上时，西方野战军由豫旺堡南北向西出动，迅速控制了中宁至固原大道以西、海原以东地区，以军容整齐、士气旺盛之态势活动于固原、海原地区，迎接红军会师。10月22日，红一、二方面军在今宁夏西吉县将台堡胜利会师；11月中旬，红军三大主力在宁夏同心城会师。毛泽东在给刘少奇的信中通报了这一喜讯："三个方面军已全部在西兰大道会合。"为策应红二、四方面军会师，西方野战军在宁夏境内进行过数次较大的作战行动并取得胜利，如盐池战斗、王家团庄战斗、下马关战斗、红水城战斗、七营战斗等，为红军三大主力会师扫清了障碍。随着红军主力的向东转移，主战场也向东转移，时空的变幻演绎了"山城堡战役"。山城堡战役的结束，预示着红军西征的结束。

红军长征翻越六盘山、红军西征在宁夏的整个过程，是红色文化资源在宁夏生成的过程和文化背景。这段特殊的历史，不但孕育了宁夏的红色旅游文化资源，而且为抗日民族统一战线的形成、西安事变的爆发都起过直接的作用，在中国共产党的历史上、在现代战争史上都是里程碑式的伟大历史事件。

## 红色文化遗产的分类与现状

宁夏红色旅游资源景区(点)多，文化内涵丰富。在对红军长征、西征包括解放战争时期的文化遗存大量考察调研的基础上，我们以为宁夏"红色旅游"资源可分为四大类：

### 自然遗产

六盘山，是红军长征翻越的最后一座大山，也是毛泽东用诗化的形式颂扬和描写过的重要山脉。一首《清平乐·六盘山》，使六盘山走向全国，闻名世界。在六盘山身上体现着双重色彩，它既是自然风光优美的山峦，吸引过汉唐帝王和文人墨客登临，又是毛泽东等中央领导红军长征最后翻越的大山，红色旅游资源的内涵极为丰富。

泾源老龙潭景区，也属自然遗产资源。泾源是六盘山旅游区自然生态旅游的中枢，建立在泾水源头的老龙潭革命烈士纪念亭，更是增加了红色旅游文化的内涵。

**建筑文化遗产**

宁夏在全国有影响的红色文化建筑资源，大体有六大类。

（1）单家集清真大寺建筑

单家集，是一个回民聚居区。单家集清真大寺门楼上的题字："单家集陕义堂清真大寺"，究其建筑形式，大门是伊斯兰建筑，门楼上却是中国传统建筑亭阁式。狭义，可能是指清末西北回民起义后，清政府迁入这里的陕西回民。陕南清真大寺很有幸，1932年建成后，就经历了1935年月10月中央红军进驻这里的一段特殊历史。这里是80年前毛泽东等中央领导经过的地方，是非常珍贵的红色文化遗产。1935年10月5日，中国工农红军陕甘支队七千余人分三个纵队进入宁夏南部单家集、兴隆镇、公易镇，毛泽东夜宿单家集，参观了清真寺，并与回族阿訇促膝长谈。陕南清真寺与毛泽东和中央红军的经历，是一段特殊的历史文化再现。

现在看到的北厢房，依旧是70年前的原物，它是一幢坐北向南、深门浅窗的传统建筑，房子整体是砖木结构，前墙处做过特殊处理，二分之一是砖墙，其余全是木结构，窗、门、横木等皆为一体，用料为松木。窗户和门都经过工匠艺术处理，尤其是门檐周围装饰有雕刻精细的花纹图案，体现的同样是传统文化里的纹饰，整个建筑保存完好。毛泽东当年就在这座房子里与回族阿訇们交谈。北厢房以北，与清真寺一墙之隔的小院，是毛泽东当年夜宿的房子，保存尚好。因了陕南清真大寺，演绎了这么一段令人难忘的历史故事。

6日清晨，毛泽东离开单家集后，国民党飞机即向毛泽东夜宿的地方投下数枚炸弹。留在清真寺北厢房门、窗户和横木上的弹洞大小不一，清晰可见。据清真寺老人讲，炸弹就扔在离这座建筑仅数米的地方，门前的大树也被连根拔起。可见当时国民党盯得很紧，环境十分险恶。10月7日，是毛泽东等中央红军翻越六盘山的日子。六盘山自古以来就是关中西出塞外的屏障。毛泽东等中央领导和红军沿六盘山西侧的王套、后莲花沟翻越六盘山，是凭借六盘山的险峻沟壑作为掩护走过来的。

　　文化的积淀，是与时代的发展有着密切关系的。单家集陕南清真大寺与毛泽东等中央红军的那段特殊历史，又孕育了陕南清真寺外围的文化景观。1993年，纪念毛泽东诞辰一百周年之际，单家集穆斯林在陕南清真寺大门外立碑纪念。碑文正面写着"人民救星，一代天骄"八个大字。背面碑文记载了1935年10月5日，毛泽东率中央红军长征到达单家集的整个过程，包括穆斯林迎接红军、红军宣传抗日主张、尊重民俗、公平交易等，毛泽东应穆斯林之邀参观清真寺，还与阿訇促膝交谈，共进晚餐。次日东方欲晓时分，中央红军离开单家集东进。70年之后，这凝聚着那个时代多重文化意义的"碑"，又成了红色旅游文化延伸的新景点。

（2）西吉县将台堡红军长征纪念碑

　　西吉县将台堡是三军会师纪念地。将台堡，位于西吉县城东南30公里处的葫芦河东岸，战国秦长城在这里向东转折，至今长城遗址依旧清晰可辨。古代称西瓦亭，为六盘山西侧军事要塞，将台堡的名字本身就包含了古今厚重的军事成分。1936年12月22日，红二方面军总指挥部及二军团与一军团二师在将台堡会师，宣告红军长征三大主力胜利会师，结束了伟大的长征，将台堡也由此闻名于世。

　　1936年9月至10月，红四方面野战军特别支队红一军团三团作为先行，在将台堡发动群众，建立苏维埃政府及农会，为红军三大主力的会师做好了准备工作。10月22日，贺龙、刘伯承、聂荣臻、邓小平等率领的红一方面军一军团主力在将台堡胜利会师。参加会师的有红二方面军陈伯钧（红六军团军团长）、王震（红六军团政委）、李达（红六军团参谋长）、甘泗淇（红二军团政治部主任）等；红一方面军的杨得志（红二师师长）、萧华（红二师政委）等，参加会师的红军部队和当地群众近12000人，在将台堡东侧广场举行了规模盛大的庆祝联欢会。10月24日，时任红一军团政治部副主任的邓小平在将台堡向红二方面军营以上的干部传达了瓦窑堡会议精神和毛泽东《论反对日本帝国主义的策略》的讲话，并做了统一战线和回民问题的报告。

　　1996年10月，在纪念中国工农红军长征一、二、四方面军会师60周年的时候，宁夏区党委和人民政府报请中共中央宣传部批准，在一、二方面军会师地宁夏西吉县将台堡修建中国工农红军长征将台堡会师纪念碑，时任中共中央总书记、国家主席、中央军委主席江泽民同志题写碑名——"中国工农红军长征将台堡会师纪念碑"16个金光闪闪的大字，被镌刻在雕有三尊红军头像、象征着三大主力会师的巨型花岗岩纪念碑正面，纪念碑背面是中共西吉县委、政府撰写的碑文。纪念碑高22.8米，碑身下部由代表中国革命胜利的八组浮雕构成。纪念碑坐西朝东，由基座、碑身、碑顶三部分组成，坐落在多台级的墩台上，高耸雄伟。纪念碑东侧是5000平方米的纪念广场，可供游人观瞻凭吊。

将台堡红军长征纪念碑的建成，是对英勇牺牲的红军将士的缅怀，也是红军大会师的纪念；作为具有历史意义的红色旅游文化建筑景观，更是对后人的一种激励。2016年是长征胜利80周年，7月，习近平总书记到宁夏考察，并冒雨向红军长征会师纪念碑敬献花篮，提出要"缅怀先烈，不忘初心"。

（3）六盘山红军长征纪念亭

六盘山，位于宁夏南部固原市境内，是历史以来中原北出塞外的军事屏障，也是文化名山。在现代意义上，六盘山不仅是一处风景优美的旅游胜地，更是中国革命史上的一座丰碑。毛泽东《清平乐·六盘山》词，早已建碑勒石于山下，以昭示后人。为纪念中国工农红军长征胜利50周年，当地政府于1986年在六盘山顶峰选址修建了红军长征纪念亭，由时任中共中央总书记的胡耀邦同志为纪念碑题词。巍巍六盘山，高耸纪念亭，在彰显伟大历史的同时，也为六盘山增添了一处历史文化景观，无数游人都来到这里瞻仰。

六盘山红军纪念亭整体建筑由台阶、花坛、碑亭三部分组成：台阶159级，高42米；花坛呈椭圆形，东西径宽12米，南北径长15米，植松柏花卉；碑亭建于八角形台墁上，台墁边长96米，面积约700平方米。正前方为毛泽东率工农红军翻越六盘山时的大型浮雕壁画，长10米，高7.5米。纪念亭中心为正方形，边长15米，大理石磨制地板，汉白玉护栏；亭子顶端为茶绿色琉璃瓦当，由12根灰白色花岗岩柱擎托；亭檐镶嵌着胡耀邦题"长征纪念亭"汉白玉匾额；亭中矗立着一块大青石碑，正面镌刻着毛泽东《清平·六盘山》词手迹长卷，背面镌刻着宁夏回族自治区委员会、宁夏回族自治区人民政府署名的碑文，记载着毛泽东及中央红军翻越六盘山的过程和当时与国民党激战的情景，以及红军的英雄气概和对人民的激励精神。

为纪念红军长征胜利70周年，推进国家红色旅游战略的实施，加强爱国主义教育，政府再拨专款重建六盘山红军长征纪念馆，建筑规模更大，设计更具文化内涵，是未来红色旅游的重要景区和景点。

（4）豫海县回民自治政府成立大会旧址——同心清真大寺

同心县豫海回民自治政府所在地同心清真大寺，体现的多元文化意义，其自身就是一处建筑风格独特的文化遗存，又是1936年红军西征时建立的豫海县回民自治政府的所在地。同心清真大寺坐落于同心县城西南的台地上，是在元代喇嘛教寺院的基础上改建而成的，是我国现存较为古老的清真寺之一，也是元明时期回族形成的历史见证。由于同心清真寺的古老建筑样式及其久远的历史，1958年被列为首批全国重点文物保护单位，是国家指定的爱国主义教育基地之一。

同心清真大寺，体现着多元文化意义，自身就是一处建筑风格古老而独特的文化遗存。历史，在它身上又赋予新的文化内涵。1936年红军西征时，于10月20日在清真大寺成立陕甘宁省豫海县回民自治政府，会期三天，各界代表100余人参加，红军星火剧团还演出庆贺的文艺节目。这座古老的清真大寺，见证了豫海县回民自治政府成立的过程和隆重的场面。大会选举马和福为政府主席，李存德为政府副主席。同时，启用刻有中国共产党党徽和阿拉伯文、汉文两种字样的自治政府印章。

一个新生的回民自治政权诞生了，在当时是震惊全国的大事。陕甘省新增加了一个地方县级政权，扩大了一片新的根据地，为西征红军赢得了相对安全的后方基地，成为红色文化的象征。对此，《中华红色》报做了盛况空前的报道。

（5）豫旺堡西征红军总指挥部旧址

1936年的红军西征，彭德怀的西方野战军总司令部就设在豫旺堡城隍庙，徐海东的十五军团驻防豫旺县城下马关；韦州，是红军与马鸿逵部对峙的前锋。明代以来，豫旺堡、下马关、韦州一线是关中北上南下的通道，战略地位十分重要。红军西征期间，这一线仍在发挥着重要作用，红军西进、南下，都体现着当时的战略意义。走进豫旺堡城，就有一股古风扑面而来，横亘在大街上的明代钟鼓楼，起伏的古城墙……当年的隍庙，已毁于"文化大革命"，但遗址仍在，应考虑修复这一重要历史时段的建筑，因为它是红军西征时那段特殊历史的承载，意义十分重大。

豫旺北大寺，也是一处与红军西征有关的建筑遗址。据北大寺的阿訇讲，当年国民党飞机轰炸北大寺的那天,红军西征总指挥彭德怀总司令正在这里主持召开重要军事会议,炸弹正好落在北大寺前不远的地方,大殿前明柱上留下了不少弹洞。我们去时,阿訇让学生将保存于大寺的那根木柱子抬出来,大小不等的弹洞清晰可见,弹孔呈倾斜状,大孔宽约 4 厘米,长约 6 厘米;小孔 1 厘米左右。如果修建豫旺堡红军西征纪念馆,这件满身弹洞的木柱子就是最具见证力的历史文物。

豫旺堡,在斯诺笔下是记载得较多的地方,有些文字非常珍贵。斯诺在她的《西行漫记》里写道:"豫旺堡是位于宁夏东南部的一个古老的回民城池,现在成了一方面军司令部的驻地,我在这里找到了该军的参谋部和司令员。"①在豫旺堡,"我住在彭德怀设在豫旺堡的司令部的院子里……司令部当时指挥三万多军队——(这里)不过是一间简单的屋子,内设一张桌子和一条板凳,两只铁制的文件箱,红军自绘的地图,一台野战电话,一条毛巾,一只脸盆和铺了地毯的炕"②。彭德怀的战地生活环境和条件,在斯诺笔下描述得简洁明了,这是红色文化旅游重要的史料。这里,我们发现一个问题:似乎参谋部与彭德怀司令部不在一处,依文意看,参谋部设在隍庙里,彭德怀司令部设在斯诺描述的"一间简单的屋子"里,两处应该是距离很近。我们在豫旺堡田野调查时,当地年长的老人说,当年彭德怀的司令部就在隍庙里,可能他们也混淆了准确的方位。斯诺笔下的文字记载,应该是准确的。

(6) 下马关古城

1928 年,镇戎县改为豫旺县。下马关,是当时豫旺县县城所在地。红军西征时期,在豫旺堡彭德怀司令部,斯诺见到了红军十五军团司令员徐海东,并接受徐海东邀请,要去豫旺堡 80 里外的豫旺县城。徐海东说:"已在鼓楼为斯诺准备好了一间房子。"③几天之后,在红军骑兵的护卫下,斯诺前往豫旺县城,这就是现在的下马关。

下马关历史悠久,清代建县时称平远县,民国年间更名为镇戎县、豫旺县。红军西征攻克了这座县城。之后,县政府由下马关迁至同心城,改名为同心县。

---

① 〔美〕斯诺:《西行漫记》,董乐山译,新华出版社 1984 年版,第 245 页。
② 〔美〕斯诺:《西行漫记》,董乐山译,新华出版社 1984 年版,第 247 页。
③ 〔美〕斯诺:《西行漫记》,董乐山译,新华出版社 1984 年版,第 278 页。

下马关城楼遗址,是下马关历史地位和文化繁荣的象征。红军西征时的年代,下马关城城墙保存完好,尤其是南城门及其瓮城原貌得以保存,这是明代万历年间修筑的砖包城。斯诺笔下的豫旺县城,同样是一个古老的回民城市,居民约有四五百户,城墙用砖石砌成,颇为雄伟。城外有个清真寺,有自己的围墙,釉砖精美,丝毫无损。① 红军西征攻克豫旺县城后,第十五军团徐海东部就驻防下马关城,斯诺先生曾在南城门的箭楼上为徐海东将军摄影留念。现在,游人站在南城楼城墙上,下马关城建筑尽在眼底,脚下的二层箭楼早已灰飞烟灭,但历史故事却浓缩和定格在这里。下马关城,也是古文化建筑遗产不可多得的建筑景观。

韦州,是豫旺、下马关一线的北端,也是红军西征时期与国民党军队对峙的前锋。韦州城以北的红城水,是一个较为重要的镇子。红城水古城堡里的娘娘庙,是清朝光绪年间修复的殿宇,大殿的山墙上留有当年红军西征部队留下的标语,依旧清晰可辨。据当地一位长者讲,徐海东部73师的一个团就驻扎在这古堡垒里,斯诺曾在这年的8月29日骑马到红城水。斯诺《西行漫记》里称红城子。他说这是一个风景优美的镇子,以盛产梨、苹果、葡萄而闻名。但红城水北临国民党军队,是一道防线。② 斯诺曾在这里与红军一起吃过大锅饭。

从开发红色旅游的角度,同心县豫旺、下马关、韦州一线景点集中,红色文化遗存丰富,地域上又与陕北红色旅游文化景区相邻,是东出西进的重要地区,红色旅游前景看好。

(7)毛泽东住过的窑洞

毛泽东翻越六盘山后,沿茹河东行数十里,在一农家的窑洞里住过一夜。此地生态很好,到处都是绿意。现在的地域隶属为彭阳县古城镇。这孔窑洞保存完好,正处在银(川)平(凉)公路的交通线上,方便游人参观。窑洞,原本是黄土高原上一道风景,从居住的角度被中外所关注,再附着一段毛泽东的故事,旅游文化色彩会更浓。

此外,重要战役、战斗遗址,也是红色旅游文化的组成部分。在宁夏,如解放战争时期发生在今彭阳县的任山河战役遗址等。

---

① 〔美〕斯诺:《西行漫记》,董乐山译,新华出版社1984年版,第279页。
② 〔美〕斯诺:《西行漫记》,董乐山译,新华出版社1984年版,第305页。

# 二、宁夏红色非物质文化遗存

## 红色非物质文化遗存分布

红色文物遗存主要指红军长征、西征时期在宁夏留下的各类遗物，诸如锦旗、照片、生活用具等，为便于叙述，我们将考察和调研过的与红军长征、西征有关的各类遗物依地域分别做些论述。

### 西吉县红色文物遗存

宁夏西吉县，是毛泽东率中央红军长征途经和住过的地方，也是一、二方面军会师的地方，更是红军西征到达的地方。现在，这类文化遗物基本保存在西吉县博物馆。主要遗物有：毛泽东在单家集用过的桌椅，红军西征时留下的箱子、马灯，送给老百姓的饭盒、水壶等生活用具，有程子华80年前题写的"回汉兄弟亲如一家"的横匾。铸有吉鸿昌字样的大刀，属国家一级文物，也是非常珍贵的遗物。

在西吉博物馆里，收藏有另一种非常珍贵的文物，就是1995年纪念将台堡红军会师60周年时请红军长征、西征时的老红军老将军书写的墨宝，有宋任穷题写的"继承红军光荣传统，发扬长征革命精神"，萧克题写的"红军会师大西北，将台堡中留胜迹"，耿飚题写的"群英荟萃，将台辉煌"，杨成武题写的"二万五千里长征路，将台堡会师树丰碑"，廖汉生题写的"发扬长征精神，继承红军传统"，孙毅题写的"不到长城非好汉"，张震题写的"纪念中国工农红军长征将台堡会师六十周年，继续进行新的长征，为建设有中国特色社会主义而奋斗"，等等。这是与红军长征、西征有关的另一物化的文化形态，是另一种文化意义上的红色文化资源。这一代人故去了，留下的文化资源非常珍贵。在全国红色旅游资源中，像西吉县博物馆收藏的红军长征、西征的经历者、将军留下来的数十幅墨宝并集中展现，在全国博物馆中也是不多见的，弥足珍贵。

**盐池县红色文物遗存**

盐池县博物馆收藏的红色文化遗物最为丰富。盐池县革命纪念馆的红色文物，以其类别划分，大致有如下几类：

(1)实物类

一是红军西征用过的武器、书包、草鞋等，二是毛泽东、朱德发布的《中华苏维埃人民共和国中央人民政府》布告等。三是陕甘宁边区政府、三边政府、县政府用过的各类印章。四是报纸宣传类，主要是《三边报》和各类书籍。五是毛泽东、林伯渠、高岗等中央领导给盐池籍战士、三八五旅战士的各类奖状等。六是元华工厂生产的提篮毛毯。七是铜币，有两种：一种正面是川陕省苏维埃铸币厂铸造，面值"二百文"字样，也标有阿拉伯数"200"；背面是图案红五星及装在红五星里的镰刀和锤子。一种正面是苏维埃政府造币厂造，正面图案是镰刀和锤子，三颗小红五星围在镰刀和锤子外围，背面是"全世界无产阶级联合起来"的字样。八是陕甘宁边区货币——纸币，面值伍佰元、拾元、二角、壹角、伍分，印得都比较精致。此外，陕甘宁边区政府还发行过"建设救国公债"，也有实物展出。九是解放宁夏时期部队向群众征粮的收据，内容为征粮户主姓名、数额、麦子或黄米，以石、斗、升来计。

(2)红军西征过程的照片资料

这部分资料较丰富，是盐池革命历史文物展的主要内容。一是红军西征过程战地动员大会的内容。二是红军墙报的宣传内容，如"支部生活栏"、"宣传大纲"等。三是红军西征期间在豫旺等地活动的照片。四是红军西征时留下的各类标语，从同心韦州到盐池都有，这部分内容尤其珍贵，它是时代和民族精神的反映。在同心韦州红城水，我们看到的红军宣传标语的内容大都是"打倒军阀"、"反对蒋介石卖国"、"联合起来抗日"等内容，字体为行书，书写大小不规范，随意性大，且多错别字；但留在盐池的标语，却是宋体字，字体大小规范。无论怎样的字体，红军留在宁夏的标语，都是红色文化的重要组成部分。

食盐，是人类社会生活的重要组成部分。盐池所在的盐湖，在历史上的地位非常重要，是中原统治者和少数民族地域性政权都非常看重的军事战略物资来源区。历史以来围绕着池盐曾发生过无数次战争。陕甘宁边区时期，盐湖同样为特殊时期的陕甘宁边区做出过重大贡献。有一幅照片，是 1940 年三五九旅四支队奉命在盐湖打盐的情景。盐池湖盐的生产与打捞，有力地支持了陕甘宁边区人民的解放事业，粉碎了国民党对解放区的经济封锁。

**同心县红色文化遗存**

宁夏同心县红色文物，主要是指红军西征时期的遗存，大致有五类：

（1）书籍

书籍以斯诺的《西行漫记》（或《红色照耀中国》）为代表。《西行漫记》里的不少内容，是红军西征时期斯诺在同心战地采访完成的。《西行漫记》的版本较多，如日文版、中国大陆版、香港版等，红色旅游景区景点的建设完成后，《西行漫记》的不同版本都应该在同心县的红色旅游景区有展示。《彭德怀自述》一书，虽然描述西征时期在同心县的经历较少，而且是宏观上的，但毕竟有红军西征时在同心的历史，也应该是红色文物遗存的内容之一。

（2）照片资料

照片资料主要以红军西征时的红军高级将领、国外友人、红军在同心城的大聚会等历史事件为主。如彭德怀在豫旺的照片、徐海东在下马关的照片、西方野战军总指挥部在豫旺的照片、斯诺在豫旺的照片、马海德的照片，三军会聚同心城的联欢照片等。

（3）标语资料

标语资料主要是指红军西征时留下的各种形式的标语，诸如红军留在韦州红水城娘娘庙的标语，留在农民院墙上的标语，内容如"停止内战，一致抗日"等。

（4）题词

题词主要是参与红军西征的部分领导的题词。如宋任穷的"西征甘宁，功绩卓著"，杨得志的"红军西征，功垂史册"，萧克的"红军长征陕甘宁，三军会聚同心城"等，也是红色旅游文化开发的重要内容和组成部分。

（5）实物

实物如陕甘宁省豫海县回民自治政府大印，1936 年唐天际题赠回族大教主洪寿林的锦幛等，包括红军西征过程中使用过的武器及生活用品。

同心县的红色旅游资源相对分散，以上所罗列的各类或实物，或资料都散见于各处，应该相对集中红色旅游景区景点的相关文物，辟有专门的陈列室陈列，以供游人参观。

此外，近年建成的同心烈士纪念碑、豫旺堡红军西征纪念碑，也是重要的红色旅游资源。同心烈士纪念碑四面皆有题词，正面是唐天际老将军所题"人民英雄永垂不朽"。唐天际是红军西征时期红十五军团敌工部长，曾给洪岗子洪寿林题赠"爱民如天"的横匾。

## 口头和非物质红色文化遗产

按照联合国教科文组织的界定，口头和非物质文化遗产，主要针对"口头文化"和"和非物质文化"，它的表现形式包括：语言、文学、音乐、歌谣、舞蹈、游戏、神话、礼仪、习惯、手工艺、建筑及其艺术门类。我们这里说的口头和非物质文化遗产，主要是与红色资源相关的文化遗产，具体指人体行为承载的文化。红军长征、西征时留下的或与红军长征、西征在宁夏相关口头文化和遗物，已引起国家文物与文化管理部门的关注，随着时间的推移，这类文化遗存正在逐渐消失。

### 红军西征时期的歌谣

红军西征在宁夏，同心、盐池、海原、西吉等县是主要地区，尤其在同心、盐池一带生成了与红军西征相关的歌谣。当时同心县政治中枢豫旺县在下马关，所以红军的歌谣以"豫旺城"作为领衔对象，《红军打宁夏》的小调里多有"打开豫旺城"的段子。《红军打宁夏》的歌谣里描述的内容很丰富，歌颂共产党、歌颂红军、歌颂苏区、诅咒马家军、诅咒国民党，歌颂红军的严明纪律、公平买卖，歌颂回汉民族团结抗战的新时代。这些内容，已成为宁夏红色非物质文化的经典。

### 红军西征时期的故事

红军西征的时间虽然不是很长，但在中国革命史上却是一座丰碑。在这个历史过程中，红军一、二、四方面军齐集宁夏同心，红军的不少高级将领也聚集在此，西征总指挥部在同心，著名美国记者埃德加·斯诺也在同心作战地访问，还有中国人民的老朋友马海德……这样一个特殊的历史背景孕育了特殊的历史故事。傅连暲夫妇同心城里结伴侣的故事,至今依旧动人,"同心城这个名字好,你们就在同心城举行婚礼吧!"朱总司令那平易近人的容貌和铿锵有力的声音,依旧回荡在同心城的上空。《我给斯诺送战马》的故事,记载的是在那个艰难的战争环境中美国记者斯诺,身着红军军装,骑着黑色的战马驰骋在宁夏东部大地上,在战火中考察采访西征的壮举。他的《西行漫记》里的一部分内容,就是那个时代的反映,这是他留给中国、也是留给世界的20世纪30年代的经典。《苏大娘冒险救伤员》的故事,记载的是西征红军在同心以北韦州红城水的驻军,在甘沟一带遭遇敌人骑兵袭击致伤后,当地回族苏大娘舍己救人的故事。还有,《彭总为群众找马》、《邓小平打牙祭》、《大鼻子红军》、《彭德怀转赠木床》、《洪教主巧救联络员》等故事,现在读来仍非常感动人。

**口头和非物质红色文化遗产抢救**

口头和非物质文化在宁夏,从目前调研的情况看,资源已很有限,在世的当事人和亲历者已寥寥无几,西吉县就是一个典型。西吉县文化局的领导陪我们在将台堡毛家沟刘士杰老先生家里做过采访,刘老先生的父亲是当年红军长征、西征时倾向革命的前辈。尤其是红军西征时期,他的父亲往来于红军与老百姓之间,张罗着为红军征集粮草,联络农会,帮办相关事宜,是红军与老百姓之间的纽带。驻军将台堡的萧克,还为他的父亲赠送过一把大刀。在刘老先生的记忆里,红军对老百姓很好,在驻军将台堡的40多天,打土豪分粮食,公平买卖,深得老百姓的爱戴。但这些资料,已经无法详尽再现,刘老先生说的都是宏观上的记忆。要获取更多的口述史料,必须抢救性花大气力用更多的时间来做。

在同心中学家属区一幢简陋的房子里,我们与86岁的马建新老先生进行过较长时间的访谈。马老先生是红军西征、豫海县回民自治政府成立的参与者和见证人。他的家就在豫旺城,红军西征到了豫旺,他和他的家人都与红军走在了一起。他是从学生中间抽调出来做宣传工作的人,是为数不多的思想较为进步的青年。他们主要宣传党的少数民族政策,宣传红军的抗日思想。马老先生的家里,经营着一个供过往行人吃住的店铺,红军经常来他们的店里买馒头,但公吃公卖,不欠账,也不少付。红军政策严明,不进清真寺,住过的地方打扫得干干净净。这是红军在当时为青年时期的马建新留下来的深刻印象。

红军西征到豫旺,包括后来豫海县政府的成立,是有一个过程的。马老先生说,当时在豫旺成立的地方政府称为乡政府,负责人称主席。之后成立区政府,马和福任主席。由豫旺区政府再迁到同心成立豫海政府。马老先生是豫旺区政府西迁的五名成员之一。豫旺区政府西迁,自然与红军西征有关。豫海县政府的选举和成立大会前后三天,当时只选主席马和福、副主席叶存德。马老先生的委员之职是后补的,为财政委员。豫海县政府成立后,办公地址迁到了北堡子(今同心县王团),红军野战政治部在南堡子。

豫海县政府成立的情景,如欢迎马海德、斯诺的横幅标语,人山人海的成立大会,朱德等红军领导人讲话等,马老先生都做了简要回顾。韦州城西征红军未能攻克,及红军撤离后,韦州人称豫旺人为"半个红",意即豫海人被"赤化"。马老先生讲述这些红军西征过程中的背景史料,反映的是那个特殊时代共同地域上由于在政治背景不同而体现的不同归属和心理。其实,马老先生的故事远远没有讲完,还需要我们做深入细致的调研和"口述史"的整理。另一方面,时不我待,要抓紧马老先生健在的机会,充分利用好这部红军西征在宁夏的"活字典"。从口头与非物质文化保护的意义上,这是我们宁夏重要的红色文化资源和财富。

# 三、红色旅游资源的保护与开发

## 红色旅游资源文化内涵与时代意义

### 宁夏红色旅游资源文化内涵

经过较为详尽的田野调查,我们对宁夏境内红色旅游文化资源的类型、存在现状等做了较为准确的归类划分,它包括建筑遗存、实物遗存、口头与非物质文化遗存等几大类,基本上涵盖了与红色旅游文化资源相关联的诸多方面。

(1)建筑文化资源

建筑文化,它体现多元文化信息,既是古代宁夏历史文化的载体,又叠加着红色旅游文化的背景。同心清真大寺、豫旺古城以及当年作为红军"瞭望塔"的明代建筑鼓楼、下马关古城及其尚且保存的砖砌城门和部分城墙遗址……这类旅游资源文化信息含量大，延伸的历史时空久远，有助于游人从多个层面来过滤和审视。近年修建的红色文化建筑景观，主要是六盘山红军长征纪念碑、将台堡红军长征纪念碑、同心烈士陵园纪念碑、豫旺堡红军西征纪念碑等，都是时代文明和精神的彰显，虽然修建的年代不长，但仍旧承载着那个特殊时代的历史和文化，是追溯历史、进行爱国主义教育的直观教材。

（2）实物遗存

红色文化遗产的实物遗存，不但是红色旅游文化的重要组成部分，而且直接再现了那个特殊时代政治、经济、文化的各个层面，是当时陕甘宁边区社会历史和文化生活的缩影。这些实物遗存，在历史的舞台上刚刚离去，当代人是非常愿意去了解和感知的，它可激发人们对历史的反思。由这些实物可使后人看到红军西征时期的艰苦卓绝的生存环境，看到中国共产党为形成抗日统一战线而付出的巨大努力。同时，这些实物为我们研究陕甘宁边区的政治、经济、文化的生成与发展，同样提供了历史意义上的珍贵史料。

（3）口头与非物质文化遗存

红色口头与非物质文化遗存，是红色旅游资源的另一种表现形态，它是精神层面上的文化遗存，也可以说是地方传统文化在当时特定历史背景下的升华，更是那个特殊时代中国共产党人和劳苦大众追求光明和幸福的心灵写照。以歌谣、花儿的形式表现红军西征时期的文化，以故事、纪实的形式反映红军西征时期的人物和事件，这种传承自成体系，遍布于民间。这类文化遗存的整理不仅是开展红色旅游文化的重要内容，也是地方历史文化研究不可多得的史料，有极强的生命力。此外，口头与非物质文化遗存的整理和研究，是目前国内外学术界都非常推崇的研究手段。

## 宁夏红色旅游文化资源的时代意义

80年前的红军长征与西征，与抗日民族统一战线的形成、西安事变的爆发有着内在的必然联系。追溯历史，人们都清楚，1936年月12月12日震惊世界的"西安事变"，是逼迫蒋介石全面抗战的源起，也是全民抗战的开始。但"西安事变"的源起，却与红军西征有着内在的联系，更是与山城堡战役有着千丝万缕的联系。山城堡战役有力地打击了蒋介石的反共气焰，稳定了西北地区的局势，尤其是陕甘宁根据地。山城堡战役进一步使张学良、杨虎城二位将军在中国共产党和红军身上看到了抗日的希望。同时，也促使张学良、杨虎城更加坚定了与中共联合抗日的决心。可以说，"山城堡战役是西安事变爆发的直接导火线"①。

近70年前，美国记者埃德加·斯诺先生在他著名的《西行漫记》中写道："1936年6月，我的一位中国好友带给我中国西北出现了使人惊讶的政治局面的消息——这后来终于导致蒋介石总司令被扣的惊人事件，扭转了中国历史的潮流。"②这里，斯诺已经把红军西征、西安事变与抗日民族统一战线形成的内在原因联系在一起了。山城堡战役的指挥者彭德怀在他的自述中谈到山城堡战役时说："此役虽小，却成为促成西安'双十二事变'的一个因素"③，也是说山城堡战役与西安事变的关系。1984年版的《西行漫记》出版时，胡愈之先生在"中文重译本序"里说："1936年，中国正酝酿着由长期的反共内战转变为对日本帝国主义的全面抗战，而这也就是全世界反法西斯战争的序幕。"实际上也都是在说红军西征与西安事变的内在关系及其之后所形成的抗日民族统一战线的伟大意义。

1936年12月19日，中共中央政治局会议讨论中央关于西安事变的通电，毛泽东在做结论时指出：西安事变，张学良、杨虎城是站在红军的侧面，受红军的影响很大。④毛泽东也谈了这个问题。抗日民族统一战线的形成，是蕴含着丰富的历史内涵的。

在中国共产党的军事战争史上，红军西征前后只有数月时间，持续的时间并不是很长，但这个伟大创举本身，包括它所创造的业绩却改变着历史。红军西征、迎接二、四方面军并三大主力会师、山城堡战役、西安事变、抗日民族统一战线的形成，这是一个链条上不同时间内有密切关联的几大环节，它们之间有着深层的联系，有着直接的关系，是那段历史进程中特殊的表现形式。在交通、地理、生存环境极端困难的西征大地上，面对国民党大军的前追后堵，红军走过来了，并一直走向抗日最前线。毛泽东高举爱国同胞联合抗日的旗帜，赢得了国民

---

① 曲涛、李仲立：《陇东老区红军史》，兰州大学出版社1996年版，第327页。
② 〔美〕埃德加·斯诺：《西行漫记》，董乐山译，新华出版社1984年版，第7页。
③ 《彭德怀自述》，人民出版社1981年版，第217页。
④ 《毛泽东年谱》上卷，人民出版社1993年版，第625页。

党东北军、西北军的拥戴，西安事变的发生，成为现代中国历史进程的转折。彭德怀在他的《彭德怀自述》里说："如果我军当时把王均(国民党围剿红军的一部分)军消灭，西安事变就可提前"①，红军西征与西安事变的关系说得更为直观。面对西安事变，毛泽东审时度势，发表声震中外的声明："共产党在西安事变中主张和平解决，并为此而做出了种种努力，全系由民族生存的观点出发。设使内战扩大，张杨长期禁锢蒋氏，则事变的进展徒然有利于日本帝国主义和中国讨伐派。"②历史已经证实了这一切。

70年来，"不到长城非好汉"的长征精神激励着全国各族人民艰苦奋斗，勇往直前，取得了一个又一个的伟大胜利。今天，我们更加追念那些曾经驰骋在西征大地上的红军英雄，也怀念那些为中国人民的解放事业献身的前辈们。

## 红色旅游资源线路、景区(点)设定与布局

国家旅游局借纪念红军长征70周年之际，正式启动红色旅游工程。从长远规划看，政府准备用5年时间，在全国范围内重点建设10个红色旅游基地、20个红色旅游名城、30条红色旅游精品线路、100个红色旅游经典景区为主体的红色旅游骨干体系。

六盘山，是红军长征到达陕北前翻越的最后一座大山。宁夏，是红军西征时建立过区域性地方自治政权的地方，遗存在宁夏的红色旅游资源在量上相对不是很多，但经历的历史事件、产生的历史作用在国内外影响较大。毛泽东率中央红军翻越六盘山、《清平乐·六盘山》词的面世，红军西征与西安事变等重大历史事件和文化背景，是有着超越时空的历史意义的。就全国已设定的红色旅游资源与线路、经典景区(景点)布局看，宁夏属于以延安为中心的陕甘宁红色旅游基地。30条红色旅游精品线路中，宁夏划在第16条线路中：兰州—定西—会宁—静宁—六盘山—银川线。100个红色旅游经典景区中，宁夏有八个：固原市经典旅游景区(点)有：隆德县六盘山红军长征纪念亭，西吉县将台堡一、二方面军会师

---

① 《彭德怀自述》，人民出版社1981年版，第217页。
② 《毛泽东选集》第1卷，人民出版社1968年版，第228页。

纪念碑,兴隆镇单家集红军长征遗址,泾源县老龙潭革命烈士纪念亭。吴忠市经典景区(点)有:同心县陕甘宁省豫海回民自治政府旧址,红军西征纪念园,豫旺堡西征红军总指挥部旧址,盐池县革命烈士纪念馆。

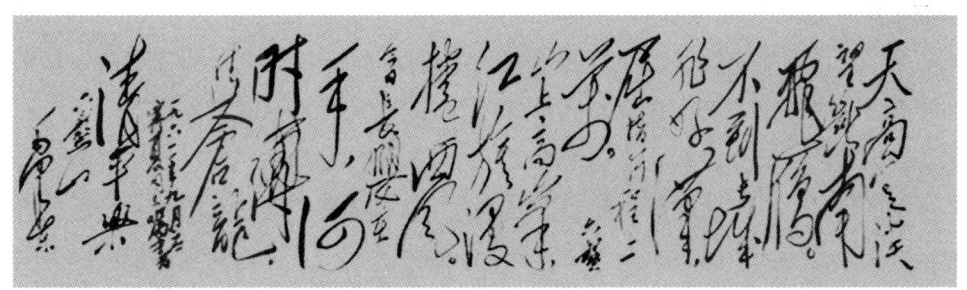

**毛泽东清平乐六盘山词手迹**

这些景区(点),是国家旅游局等相关部门认定的宁夏红色旅游资源,已经涵盖了宁夏红色旅游的地域和类型。

## 红色旅游资源开发

党中央、国务院对红色旅游十分重视,中共中央办公厅、国务院办公厅印发了《2004—2010年全国红色旅游发展规划纲要》,强调指出发展红色旅游,是深入贯彻落实党的十六届四中全会精神、不断提高建设社会主义先进文化能力的重要措施,是树立和落实以人为本、全面协调可持续发展的科学发展观的具体体现,既是一项经济工程,更是文化工程、政治工程。国家发改委、中宣部和国家旅游局已联合召开会议,研究部署和推进红色旅游的具体措施,提出实现红色旅游要从"旅游扶贫开发工程"向"政治、经济、文化三大工程"的转变。正是从这个意义,宁夏红色旅游资源开发对宁夏社会经济发展意义更为重大。目前,宁夏已制定了宁夏回族自治区红色旅游资源开发规划,在全区经常开展"红色之旅"主题活动;同时,利用各种机会向区外大力推介宁夏红色旅游文化资源。

宁夏红色旅游资源的开发,应体现以下几个方面的思路。

第一,推出宁夏红色旅游线路,将宁夏境内红色旅游景区(景点)连接起来,形成宁夏红色旅游文化的旅游带。在这个过程中，将红色旅游与其他旅游资源有机融会在一起。同时，加大宣传力度，推介宁夏红色旅游资源的背景文化，便于游人从地域与历史文化的多重层面上了解宁夏的红色旅游资源，以此来提升红色旅游文化的吸引力。

第二，国家旅游局已设定的30条红色旅游线路是网络状的，非常合理。在第16条旅游线路中，覆盖了宁夏境内的红色旅游景区（点）。红色旅游资源的开发，除了它的政治意义外，就旅游文化角度看，与旅游产业的发展路径是一样的，是旅游带的延伸，而不是景点的零散分布。这就必须要将宁夏的红色旅游资源的开发纳入国家设定的旅游线路之中，进入大的旅游网络，一定要与周边地区的旅游线路、景点衔接起来。

第三，目前，国家设定的红色旅游经典景区（点）在宁夏共有八处，主要分布在中南部地区。在推动旅游文化的同时，应将宁夏境内旅游景区（点）与红色旅游景区线路有机地衔接起来，这是发展宁夏旅游文化的一大机遇。红色旅游资源多与自然生态、民族历史文化等旅游资源相伴生，可以与发展生态旅游、民族文化旅游等密切结合起来，形成宁夏综合型、复合型旅游线路和旅游模式。这样，宁夏旅游文化线路就会南北衔接，也能与周边地区性多种文化景观衔接起来，使得旅游过程的文化内涵更为丰富，有助于吸引更多的境内外游人。

第四，宁夏红色旅游线路在地域空间上占据绝对优势，向西往兰州一线，向东与延安相接。延安，是国家设定的十大红色旅游基地之一。宁夏红色旅游资源开发，包括宁夏整体旅游开发，必须而且与周边接轨，尤其是要实施以延安为中枢的陕甘宁红色旅游基地融为一体的旅游战略。这是宁夏红旅游开发的前提，也是宁夏旅游业发展的地缘优势。

第五，红色旅游开发的过程，要高品位，高起点，努力打造品牌。

## 红色文化资源保护

### 1. 开发的前提是保护，要实施保护性开发

红色旅游资源是宁夏历史文化资源中最年轻的文化遗产，但由于各种历史原因所致，当前急需保护性开发。文化遗产的保护与开发，是近年来世界性的研究

课题。对宁夏红色文化资源的有效保护、管理、研究和开发利用，与当前国家实施的《保护传统文化和民俗的建议》精神是一致的，尤其是当前红色旅游工程的实施。西吉单家集清真大寺及其他建筑，是红军长征到达陕北前的重要遗址，是当年毛泽东等中央领导居住过的地方，也是毛泽东向当地穆斯林讲述党的民族宗教政策的地方，原始房屋建筑还在，当年留在房门上、窗户上的弹洞还在。同心豫旺城北大寺的情况与此相近。同心清真大寺是多重历史与文化的承载者，建筑样式相对完好，但它们都需要彻底的实施保护措施，在保护基础上开发。调研过程中，已看到政府拨专项经费对同心清真大寺作全面保护性修缮。固原市原州区黑城镇祁家堡子红军西征时留下的数幅标语，20年前我们的学生时代还考察过，但后来随着建筑物的拆除已随之毁灭。因而，保护非常迫切。对已经毁灭的建筑遗址，如豫旺堡红军西征指挥部等原有的建筑遗址，应尽快投资修建。据同心县旅游局的负责同志讲，豫旺堡红军西征指挥部旧址已立项，可望重新修建。这些有代表性的红色旅游文化资源是宁夏历史文化遗产的重要组成部分，也是宁夏旅游文化开发的重要文化资源。

### 2. 濒临灭绝的文化遗产，应抢救性保护

抢救性开发主要指非物质文化遗产。上世纪经历过这段历史的老人们大都逐渐故去，若再不作抢救，遗憾和损失会更大。如红军长征在西吉单家集留下来的历史文化在民间的口头承传，红军西征、陕甘宁豫海县回民自治政府期间留下来的历史文化相关联的民间口头承传及相关口头文化。同心、盐池一带流传下来的红军西征时期的歌谣、故事，已通过不同的渠道搜集整理了一些，但总体上还不够，应该做更深入的挖掘和研究。

### 3. 修缮后的红色文化资源，应建立相应的管理机构由地方政府统一管理

流失于民间或地方文物管理部门零散收藏的各类红色文化遗物，应在宁夏博物馆、固原博物馆辟专馆展示，或者建立红色文化遗产专馆，以集中的、形式使更多的中外游人有机会接触宁夏的红色历史文化遗产，促进不同地域文化间的旅游与对话。盐池博物馆革命历史文物相对集中，存量也大，但挖掘的潜力还很大。同心应在修缮与重建红色旅游文化建筑的同时，加强相关红色文化资源的搜集和整理。这是红色文化遗产保护的新路径。

### 4. 要加强对红色文化遗产的研究和宣传

宁夏红色旅游资源还有待于充分开发。近年宁夏旅游开发力度不断加大，原六盘山红军长征纪念亭、西吉将台堡红军会师纪念纪念碑、同心清真大寺，是宁夏红色旅游资源的代表性景区(点)，已与其他旅游景点不断地衔接。被国家旅游局等部门确定的一些景点，如西吉单家集红军长征遗址、同心豫旺堡西征红军指挥部、盐池革命纪念馆等红色旅游资源，过去各种文字里提到的相对不多，还没有引起足够的重视，即使宁夏人，这些景点还只是"养在深闺人未知"，更不要说是外来游人了。弘扬和培养以爱国主义为核心的伟大民族精神，不仅要深入进行中华民族优良传统教育，而且要深入进行中国革命传统教育。这就必须要采取多种形式，开展丰富多彩的主题教育活动，把弘扬和培养民族精神贯穿于公民思想道德建设和精神文明建设的全过程，提升宁夏人的精神境界和凝聚力，树立良好的社会风尚。

### 5. 红色旅游资源的生命力

发展红色旅游应该注重综合效益，全方位审视和提升它的多元功能。这就要将红色旅游资源所涵盖的政治功能、经济功能、文化功能最大程度地发掘出来，将精神财富转化为社会财富。宁夏地理位置独特，自然地理所构成的各类地貌特征显著，历史文化积淀丰厚，黄河穿越宁夏平原，江南塞北的风光在这里体现无遗，丰厚的人文资源与独特的地理环境相伴相依。这就要求我们将红色旅游与绿色旅游、山文化旅游结合起来，把人文景观与自然景观结合起来，把革命传统教育与促进旅游产业发展结合起来，把文化遗产利用与发展旅游产业结合起来。

在形式上，红色旅游文化的发展过程，要加快推进跨区域旅游合作，拓展旅游市场，构建大旅游格局。积极筹划与宁夏四周省市联合打造红色旅游精品线路，与陕西延安革命圣地联手打造红色旅游精品圈，打造宁夏境内红色旅游的精品点，实现资源互补，客源共享，互惠互利，共同发展，尤其要深度开发周边市场。在宁夏景点保护与开发方面，要将红色、古色、水色、绿色、山色结合起来，搞捆绑式专线。红色是指红色纪念地，古色是指文化遗产，绿色是指六盘山、贺兰山，水色是指黄河文化在宁夏。

保护红色资源和文化遗产，开发红色旅游，将革命传统教育和人文历史与自然生态旅游结合一起，拉动当地经济发展，这原本是文化遗产保护与旅游开发的创意。但红色旅游怎样保持长久生命力，必须高度警惕急功近利思想，防止在红色景点区域或附近开发各种娱乐性项目，修建各种休闲娱乐设施等，不要与商业开发搅在一起，体现真正的市场价值，才是红色旅游文化保护和开发得以长久的生命力所在。

总之，我们应借助国家实施红色旅游工程的有利时机，在保护、开发和研究红色旅游文化资源的同时，采取措施大力发展红色文化旅游，使之与宁夏历史文化资源、自然风光资源、民俗文化资源融汇衔接起来。促进红色文化产业化发展，是推动宁夏旅游发展的目标。红色旅游资源的开发，与历史文化资源、民俗文化资源、自然资源、非物质文化遗产资源等的有机结合，是宁夏社会发展、文化繁荣、旅游经济提升的有效途径。

# 文化遗产保护

宁夏物质文化遗产、非物质文化遗产、红色文化遗产的历史背景和现状，我们大体做了多个文化层面上的析论，丰富的文化遗产家底已经基本清楚。挖掘、整理、研究是一回事，如何保护更是显得紧迫。红色文化遗产已专门论及，这里主要是讨论物质文化遗产与非物质文化遗产的保护。

物质文化，是有形的能看得见触摸得到的文化遗产。截至2013年，宁夏共有国家重点文物保护单位35处，区级重点文物保护单位125处，县(市)级文物保护单位345处。截至2015年，宁夏有18项非物质文化遗产项目进入国家"非遗"名录，入选联合国教科文组织公布的人类非物质文化遗产保护项目1个(花儿)，文化部命名的生产性保护示范基地1个(隆德杨氏泥塑)；83项进入自治区级"非遗"名录。9名国家级非物质文化遗产项目传承人(2人去世)，143名区级项目传承人(7人去世)。宁夏是小省区，但宁夏历史文化悠久，文化资源积淀丰厚，遗产类型丰富；六盘山花儿文化生态保护区1个，区级非遗传承保护基础(点)62个。在宁夏，物质文化遗产(有形)和非物质文化遗产(无形)这两类文化资源的遗存和表现形态有其独特的内涵和形式，由于历史悠久，再加上人为与自然灾害的侵蚀，保护的任务非常之重，有一些遗产是需要抢救性保护的。

对历史文化遗产的保护是社会的进步、文明发展的表现。随着人类社会文明程度的提升，对保护历史文化遗产的要求会越来越高。保护好历史文化遗产，符合先进文化的发展方向，与党的十七大提出来的社会主义文化发展战略的思路是一致的，是建设社会主义和谐社会的客观需要，更是中国文化走向世界的历史必然。因此，必须建立比较完备的遗产地保护制度，形成比较完善的遗产地保护体系。

# 一、物质文化遗产保护

## 主要文化遗产的现状与保护

宁夏历史悠久，地理位置特殊，秦汉至明清两千多年间生成并传世的文化遗产很丰富。

就目前已列入国家重点文物保护单位和自治区重点文物保护单位的项目看，宁夏物质文化遗产主要有：一是人类早期遗址——宁夏灵武水洞沟遗址、宁夏海原菜园遗址；二是贺兰山岩画；三是以须弥山石窟为代表的石窟文化；四是长城文化，自战国时期固原秦长城修筑开始历经汉唐直到明代；五是西夏文化遗产，诸如王陵、佛塔、窑址和石窟等。六是古建筑遗存，如国家重点文物保护单位和自治区重点文物保护单位董府、开城安西王府遗址、同心清真大寺、纳家户清真大寺、固原二十里铺拱北等；七是红色文化遗产资源，如西吉单家集清真大寺、将台堡红军长征纪念碑、六盘山红军长征纪念馆等。

以上所列宁夏有代表性的地面文化遗存资源，在经历了不同的历史时段和历史风雨之后，它们留存在地面的物化形态情况各自不同，毁坏的程度也不一样。但无论从哪个视角来看，它们都从不同的方面、不同的文化背景上展示了宁夏曾经的辉煌历史，是宁夏历史悠久、文化多元繁荣的见证。但近百年间不断遭到自然灾害与人为因素破坏，不少重要文化遗产都相继遭到破坏。

### 1. 长城

长城，是宁夏重要的文化遗产，自南至北遍布境内，但破坏十分严重，自然因素固然重要，人为的因素更使人痛心。中国长城研究会调查显示，目前长城的基本状况是：三分之一基本完好，三分之一残破不全，三分之一不复存在。宁夏境内的长城境况如何？宁夏境内长城总长1507公里，墙基只有506公里。2006年至2008年，国家文物局等部门对明代长城做了详尽测量，宁夏明代长城测定为837.6公里。

战国秦长城，是国家重点文物保护单位，我们在冠以长城塬地名的宁夏彭阳县城阳乡境内看到的战国秦长城，已经只有星星点点的土墩了，那条路基本就修在长城墙体上。只有把布局分散的土墩连起来看时，才能看清楚长城的大致走向。没有来过的人会以为长城塬上一定有壮观的长城，其实已经破坏得差不多了。沙化是长城消失的重要原因，黄河以东的长城就是例子。人迹罕至的地方，长城相对保护较好，如贺兰山下惠农区境内的红果子长城，现在看过去依旧雄伟。

古城堡遗址破坏严重。有影响的如彭阳县汉代朝那古城、彭阳红河流域的阳晋川城，惠农区境内西夏时期的省嵬城，盐池县境内明代的铁柱泉城、兴武营城，尤其是黄河边上的横城，河水从城边绕过，是明清以来通往银川平原的重要码头。三百年前，康熙亲征噶尔丹往宁夏镇城银川时，就是从这个渡口过黄河的。固原城，是目前宁夏古城中唯一保护下来的明代砖包城，虽然只剩下西北一角，但毕竟是明代砖城的原貌，应精心保护，建议将监狱迁出，以民俗博物馆的形式保护起来。

### 2. 古墓葬

古墓葬，有的保护相对较好，大多都毁坏了。同心县韦州明代就封宁夏的朱元璋之子庆靖王朱栴墓穴大开，只留下一处偌大的封土包在天穹下。兴庆区黄河边上的兵沟汉墓遗址相对保存较好，好在墓葬发掘成功，墓室及随葬文物得以保护并为游人开放，是古墓葬遗址保护的典型范例。好多重要的古墓葬发掘遗址，大都没有保存下来，当然这主要是指有价值的墓葬，如固原市原州区南郊李贤墓、史姓家族墓。遗址能保护下来，就是文化遗产另一种形式的展现。原州区开城镇安西王府遗址，是"国保"单位，也是历史内涵非常丰富的古遗址，开城遗址的发掘，根据以往的经验，除地下出土文物外，还要保护好遗址发掘原貌。

### 3. 地面建筑

地面建筑，保护相对完好，如平罗县的钟鼓楼、玉皇阁，大武口区的北武当庙，同心县的清真大寺等。吴忠市董府，已列为国家重点文物保护单位，基本格局尚好，原貌依旧，但多年失修，再加上自然因素所致，破损严重。这座百年老建筑急需保护。

各类建筑形式的塔，是宁夏文化遗产的重要组成部分。彭阳县境内明代的璎珞砖塔，同心韦州的康济寺塔，灵武镇河塔，青铜峡一百零八塔，银川北塔、承天寺塔，平罗的田州古塔，贺兰山双塔等保存尚好。此外，石窟保护相对完好，主要是须弥山石窟，中宁石空寺石窟，彭阳无量山石窟等。

## 主要遗产现状与保护

**1. 贺兰山岩画**

就目前"国保"遗产现状看，贺兰山总体保存相对完好，但人为破坏也非常严重。据报载：近十余年间仅人为破坏岩画达千余幅。十余年前出现在邮票上的岩画公牛图，已遭人破坏而消失了，公牛图只能存在于邮票与记忆中。因此，岩画的保护时间紧迫，任重道远，应切实加大保护力度，将历史文脉传承下来。

大麦地岩画，是贺兰山岩画的组成部分。大麦地岩画位于中卫城区东北方向15公里处的北山上，这里的岩画开凿相对比较集中，由大麦地、石房圈、苦井沟等岩画区组成，在东西南北大约5公里的范围内，已发现的岩画1698幅，展现个体图像6298个，其中大麦地岩画区发现岩画1089幅。① 就是这样一处岩画分布相对集中的岩画区，保护并没有跟上去，损失较为严重。一是由于自然风化严重，二是人为的破坏。目前，中卫大麦地岩画区还没有专门的管理机构负责管理和经营，往来的游人随意性很大。没有管理机构，一些单位和个人在经济利益驱动下，擅自在这里拓制岩画拓片，盗撬岩画石头等，对岩画造成严重破坏。

大麦地岩画的保护，首先要尽快设立专门的岩画保护机构；二是要从路道、设施方面按照景区遗产的要求配套；三是要加强保护，既要严格控制人为的破坏，又要依靠科技手段进行有效保护，防止表层风化。

**2. 长城**

宁夏境内的长城，属西部地区长城。从地质构成看，宁夏的长城主要以黄土夯筑或黄土夹沙修筑而成，在常年风雨的侵蚀下，长城墙体都会出现程度不同、形式各异的墙体脱落和塌陷。因此，宁夏境内的长城，遭受破坏的自然因素主要来源于三个方面：一是雨水的侵蚀；二是风力的侵蚀；三是风化的侵蚀。除了大自然的侵蚀和破坏外，人为的因素成为长城破坏的主要原因。宁夏长城的现状，一是遗址分布面积太广，保护措施跟不上。二是沙漠化等生态环境变化所造成的破坏，使得长城遗址的保护工作困难重重。三是人为破坏非常严重，社会因素成

---

① 参见张伟宁：《宁夏中卫大麦地岩画保护现状及其对策》，载《中国文物报》2007年9月7日。

为长城不断遭受破坏的另一主要原因。报载，2006年9月，中卫市境内的长城就在中铁十八局施工过程中一次毁掉百米，之后又补土填上豁口。中卫城北龙公庙附近一段长城原本保存相对完好，但有人在距长城数百米远的地方挖湖蓄水，结果2005年一次湖水暴涨，致使三四百米长墙坍塌。固原战国秦长城的一些地段不断地变成为农民的垦荒地，他们以为长城不过是一些"土堆子"，毁坏了也是"闲着呢"，根本没有保护意识，不知道长城的价值。

2006年，全国重点文物保护单位——万里长城修缮工程已经全面启动，即长城十年规划保护工程。国家文物局专门成立了长城项目领导小组，前期试点工作已经开始，之后要制定统一标准：要通过航空遥感测定、国家地质信息系统、全球定位系统等高新技术，收集长城的详细数据，准确测量长城的长度、坐标和海拔高度。宁夏历代长城的基本情况会通过这次规划保护工程的实施而摸清家底，获取全面的数据。在保护基础上的旅游开发也会有序地展开。2006年10月11日，《长城保护条例》公布，长城终于告别了无法可依的日子，长城保护进入最佳时期。

我们要在保护和研究的基础上开发利用。从保护的角度，保护长城首先要摸清家底，亟待建立完整的档案，包括利用现代科技所获取的各种信息和数据。第二，要加强人为的保护和管理工作。第三，要充分利用科技保护的手段。一是要做好长城及其周边环境的生态保护工作，尽可能恢复其生态的原始状态；第四，对于重要地段的长城墙体和城址，要加大保护的力度，尤其要在研究的基础上充分运用科技手段，使墙体增加抗雨水、风沙和盐碱的侵蚀能力。比如，以二氧化硅为主的高模数硅酸钾为加固材料，再加入适当的固化剂和扩散剂，渗透到沙土中后，能大大提高沙土耐水性和强度，对长城遗址的保护有十分明显的防盐碱侵蚀效果。[①] 只要能用科学的保护手段，只要人们的保护意识有了，认识文化遗产价值的能力提高了，措施得力了，长城是能够得到保护的。

在西部大开发的过程中，开发地方文化资源，为旅游文化提供丰富的历史文化景观，宁夏的长城文化是独具魅力的。我们应该有选择、有计划、有步骤地实

---

① 俞春荣：《从清嘉高速公路成功穿过长城略谈土质长城的科技保护》，载《中国文物报》2007年7月6日。

施宁夏长城旅游文化的开发战略，将长城的容貌展现给世人，让长城文化走进游人心中。正是从这个意义上，我们要充分认识长城的历史价值，认识长城文化在宁夏历史文化中的意义和价值，使更多的人来关注长城，体悟长城的文化内涵，发扬长城精神。

长城保护，首先要依照相关法律来管理，发挥长城的作用让大家受教育，是我们保护和管理的根本宗旨。其次，长城的保护要依靠社会力量来共同参与，要有长城保护员、志愿者，尤其要让长城所在的地方乡镇府和村委会承担起长城保护的职责，要充分发挥属地管理的便利之处和积极作用，乡规民约里一定要将长城保护写进去。有人说，这样做等于给长城保护增加了无数敏锐的"眼睛"和守责的"哨兵"。第三，是观念的转变。长城保护或者说遗产的保护，在观念上的转变很重要。这里主要指，一是只有政府职能部门对文化遗产保护的重视，才能变成各级政府的重视，要提高到以人为本构建和谐社会的高度来认识。二是要从仅仅是文博系统重视文化遗产保护，到全社会重视和都来参与。第四，要加大文化遗产保护的宣传力度，宣传的内容要针对各个不同层面的人，既要让政府知道保护什么，怎么保护，更要让社会上的人知道保护什么，怎么保护。同时，要加强调查研究。

### 3. 古窑址保护

古窑址遗产的保护，国家已有相关政策。国家文物局《关于进一步加强保护古窑址的通知》指出：我国历代劳动人民所创造的陶瓷工艺是我国优秀的历史文化遗产之一。历代瓷窑遗址遗留的大量实物标本，是系统了解和研究我国陶瓷发展的科学资料，各地文化部门应进一步加强对古代瓷窑遗址的保护。宁夏西夏时期的窑址早已发掘，且有文物专家做过详尽的专门研究报告，有研究专著问世。但如何保护，怎样开发，任务就历史地落在了我们的肩上。目前，古窑址保护还处在一种松散状态，保护性研究还需要加大力度。

### 4. 西夏王陵保护

西夏王陵保护，一是国家下拨专项资金。1999年10月28日，时任国务院总理的朱镕基视察西夏王陵时，对陵区的工作给予了充分肯定，并指示要保护好这些文化遗产。此后，国家计委根据朱总理的重要指示，下拨专项资金一千万元，用于三号陵园遗址的保护和修复。从1999年开始，经过三年的考古挖掘，考古工作者从三号陵整理出七类建筑装饰构件 350 余件，基本掌握了较为翔实的陵园单体建筑和整体建筑的形制资料；并对出土的文物标本和资料进行了全面的搜集、整理和研究，为三号陵的恢复工作提供了理论依据。目前，陵区已具备了恢复帝王陵园的基本条件，前期绘图工作正在紧张有序进行，预计要完成全部工程需两三年时间，总投资为三千万元，届时一座复原的西夏三号陵将重现在世人的眼前。2005 年，西夏王陵已被国家文物局列入全国 35 处大遗址保护范围，初步确定了"十一五"期间近 5000 万元的保护经费。2006 年年初，西夏王陵管理处已上报了项目，并委托敦煌研究院做保护工程的实施方案。

二是西夏王陵夯土遗存的保护。西夏王陵被世人誉为"东方金字塔"。长期以来受风蚀、水流和山洪的冲击，王陵已经受到了破坏。西夏王陵夯土遗存的保护，主要解决两个关键性问题：首先是防止风沙的侵蚀破坏作用；其次是提高防止雨水冲刷的能力。这次保护采用的措施是获文化部文物保护科技成果奖的 PS 加固技术。目前，一号、四号和六号陵受损最为严重，其地面遗址急需抢救和加固保护。现在，西夏王陵管理处拟对西夏陵保护范围内沿山公路以西保存较为完好的地带进行全封闭保护，从而杜绝人为破坏因素。

## 物质文化遗产保护应遵循的原则与措施

研究文化遗产的学者认为：五四以来"破旧立新"的文化倾向，中华人民共和国成立后建设新中国的巨大热情，"文革"期间的破除迷信，改革开放以来对时尚和旧貌换新颜的推崇，使一批历史文化名城的完整受到严重破坏。① 实际上，宁夏的不少文化遗产也是这样消失的。因此，宁夏物质文化遗产的保护，应遵循以下原则。

1. 文化遗产保护的基本方针

物质文化遗产保护要贯彻"保护为主、抢救第一、合理利用、加强管理"的方针，坚持保护文化遗产的真实性和完整性，坚持依法律科学保护，正确处理经济社会发展与文化遗产保护的关系。文化遗产的保护，应遵照《文物保护法》的要

---

① 杨仪登：《鱼和熊掌兼得》，载《中国文物报》2006 年 2 月 10 日。

求，根据文化遗产的文物、历史、艺术和科学价值，核定为不同等级的遗产保护单位，按照我国对文物保护单位实施属地管理、分级负责的成功经验，实行分级管理。各级文物保护单位必须做好"四有"工作，即有保护范围，有保护标志，有科学记录档案，有专门机构或专人负责管理，这是保护的基本方针。

2. 文化遗产的保护措施

第一，要认真做好文化遗产保护的各项基础性工作，深入调查宁夏文化遗产的存量和分布状况，建立科学档案，加强保护工作的针对性。

第二，要进一步完善区、市、县（区）各级文化遗产管理机构和工作制度，依法制止各种人为原因造成的文化遗产的损毁和破坏。

第三，文化遗产的整体保护。文化遗产的整体保护，是我国文化遗产保护的新理念，是指保存文物古迹实物遗存及其历史环境，文物单位的保护与历史文化遗产的保护均是对原址、原物、原状进行保护。因此对于文化遗产的保护必须要重视其完整性，让世人了解和感受遗产地的全貌。历史文化的生成有其自身的特殊环境和背景，即地域性，它涵盖了遗产的许多历史文化价值和文化信息，是按照一定的规划和格局组合布局的。如果离开地域谈历史文化，就削弱了它本身包含的科学、历史和文化艺术价值。文化遗产也是一样，保护的过程，要保留和体现其传统风貌的完整性和历史风貌真实性：（1）一般不得迁徙和重建，修缮和保护不得改变文物原状。（2）一般传统建筑要求保持建筑本体的历史风貌和特点。（3）要保护文化遗产历史地段的完整性，体现文化遗产周围的自然环境和人文环境，即文化遗产所在的历史风貌。（4）不能只顾眼前经济利益而在城市化过程中毁灭文化遗产。随着经济全球化趋势与现代化进程的加快，我国的文化生态正发生着巨大变化，如城镇化带来的基本建设热潮、经济发展带来的旅游热等，都使得文化遗产的生存环境受到威胁，文化遗址的整体风貌遭到破坏。

3. 文化遗产保护应注意协调各方面的关系

2006年，国务院发出《国务院关于加强文化遗产保护的通知》，针对物质文化遗产保护面临的突出问题，提出了如何保护的问题。文化遗产不仅具有认识价值、审美价值、使用价值、社会价值，同时又是不可再生的特殊的历史文化资源。因此，在文化遗产保护过程中应处理好几个关系：一是保护与各级政府职能协调发展；二是保护与城市建设协调发展；三是保护与经济建设协调发展；四是保护与研究管理协调发展；五是保护与利用协调发展，利用服务于保护这个大局，坚持以社会效益为准则，在保护与发展的过程中体现"保护为主、抢救第一、合理利用、加强管理"的科学思路和原则。在多方面协调的过程中，可以考虑修缮和恢复有认识价值、使用价值、审美价值与社会价值的文化遗址。如黄河边上的横城，它是明清以来进入银川的重要码头。横城的整治和维修，可成为黄河古渡的代表，黄河古渡的历史文化原貌可得以再现。

### 4. 文化遗产必须依法保护

根据《文物保护法》、《文物保护法实施条例》的规定，在行政许可事项中当地文物管理部门要经常与地方政府、自治区文物局、城市规划管理部门、工商局、海关等部门进行工作协调，城市建设规划和城市项目有的要进行前置审批。这是保护地下文化遗产的重要环节。2006年，固原市原州区在基建过程中发现地下文物，发生文物哄抢事件。当地文物管理部门通知停工清理文物，施工单位无视文物管理部门的要求，结果造成文物损失。类似案例较多，如中卫某建筑单位毁坏长城的行为亦属此类。因此，做好协调和前置审批工作，同样是保护文化遗产的重要途径。

### 5. 深化遗产的保护，要有共筑文化家园的使命感

宁夏文化遗产本身所具有的价值，是我们对遗产进行有效保护和合理利用的直接动力和根本目的，而利用的目的就是要让文化遗产在得到妥善保护的基础上充分实现它的社会价值。在社会价值实现的过程中，它的文化价值和经济价值才能够得以实现，社会价值和经济价值是互动的，这种互动是在对文化遗产保护的基础上的一种良性循环。只有完整地认识文化遗产的价值，才能在实践中将遗产自身价值、文化价值、社会价值和经济价值有机地衔接起来。文化遗产保护，除了利用科学的保护手段而外，要让更多的国民，尤其是年轻人了解地方历史文化遗址的过去，了解自己所生活的城市的历史，从保护的意义上这样做尤其重要。现在，许多当地原住居民大都缺乏对周边文化遗产全面而形象的认识，自觉维护或者保护就无从谈起。让当地人了解当地的历史和文化，是文化遗产保护的重要措施之一。一个拥有全国重点文物保护单位的区域，就意味着本地区的历史文化为全国所认知，被中外所关注，云南的丽江、山西平遥古城在中外的影响就是典型。从文化遗产保护的意义上，我们更要珍惜和关注宁夏的历史文化遗产，提高

保护民族文化遗产的意识，要有保护文化家园的使命感。

## 全面提升对宁夏文化遗产价值的认识

以上就宁夏物质文化遗产、非物质文化遗产做了较详尽的梳理，内容仅涉及国家重点文物保护单位和非物质文化国家级项目，区级重点文物保护单位仅涉及重要部分，市、县(区)级遗产尚未列入。宁夏的历史文化遗产不仅内容丰富，而且独具特点。无论长城文化、岩画文化、古遗址文化、古建筑文化、西夏文化、伊斯兰文化等，包括重要非物质文化遗产，都是宁夏历史文化的品牌，在全国文化遗产序列中都是得天独厚的，是文化遗产资源的佼佼者。

文化遗产作为一种资源，必然具有一定的价值，这种价值应该是多方面的，即社会价值、文化价值和经济价值，但最根本的还是文化遗产自身的价值——它保留了当初"活化"的原始信息并记录了不同时代历史活动的信息，即它的物化功能，它比较真实地保留了当初时代背景下的原貌信息，见证了人类历史活动的过程。文化遗产所具有的文化价值，从另一个层面上又体现着其重大的社会价值。例如，长城是国家重点文物保护遗产，宁夏境内的长城从战国秦长城到汉代长城、隋代长城、明代长城都具有时代性和典型性，考察和研究历代长城，不仅可以了解古代长城的结构、功能及其建筑技术，尤其可以通过研究历代长城来考察和了解宁夏在历代军事防御过程中的战略地位和作用，分析历史上中原民族与北方少数民族交融会聚过程中宁夏特殊的地理位置及其历史意义。贺兰山岩画同样是"国保"遗产，考察和研究贺兰山岩画，可以考察人类早期在贺兰山一带活动的轨迹和多元文化生成的背景和过程。固原李贤墓出土的鎏金银壶，田弘墓出土的罗马金币，昭武九姓家族出土的萨珊银币等，都是我们研究丝绸之路文化、中西文化交融在宁夏的特殊经历和原始信息。须弥山石窟文化传播的是佛教文化东传过程中在宁夏驻足生成的历史遗存……黄河文明的价值和意义就是由它们来承载的。这些文化遗产传递给我们的是久远的历史文化信息，承载的是积淀在它身上的社会价值。

1. 物质文化遗产的价值

文化遗产的价值属于"文化"范畴，社会价值是遗产价值的基础。不能很好地认识遗产的社会价值，就无法将其价值转化为"功利性价值"，通常认为功利性价值体现在三个方面：教育功能、政治功能、经济功能，即文化价值和经济价值。因为文化遗产本身在具有社会价值的同时，自然就会产生文化价值和经济价值。但人们对于文化遗产的社会价值往往认识不足，没有认识到它的珍稀性和易失性。贺兰山岩画的损坏，中卫长城被毁事件，都是这方面的典型例子，这种破坏文化遗产的举动，说明如果没有认识到遗产的社会价值，就无法从深层来认识遗产的文化价值和经济价值。因为它珍稀，因为它易失，无论其社会价值、文化价值和经济价值往往都会加倍翻番，或者无价。因此，在保护好遗产文化的同时，要利用遗产向社会提供各种文化消费服务，核心是以遗产为目的地的"文化旅游"①。遗产的直接经济功能是旅游功能。我们的失误在于没有将遗产的保护与地方经济发展从深层衔接起来，没有充分认识到文化遗产是当地最独特、最宝贵和不可替代的财富，更没有认识到文化遗产在经济生成方面的永恒价值。它们二者应该是相互依赖、相互协调而发展的。

从保护的意义上看，承载这些价值的历史文物具有不可再生性，一旦失去就会成为千古遗恨。尤其像类似于长城这样的文化遗存，它凝聚着民族智慧，象征着民族团结或不屈的精神，是一部物化了的中华民族史。当然，文化遗产自身的价值是一切价值的载体，是根本。宁夏文化遗产本身所具有的价值是我们对遗产进行有效保护和合理利用的直接动力和根本目的，而利用的目的就是要让文化遗产在得到妥善保护的基础上充分实现它的社会价值。在社会价值实现的过程中，它的文化价值和经济价值才能够得以实现，社会价值和经济价值是互动的，这种互动是在对文化遗产保护的基础上的一种良性循环。只有完整地认识文化遗产的价值，才能在实践中将遗产自身价值、文化价值、社会价值和经济价值有机地衔接起来。

### 2. 非物质文化遗产价值

我国的《文物保护法》，主要是针对有形文化遗产制定的法律，基本不涵盖非物质文化遗产。2004年8月28日，全国人大常委会批准了《保护非物质文化遗产公约》后，我国政府积极履行缔约国的义务，紧锣密鼓地开展了一系列的保护工

---

① 徐嵩龄：《第二国策：论中国文化与自然遗产的保护》，科学出版社2005年版，第9页。

作和宣传活动,出台了相关的文件。2005年出台《国务院办公厅关于加强我国非物质文化遗产保护工作的意见》,召开"全国非物质文化遗产保护工作会议",2011年2月25日,《中华人民共和国非物质文化遗产法》颁布。近年,国家级第一批、第二批、第三批、第四批非物质文化遗产代表名录已先后公布,非物质文化遗产项目代表性传承人也公布。这对我们宁夏非物质文化遗产保护与利用同样提供了前所未有的机遇,我们要从国家实施文化战略的高度认识宁夏非物质文化遗产的价值。文化遗产传承着一个国家和民族的历史文化和价值观念,同时也关乎着国家前途和命运。联合国教科文组织之所以坚持《世界遗产公约》和《保护非物质文化遗产公约》的精神,其主旨在于强调文化尊重、人类共享、和平发展的价值观念。在全球经济一体化的时代,文化认同已成为一个民族最基本的文化需求,是一个民族或民族群体历史走向的标志和象征。

非物质文化遗产是文化遗产中重要的组成部分,它体现了特定民族或群体的审美个性和文化精神,正是从这个意义上,非物质文化遗产保护工作已经上升到国家文化发展战略的高度,其独特性是其他依附于现代工业社会所产生的文化所不能取代的。在某种意义上,它的消亡意味着民族个性、民族特征的消亡。① 由此,可见非物质文化遗产的时代意义和无可替代的文化价值。就宁夏来看,一是社会对非物质文化遗产保护的重要性认识不足,必须加大力度保护。二是许多优秀的非物质文化遗产后继乏人,一些技艺面临失传。三是大量珍贵资料难以妥善保存,流失现象严重。要真正下大力气做好挖掘、整理和保护工作。

宁夏地域性的非物质文化遗产,是国家文化遗产的重要组成部分;宁夏非物质文化遗产更是宁夏历史文化遗产的特殊表现形式,再现的是宁夏非物质文化遗产及其生成和发展的人文环境和自然环境的历史走向。宁夏历史悠久,民间艺术源远流长,生于民间、兴于民间、藏于民间,且与人民群众日常生活息息相关,与人民群众精神文化活动息息相通,是人民群众自己创造、自己传承的文化艺术。从地域文化的意义上,非物质文化遗产乃是地域人文环境及多民族生存的基本识别标记,是维系民族、社区存在的血脉和生命线,是民族发展的源泉;是关注人类自身生存的根系,是不同族群的历史生命记忆和独特的生存象征。

---

① 朱兵:《非物质文化遗产的概念、标准及保护实践》,载《中国文物报》2005年2月4日。

## 二、非物质文化遗产保护

非物质文化遗产是民众口传心授的方式世代传承，与民众生活密切相关的文化形态。这种文化形态体现着民族精神、思维方式和文化传统，是民族文化之渊薮，民族精神之根脉与魂。作为中华民族传统文化的重要组成部分，非物质文化遗产是中华文明进程中的永久记忆，是中华文明可持续发展的不竭动力，是中华民族共有的精神家园。

从地域与传承的意义上，宁夏的非物质文化同样积淀得丰富而深厚，而且在各市、县（区）均有程度不同的传承和表现。2006年，国务院批准并公布了我国第一批国家级非物质文化遗产名录，宁夏进入名录的有花儿、回族服饰、回族民间器乐、北武当山寺庙宗教音乐、呢哇呜、口弦等。宁夏区级非物质文化遗产名录也已经公布。非物质文化遗产，是国家倡导文化多元性、实施国家文化安全战略的重大举措。因而要将非物质文化遗产的保护纳入遗产地保护体系中，因为非物质文化遗产都是与人密切关联的，都是体现人的价值和人创造的文化价值的意义的，这些人文因素是非物质文化遗产中最具活力和生命力的因素，决定着非物质文化遗产的命运。保护非物质文化遗的目的，就是要保护它的人文价值、社会价值。

非物质文化遗产主要是指非文字的、以人类口头传承方式为主的、具有民族历史积淀和广泛突出代表性的民间文化（艺术）遗产。宁夏非物质文化遗产的表现形式和类型主要有：一是具有浓郁民族特色和乡土气息的花儿（保持原生态的六盘山）；二是遍布于宁夏山川的民间剪纸；三是回族民间器乐（口弦、泥哇呜、宴席曲）；四是回族服饰，包括刺绣、编织；五是民间雕塑、农民画、书画艺术和篆刻艺术；六是各类舞蹈（踏脚舞、秧歌）；七是传说、口传文学、各类古老的节日、神话和故事等；八是社火，尤其是"马社火"；九是红色非物质文化遗产，诸如红军翻越六盘山、红军西征时期留下的传说、歌谣、故事等。它们都曾记忆、传承着各民族历代先民的聪明才智，呈现的是宁夏地域上多民族色彩斑斓的多元文化的格局。宁夏现存的大量非物质文化遗产成为民族本源文化的"活化石"，传递着我们这块地域上民族文化的根脉。

国务院办公厅《关于加强我国非物质文化遗产保护工作的意见》指出:"随着全球化趋势的加强和现代化进程的加快,我国的文化生态发生了巨大变化,非物质文化遗产受到越来越多的冲击。一些依靠口授和行为传承的文化遗产正在不断消失,许多传统技艺濒临消亡,大量有历史、文化价值的珍贵实物与资料遭到毁弃或流失境外,随意滥用、过度开发非物质文化遗产的现象时有发生。加强我国非物质文化遗产的保护已经刻不容缓。"这是对我国非物质文化现状的基本评价。文物的物质文化遗产保护,已建立起健全的机制,而非物质文化遗产的保护也需要做大量工作。宁夏非物质文化遗产有近百个品种,分布在全区20多个市县(区),非物质文化遗产的现状也大致如同《意见》中所指出的,一些非物质文化传承同样面临着濒危的局面。但经过近几年的普查、挖掘、整理和研究,认定、推荐和保护工作取得了空前的进展。

在现代化的进程中,一方面,社会进步和科学技术的发展,商品经济的冲击,娱乐方式的改变,使得传统文化继承人脱离了原有的生活环境,传统的文化心理结构已经发生变化,日渐远离乡土情结和邻里社会,优秀的口头与非物质文化遗产生成的文化生态环境在急剧发生变化,传承机制日益遭到破坏,传统技艺濒临灭绝,已是后继乏人,民族记忆日渐淡化;再加上商品经济的挤兑,更是加速了非物质文化的丧失和流失。我们的田野调查显示,非物质文化遗产存活在传承人的记忆和技艺里,但这些散居在乡村的各种民间艺人多年事已高,有的技艺近乎失传,人亡歌息、人去艺绝的现象是随时都会发生的。有的学者感叹,我们抢救的步伐还远远跟不上它们消亡的速度。当下的现实,给民间文化的动态传承带来了严重危机和重大考验,抢救了传人就等于留住了文化传承的血脉。另一方面,民族民间艺术的消亡,却恰恰增加了它们的价值。因此,提高保护意识,营造社会氛围,引导全社会都来关心和关注民间文化的延续和繁荣,对非物质文化遗产的保护与传承至关重要。只有加强民间非物质文化遗产的保护,才能守住我们的精神家园,维护好我们中华民族的文化身份和文化主权。

非物质文化遗产的保护,各地都已相继出台和正在出台相关政策。2006年7月,宁夏回族自治区九届人大常委会第二十次会议审议通过了《宁夏回族自治区非物质文化遗产保护条例》,为今后宁夏保护和传承非物质文化遗产提供了法律依据。条件明确提出：损毁和侵占国有或他人所有的非物质文化遗产珍贵资料、实物并造成严重后果的，将被处以1万元以上10万元以下的罚款，《条例》从当年9月1日起执行。未来的非物质文化遗产保护，将有法律护航。文化遗产的保护是一个长期的战略任务。当下非物质文化遗产保护，要在全面普查的基础上做深入研究；对已列入名单的艺术家或传承人实施新的保护政策；开发资源的同时进一步培育保护机制，将传者与承者有效结合起来。

## 新农村建设与遗产保护

新农村建设与村落文化遗产保护关系十分密切。"具有漫长农耕文明史的中国，是世界上农耕文化发育得最充分的国家之一，古村落是传统社会最重要的单元组织。"[1]村落建设物承载着村落文化空间，承载着传统文化与精神信仰。村落文化是中国最大的文化遗产，堪称中国文化中的"万里长城"。以自然村落为例看，新世纪以来每年平均消失9万个自然村落。[2] 住房与城乡建设部、文化部、国家文物局、财政部四部委联合开展传统村落调查，已普查到有保护价值的传统村落1.1万多个。在冯骥才看来，"我们国家的非遗大部分保存在村落里面，少数民族的非遗基本上保存在村寨里。如果少数民族村落没有了，这个民族就可能消失。"[3]传统意义上的中国是一个农业社会，古村落又是传统农业社会最重要的组织单位和民俗信仰的承载者。传统意义上的村落，既是物态文化的遗存，也有不可触摸的非物态文化遗存。"作为非物质文化存续的最重要的原生态文化空间——传统村落一旦消失，失去的不是一座座民居，一条条街巷，还会丧失掉丰富的地方性知识。对于历史的记忆，远不是建几个博物馆、保存几件文物就可以，散布在乡村社会的民间记忆、经验与官方史料具有同等价值。"[4]新农村建设过程中的文化遗产保护，是从民间民俗文化意义上说的。某种意义上，民间民俗文化，基本上涵盖了非物质文化遗产。因此，新农村建设过程中非物质文化遗产

---

[1] 邱春林：《古村落，重要的文化空间》，载《光明日报》2013年3月25日。
[2] 齐鲁：《我国年均消失9万个自然村落》，载《中国文化报》2012年6月7日。
[3] 李静、王学思：《冯骥才：为理想努力的过程是快乐的》，载《中国文化报》2012年9月28日。
[4] 邱春林：《古村落，重要的文化空间》，载《光明日报》2013年3月25日。

的保护显得十分重要。非物质文化遗产以其原生的文化空间作为不可分离的天然土壤，这就有一个整体保护的问题。反过来，只有保护好非物质遗产的原生性文化空间，其真实性与整体性才能得到真切的体现与保护。宁夏文化遗产的保护，同样面临着这个问题，尤其是在宁夏南部。六盘山地区存在着历史悠久的古村落，有传下来的承载着民族信仰与民俗文化的村落。从地域文化保护的意义上，这些村落是我们祖辈经历过的积淀着厚重民俗文化的地方。宁夏正在实施的移民工程，带来了村落的变迁，也留下了保护的空间，尤其是村落文化的保护。

文化建设，是一个充满活力的动态发展过程，对于社会意识形态的走向和民众意识品德的养成，都具有十分重要的作用。我们每个人都与社会文化有着千丝万缕的联系，离不开作为精神支撑的文化。同时，每个人都有自己的生存地域，地域文化同样会成为影响他们处世的重要文化。宁夏文化遗产，就是地域历史文化的直接折射。人们可以从数千年来文化遗产的遗存，看到遗产所承载的地方历史文化发展过程。同时，延续了数千年的民间文化，同样在向人们传递着一种久远的文化信息，这是厚重的民俗民间文化的根。文化遗产的保护、民俗文化的传承，都与新农村建设有着千丝万缕的联系。在文化遗产保护的基础上，要不断推动文化内容和形式的创新，要营造一个人与自然、人与社会、人与文化和谐发展的环境，使全民参与文化的自觉性达到一个新境界。

和谐是中国传统文化核心的价值观，也是新农村建设过程中文化建设的重要方面。"和谐"从来就是一种文化体现。通常意义上，和谐文化是指以和谐为思想内核和价值取向的范畴，它包括思想观念、价值体系、行为规范、文化产品、社会风尚、体制制度等多重表现形式。和谐文化的核心，是崇尚和谐理念，体现和谐精神，大力倡导社会和谐的理想信念，坚持和推行人与人之间互助、合作、团结、稳定有序的社会准则。和谐，也是非物质文化遗产得以有效保护的深层因素。

## 构建和谐文化与地方历史文化

构建和谐社会，是建设中国特色社会主义的伟大事业。建设和谐社会，必须建设和谐文化。和谐文化，是建设社会主义和谐社会的精神动力和思想保证。中华民族五千年悠久灿烂的文化，是国家和民族的灵魂，是中华民族生生不息、国脉传承的精神纽带，更是中华民族历经劫难而百折不挠的力量源泉。和谐文化，包含精神、物态、行为、制度四个层面。精神文化反映和谐文化的本质；物态文化展示和谐文化的追求；行为文化是和谐文化在人们社会行为上的体现；制度文化是和谐文化在制度机制上的体现。总体上它是支撑社会和谐的精神纽带。正是从中外大文化背景和宁夏地域文化的意义上，我们要重新认识文化的功能和它独特的作用。今天，文化既是经济社会全面协调发展的强大精神动力，也是经济社会发展的重要内容，文化的重要意义与经济的社会价值同样重要。当今世界，文化与经济、政治相互交融，与科技的结合日益紧密，在综合国力竞争中的地位日益突出，已成为衡量一个国家综合实力强弱的重要尺度之一。具体到宁夏来说，繁荣发展社会主义先进文化，树立民族自信，振奋民族精神，尤其是挖掘、宣传和感悟宁夏辉煌的历史文化，必将为全面建设小康社会、构建社会主义和谐社会提供思想保证和精神动力。

**构建和谐文化的历史体现**

建设社会主义新农村，需要和谐社会；城镇化过程中，需要和谐社会；文化遗产的保护，更是需要和谐社会。全面建设小康社会的一个重要目标，就是要使社会更加和谐；更加和谐的社会，需要全方位的和谐文化来支撑。中央提出构建和谐社会的治国方略，进一步明确了全面建设小康社会就是要建设一个安定有序、公平正义、政通人和、经济繁荣、诚信友爱、人民安居乐业、人与自然和谐相处的社会，表达的是千百年来中华民族梦寐以求的太平盛世的理想。在这个时代进程中，人与人之间、人与社会之间、人与自然之间的和谐相处，就必须培养和建设社会主义和谐文化。从历史的发展规律看，中国社会的发展离不开自身的历史文化，和谐社会的构建必须是在本民族悠久丰厚的传统文化的基础上进行。社会主义和谐文化的核心就是中国传统的优秀文化。

建设和谐文化，就是要引导人们用和谐的思想认识事物，用和谐的态度对待问题，用和谐的方式处理矛盾。和谐文化的体现：一是要抓好文化创新能力建设。二是要创新城市文化和谐的环境和氛围。三是农村和谐文化建设，要在民俗文化和传统娱乐文化上做文章。倡导人与人、邻里与邻里的和谐关系时，传统民俗文化是最好的融合形式之一，要看到重要节庆和习俗在农村文化建设中的潜在作用。娱乐文化的展示，融会着许多节庆和习俗的文化内涵，耍社火和唱大戏

(秦腔)，是习俗文化和娱乐形式的表现，我们应该从最切合农民、农村实际情况入手，倡导和支持，让他们自发地组织起来。促进人的心理和谐，是和谐文化建设的重要内容。

**文化遗产保护与新农村建设**

在新农村建设与城镇化过程中，应从文化的意义上保护农村乡镇与文化遗存。不能片面地把社会主义新农村建设仅仅理解为"盖新房、建新村、筑新路"等，要学习和理解目前国家实施文化遗产保护工程的精神和它的现实意义，要充分认识到保护历史文物也是新农村建设与城镇化过程的重要内容之一。在这个过程中，要组织开展对古村落、古建筑（如古窑洞、古民居、古桥、古塔）、古遗址、古墓葬、古树木、革命旧址等历史文化遗存的调查研究和保护。"我们国家的非遗大部分保存在村落里面"①，所以，非物质文化遗产的保护在新农村建设过程中任重道远。

1. 保护与建设的思路

宁夏文化遗产遗存，除已列入国家重点文物保护单位者外，可圈可点的古文化遗产种类多，遗存丰富。古窑洞，是远古人类文明的象征，更是黄土高原古代先民居住的重要形式。在外国人的眼里，窑洞是一种神奇的文化现象。同样是土窑洞，宁夏南部的窑洞与陕北又不同，尤其是其外形装饰。现在，窑洞仍是宁夏南部不少农家的居住样式。近年，随着退耕还林政策的实施，政府实施移民计划，一部分农民已分期分批迁入川区，但迁走后成片成片的古窑洞应该保存下来。数年前，著名学者厉以宁先生在固原就讲过，窑洞就是旅游资源。其实，这还是从文化遗产的角度看的。分布在固原市隆德县境的左公柳，已经是凤毛麟角了。黄河文化，是大自然造就的宁夏历史悠久的文化现象，黄河古渡遗址是应该很好地调查和保护的。革命标语、书画、碑刻家谱、堂匾等，也是文化遗产的重要组成部分，红军西征时留在宁夏境内的不少标语，还在向后人讲述着那段战火连年的岁月；宁夏黄河平原灌区，应该是有很多桥梁的，清代的地方志书里就记载了不少，现在，还有多少？按照法国人的算法，五十年以上都是遗产了。

---

① 李静、王学思：《冯骥才：为理想努力的过程是快乐的》，载《中国文化报》2012年9月28日。

以上提及的这些不同时代不同地区的文化遗产，基本都在农村，尤其是非物质文化遗产。在农村，就与当代意义上的新农村建设关系密切。这就要求在新农村建设过程中，科学设计，合理规划，保护这些文化遗产。同时，要注意保护古村古镇的历史风貌和农村风情，使得村庄的布局，无论是建筑、道路、河道、地形、地貌等，都应体现和谐的特点，但又不强求一律。

## 2. 应加强文物保护

在学者们的文化视野中，农村小城镇历史文化遗存是中华民族五千年文明的根基和缩影；广大农村的古村和古镇，曾是中华民族国家的基础，也是我国悠久历史文化发展的根脉。

历史文化遗产是我们祖先创造的精神文明和物质文明的总和，是历史发展的见证。文化遗产自身承载着厚重的历史和文化，又为我们提供了强大的凝聚力。因为，历史是根，文化是灵魂。因此，在建设社会产主义新农村的过程中，要将新农村建设与文物、文化遗产保护紧密衔接起来，才能在社会主义新农村建设中，既保护好文化遗产，又美化了我们的家园。体现天人合一，人与自然的和谐统一，人与未来社会主义新农村的和谐发展理念；保护好文化遗产，守住精神家园，体现的才是社会主义新农村的精神风貌。不要把"新"与"旧"对立起来，要让人们明白文化古建筑所承载的历史信息和文化内涵，是新建成的小洋房不能、也无法取代的。中华民族的文化根基在农村，在一座座村庄、集镇和田野中，它们承载的是各具特色的乡土建筑、民情风俗、手艺技能和文物古迹等。据统计，在我国政府公布的近七万处各级文物保护单位中，约有半数在农村。因此，保护农村文化遗产是新农村建设过程中关系到我国文化安全的艰巨任务。

加强文化遗产保护的同时，政府和各地文物、文化遗产管理部门要大力宣传《中华人民共和国文物保护法》，使相关法律和法规家喻户晓，深入人心，使人们从心理深处认识到保护文化遗产就是在保护自己的家园，形成文化遗产保护人人有责的新的社会风尚。2011年2月25日，《中华人民共和国非物质文化遗产法》颁布，2011年6月1日正式实施，这对文化遗产的保护工作带来了前所未有的机遇，对于新农村建设过程中的遗产保护至关重要。现在各地文化管理部门对非遗项目保护已日渐重视，但不少地方还缺少整体保护意识，使一些在当地具有历史文化和科学保护价值的街区在乡村开发建设中毁去，一些年代久远的古村落也荡然无存；或者只关注街区的经济功能和表面形态，而忽视了街区和乡村传统的生活习俗，居民迁出去了，传统街区村镇的原生态环境就破坏了，街区村镇徒有其形，而失去了灵魂。因此，《非遗法》中要求避免误区，避免村镇街区遗产保护过程中的碎片化。这样，才能使得文化遗产资源优势转化为推动社会经济发展的动力，也才能促进新农村文化建设的和谐发展。

**3. 未成年人教育是新农村建设过程中的重要内容**

改革开放以来，虽然我国农业生产和农村经济取得了巨大发展，但农村文化建设却相对滞后，加之近十年间农村劳动力的持续转移和农村人口的流动，农村文化气息和环境日渐萧条，使得农村文化建设已经面临着前所未有的艰难与困境。出现的新问题是，许多农村的未成年人因为父母外出打工而由爷爷奶奶照顾。爷爷奶奶既要耕种庄稼，又要照料孙子，很少能有时间来沟通，也无法沟通。乡村学校亦日渐萎缩，师资力量极其薄弱。生存在这个环境中的未成年人，精神空虚，学习文化知识的途径缺失。宁夏南部山区近年劳动力大量持续转移，包括一些成家不久、孩子很小的年轻夫妇，也都成了劳务输出大军中的一员。而在劳动力转移越多的地方，这个问题越是显得突出。为了改进和加强农村未成年人的思想道德建设，2005年12月，中办、国办出台了《关于进一步加强农村文化建设的意见》，对发展建设社会主义新农村做出了全面部署，其中也包括对新农村未成年人思想道德建设工作的部署。

另一方面，民间民俗和乡土风俗是传统文化教育的主要内容，尤其是极富民族特色的节日习俗，是青年和未成年人了解本民族和乡土文化知识的重要窗口。而实际上，现在的孩子对本民族的传统节日知之甚少，存在"西化"的现象。无论如何，一个民族不管曾经创造过多么灿烂的文化，如果不被后人所珍视和承传，这无疑是一种悲哀。从2006年起，我国有了一个新的日子——国家文化遗产日，它将为未成年人开阔新的视野，让他们逐渐对传统文化有更深入的了解，从小树立民族自豪感和自信心。

**4. 村落文化景观的保护功能与新农村建设**

全球化浪潮的影响下，中国城市化的发展进程也在以前所未有的速度推进。同时，中国乡村的发展模式和文化也受到外来文化的巨大冲击，尤其是在新一轮新农村建设与城镇化热潮中，如何解决好古村落的发展和保护问题，是我们必须认真对待的现实问题。

近年来，农村的生产关系和经济规模的不断变化，人们的生活观念和方式也在发生着变化，传统村落建筑及民居建筑形式、民情风俗也在发生着深刻的变化。以南部固原为例，村落的布局与民居建筑形式很多已经不是传统的建筑样式了。延续了数千年的窑洞建筑，在一些地方同样淡去；干打垒式的传统院墙也逐渐在消失。中国五千年的历史就是一部农业文明史，至今农业人口仍占全国人口的70%。所以村落文化景观在中国文化遗产中占有重要的位置，但是在城市化的进程中，它却面临着巨大的危机。从本质上说，村落文化的变迁是来自于人的变化，人又是时代的产物，文化的产生与消失都与人直接相关。那么，如何使传统风格的村落文化景观在时代的进程中不至于彻底消失，这就要首先考虑生活在其中的主体——古村落居民，因为他们是本区域发展的根本动力。所以，古村落文化景观的保护，必须在既保护古村落，又满足老百姓追求现代生活的前提下，考虑与之相配套、相互协调的建筑或改造方案，否则，古宅子、古村落是难以保住的。

### 5. 文化遗产存的保护与经济社会发展的"双赢"

新农村建设过程中文化遗产的保护，是一个问题的两个方面。一方面要着力保护，另一方面要在保护的基础上利用。著名古建筑专家罗哲文先生说："既要保护好，也要用好。一些古建筑修好不用，关起门来很快就毁坏了。"文化遗产的保护与经济社会发展的"双赢"，在三个方面值得我们考虑：一是可作为弘扬民族文化、增强民族凝聚力、培养爱国主义意识的实物例证和非物质文化。二是发展旅游业，旅游业不仅可以增加收入，还可以带动其他产业发展，乡村游可直接为农民带来经济效益，提高了农民生活水平。三是环境效益，很多小城镇地当青山绿水之间，自然与人文都在其中，保存这些小城镇，对当地的社会环境特别重要。所以，在新农村建设过程中，对待文化遗产要科学保护，合理利用。保护好了，利用好了，效益自在其中。

### 6. 城市文化与城市文化遗产

这里所说的城市，主要是指一般县级城市。我们虽然说的是新农村文化建设，但县级城市的文化遗产保护与农村乡镇有着不可分割的渊源关系，尤其是在城镇化过程中。因此，也将城市文化作为遗产保护内容的一部分纳入进来。

随着国家对文化遗产保护政策的出台，城市文化问题已成为各地必须着力研究的带有现实意义的问题。城市，是一个地方历史和文化的载体。一座城市能够延续和发展，她的一个重要功能就是包含着深刻的文化意义。宁夏城市文化内涵，依地域的不同而显现出他们各自的特点，遗留下来的是能代表各自历史经历的文化景观。现在，在城市化加速进程中如何发展城市文化，如何保护文化遗产，是我们无法回避的现实问题。

未来城市文化的发展应该多体现城市文化的内涵，不断丰富城市自身特有的文化内涵，即努力创新和发展属于城市自己的城市文化。正是在这个意义上看，近年银川城市建设注重打造湖城是有前瞻性战略眼光的举措。历史以来，银川平原就是湖泊纵横的天然景观，银川城市建筑就是湖泊相间的一颗明珠，古人眼里"七十二连湖"的记载再现的就是银川城市的地貌景观，这是属于银川城市独有的自己的文化景观。沿黄河带的灵武、吴忠、中卫、中宁和平罗等县，城市文化在体现黄河文明的同时，要注意体现城市文化积淀的体现。南部固原及各县是历史悠久的城镇，文化积淀丰厚，在体现其古老的同时，再现独特的地域文化特征，即能鲜明地表现在城市的一切物质与非物质文化形态方面。

近数十年的所谓"旧城改造"运动，已经决定性地改变了历史性城市的原有面貌，修建于明代万历年间的固原砖包城被毁，在宁夏、在西北、在全国恐怕都是典型，宁夏的其他城市也都有过这种经历。城市化的过程一定要注意不能使城市文化个性和独特性泯灭。美国城市建筑学家刘易斯·芒福德有句名言："城市是文化的容器"，那么城市文化遗产，无疑是这个容器中最沉甸甸的部分。文化没有了，城市的文化个性也就无处寻觅。所以，在城市化加速的进程中，城市文化成为其核心问题。有学者指出："全球化的浪潮将吞噬和同化许多富有地域特色的城市文化。城市将失去文化的独特性，从而丧失它最珍贵的'精神血液'。"[①]因此，宁夏城市文化的发展走向，应该紧紧抓住自己的"文脉"，同时，也涉及文化遗产保护的方方面面，这是一个问题的两个方面。

城市文化遗产在得到有效保护的同时，还要进行城市文化创新。博物馆，是守望精神家园的城市文化载体。从文化建筑景观说，博物馆是城市文化的支点，

---

① 段进、李志明、卢波：《论防范城市灾害的城市形态优化》，载《城市规划》2003 年第 7 期。

通常是这个城市的文化标志,正如卢浮宫之于巴黎,它滋润着城市文化,使未来城市生活更美好;从文化生命的意义上说,它是城市精神文化品格的见证,它以文化的生命滋润有生命的文化,它以文化的感悟"寻找回家的小路,寻找我的魂牵梦绕"。城市文化的未来,博物馆文化建设与展示至关重要。以宁夏博物馆、固原博物馆、回族博物馆为龙头,还有相继建成并投入使用的宁夏煤炭博物馆、水利博物馆、农业博物馆、贺兰山岩画博物馆、红军西征纪念馆、民间艺术博物馆、开城遗址博物馆、六盘山生态博物馆、须弥山石窟博物馆等,都彰显着厚重的地方文化;同时,也是城市和地方文化建设的创新。

## 非物质文化遗产与保护

2003 年 10 月,联合国教科文组织发布《保护非物质文化遗产公约》,认定非物质文化遗产是指那些人类在历史上创造并以活态方式原汁原味传承至今,具有重要价值的文学艺术类、工艺技术类与节日仪式类的传统文化事项。它的本质特征就在于其非物质性。此公约在保护的概念上有三层含义:一是整理档案,二是保存展示,三是传承弘扬。非物质文化遗产传承过程中有两个主体:一是传承主体,一是保护主体。前者是指直接参与传承的人,后者是指鼓励和扶持非物质文化遗产保护和传承的政府部门、学界、商界及媒体。《中华人民共和国非物质文化遗产法》于 2011 年 2 月 25 日颁布,当年 6 月 1 日正式实施。《非遗法》的颁布,既给非遗保护工作带来前所未有的机遇,也为我们的非遗保护提供了空前动力。《非遗法》开宗名义提出了立法目的,就是要"继承和弘扬中华民族优秀传统文化,促进社会主义精神文明建设,加强非物质文化遗产保护、保存工作"。具体来说,非物质文化遗产保护,应从以下几方面着手。

1. **构建科学有效的保护传承机制**

首先,认真开展非物质文化遗产普查工作,普查是保护的基础。在全面而系统普查的基础上,了解和掌握宁夏非物质文化遗产资源种类、数量、分布状况、生存环境和现状,进行真实、系统和全面的记录,摸清整个家底。其次,在普查的基础上建立非物质文化遗产名录体系,这一个环节非常关键。同时要陆续建立自治区、市、县(区)三级名录体系。这些工作都是在普查工作基础上进行的。第三，推动非物质文化遗产有效传承。保护非物质文化遗产，关键在于传承和利用。一是制定实施传承人命名制度和传承人资助计划。二是要创造机会，搭建平台，合理利用，尤其是推荐有浓郁地方特色的民族民间文化参与全国性的展示。三是发挥社会教育和学校教育作用，积极探索与高校联合办学等多种途径，培养非物质文化代表性传承人才。全国的部分高校都已经或成立学院或建立专业，开始了相关人才的培养。第四，加强传承人保护与传承机制的多元构建，重视建立以人为核心、科学有效的传承机制。

**2. 体现遗产保护宗旨**

第一，政府主导与民间组织相结合，充分发挥职能部门作用。国务院办公厅发布的《意见》确定了"政府主导，社会参与，明确职责，形成合力"的原则，"政府主导"放在工作原则的首位。因为实施非物质文化遗产保护工程是全民族的事业，仅凭个人和民间组织是无法完成的。非物质文化遗产的存在形式是分散的、民间性的，必须由各级政府来主导实施，提供强有力的支持。同时，保护和传承非物质文化遗产的对象或传承地在基层，在民间。因此，民间组织在其中发挥着直接重要的作用，民间组织既是文化遗产的保护者，又是直接传承者。政府主导与民间组织直接参与，是非物质文化遗产保护的重要环节。

非物质文化遗产保护，同样要贯彻"保护为主、抢救第一、合理利用、传承发展"的方针，最紧迫者莫过于带徒传艺，其形式可灵便多样。民间艺人大多在农村，传承发展有其特定的地理环境。有了充足的经费支持，地域意义上的非物质文化活动才能得以开展。同时，可根据本地的实际制定出切实可行的实施方案，把民族文化生态保护与保护传承非物质文化遗产结合起来；把乡村文化创新与保护传承非物质文化结合起来；把生态环境保护与非物质文化遗产结合起来。

第二，传承人是非物质文化保护的关键，薪火相传，重视传承人队伍建设。"随着全球化趋势的加强和现代化进程的加快，我国的文化生态发生了巨大变化，非物质文化遗产受到越来越大的冲击，一些依靠口授和行为传承的文化遗产正在不断消失，许多传统技艺濒临消亡。"[①]这些受到冲击和濒临消亡的非物质文化遗产要得到及时有效的保护，关键环节就是要有非物质文化绝技的依托和传承

---

① 国务院办公厅：《关于加强我国非物质文化遗产保护工作的意见》。

者——人。高尔基说过:"一个民间艺人的逝世,相当于一座小型博物馆的毁灭。"许多年里,在我们的漠视中,不仅失去了诸多手艺人,还带走了为我们所忽视的手艺。那些民间丰富的博物院正在我们的视野中慢慢地塌陷,其结果是人亡艺绝。这就关乎"继承人",即"传习人"的教育和培养。非物质文化遗产的一个本质特点是依附于个体的人、群体或特定区域和空间而存在的,是一种"活态"的存在形式,因此除了收集整理保存那些物质性的载体或通过记录等手段将其物质形态物化外,更重要的是通过传承、教育等手段使之在人、群体、区域或社会中得以现实延续和发展。①

当前,非物质文化遗产面临的主要问题是,必须摆正开发利用与抢救保护的关系。与物质文化一样,非物质文化资源同样是不可再生的。因此,必须把抢救保护放在首位,开发利用是为了更好的保护。要把它"活化",它的根在民间,在群众中,要培养传人,这才是最好的保护。传承人消失,原生态的非物质文化遗产就不复存在,非物质文化遗产的保护重点是传承人。但必须注意两点:一是不能只把传承技艺制成的工艺品作为标本放进博物馆,二是不能让传承人离开他生存或熟悉的原生环境闭门传艺,要营造更宽松、更原生态的生活环境,使其在"活态"的环境中传承。因此,政府每年要有专项资金投入非物质文化遗产保护工程,有些抢救性遗产,应有专项资金保护。应加强调研,实行分级保护。在这个前提下以人为本,实施保护手段。为传承非物质文化的领头人颁发政府津贴,授予民间艺术家的称号。这样,类似于回族冯琴花这样的刺绣家,有了艺术津贴之后,可一年四季倾心于她的回族刺绣。要积极抢救和整理相关的史料,如杨氏家族八代的雕塑传承和发展过程。

第三,将非物质文化遗产内容列入地方乡土教材,在中小学开设相关课程。要处理好保护与利用、继承与创新的关系。非物质文化遗产保护,是一项长期的历史性大工程,除当下应急措施外,在中小学、职业学校等开设区域性非物质文化遗产保护课程,这样能从小培养学生们对地方非物质文化遗产的了解和情感,增强民族认同感。这是传承地方非物质文化、培养非物质文化传人的重要途径。非物质文化遗产与物质文化遗产一样,反映了一个民族、族群和社区对自身特性

---

① 朱兵:《非物质文化遗产的概念、标准及保护实践》,载《中国文物报》2005年2月4日。

的认同和自豪感,是维护一个群体或民族文化认同的重要纽带。2005年3月,国务院办公厅印发的《关于加强我国非物质文化遗产保护工作的意见》,强调要充分发挥非物质文化遗产对广大未成年人进行传统文化教育和爱国主义教育的重要作用。的确,非物质文化遗产教育对于未成年人而言,已经是迫在眉睫的事了。

第四,在保护基础上实施有效开发,以开发促保护。非物质文化遗产诸如剪纸、绘画、泥塑、雕刻等,它们既是非物质文化,又是民间艺术品。民间艺术品可转化为商品,市场化的民间艺术品同样对传承和弘扬地方非物质文化具有积极的作用。比如刺绣、剪纸、雕塑、花灯、马社火等,都可成为民俗旅游开发的项目。由非物质文化产品转向市场的过程,就需要开发文化资源,就要培育新的保护文化遗产的机制。

第五,依托博物馆与图书馆。依托博物馆、图书馆举办各种文化遗产方面的讲座,利用群众艺术馆、文化馆进行民间艺术团体的培训辅导。同时,以举办博览会、地方民族艺术节、广场文化艺术节等形式为载体,集中宣传,扩大影响力。要充分利用大型节庆活动、传统节假日、文化遗产日等来展示和宣传,将各种节庆与人们的休闲娱乐结合起来,增强影响力。这里说的各种艺术节,是指诸如花儿艺术节、花灯艺术节、书画艺术节、枸杞文化艺术节、回族花儿艺术节、回族服饰艺术节、黄河文化艺术节、贺兰山岩画艺术节、红色旅游文化艺术节,等等。

建立民俗博物馆,或非物质文化遗产专题博物馆,或展示中心,妥善保存和展示与非物质文化遗产有关的实物、资料,保存古老文化记忆。宁夏省级博物馆有两座:宁夏博物馆和固原博物馆,以收藏考古发掘地下文物为主。县博物馆以西吉县博物馆古钱币、盐池县博物馆红色文化遗产最具特色,有一定的影响。专门的民俗博物馆有的已建成,有的正在筹建之中,面对非物质文化遗产保护高潮的到来,应辟出民俗博物馆以收藏类似于雕花家具、服饰、刺绣、挑花、剪纸、竹编等民间艺术品,包括民俗文物和民间艺术、民俗图片等。这些工艺品,都将成为宁夏民间文化的远古记忆。

第六,编辑出版相关展示宁夏文化遗产的书籍。一方面,可利用现代技术手段,将宁夏现有的"国保"、区级和县级300多处遗产保护项目的文字档案、资料及各类图片进行数据化处理。汇集整理成熟的,可通过国家出版基金或数字化项目支持予以出版。另一方面，加大对宁夏文化遗产学术研究的支持力度，鼓励学者们出版研究成果。

城镇老房子、民俗村落年代久远者，也在保护之列。云南纳西族女士杨一奔环游地球走了20个国家之后，《文汇读书周报》的记者采访她时问："环游地球一周后，你有什么感受？"杨一奔说："一个国家的建筑风格要是失去了本地、本民族的特色，这个城市就没有特点。布达佩斯市政府明文规定，门面建筑超过50年的一律不准拆除。在法国，有20年历史的或在国内国际事务中产生过影响的场所都被政府立了标记。"国外文化遗产方面的保护措施，对我们还是有重要的启示和参考价值的。

总之，要在保护的同时加强深入研究，将理论研究与保护措施有机结合起来。民族民间文化保护、传承和创新方面必须依赖于学术研究，学术研究的深入推进，是挖掘、传承、保护和创新的有效途径。同时，还要利用法律手段实施有效保护。国内外保护民族民间文化遗产的成功经验已经很多，这是保证民族民间文化遗产保护和传承的另一条根本措施。

### 3. 充分认识非物质文化遗产的价值

宁夏非物质文化遗产具有多元文化价值：一是历史价值。非物质文化遗产是在特定的历史环境和条件下生成的，是宁夏地域环境下历史人类族群生存状态、生活方式和思维方式外化的表现，是我们地域文化发展的命脉，是民族和历史的根和源，是历经沧桑岁月保存流传下来的历史记忆，是宁夏地方的文化传统和文化基因。它不仅浓缩了民族和地域特色，而且有很强的地域特征。它承载着过去，孕育着未来。二是文化价值。非物质文化遗产是宁夏不同群体或不同民族的文化积淀，反映了宁夏漫长的历史所形成的文化和传统，是人类文明的重要组成部分。它所代表的是鲜活的文化，是原生态的文化基因。三是精神价值。非物质文化遗产的最大特点是它不脱离地域民族特殊的生产生活方式，不脱离具体的民族历史和生存的社会环境，蕴含和传承的是地域民族或群体的文化基因、精神特质、经验或生存智慧，维系着民族或群体的文化血脉的延续。它有内在的生命动力、精神寄托，是当代民族文化复兴的文脉，更是人们的精神家园。四是审美价值。非物质文化遗产包含着丰富的内容，如表演艺术、口头文学、生活习俗、服饰礼仪、传统工艺等，它们是纯粹的艺术，或者包含着艺术和审美的成分。这些都是宁夏历史上不同时代、不同民族劳动和智慧的结晶，展示的是不同民族和群体的生活记忆、艺术创造力和审美情趣，具有极高的艺术价值和审美价值。此外，它还有教育价值、经济价值、政治价值、科学价值等。

对以上这些多元文化价值有清晰的认识，才能谈到有效保护。在保护形式上，静态保护与动态保护应该是地方非物质文化遗产的两种重要的保护模式。非物质文化遗产是一方水土孕育的文化遗产，它的文化特征只能存在于独特地域的人群之中。因此，对非物质文化遗产的保护应以所在地保护为主。增强群众对非物质文化遗产的保护意识，让更多的人认识和分享文化遗产蕴含的丰富价值，动员全社会关心、支持和参与非物质文化遗产保护工作，不断提高社会公众的参与意识，就显得尤其重要。

### 4. 动态管理，进一步完善传承人保护机制

一是借鉴国际规范修订现行分类体系；二是完善代表性传承人制度，量化传承活动的内容、方式和社会影响等标准，定期组织相关领域专家对传承人进行考核评定。遵循项目传承规律，项目与传承人"有出有进"。① 这样，才能真正实现科学评估与动态管理。

### 5. 传统技艺与精神血脉

2009年2月，持续半个月的"中国非物质文化遗产传统技艺大展系列活动"，观众对博大精深的传统技艺表现出极大热情与价值认同，使得"生产性方式保护"引起人们的高度关注。学者们提出"重振手工，激活民俗"的观点，正与"生产性方式保护"的途径是一致的。生产性方式保护，是指通过生产、流通、销售等方式，将非物质文化遗产及其资源转化为生产力或产品，产生经济效益，促进相关产业发展，使非物质文化遗产在生产实践中得到积极保护，形成一种良性互动。由于当代社会的快速发展，生活方式发生了巨变，许多植根于传统生活方式的手工艺因生存环境的改变而濒临灭绝，不少非物质文化遗产传统技艺因是全手工制作而费时费工，经济效益的获取与许多现代生产方式又无法相比，使得非物质文化遗产项目传承人面临后继无人的窘境。因此，要积极推行以生命的形式传承与保护非遗，如民间舞蹈、民间音乐、民间戏剧等。

---

① 王福州：《传承人保护与传承机制的多元建构》，载《光明日报》2012年10月16日。

相对于以物为载体的物质文化而言，非物质文化遗产是以人为载体，很多是通过掌握、擅长、精通某些非物质文化项目技能的民间艺人、能工巧匠的口传身授，才得以在漫长的历史过程中传承下来的。正因为人是载体，人的保护就显得十分重要。传承人，是非物质文化遗产的守护神。只有把他们保护好，才能保护传承人的艺术精神，而这些艺术精神必须体验并生活在原生态的语境中。美国一位人类学家说过："乡村音乐被描述为一种特殊的区域性的亚文化，它是一种特殊的地理和社会体验，即南部和中西部农村生活的那种特殊体验。最近，在将这种风格的音乐销售给全国受众的过程中，这种音乐已经不再与这个群体及其体验密切相关，失去了它本真的、质朴的性质。"传承人队伍和他传承的技艺就是这种关系，千万不能失真化、拼盘化、贵族化。这个问题处理好了，才能让他尽可能地将自己的绝活传给后人，贡献给社会，非物质文化遗产才能永续发展。

今天，在一部分传统手艺不断消失的同时，也有很多传统手工艺顽强地生存了下来。有些知识、技能和技艺是保存在民间艺术家的头脑中的，只有这些匠人、艺人、艺术家们在以不同的形式将它们复述、表演、制作出来时，人们才会感受到它的存在。手工艺人运用自己的智慧，根据生活的变化创造性地改变了传统手工艺的原有形态，并使它重新融入到当代生活。宁夏隆德县杨氏家族的"家庭泥塑"，平罗县杨达吾德的"泥哇呜"等都是典型例子。因此生产性方式保护理念的提出，为更好地保护和传承非物质文化遗产提供了新的思路，这是一种"以人为核心的活态传承"，"但一定要在传承传统的基础上进行"。"提出'生产性方式保护'，是期望通过与我们的实际生活、生产活动相关的生产性方式，以及非物质文化遗产传统技艺生产的产品，来认识非物质文化遗产的珍贵价值。"[①]国务院2005年提出的"保护为主，抢救第一，合理利用，传承发展"的非物质文化遗产保护工作的方针，其"合理利用"是前提，与"生产性方式的保护"是一致的。必须完整、准确、辩证地理解和贯彻"保护为主，抢救第一，合理利用，传承发展"的十六字方针。俗话说："护树要护根，保标要保本。"传承人是非物质文化遗产品税载体，保护好传承人，就保护好了根本。

---

① 谌强：《合理利用是传承发展的前提》，载《光明日报》2009年2月19日，第7版。

### 6. 挖掘地方文化遗产的市场资源

充分挖掘非物质文化的市场价值，把传统的文化瑰宝推向市场，并转化为相关的产品，形成文化产品效应，应该是非物质文化保护的一个突破口。要把固守与创新结合起来，有了资本，非物质文化遗产的传承和保护就成了"有源之水"。这就要在最大限度保持该文化遗产本来面目的同时，适当融入时代因素，使古老的传统艺术在创新的起点上获得新的突破。这就有一个如何对待非物质文化遗产"原生态"的问题，我们在看待"原生态"对应着遗产保护中的"原真性"的同时，更要看到文化的动态本质。纯粹的"原真性"是不存在的，文化是不断变化的，文化遗产传承的正是传统文化在现代仍有价值的那部分。[①] 保护原有东西，没有创新自然就没有生命力。传承的目的是发展，不推陈出新，就无法满足当今人的审美需求，其存在的理由和价值认可度就会打折扣。大家看着好，才能传承。要"靠传承而进化，在传承中进化"，这应该是非物质文化遗产的发展规律。

### 7. 以现代生活方式整合传统资源

宁夏的非物质文化遗产，在保护利用的同时，要整合资源，要走农户、作坊式生产模式，将地域性的传统历史文化资源转换成文化商品和文化服务的现代生产。"生产性方式保护"理念的提出，实际上就是倡导对非物质文化遗产生产性方式的保护。在这个过程中，要注重以现代生活方式整合传承资源，创新产品。同时，积极打造区域品牌，如各类泥塑、剪纸、刺绣、泥捏等，实际上也是生产性方式保护。

### 8. 保护与传承的几个关系

保护非物质文化遗产是一个长期的任务，受保护的项目代表性传承人又生活在一个特殊的环境里。如何长期有效保护，应该处理好几个关系。

一是要以人为本，建立科学的非物质文化遗产传承和保护机制，加大技艺传承队伍建设。注重非物质文化的活态传承，切实为非物质文化遗产传承人开展学习活动创造条件，做好抢救与保护工作，建立好遗产保护和传承机制。二是要着眼于发展。主要体现在两个方面，一方面，要在保护好非物质文化的基础上采取

---

[①] 祁庆富：《少数民族文化遗产保护与旅游开发的冲突》，载《中国文化报》2009年6月12日，第3版。

措施，在传承的基础上发展；另一方面，要在促进经济社会发展中保护，在注重非物质文化遗产社会效益的同时，培育和形成以非物质文化遗产为主要内容的文化产业，实现文化资源向经济资源的转化。在加强文化资源发掘整理与保护的同时，积极做好盘活文化资源这篇大文章，实现资源保护与市场开发的良性循环。强调保护，并不是将文化遗产都保护到博物馆里去，而是要保护和利用好这些民族记忆的"活化石"，维系和延续其原本鲜活的生命。三是非物质文化的保护，要坚持统筹兼顾的原则。主要是指城乡和南北不同地域统筹兼顾，使山区川区的非遗保护相互促进，一体发展。

保护与传承、保护与开发、保护与创新，一般性保护与重点保护等几对关系，是非物质文化遗产保护与发展过程中的关键。同时，要有长远眼光，坚持"保护为主，抢救第一，合理利用，传承发展"的方针，避免破坏性开发事件的不断发生。在具体的保护过程中，要继续实施"政府主导，社会参与，明确责任，形成合力"的保护原则。

### 9. 传承人保护与责任和义务

非遗事业发展，人是首要因素。物质文化遗产有形可依，有据可查。非物质文化遗产的保护是活态的、流动的，而不是凝固的。"人在艺在，人死艺亡"就是这个道理，因此，传承人的保护是第一位的。同时，已进入国家级非物质文化遗产项目代表性传承人，也有传承责任，主要体现在六个方面：一是在不违反保密制度和知识产权的前提下，向省级文化行政部门提供项目操作程序、技术规范、材料要求、技术要领等非物质文化遗产资料；二是项目传承计划和目标任务，报文化行政部门备案；三是努力从事非物质文化遗产的生产、创作、提供高质量的非物质文化遗产作品及成果；四是认真开展传承工作，无保留地传承技艺，培养后继人才；五是积极参与展览、演示、教育、项目、交流等活动；六是向省级文化行政部门提交项目传承情况报告。[①] 这就在赋予传承人荣誉与待遇、受到社会尊敬的同时，也赋予项目传承人以具体的责任和义务，使其充满信心和自豪感，积极主动地投入到非物质文化遗产保护工作中去。民间艺人在国际上被称为"人类活珍宝"，非物质文化是依靠他们来传承和延续的。在保持非物质文化遗产原

---

① 参见刘文峰：《传承人是传统戏剧保护核心》，载《光明日报》2008年6月27日。

真性的基础上注入时代的活力，在创新中促进其传承。

### 10. 高校是"非遗"挖掘整理和研究传播的重要阵地

在守望中华民族精神家园的历史进程中，高等院校，是实施"非遗"保护的新生力量。目前，全国已有数十所高校设立了非物质文化保护的研究机构，很多高校将非物质文化遗产的内容列入教学当中。有专家预测，非物质文化遗产将来可能会成为一个专门学科。突出文化多样性、创作文化精品，高校要利用自身的社会服务特长，积极推进非物质文化遗产的创新升级。

宁夏非物质文化遗产资源丰富。在遗产资源普查的基础上，要整合各方研究资源，组织各类文化单位、科研机构、大专院校及专家学者，对宁夏的非物质文化资源保护的理论和实践问题进行深入研究。主旨在于将宁夏历史文化与非物质文化遗产研究结合起来，深入挖掘其中的历史、文化和科学价值，从新的视角丰富和深化对宁夏回族文化、地域文化特质的认识。保护是前提，研究是手段，利用是根本。要致力于研究，要在研究基础上不断创新，努力打造和形成宁夏特色文化，实现非物质文化价值的当代转换。同时，利用现代传媒，有计划地重点推出宁夏非物质文化遗产的研究成果，使其走向全国，走向世界。

### 11. 提高文化传承的"文化自觉"

以上就非物质文化保护说了不少，但文化保护最终的实施依靠的是文化承载者进行的文化活动和"文化自觉"，他们是实施文化传承的人，是保护的重要基础。费孝通先生提出的"文化自觉"观，其中一个重要内涵，就是指拥有和传承着一种文化的民族、社区或者个人，一定要对自己的文化有一种自觉的意识，能懂得自己文化的前天和昨天，能明白自己文化的意义和价值，自己爱护它，珍惜它，才能谈到保护它。如果没有这种文化的"自觉"，文化毁灭在自己手上了，可能还很难意识到。①

同时，文化自觉也是管理层面上的重要内容。从管理层面上看，文化自觉是保护"非遗"的关键。一是有效的组织部署，每一项工作都要抓紧，每一项工作都要体现其前瞻性。二是有力的保障措施，主要体现在三个方面，即制度保障、资金保障、组织机构队伍保障，要确保地方非物质文化遗产保护中心机构编制落到

---

① 参见杨福泉：《少数民族文化保护与传承新论》，载《云南社会科学》2008年第6期。

实处，人员落到实处。

## 非物质文化的知识产权保护

非物质文化遗产的产权保护，已引起了我国的高度重视。前两年韩国以端午节申报世界文化遗产，乌苏里船歌引起的争议，美国好莱坞以中国的"木兰从军"拍成的商业大片等各种非物质文化遗产知识产权保护等问题，都是典型的例子。2008年6月，国务院发布了《国家知识产权战略纲要》，明确提出我国地理标志、传统知识、遗产资源和民间文艺的保护问题。《中华人民共和国非物质文化保护法》，更是突出了对非物质文化遗产的非物质遗产持有人和传承人正当权益的保护。这就要用知识产权法律及制度来保护非物质文化遗产的来源地、消费地、非物质文化遗产的持有人、传承人和使用者的利益。要真正实现对非物质文化遗产全面保护，现实的选择应当是行政保护与民事保护双管齐下，两者缺一不可。[①]这种思路，应该是当前"非遗"保护的前瞻性做法。

我们这里所说的非物质文化遗产知识产权保护，是在国家非物质文化遗产保护的背景下，地方非物质文化遗产知识产权的保护也要逐渐走上轨道。随着非物质文化遗产保护的不断推进，不但要树立遗产知识产权的保护意识，非物质文化遗产的地理标志、传统知识、遗产资源和民间文艺等宁夏地域意义上的遗产知识产权保护也要能跟进。

非物质文化遗产之于人类社会，相当于珍稀物种之于自然界，体现了文化的多样性和一个民族、一个地域的文化个性。宁夏文化遗产就是这方面的集中体现。同时，要充分认识非物质文化它是一种活态文化，它不是主流文化以外的存在，它是中华文明传统的活态表现。只有站在这个高度认识非物质文化遗产的价值，才能认识到非物质文化遗产保护的巨大意义。

在文化遗产保护理念上，我们应该有历史与责任眼光，不能顾此失彼，凡文化遗产都要一样对待。法国国家遗产学院院长热奈维耶·加罗做客中央美术学院时说："遗产保护和现代化可以并行。"他表示，不论是人们觉得非常重大的、壮

---

① 冯晓晴、谢蓉：《非物质文化遗产应如何保护知识产权》，载《光明日报》2009年11月27日。

观的文化遗产,还是一些比较小、看上去不重要的东西,都是需要保护的。文物和文化遗产具有多样性,不能人为地给它们分级别,只保护那些觉得重要的。"过去留下的痕迹都需要保护,这样说并不是反对现代化,并不意味着往回倒退。我们坚信现代化必须立足于过去,立足于文化遗产。作为历史的传人,我们的责任之一就是把过去的东西很好地传承到下一代。"[1]从文化遗产保护的理念及文化遗产保护与现代化的关系看,热奈维耶·加罗的观点对我们目前实施的文化遗产保护工作极具启示意义。无论遗产管理部门,还是最基层民众对文化遗产保护的理念,如果都能够上升到这个层面,我们的文化遗产保护工作就一定大有成效,就会对子孙后代有一个交代。

从世界文化多样性的意义上看非物质文化遗产的保护,同样有着重大意义。非物质文化遗产与物质文化遗产一样,反映了一个民族、族群、社区和国家对自身特性的认同和自豪感以及被世界认同的程度,它是维系一个群体或民族文化认同的重要纽带。正是从这个意义上,保护非物质文化遗产将有助于维护全球文化的多样性,增强我国非物质文化遗产在全球化过程中的竞争力,对尊重不同文化价值观,加强不同文化之间的交流和对话,促进文化多样性和多元化发展具有重要意义。保护非物质文化的本意,是在保护我们文化的多样性,使我们的社会更具创造力,使得世界的发展更有活力,孙家正曾经指出:"断层和失根的文化可能使我们游荡的灵魂难以找到精神的家园","我们的祖先远比我们更有创造力"。[2] 我们的非物质文化保护事业,实质就是要延续我们祖先的创造力。同时,我们要正确处理好非物质文化遗产保护与发展、开发与利用的关系,也是我们实践科学发展观的重要途径之一。在这个过程中,宁夏非遗产权保护必须跟上。

---

[1] 黎琼:《遗产保护和现代化可以并行》,载《中国文化报》2007年11月11日。
[2] http://www.zaobhao.com/special/newspapers/2005/7/lwothersO50729a.ht.

# 三、建立六盘山文化生态保护区

## 生态环境保护

非物质文化遗产，是人类劳动与智慧的结晶，也是人类在漫长的历史发展过程中世代传承的文化瑰宝。随着经济全球化趋势和现代化进程的加快，包括城镇化的推进，文化生态环境正在发生变化。宁夏的花儿、剪纸、刺绣等非物质文化，应该关注生态环境的整体保护，尤其是花儿。花儿的生成与发展过程，与自己特有的生存环境密切相关；花儿的传承，要与它的生态文化环境融为一体。正是在这个意义上，应建立区级、地市级生态保护区，尤其应申报大六盘山区为国家级生态保护区，形成保护传承体系。

### 建立六盘山文化生态保护圈

文化生态保护区建设，在某种程度上与地域民俗圈是一致的。非物质文化遗产传承，并非当代意义上行政建制区划的管辖范围，它"受制于地域民俗圈的影响和制约……指的是具有相同民俗类型和展演特色的文化空间范围。它与特定生态环境的地域连在一起，构成地域民俗圈"①。因此，建立六盘山文化生态保护区，应该是真正大六盘山文化生态保护区，是超出地域范畴的，是一个可供表演和展示的相对独立而固定的大舞台。六盘山文化生态保护区，具体表现在：

一是以同源性为依据，界定整体区域。如六盘山花儿、泥塑、刺绣等。二是以编制规划为先导，制定具有科学性、前瞻性、系统性非物质文化遗产生态区保护规划。三是以传承人为保护核心，促进活态传承。《非遗法》里的重要内容之一，就是尊重生命主体。尊重生命主体就是尊重传承人、服务传承人。非遗保护是以人为保护主体的，要靠人去传承，对于传承人及其技艺保护，是非遗保护的

---

① 陈建勤：《共同的文化记忆和历史遗产——关注地域民俗圈非遗项目的联动综合保护》，载《中国文化报》2013年1月28日。

核心。技艺因人而存在，传承人是活态传承和动态传承的关键。无论采取何种形式，都应围绕着传承人并落实到传承人的保护上。尽力做好家族式、师徒式、社会式传承。四是对六盘山区域内原住居民生活方式的保护。宁夏实施移民移出战略，移民地主要在六盘山区。总之，必须整体性、活态性、可持续性三位一体。

《非遗法》第二十六条强调，对非物质文化代表性项目集中、特色显明、形式和内涵保持完整的特定区域，当地文化主管部门可以制定专项保护规划，报经本级人民政府批准后，实行区域性整体保护。文化生态保护应当遵循"预防为主，优先保护""生态保护与生态建设并举"的原则，以保持原始的自然状态。从非遗项目保护转向文化生态的整体性保护，这是非遗保护的方向，也是非遗保护的发展趋势。从这些意义上，建立六盘山生态保护区，将非遗项目的保护转向和依托在六盘山文化生态区整体保护上，才能真正体现非遗项目的保护与传承。非遗文化原生地的传播与传承，才能体现真正意义上的整体性、活态化、原生态模式的传承。

**传承方式的多样性选择**

按照传承方式，非遗传承体现的是民间性特点，主要是在父子或家族中传承。现在，传承方式发生了变化，在体现非物质文化传承民间性的同时，实际上是家族、社会来承传，花儿、刺绣、剪纸等都是这样。因此，在传承方式上应该体现多样性，才能有效更好地传承。

第一，民间性传承至关重要。非物质文化遗产生成的根在民间，泥塑也好，马社火也罢，都是民众自发创造与传承的结果。其传承的内在动力在民间，不存在人为的约束或法律的限制。非遗的生命力极强，社会变革虽然在不断地改变着非遗的生态环境，但非遗文化自身依托于民间而凝聚的那种顽强的力量，会维护和传承这种文化现象。"这就要相信和依赖民众的力量，相信非遗自身的生命力，看重和保持民间自然形成的传承方式。"

第二，社会性传承是未来的方向。社会性传承，是相对于民间性传承来说的。社会性传承，是社会发展的必然结果，它是在家族传承的传统方式基础上的衍生，范围更广，影响力更大，是未来非遗传承的主渠道和方向。社会性传承体现在当代，其传承的平台和渠道主要是在学校。学校这个大舞台，涉及面宽，不仅体现在非遗内容的知识性、形式的艺术性方面,而且体现在价值与精神层面,其理念与内容和形式,宏观上与教育的目标是一致的。实际上,社会性传承把民间性内容与社会性的形式有机融在了一起。这方面,宁夏相关部门已走在了前头。

第三,发展性传承预示着创新。任何事物的发展过程,总有新的成分进来,总有旧的内容淘汰,非物质文化遗产的传承和发展,同样要面对这个问题。它必须是活的遗产,被个人或群体创造、延续、再创造并得到保护,而不是存活在档案馆或博物馆。因此,"变"是规律,"变"是客观存在。以花儿为例,它不变或渐变的是牌子曲调,不断演进和嬗变的却是内容,这与社会的发展和变革是一体的。在宁夏,无论是花儿、刺绣,还是剪纸、泥塑等,都应该在传统的基础上不拘泥于传统技法,要在传统基础上注入时代元素。所以,应该用发展的眼光审视和评价非物质文化遗产的传承和发展。所谓的纯而又纯的"原生态"是不能固守,也固守不了的。非物质文化发展性传承,就是在这个意义上说的。坚持发展性传承,"就是在保持其基因和文化生态的同时,树立发展性思维,注重非物质文化的兼收并蓄和开放包容,适时地创新,在发展中传承"①。这样,非遗的传承与发展就有生命力。

同时,应该看到,不同类型的非遗项目,其保护与传承的方式也不一样,不是所有的非遗都可以开展生产性保护。按照非遗自身特征和产业规律,传统技艺和传统美术类最易形成文化产品,也最适宜于生产性保护。从这个意义上,宁夏目前可以进行生产性保护的有两项:贺兰砚、泥哇呜。只有在生产实践中,它们的工艺流程、核心技艺等才能实现保护,才能得到传承和弘扬。在保护与传承的过程中,仍有一个创新的问题。生产性非遗创新的因素主要体现在:一是要适当引入现代理念,二是要兼顾当代人的审美意识,将传统与现代兼顾起来。这样,产品才能有市场,尤其是能赢得年轻人的喜欢。

第四,数字性传承提供了活态记录。社会的发展,多媒体技术的运用,为非物质文化遗产的静态保存提供了可能。非物质文化遗产的活态性,再现了其多源性特点。多媒体技术的运用,适应了非遗活态性特点。目前,一些非物质文化遗产在不断失传和消亡,传承人大多都年事已高,又乏人传承,他们的绝活与绝技

---

① 杜云生:《注重非遗传承的多样性选择》,载《中国文化报》,2010年11月16日。

需要通过数字化的手段加以记录和保存。因此，通过文字、图片、录音、录像手段，对非遗传承人的各种表演与表现形式、各种文字脚本、各种工艺制作流程等做全方位的记录、编目，建成系统的文字与音像资料库，以备研究和传承。

这项工作非常紧迫。宁夏的传承人，如我数年前采访过的国家级花儿传承人马生林、皮影戏传承人张进绪都先后故去。国家级花儿传承人张明星，手头有大量的唱词，包括已整理的脚本，都急需处理。这些，都需要政府发挥的主导作用，包括政策保障和法律保护，来培育传承机制，培养后继传人。

## 整体性保护：建立六盘山文化生态保护区

### 地域民俗圈

非遗的整体性保护，经历了一个发展过程——抢救性保护到生产性保护，再到整体性保护，这是根据非物质文化遗产自身规律、特性和生存状况，研究、探索和总结而得出的保护方式；非物质文化遗产的不可再生性和脆弱性，决定了将抢救性保护放在第一位；非物质文化遗产与人民大众生产生活息息相关，决定了要尽能运用生产性保护等积极保护的方式；非物质文化遗产和其生存的自然、文化生态紧密相连，决定了应形成立体、系统、整体的保护环境。① 六盘山，是山名，也是一种地域概念。六盘山覆盖了宁夏中南部地区，除固原地区外，隶属于吴忠市的同心县、中卫市的海原县，都属于这个大文化圈。历史上，这个地域就同属于关中秦文化的亚文化圈覆盖的空间。在这个文化生态圈的保护与传承，有着相同的文化背景，共同的民俗经历。因此，能建立六盘山文化生态区，整体保护和传承非物质文化意义重大。

文化生态保护区，是"指在一个划定的自然和文化生态环境区域内，为达到保护目标而指定或实行管制和管理的地区，有自然遗产'整体生态环境'；有形的物质文化遗产如古建筑、历史街区、乡镇、传统民居、历史古遗迹等和无形的非物质文化遗产如口头传统、传统表演艺术、民俗活动、礼仪、节庆、传统手工技艺等相依相存，并与人们的生产生活密切相关，和谐相处"。地理意义上的六盘

---

① 杜洁芳：《2011，非遗保护走上法制轨道》，载《中国文化报》，2012年1月13日。

山，就是这样一处文化生态保护区。

## 六盘山文化生态区保护什么

一是物质文化遗产。六盘山中枢区，是国家森林公园，山水森林一体，是一处完整的自然遗产。西吉县火石寨国家地质公园，是六盘山腹地又一处相对完整的喀斯特地貌自然遗产景观。依托在这个范围较大的六盘山地区境内，有形的物质文化遗产较多，如果从古丝绸之路文化意义上说，有固原古城、须弥山石窟、开城安西王府、同心清真大寺、海原天都山石窟、彭阳县的璎珞宝塔、泾源县百年前的老房子、红色文化建筑，等等，其中的须弥山石窟、开城安西王府遗址、同心清真大寺，都是国家公布的重点文物保护单位。

二是非物质文化遗产。非物质文化遗产，在六盘山地区遗存种类多，亦相对集中。如花儿、刺绣、剪纸、泥塑、马社火、须弥山庙会、东岳山庙会、同心莲花山水会，等等。对于非物质文化的理解，应该辨析其中的文化内涵。2007年6月9日第二个"文化遗产日"，温家宝总理曾讲过："非物质文化遗产也有物质性，要把非物质文化遗的非物质性和物质性结合在一起。物质性就是文象，非物质性就是文脉。……人之文明，无文象不生，无文脉不传。无文象无体，无文脉无魂。"非物质文化中的物质性与非物质性的关系，说得形象而明白。

六盘山文化生态保护区，是物质文化遗产与非物质文化遗相对集中的地区。六盘山文化生态区建立的目的，一是保护，二是传承，终及目的是传承。建立六盘山文化生态保护区，一方面要处理好物质文化与非物质文化的关系，突出非物质文化，另一方面，要清楚非物质文化的生成，是形成并存续于物质文化遗产范围这个空间之内的。换句话说，就是非物质文化遗产不能脱离物质文化遗产这个生存的地域空间，否则非物质文化就失去了灵魂。

首先，建立六盘山文化生态保护区，要处理好文化生态保护与自然生态保护的关系，整体保护与重点保护相结合，保持和维护好自然与文化生态的完整性。① 在以非物质文化遗产为重点保护对象的同时，还要以自然生态环境与人文生态环境保护并举，实际上是一种全方位的保护。非物质文化遗产和其生存的自然生

---

① 卞利：《探索建设文化生态补偿机制》，载《中国文化报》，2011年1月11日。

态、文化生态紧密相关，这就要求我们必须形成整体的保护环境。整体性保护，也是遵循非物质文化遗产保护与传承、发展规律的科学的重要措施和保护方式。正是从这个意义上，没有良好的生态环境，就意味着失去了文化保护区生存的物质基础。

其次，激发保护区内民众和社会参与的积极性。因为，无论是非物质文化遗产还是文化生态保护区的保护，主体都是民众，民众是保护的关键。这样，保护区文化多样性和丰富性才能得以保护，让非遗在适宜其生存的环境中得以保存和传承，非物质文化遗产的原真性与活态化，才能在保护的同时得以传承。

第三，保护与利用相结合。在保护的前提下合理利用，利用的过程中坚持保护优先的原则，利用与开发服从于保护。

第四，六盘山文化生态区，旅游资源丰富，目前已形成规模。可利用这里物质文化与非物质文化相对密集的优势，规划建成非物质文化遗产综合展示传习中心，会更有利于非遗功能的发挥，包括旅游产品的销售。

第五，根据工艺特点和传承模式，对保护利用的空间布局提出不同要求。比如草编一类，生产环节分散在农户家，合作社主要负责统一管理，统一标志，统一销售。因此，可以考虑采用"合作组织+农户"模式经营。

政府对于文化遗产保护的主导作用，有两个显著特点：首先，政府是一个对全体社会成员具有普遍性的组织。第二，政府拥有其他经济组织所不具备的强制力。因此，政府能对文化遗产的保护实施全面有效的管理。[①]

《非物质文化遗产法》对各级政府、部门在非物质文化遗产保护、保存工作上的职责做了明确的规定，要求各级政府与有关部门要认真履行非物质遗产法所赋予的职责。六盘山文化生态保护区如果得以建立，它的保护不仅是文化生态区，而是涉及国土、资源环境、林业、城乡规划、旅游等多个部门的配合。尤其是涉及跨区（吴忠市、中卫市）的问题，这样才能共同来完成六盘山文化生态区的建设。

目前，总的保护原则是"保护为主，抢救第一，合理利用，传承发展"。在这个过程中，必须明确几层重要意义：一是非物质文化遗产对民族文化认同的重要

---

① 酈醾：《文化遗产保护的政府主导性问题》，载《中国文物报》2010年1月22日。

意义；二是非物质文化遗产体现着文化的多样性，文明的多样性特征；三是非物质文化遗产是活态的；四是非物质文化遗产与人民群众生产生活实践关系密切。实际上，这就是文化生态区保护与承载的价值和意义。

随着国家对非遗工作的管理和逐步规范，一方面，《非遗法》的出台，不仅体现了党和国家对文化建设的高度重视，而且体现了我国履行国际公约义务的重要步骤，尤其是为我国的非遗保护工作提供了坚实的法律保障。宁夏也出台了非遗保护的地方性法规。一方面，对已进入国家非遗层面的代表性项目加大监督力度。2011年9月，文化部印发了《关于加强国家级非物质文化遗产代表性项目保护管理工作的通知》，明确提出建立国家级代表性项目保护工作的定期报告、督查、奖惩和退出机制。对确实不再符合国家名录标准、没有资格继续列入国家级名录的予以除名，并追究相关责任。从荣誉与责任两方面都做了明确规定，这有利于非物质文化遗产的有效保护和有力的推进。

传承人是非遗的活宝库，政府每年都要给予一定的补助。但代表性传承人要承担一定的责任和义务，比如如何传承，达到什么目标。在广东，传承人与非遗保护部门已立有"军令状"，否则就不能资助。退出机制，是对传承人动态管理的一种有效方式。如果传承人年龄大了，或因其他原因不能从事传习活动了，那就要退出让贤。代表性传承人，也不是终身制。这种以"检查、督促、奖励和退出"为主要特点的动态管理模式，既符合非物质文化遗产法的基本精神，也符合非物质文化遗产"活体性"和"传承性"的保护原则。这样的机制，深层还是为了非遗的有效传承。具体来说，通过对代表性传承人的认定与命名，为其提供必要的传承场所，资助开展各种传承交流活动，要真真切切地加强对传承人的服务和管理。

**非遗保护与传承强化**

开展非物质文化遗保护工作以来，宁夏文化厅抓住历史机遇，加强抢救保护，推进传承发展。总体上，是建立保护目标，健全保护机制，拓展保护载体，强化传承弘扬，非遗保护取得了显著成效。

第一，非遗保护工作取得的成果。具体表现在，一是名录体系进一步健全，国家、省、市、县四级非遗名录在案，抢救性保护力度不断加大。二是保护载体进一步拓展，保护得以深化。三是传承机制进一步加强，活态传承得以推进。四是宣传展示带来成果共享。五是社会力量参与非遗保护，社会共识得以凝聚。

第二，非遗保护事业的新跨越。党的十七届六中全会，为继续深入抓好和推进非遗工作指明了方向，提出了明确要求。宁夏的非遗保护应该在已取得成果的基础上，努力往前推进。

一是名录项目的科学管理和研究要切实推进，诸如保护措施、保护方案、传承基地、完备的档案等，依照"一项一策，分类保护"的原则，首先要加强对国家级非遗项目的研究、传承和利用，落实保护措施。对六盘山文化生态区，对已设定的非遗传承基地(点)等相关非遗保护载体，要在研究和传承的基础上给予重点保护。要将非物质文化遗产融入社会、融入民众、融入生活，与当地经济社会发展衔接在一起。传承基地或相应的传承平台，都是代表性传承人所期待的。目前，最为紧迫的事，就是传承人的培养。

二是"活态传承"。广东梅州，是客家文化的主要发源地和传播地之一，梅州客家文化生态保护实验区建设规划中明确提出："保护为主，活态传承，合理利用，重视发展。"这种提法实际上把非物质文化遗产的相关内容和发展模式都囊括进去了，只是分类对待的问题。这种提法与做法，六盘山文化生态区也是可以借鉴的。《非遗法》第三十七条规定："在有效保护的基础上，合理利用非物质文化遗产代表性项目开发具有地方、民族特色和市场潜力的文化产品和文化服务。"宁夏非遗生产性保护项目传承人及其环境保护的前提下，科学发展文化旅游产业，以促进地方经济兴盛和社会和谐。在"活态传承"的过程中，依《非遗法》进行生产性开发，以实现民族传统、地方特色和时代精神的有机结合。

三是非遗成果展示传播要及时跟进。目前，宁夏非遗成果的宣传和展示，还远未能融入社会和民众之中。要利用传统节日、文化节庆活动，展示非物质文化遗产的已有成果，尤其是一些技艺性的展示和演出，让民众共享非遗成果，并以此提高非遗文化的影响力。在这方面，宁夏非物质文化遗产保护中心与宁夏大学音乐学院共同举办的"花儿演唱会"，就是很好的宣传和展示。

四是科研成果的编撰与非遗保护工作的推进。宁夏非物质文化遗产积淀深厚，经过近几年挖掘整理和研究，基本搞清了家底。在这个基础上，要考虑已有成果的梳理和撰写工作，以普及性的读物奉献给社会，以发挥其存史、咨政和育人的作用。编撰乡土教材，不但有益于非物质文化遗产进校园、进课堂，而且是爱国、爱家园的好方法。宁夏教育厅、文化厅联合制定下发了《宁夏非物质文化遗产教育传承计划实施纲要》，宁夏花儿已唱进校园。另外，要做好非遗研究课题的推进。

五是切实推进县级非遗保护。从体制上讲，县级是承上启下的一级实体，县域非遗保护做得如何，就至关重要。实际上，与非遗相关的重要内容都在县一级，是具体承载者，诸如传承人、传承基地、文化生态区等，至为关键。因此，应切实推进县域非物质文化遗产保护。具体来说，对于非遗资源丰富的县域，一是要进一步编制和设计好非遗规划。二是要看准有竞争力的项目，能展示优秀的民俗文化，体现独特文化魅力。这就要着力培育，增强其影响力，终极目的是形成品牌。三是着力推进六盘山文化生态区的保护。四是积极推进非遗文化与旅游的结合，推进旅游与文化产业发展的结合。五是馆舍建设。近年，宁夏已相继建立与非遗展示相关的展示馆，有的是专馆，有的是综合馆，综合馆里就有非遗展示的内容。六是县域非遗有其地域性，各自要探索适宜于当地非遗文化保护和发展的路径。①

**全面构建非遗保护传承体系**

生态文化保护区的建立，必须建立保护传承体系。总体思路应该是：第一，项目、传承人与传承基地三位一体。这种模式，才能将项目、传承人与传承保护基地有机关联在一起，成为一个整体传承体系，有人称之为"捆绑式"模式。第二，生产性保护。这主要指有一定社会需求的非物质文化遗产项目，如泥哇呜、剪纸、刺绣、泥塑等。第三，六盘山文化生态保护区的整体推进，使其整体性、活态化、可持续性三性一体推进。

---

① 参见喆吉：《非遗保护的浙江行动》，载《中国文化报》2011年12月8日。

# 后 记

2004年，我申报的全国哲学社会科学基金课题"宁夏文化遗产保护与开发研究"获准立项(西部项目)，2011年评审结项。按课题设计要求三年完成，实际完成时间拖延了数年。如果要寻找一点客观原因的话，那就是中间穿插了《宁夏历史文化地理》书稿的修改与出版，期间花去了不少时间。实际上，未能按时完成课题结项，是一件非常歉意的事。

宁夏文化遗产，包括物质的和非物质的两大部分。课题立项后，先后对物质文化遗产进行实地考察，将典籍记载与地面文化遗存相互对接，背景就会清晰起来，理解得也会深刻一些。宁夏地域特殊，历史传承悠久，文化遗存丰富，黄河文化、丝路文化、长城文化、西夏文化、回族文化、红色文化等，都留下了在全国有一定影响力的文化遗存，包括承载着遗产文化的故事。非物质文化遗产部分，凡进入国家级非物质文化遗产代表性项目的传承人，我都先后做过访问，包括部分区级非遗传承人。采访的过程中，会欣赏到他们的作品及其精湛的制作工艺，如泥塑、剪纸等；也能欣赏到他们精彩绝伦的技艺表演，如花儿、口弦等，传承的是"一种艺术精神"。艺术品与艺术精神，都会让你钦佩和感动。

课题完成的过程中，凡陆续公布的国家重点文物保护单位和国家级非物质文化遗产代表性项目传承人，都尽可能纳入其中。在内容表述方面，物质文化遗产部分，有一些遗产地年代久远，地面仅存遗址，这部分遗产的文字内容记述和描写相对简单；大部分遗产保存相对完好，生命力仍在，文字表述细腻且量大，看上去有不平衡之嫌。非物质文化遗产部分，面对是传承人，是一个个鲜活的生命体，包括他们的作品与表演，文字表述相对更为完整，通过文字描述传承人就能立得起来，似乎就在你面前诉说和表演。无论物质文化遗产，还是非物质文化遗产，都是能看得见、摸得着、欣赏得到的建筑物、艺术品或艺术表演。国家重点文物保护单位与国家层面的非物质文化遗产传承人，基本都配有照片，以图文并茂的形式出现，增强了视角直观性和艺术吸引力，体现了遗产的审美价值和地域特色。文字尽量散文化，以增强可读性。

　　本书的内容基本涵盖了宁夏物质文化与非物质文化遗产，尤其是物质文化遗产，反映了宁夏不同历史时期文化发展的点状精华，折射的是宁夏历史文化的传承过程。冠名《根脉与记忆：宁夏历史文化遗产》，也是从这些意义说的。部分内容先后在《宁夏社会科学》《陕西师范大学学报》《宁夏师范学院学报》等报刊发表过，有的文章被中国人民大学书报资料中心《复印报刊资料》转载，有的被《新华文摘》以论点摘编的形式刊载过。从课题立项到付梓印刷，前后经历的时间较长。期间虽然做过反复修改，但缺憾与期待并存，疏漏与舛误难免，敬请读者批评指正。

　　2014年，书稿有幸获得宁夏社会科学院学术著作出版基金资助。当书稿付梓之际，感谢宁夏社会科学院，感谢中央编译出版社；同时，特别珍惜责任编辑薛迎春的辛勤劳动，尤其推崇她的敬业精神，在这里表示衷心的感谢。

　　　　　　　　　　　　　　　　　　　　　2016年7月18日　银川寓所

图书在版编目(CIP)数据

根脉与记忆：宁夏历史文化遗产／薛正昌著．—北京：中央编译出版社，2016.9

ISBN 978-7-5117-2885-2

Ⅰ．①根… Ⅱ．①薛… Ⅲ．①文化遗产-研究-宁夏 Ⅳ．①K294.3

中国版本图书馆 CIP 数据核字（2015）第 293396 号

| | |
|---|---|
| 出 版 人： | 葛海彦 |
| 出版统筹： | 贾宇琰 |
| 责任编辑： | 薛迎春 |
| 责任印制： | 尹　珺 |
| 出版发行： | 中央编译出版社 |
| 地　　址： | 北京西城区车公庄大街乙 5 号鸿儒大厦 B 座（100044） |
| 电　　话： | （010）52612345（总编室）　　（010）52612335（编辑室） |
| | （010）52612316（发行部）　　（010）52612317（网络销售） |
| | （010）52612346（馆配部）　　（010）55626985（读者服务部） |
| 传　　真： | （010）66515838 |
| 经　　销： | 全国新华书店 |
| 印　　刷： | 山东鸿君杰文化发展有限公司 |
| 开　　本： | 787 毫米×1092 毫米　1/16 |
| 字　　数： | 441 千字 |
| 印　　张： | 27.25 |
| 版　　次： | 2016 年 9 月第 1 版第 1 次印刷 |
| 定　　价： | 109.00 元 |
| 网　　址： | www.cctphome.com　　邮　箱：cctp@cctphome.com |
| 新浪微博： | @中央编译出版社　　微　信：中央编译出版社（ID：cctphome） |
| 淘宝店铺： | 中央编译出版社直销店（http：//shop108367160.taobao.com）　　（010）52612349 |

**本社常年法律顾问：北京嘉润律师事务所　李敬伟　问小牛**
凡有印装质量问题，本社负责调换。电话：（010）55626985